世界上下五千年

苏智恒◎编著

团结出版社

图书在版编目（CIP）数据

世界上下五千年／苏智恒编著. —北京：团结出版社，2017.9
ISBN 978-7-5126-5072-5

Ⅰ.①世… Ⅱ.①苏… Ⅲ.①世界史-通俗读物 Ⅳ.①K109

中国版本图书馆 CIP 数据核字（2017）第 070364 号

出　　版：	团结出版社
	（北京市东城区东皇城根南街 84 号　邮编：100006）
电　　话：	（010）65228880　65244790（出版社）
	（010）65238766　85113874 65133603（发行部）
	（010）65133603（邮购）
网　　址：	http://www.tjpress.com
E - mail：	65244790@163.com（出版社）
	fx65133603@163.com（发行部邮购）
经　　销：	全国新华书店
排　　版：	文贤阁
印　　刷：	三河市兴博印务有限公司
开　　本：	640 毫米×920 毫米　16 开
印　　张：	24
印　　数：	3000
字　　数：	405 千字
版　　次：	2017 年 9 月　第 1 版
印　　次：	2018 年 10 月　第 2 次印刷
书　　号：	978-7-5126-5072-5
定　　价：	31.00 元

（版权所属，盗版必究）

"中华国学经典"
系列图书专家委员会

翟民安　著名学者、汉语言文学家，北京大学、北京师范大学教授
张梦阳　著名学者、作家，中国鲁迅研究会副会长
张龄峻　中国国学院学术委员，中国文联《神州》主编
牛兰学　冰心散文奖获得者，河北省邯郸市作协副主席
尉克冰　作家、冰心散文奖获得者
冰　花　著名美籍华人、女诗人
简　墨　著名作家、学者，中国作家协会会员

前 言

　　日往月来，斗转星移，在浩瀚的历史长河中，多少事如烟而逝，多少事流传千古，多少人销声匿迹，多少人永留青史……正是有这么多的历史故事和历史人物，才铸就了人类社会灿烂的现代文明。纵观历史，东西方文化的共性和差异，人类璀璨的艺术遗产，动荡的迁移，以及无数大大小小的给人类带来无尽苦痛的战争，这几千年来，人类走过的每一步都是那么艰辛，世界发展的每一个阶段都是那么值得回味，发展至今，这一切无疑具有着非常值得我们思考的重大意义。

　　英国哲学家培根曾说："读史使人睿智。"的确如此，因为历史蕴含着经验和真知。学习历史，不光是为了掌握这门学问，更重要的是为了以史为鉴，增长智慧。早在五十多年前，英国历史学家柯林伍德就曾指出：研究历史就是为了对人类当前的活动看得更清楚。所以，学习历史，是为了"以史为镜"，把握今天，创造明天，用历史充实自己的头脑，从中汲取宝贵的人生智慧。

　　从古到今，每一个有所成就的有识之士，几乎都是通今博古之人："二战"时期久负盛名的英国首相丘吉尔精通各国历史，其过人的学识与历史学家相比有过之而无不及；无产阶级的精神领袖马克思、恩格斯在史学领域建树颇多，他们提出的众多理论学说一直被后世学者视为经典。

　　对于我们每一个人来说，如果不了解本国和本民族的历史，那将是

一件非常可悲的事，而如果只把目光一直盯在自己的国家和民族历史上，却对世界历史知之甚少，甚至一无所知，这也不能不说是一件憾事。

　　本书以世界范围的人类历史为主干，跨越时空，浓缩了世界上下五千年的沧海桑田，描绘了五千年来的古国文明、社会变迁、战争风云、名人轶事和地理发现，向读者展开了一幅生动翔实的历史画卷。本书在尊重史实的前提下，以生动有趣的语言讲述了一个个妙趣横生的历史故事，向人们展示了源远流长的辉煌历史、恢宏壮阔的科学文化、令人叹为观止的人类文明。总之，向读者奉献一本通俗易懂的世界历史读物，便是本书的宗旨所在。

古代卷 ……………………………………… 1

古埃及文明 …………………………………… 1
神奇古都底比斯 ……………………………… 2
苏美尔城邦的兴衰 …………………………… 5
象形文字与楔形文字 ………………………… 6
金字塔的兴建 ………………………………… 8
世界第一法典 ………………………………… 9
亚述国家的产生与扩张 ……………………… 12
古巴比伦王国的建立 ………………………… 13
新巴比伦王国的建立 ………………………… 14
"冒犯上帝的城市"巴比伦 …………………… 16
波斯帝国 ……………………………………… 18
暴君冈比西斯 ………………………………… 20
大流士改革 …………………………………… 23
古代印度的种姓制度 ………………………… 25
佛祖和佛教 …………………………………… 26
孔雀帝国的兴衰 ……………………………… 29
《摩诃婆罗多》 ……………………………… 31
奥林匹亚赛会 ………………………………… 33

改革家梭伦 …… 35
马拉松 …… 36
血战温泉关 …… 38
萨拉米湾海战 …… 40
伯里克利与雅典 …… 42
西西里之战 …… 44
伊索寓言 …… 47
亚历山大帝国的衰亡 …… 49
安息帝国与丝绸之路 …… 50
匈奴西迁与亚欧民族大迁徙 …… 51
罗马的征服与扩张 …… 53
罗马帝国的崛起 …… 54
康奈城激战 …… 55
罗马帝国的衰落 …… 57
斯巴达克起义 …… 59
罗马帝国的灭亡 …… 61
穆罕默德创立伊斯兰教 …… 64
阿拉伯帝国兴起 …… 65
法兰克王国 …… 67
诺曼征服 …… 68
十字军东侵 …… 70
基辅罗斯的盛衰 …… 71
君士坦丁堡的陷落 …… 74
《一千零一夜》 …… 76
马可·波罗 …… 78
奥斯曼帝国 …… 80
新航路的开辟 …… 82
文艺复兴 …… 86
但丁与《神曲》 …… 88

胡斯战争	90
掷出窗外事件	92

近代卷 …… 95

断头的国王	95
未戴王冠的英国国王	97
彼得一世改革	100
彼得大帝两次围攻纳尔瓦	102
蒸汽机的真正发明者	104
伟大的科学家牛顿	106
"海上马车夫"	109
西班牙"无敌舰队"的覆没	110
美国独立战争的第一枪	112
美利坚合众国的缔造者	114
杰弗逊和《独立宣言》	116
启蒙运动的领袖	119
攻占巴士底狱	121
罗伯斯比尔	123
"雾月政变"	125
会战马伦哥	128
乌耳姆战役	131
滑铁卢战役	134
普加乔夫起义	137
俄国革命的先驱	140
奴隶贸易	143
自由海地的诞生	146
电灯的发明	149
《共产党宣言》的诞生	152
第一国际	154

铁血宰相俾斯麦	158
色当战役	161
三月十八日武装起义	165
悲壮的"五月流血周"	168
巴布教徒的"正义王国"	171
德里反英大起义	174
约翰·布朗起义	177
血战葛底斯堡	179
弗吉尼亚大会战	183
马赫迪大破英军	186
"倒幕"运动与明治维新	189
飞机的发明者莱特兄弟	193
"五一"国际劳动节	197
"诺贝尔奖金"的由来	199
日俄旅顺战役	202
震惊世界的"萨拉热窝枪声"	206
"史里芬计划"的破灭	208
德俄"坦仑堡战役"	212
第一次毒气战	215
英德海上大决战	218
凡尔登战役	221
攻占冬宫	224
兰斯保卫战	228

现代卷 232

联邦共和国	232
巴黎和会	234
纳粹党的建立	236
新经济政策	238

"星期六义务劳动"	240
列宁逝世	241
英国的衰落	242
日军间谍与"九·一八"事变	246
埃塞俄比亚的抗战	248
日本法西斯的开端	249
保卫马德里	251
慕尼黑阴谋	254
电视的发明	257
"圣雄"甘地	260
土耳其之父	261
巴基斯坦国的创建者	264
朝鲜"三·一"运动	266
揭开原子秘密的人	269
火箭发明家	271
青霉素的发现	273
第一颗原子弹	276
"白色方案"和"海狮计划"	277
敦刻尔克大撤退	279
斯大林格勒保卫战	283
保卫列宁格勒	284
"红色间谍"	287
安妮·弗兰克日记	289
围歼"俾斯麦"	292
勇敢的女船长	294
沙漠猎"狐"	296
"自由法国"运动	298
偷袭珍珠港	300
中途岛海战	303

希特勒的"敌后武工队"	305
海狼"与海鸥	307
直布罗陀海底的"人鱼雷"	308
密写信中的间谍线索	310
来自背后的奇袭	312
走向死亡的行军	314
杜立德首炸东京	315
瓜岛之战	317
传单上的投降证	318
不到4分钟的"复仇行动"	320
引诱纳粹上钩的"肉馅"	323
诺曼底登陆	324
袭击美国的"飞象"	327
"堡垒"进攻战	328
夜袭佩内明德	329
穷凶极恶的纳粹别动队	332
德黑兰会议	333
刺杀希特勒	336
拙劣的"跳马"	338
日军惨败英帕尔	340
海里捞起来的绝密公文包	341
尼米兹的"奇袭行动"	343
马里亚纳的大规模火鸡射击战	345
静悄悄的瞬间奇袭	347
超级战列舰的覆灭	348
阿登山林的激战	350
"雷击"德累斯顿	352
血战硫磺岛	353
飞夺雷马根桥	355

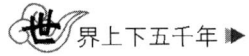

夜空中燃烧的江户花 ………………………………… 356
击沉大和号 ………………………………………… 358
墨索里尼的末日 …………………………………… 359
希特勒的末日 ……………………………………… 361
广岛"蘑菇云" ……………………………………… 362
日本投降 …………………………………………… 364
正义的审判 ………………………………………… 366
联合国成立 ………………………………………… 369

古代卷

古埃及文明

尼罗河是古埃及文明的源头，它发源于非洲中部，长约6500公里，每年七月到十月定期泛滥，给埃及带来了充沛的水源和肥沃的土地，也带来了生命和繁荣。大约在公元前五六千年前，古埃及人逐渐在这里定居下来。最初，他们过着原始生活，用粗陋的工具清除了两岸的荆棘和草莽，开渠筑坝，在河水灌溉的土地上种植农作物，终于使这个气候干燥的地区变成了古代著名的粮仓。

古埃及文明是人类早期先进文明的代表。在尼罗河谷地的新石器时代文化遗址中，发现了大量石刀、石簇、石斧、石镰等。到公元前4000年，埃及进入金石并用期，出现了铜器。从这个时期坟墓中发现的刀、钻、斧、锄等工具来考察，冶炼技术已相当发达。

公元前4000年代中叶，北部三角洲地区各州以布陀州为中心，形成下埃及王国。国王戴红冠，以蛇神为保护神，以蜜蜂为国徽。下埃及王国出现后，以尼赫布特为中心，也形成了一个独立的上埃及王国。国王戴白冠，以神鹰为保护神，以白色百合花为国徽。

下埃及的文化发展较快，但在政治和军事上，它不如上埃及强大。公元前3200年，上埃及国王美尼斯征服下埃及，实现了埃及的统一，开创了埃及的第一王朝。古埃及经过几度繁荣昌盛，逐渐衰落，随着波斯帝国的征服，它逐渐退出了历史舞台。然而，古埃及给人类留下的文化遗产却是不可磨灭的。

下埃及最先出现了文字。如画成三条波形的横纹，表示水流动的样子，就逐渐演变为"水"字。有些图形文字逐渐演变成音节符号和指意符号，其后又有一音一符的字母，共二十四个。各种符号组成词组，共有六百多个词组。书写用的是纸草，其茎干剖为长条，彼此排齐连结成片，然后压平晒干成纸。这种纸草后来成为古代地中海区域一种通用的纸。古代埃及人的笔用芦管制成，墨汁用菜汁加烟渣调和而成。

古埃及建筑艺术十分兴盛。古代埃及统治者兴建宏伟的建筑，目的是为了体现法老神权的无上威力。第四王朝的大金字塔在19世纪巴黎铁塔建成以前是世界最高的建筑，被誉为古代世界的奇观。完成于拉美西斯二世时的底比斯阿蒙神庙主殿，总面积5000平方米，有134根圆柱，中间最高的12根圆柱高达21米，每个柱顶上可以容纳100人。其他如路克索尔神庙、吐坦哈蒙墓、拉美西斯二世墓、埃尔—阿玛尔纳的宫殿，也都庄严宏大。

另外，古埃及人在天文、艺术、数学以及医学等各方面都取得了高度的成就。现行公历就是从古埃及的太阳历演变而来的。古埃及人已经会计算等腰三角形、方形、梯形和圆形面积，并算出圆周率的近似值为3.16。木乃伊的制作反映了古埃及人丰富的人体解剖知识。

神奇古都底比斯

在公元前14世纪中叶的古埃及新王国时期，尼罗河中游，曾经雄踞着一座当时世界上无与伦比的都城。这就是被古希腊大诗人荷马称为"百门之都"的底比斯。

底比斯是一座充满神奇色彩的古城，它的兴衰是整个古埃及兴衰的一个缩影。

从公元前 2134 年左右，埃及第十一王朝法老孟苏好代布兴建底比斯作为都城，直到公元前 27 年，底比斯被一场大地震彻底摧毁时止，在 2000 多年的漫长岁月里，底比斯在古埃及的发展史上始终起着重要作用。

但后世人对它感兴趣，不仅仅在于上述一处，还在于底比斯不仅是埃及法老们生前的都城，也是法老们死后的冥府。底比斯横跨尼罗河两岸，位于现今埃及首都开罗南面 700 多公里处，底比斯的右岸，也叫东岸，是当时古埃及的宗教、政治中心。底比斯的左岸，也叫西岸，是法老们死后的安息之地。

底比斯在埃及古王国时期，是一个并不出名也不很大的商道中心。通往西奈半岛和彭特的水路，通往努比亚的陆路，都要经过底比斯。底比斯的兴盛是跟阿蒙神联系在一起的。法老孟苏好代布把首都定在底比斯后，又将阿蒙神奉为"诸神之王"，成了全埃及最高的神，从此开始在底比斯为阿蒙神大兴土木。底比斯在古埃及历史上的重要地位就这样被奠定了下来。

到了公元前 2000 年左右，虽然第十二王朝的开创者门内姆哈特一世曾把首都从底比斯迁到孟斐斯附近的李斯特，但在底比斯仍然为阿蒙神继续兴建纪念性建筑物。

从公元前 1790 年到公元前 1600 年左右，中王国遭到了外族喜克索斯人的入侵。喜克索斯人征服了大半个埃及，最后定都阿瓦利斯，建立了第十五王朝和第十六王朝。底比斯经历了第一次衰落。

埃及人阿赫摩斯一世的率领下，又在底比斯建立了第十七王朝，并在公元前 1580 年左右攻占了阿瓦利斯城，把喜克索斯人赶出了埃及，开创了古埃及新王国时代。

新王国时期的法老们再次选定底比斯作为埃及的宗教、政治中心。他们发动了一系列侵略战争，掠取了大量财富和战俘，并把底比斯建成为当时世界上最显赫宏伟的都城。他们在东底比斯为阿蒙神和他们自己建起了一座座壮观的神庙和宫殿。

完成于拉美西斯二世的底比斯阿蒙神庙主殿,总面积达 5000 平方米,有 134 根圆柱,中间最高的 12 根大圆柱高达 21 米,每根柱顶上可以容纳 100 来人,规模真是大极了,为世界所罕见。另外,像路克索尔寺院、拉美西斯二世宫殿、阿蒙诺斐斯三世寺院等,也都十分庄严宏伟。与此同时,他们又在西底比斯修建了一系列工程浩大的陵墓,其中尤以著名的拉美西斯二世墓和图坦卡蒙墓更为豪华。

但是,鉴于往昔兴建起来的金字塔陵墓太引人注目,虽然防范措施严密,还是未能逃脱盗墓者的侵袭。于是,法老们经过反复琢磨,决定不再建造巍然屹立的金字塔陵墓,而是把荒山作为天然金字塔,沿着山坡的侧面开凿地道,修建豪华的地下陵寝。

在西底比斯一个不显眼却又盛产建筑材料石灰岩的山谷里,法老和权贵们为自己修造了一座座陵墓。这个山谷被后人称之为"国王之谷"。

在很长一个时期里,"国王之谷"没有被人发现。但是,随着岁月的推移,这里的陵墓还是神不知鬼不觉地被盗墓者一个个地洗劫一空。不过,有一座法老的陵墓却奇迹般地逃脱了厄运,静悄悄地沉睡了 3300 多年,直到 1922 年才被英国考古学家卡特博士发现。这就是我们在前边提到过的法老图坦卡蒙墓。图坦卡蒙墓之所以能在几千年里没有被人发现,是因为在这座墓的上层,又有许多其他法老的墓,而在地面上贫民们又盖上了许多茅舍。图坦卡蒙的三间墓室里还发现了数不胜数的金银财宝。如果把这些财宝折合成现在的货币至少也有数百亿美元!新王国时期埃及法老们的豪华由此也就可见一斑了。

第十八王朝法老阿蒙霍特普四世大概看到了阿蒙神庙祭司们不断增加的财富所构成的威胁,决定推行宗教改革,也就是我们下边要介绍的埃赫那吞改革。底比斯从此又衰落了二十几年。

第二十一王朝以后,随着底比斯统治集团内部矛盾的不断加剧,加上爱琴海和小亚细亚一带的"海上民族"的不断入侵,新王国日益衰落,底比斯也开始了自己的厄运。公元前 663 年左右,入侵埃及的亚述军队再次火烧、洗劫了底比斯。公元前 27 年,一场地震又使底比斯城里仅存的一些纪念性建筑物瞬息之间倾塌无遗。

到公元 19 世纪,只留下一堆废墟的底比斯,成了古墓盗劫者的乐园。在现今埃及的卢克索和卡纳克一带,人们还能见到底比斯遗址的一些断垣残壁。

苏美尔城邦的兴衰

在亚洲的西部，有两条大河，东边的叫底格里斯河，西边的叫幼发拉底河，它们都发源于今天土耳其境内的亚美尼亚高原，在下游交汇成阿拉伯河，流入波斯湾。希腊人称底格里斯河和幼发拉底河之间的地区为"美索不达米亚"，意思是"两河之间的地方"，因此这里又叫两河流域。美索不达米亚可以分为南北两部分。北部以亚述城为中心，称为西里西亚，简称亚述，又叫上美索不达米亚，这里地势较高，丘陵起伏；南部以巴比伦城为中心，称为巴比伦尼亚，意为"巴比伦的国土"，又称下美索不达米亚，地势较低，湖泊沼泽众多，两条大河在这里交汇，形成三角洲。巴比伦尼亚又分为南北两个地区，北部为阿卡德人居住的地区，南部为苏美尔人居住的地区。每年春天，亚美尼亚高原的积雪融化，两河河水暴涨，美索不达米亚地区洪水泛滥成灾，尤其是地势较低的下游一带，几乎全部被淹没。泛滥的洪水退去之后，留下了大量的淤泥，使两河地区的土地变得非常肥沃，这里的人们和古埃及人一样，享受着大河的恩赐。再加上这里日照充足，水源丰沛，所以庄稼年年丰收，农业非常发达。

美索不达米亚地区最早的文明是由苏美尔人创造出来的。大约在公元前4000年，苏美尔人迁徙到这里。大约在公元前2900年，苏美尔人建立了许多奴隶制城邦，进入全盛时期。这些城邦都是由一个中心城市连同周围的农村组成，面积不大，居民少的两三万人，多的十几万人。每个城市的中心都建有这个城市的保护神的庙宇，城中还建有王宫，周围是城墙。城邦由掌管祭祀的僧侣或国王统治，国王被称为卢伽尔、拍达西、恩或恩西，他的权力受贵族会议和民众会议的制约。城邦的统治阶级是贵族奴隶主，被统治阶级是手工业者（自由民）和奴隶。苏美尔人的城市临河而建，被一片片的湖泊沼泽包围。城市之间都有运河相连，商人们乘着满载货物的大船来往于各个城市之间进行贸易。

随着经济的不断发展，各城邦之间为了争夺奴隶、财富和土地，展开了激烈的战争。这些城邦一面自相残杀，一面抵抗周围山地的民族和来自阿拉伯沙漠的游牧民族的侵扰。苏美尔人中最强大的城邦是乌尔、拉格什、乌鲁克、乌玛，他们之间的战争尤其激烈和残酷。

公元前3000年左右的时候，乌尔是苏美尔地区的一个大都市，号称月神之城。因为月神南娜和他的妻子宁伽尔是乌尔的保护神，他们的庙宇建在乌尔城的中心25米高的3层台阶上，周围是繁华的市场和拥挤的民房。乌尔城大约有3万多人居住，宽阔的护城河同附近的幼发拉底河相连。

苏美尔城邦衰落后，北部阿卡德人在国王萨尔贡一世的率领下，征服了所有苏美尔人的城邦，完成了下美索不达米亚的统一。

苏美尔人创造了非常辉煌的文明。苏美尔人根据月亮的盈亏制定了太阴历，把一年分为12个月，每个月29天或30天，每年354天。他们排干沼泽，开凿沟渠，扩大耕种面积。苏美尔人首先发明了犁，在三角洲富饶肥沃的土地上辛勤耕作，种植小麦和大麦，制作了大量色彩艳丽的各种陶器。他们的数学也达到了极高的水平，计数采用六十进位制，1分钟60秒，1小时60分钟，就是从那时沿袭而来的。而一天24小时、360度的圆周也同样来自于苏美尔人的文明。他们还发明了楔形文字，记录下了许多神话和史诗，建立了一套完备的法律体系，著名的《汉谟拉比法典》就是根据苏美尔法典订立的。他们还是最早使用车辆运输的民族，使用牛拉的四轮货车，比古埃及人要早2000多年。

象形文字与楔形文字

现代人对古代各国历史的了解，主要靠的是文字记述的资料。中国的汉字是世界上最古老的文字之一，已经有6000年左右的历史了。在世界别的地方发现的古代文字，主要有三种：埃及人在公元前3500年左右就使用的图画式的象形文字，公元前1000多年腓尼基人发明的字母文字，再就是古代苏美尔人和巴比伦人使用的楔形文字。

楔形文字的辨认，同埃及象形文字的辨认过程极为相似。这件事还得追溯到 2500 年前。

那是公元前 522 年 3 月的事情。当时波斯皇帝冈比西斯率大军远征埃及。有一个叫高墨达的僧侣，假以被冈比西斯处死的皇弟巴尔狄亚的名义在波斯各地和米底发动了叛乱。叛乱持续了半年之久。皇帝冈比西斯在从埃及返回波斯的途中突然病死。一时间波斯贵族们群龙无首。这时有一个叫大流士的贵族用阴谋手法获得了皇位。他最后平定了叛乱。为了称颂自己的功绩，大流士让人将他平定叛乱的经过，刻在米底首府爱克巴坦那（今天伊朗哈马丹）郊外贝希斯顿村附近的一块大岩石上。这就是著名的贝希斯顿铭文。

贝希斯顿铭文上面也刻着三种文字：楔形文字、新埃兰文和古波斯文。1835 年，一个偶然的机会，法国学者罗林森发现了这个铭文，并制成了拓本。1843 年，他译解了其中的古波斯文，然后又将古波斯文与楔形文字对照，终于读通了楔形文字。从此解开了楔形文字之谜。

原来，最古的楔形文字是从右到左直行写的。因为书写不便，后来就把字形侧转 90 度，改成从左到右的横行。楔形文字是苏美尔人发明的。早在公元前 4000 年，他们在开发两河流域的同时，创造了这种文字。

最先，这种文字是象形的。假使要表示复杂的意义，就用两个符号合在一起，例如"天"加"水"就是表示"下雨"；"眼"加"水"就是"哭"等。后来又发展可以用一个符号代表多种意义，例如"足"又可表示"行走""站立"等，这就是表意符号。

再到后来，一个符号也可以表示一个声音，例如"星"这个楔形字，在苏美尔语里发"嗯"音，如果用来表示发音的话，就与原来的"星"这个词的含义没有关系了，只表示发音，这就是表音符号。

为了表示有关的楔形字应该表示什么意思和发什么音，苏美尔人又发明

了部首文字。比如，如果一个人名之前加上一个特殊符号，就表示这是一个男人的名字。

苏美尔人他们还不懂得造纸。他们就用粘土做成长方形的泥版，用芦苇或木棒削成三角形尖头在上面刻上字，然后把泥版晾干或者用火烤干。这就是后来人们所说的泥版文书。一开始，苏美尔人的泥板是圆形或者角椎形的，不便于书写和存放，后来苏美尔人便将泥板改为方形的。苏美尔人的大部分文字材料都是刻在这种方形泥版上才保存下来的。到现在为止，人们在两河流域已经挖掘出了几十万块这样的泥版文书。

由于苏美尔人用的是芦秆或木棒做成的、尖头呈三角形的"笔"，落笔处印痕较为深宽，提笔处较为细狭，后来人们就把两河流域的这种古文字称为楔形文字。

楔形文字后来流传到亚洲西部的许多地方，它给人类文明作出过重大的贡献。公元前2007年，苏美尔人的最后一个王朝衰亡之后，巴比伦王国把这份文化遗产继承了过来，并且有了更大的发展。

金字塔的兴建

金字塔的兴建，代表了古代埃及在建筑方面取得的辉煌成就。金字塔既是埃及文化的最高成就，又标志着埃及文化日臻成熟。金字塔、神庙、宫殿等雄伟的建筑物，历经数千年，至今仍闪烁着艺术的光芒。

金字塔作为法老的陵墓，是由早王国时期的马斯塔巴形陵墓发展演变而来的，它体现了王权神化的思想。著名的胡夫大金字塔，高143.5米，是法国埃菲尔铁塔建成之前世界上最高的建筑物，被称为世界古代七大奇观之一。这是古代埃及劳动人民智慧和创造力的结晶。此外，在底比斯修建的卡尔纳克神庙和卢克索尔神庙，也是古代埃及建筑中的精品。它们始建于中王国时期，主要的工程是在新王国时期建造的，直到希腊人占领时才竣工。这两大神庙的特征是拥有众多而又巨大的圆柱，圆柱和墙壁上满是雕刻着象形文字的铭文，堪称世界建筑史上的杰作。

古代埃及的雕塑和绘画，最大的特点是变化少，用侧身正胸形式表现人物，充分体现了写真传"神"的特点，特别强调端正庄严的宗教情感。

古埃及人在天文历法、数学和医学等方面也取得了斐然成就。在天文历法方面，古埃及人有两项重要的贡献：一是在大约公元前4241年制定了太阳历；二是古代埃及人把昼和夜各分成12个部分，每个部分为日出到日落或日落到日出时间的十二分之一。他们还发明了一种利用日影来测定时间的日晷。

在数学方面，古埃及人创造了十进位制以及加、减、乘、除的基本规律，已能计算等腰三角形、长方形、梯形、圆形的面积。

古埃及的《埃培尔斯纸草》这部医学书籍，记述了包括内科、眼科、外科诸方面的病症和治疗方法。

宗教信仰是古埃及人生活中一个非常重要的方面，古埃及文化的发展自始至终是以宗教为核心的。古埃及人经常礼拜的有太阳神"拉"（后又称"阿蒙""阿吞"）、尼罗河神"奥西里斯"和爱神"伊西斯"。

古埃及人相信"灵魂"永恒不灭，相信死后的永生，所以他们将尸体用防腐剂和香料制成"木乃伊"保存，并在修建豪华的坟墓里，摆上各种死者生前的用品，让死者享用的，而且还在坟墓里放一卷祝辞或符咒，叫"死者书"。古代埃及人的这种"来世观念"对犹太教和基督教都产生过重要影响。

世界第一法典

1901年12月，由法国人和伊朗人组成的一支考古队，在伊朗西南部一个名叫苏撒的古城旧址上，进行发掘工作。一天，他们发现了一块黑色玄武石，几天以后又发现了两块，将三块拼合起来，恰好是一个椭圆柱形的石碑。

这块石碑高2.25米，底部圆周1.9米，顶部圆周1.65米。在石碑上半段那幅精致的浮雕中，古巴比伦人崇拜的太阳神沙马什，端坐在宝座上，古巴比伦王国国王汉谟拉比，恭谨地站在它的面前，沙马什正在将一把象征帝王权力标志的权标，授予汉谟拉比。石碑的下半段，刻着汉谟拉比制定的一部法典，是用楔形文字书写的。其中有少数文字已被磨光。这个石碑就是著名的"汉谟拉比法典"，也是世界上最早的一部比较系统的法典。它把我们带到了近4000年前的古巴比伦社会。

古巴比伦王国位于幼发拉底河和底格里斯河流域，大体相当于今天的伊拉克。公元前1792年，汉谟拉比成为古巴比伦国王。汉谟拉比是一位很有才干的国王。他勤于朝政，关心农业、商业和畜牧业的发展。他也关心税收，处理各种案件。他在位40年，使巴比伦成了一个强盛的国家。

汉谟拉比每天要处理的申诉案件太多，简直应付不了。他就让臣下把过去的一些法律条文收集起来，再加上社会上已形成的习惯，编成了一部法典。汉谟拉比命令把法典刻在石柱上，竖立在巴比伦马都克大神殿里。

这部法典一共有282条，刻在圆柱上共52栏4000行，约8000字。圆柱挖掘出来的时候，正面7栏（35条）已经损坏，其余的基本完整。上面的字迹优美，是一种只有王室才使用的楔形字体。

汉谟拉比法典分为序言、正文和结语三部分。正文共有282条，其中包括诉讼手续、盗窃处理、租

佃、雇佣、商业高利贷和债务、婚姻、遗产继承、奴隶地位等条文。汉谟拉比法典比较全面地反映了当时的社会情况。

在巴比伦社会中，除了奴隶主和奴隶，还有自由民。这部法典的很多条文是用来处理自由民的内部关系的。处理的原则就是"以牙抵牙，以眼还眼"。比如，两个自由民打架，一个人被打瞎了一只眼睛，对方就要同样被打瞎一只眼睛作为赔偿；被人打断了腿，也要把对方的腿打断；被人打掉牙齿，就要敲掉对方的牙齿。甚至有这样的规定：如果房屋倒塌，压死了房主的儿子。那么，建造这所房屋的人得拿自己的儿子抵命。

汉谟拉比法典对奴隶主、自由民、奴隶有着不同的规定：如果奴隶主把一个自由民的眼睛弄瞎，只要拿出一定数量的银子就可了事。如果被弄瞎眼睛的是奴隶，就不用任何赔偿。奴隶如果不承认他的主人，只要主人拿出他是自己奴隶的证明，这个奴隶就要被割去双耳。法典甚至规定奴隶打了自由民的嘴巴也要处以割耳的刑法。属于自由民的医生给奴隶主治病，也是胆战心惊的。因为，如果奴隶主在开刀的时候死了，医生就要被剁掉双手。

为了巩固奴隶主的统治，法典还规定了一些更严厉的条款：逃避兵役的人一律处死；破坏桥梁水利的人将受到严厉处罚直到处死；帮助奴隶逃跑或

藏匿逃亡奴隶，都要处死；违法的人在酒店进行密谋，店主如果不把这些人捉起来，卖酒人也要被处死。

巴比伦社会里自由民还包括租种土地的小农。他们也受着奴隶主的沉重剥削，他们每年要把收获量的三分之一，甚至是二分之一缴给出租土地的奴隶主。法典中还规定：债务奴隶劳动三年可以恢复自由。但这仅仅是给自由民的一点小恩小惠。奴隶主逼迫一些还不起债的自由民成为债务奴隶，反过来又用这种规定来笼络他们。

有个名叫乌巴尔·沙马什的小农，租种奴隶主义鲁姆·巴尼一小块土地，全家人累死累活地干了一年，好不容易盼到了秋收。但是，粮食刚收上来，义鲁姆·巴尼就瞪着血红的眼睛上门逼租了。富商伊兴杜姆也上门索取乌巴尔·沙马什这年春天向他借的500斤粮食。乌巴尔·沙马什交了租，还了债再交完了各种苛捐杂税，一年的劳动成果全部付诸东流。乌巴尔·沙马什只得把子女卖为奴隶，他本人也沦为债务奴隶。

正是依靠这部法典，汉谟拉比时代的巴比伦社会，成为古代东方奴隶制国家中，统治最严密的国家。

那么这部石柱法典是怎样从巴比伦"跑到"苏撒的呢？原来苏撒也是一座5000年前的古代都城。公元前3000多年前，在今天伊朗迪兹富尔西南的苏撒盆地有一个强大的奴隶制王国，叫埃兰（又译"依兰"）。古城苏撒就是埃兰王国的首都。公元前1163年，埃兰人攻占了巴比伦之后，便把刻着汉谟拉比法典的石柱作为战利品带回到了苏撒。埃兰王国后来被波斯灭亡。公元前6世纪时，波斯帝国国王大流士上台后，又把波斯帝国的首都定在苏撒。这个石柱法典便又落到了波斯人手中。

那么发掘出来的圆柱正面7栏已被损坏，又是怎么回事呢？原来，埃兰国王打算在圆柱正面刻上自己的功绩。可是，在毁去原来的字迹后，不知为什么并没有刻上新字。

这件稀世珍宝现在还收藏在巴黎的卢浮宫博物馆。圆柱上被涂毁的7栏文字，可以根据后来发现的汉谟拉比法典的泥版文书进行校补。所以，"石柱法典"仍是世界上现存的一部最古老最完整的法典。

亚述国家的产生与扩张

亚述地处河岸凸起、多山、富有矿产和木材资源的两河流域北部（今伊拉克北部的摩苏尔地区）。这里的居民大多是讲塞姆语的亚述人，也包括一些逐渐同亚述人融合了的胡里特人。古代亚述的文明史可分为早期亚述、中期亚述和亚述帝国（新亚述）三个阶段。

早期的城市国家亚述（约公元前 30 世纪末~公元前 20 世纪中叶），是在亚述城基础上形成和发展起来的。它实行的是贵族寡头政治，与苏美尔的城邦首领相似，权力有限。另外还有名年官和乌库伦。名年官是每年从长老会议成员中选出来的，以其名命名该年。乌库伦是长老会议指派的一个管理司法和土地的官员。

大约在公元前 19 世纪末，沙马什阿达德（约公元前 1815 年~公元前 1783 年）以暴力手段夺取了政权。他积极向外扩张，吞并了玛里，让其子担任那里的统治者。他还把扩张推进到地中海东岸，逼迫周围许多国家纳贡。他是亚述第一位名副其实的、有别于伊沙库的国王。他曾为亚述城制定物价，将全国领土划为地区或省。沙马什阿达德死后，亚述曾遭到古巴比伦王国汉谟拉比的沉重打击。到公元前 15 世纪，亚述又处于小亚细亚东南部和两河西北部的米丹尼王国的控制之下，沦为藩属达一百余年。早期亚述也就此结束了。

公元前 15 世纪初，米丹尼由于受到赫梯的沉重打击而日渐衰落。亚述趁机独立并得以复兴，从此进入了中期亚述时期（约公元前 15 世纪~公元前 9 世纪）。在此时期，亚述不断发动对外扩张的战争。公元前 13 世纪，中亚述灭亡了米丹尼。中亚述到提格拉特帕拉沙尔一世（约公元前 1115 年~公元前 1077 年）统治时期强盛一时。提格拉特帕拉沙尔率军向南攻陷和劫掠了巴比伦城；向北血腥征伐了小亚细亚与亚述之间的安那托利亚部落。但是，从公元前 11 世纪开始，游牧的阿拉米亚人开始大批侵入亚述地区，将亚述领土弄得四分五裂，中亚述再度衰落了。

中期亚述时期，在王权加强、君主制统治形式确立和经济发展的条件下，出现了一部成文法典——《中亚述法典》。从法典的有关条文来看，土地私有制已经出现了，土地可以买卖。破坏田界和侵占他人土地者会受到严重的经济处罚和身体惩罚。债务奴隶制在这一时期也成为一种普遍的社会现象。与汉谟拉比时期关于负债的人质在债权人家只服役三年的规定不一样，中期亚述时期负债的人质在债权人家里服役是无限期的。中期亚述时期的奴隶境况极为悲惨。法典

规定，如果奴隶从某自由民之妻手中得到任何一件东西，都应受割鼻耳之刑，并追回原物。

公元前10世纪末，亚述在西亚、北非的一些强国先后衰落的国际环境下，具备了再度崛起的条件。此外，公元前9世纪铁器的广泛使用，也促进了亚述经济的迅速发展和亚述军队武器装备的更新，从而为亚述侵略扩张和建立帝国奠定了雄厚的物质基础。

古巴比伦王国的建立

底格里斯河和幼发拉底河中下游，通常称作美索不达米亚（希腊语意为"两河之间的土地"）平原，这里是古代人类文明的重要发源地之一。

两河流域文明的先驱是苏美尔人，早在公元前4000年前后，可能是来自伊朗高原上的苏美尔人就已经在两河流域建立了规模较大的村镇和城市，有了先进的灌溉农业，有了神庙。大约在公元前3500年前后，苏美尔人已经以神庙为中心建立了一些城邦国家。

公元前3000年前后，苏美尔经济繁荣的同时，城邦战事不断。最后，公元前2371年，来自北方的阿卡德人统一了苏美尔城邦。阿卡德人建立的王朝只存在了一百多年，也灭亡了。公元前2200年左右，来自叙利亚草原的另一支闪族阿摩利人攻占这座小城，建立了国家。骁勇善战、争强尚武的阿摩利

人以此为中心，南征北讨，四处征战，最终建立了一个强大的巴比伦帝国，历史上称之为"古巴比伦王国"。

古巴比伦最杰出的国王汉谟拉比在位时（公元前1792年～公元前1750年），巴比伦已从微不足道的村落发展为一个繁荣的大城。汉谟拉比登上王位后，即着手进行统一两河流域的战争。汉谟拉比采取了比较灵活的外交政策，首先与拉尔撒结盟，灭亡伊新；接着又与马里联合，征服拉尔撒；灭亡拉尔撒后，他又掉转矛头，挥兵直逼马里城下，迫使马里俯首称臣。除北部的亚述，汉谟拉比基本上统一了两河流域，最后定都巴比伦。

汉谟拉比不仅是个征服者，也是一个有才干的管理者和立法者。汉谟拉比在统一巴比伦尼亚的过程中，建立起强大的中央集权的奴隶主专政的国家机器。他总揽全国的立法、司法、行政、军事和宗教大权，并把自己加以神化，自称为伟大的天神的后裔。他任命中央各部大臣，委派地方各级官吏。从中央到地方，设立一系列法庭，不服从法庭判决的人可直接向王上诉；向各阶级征税，包括僧侣在内；征兵令严格执行，违者处死；奖励农商，兴建神庙，在基什和波斯湾之间开凿了一条运河。泥版文书记载，这条运河的开凿，不但使大片荒地变成良田，而且使南部许多城市永绝水患之灾。总之，在汉谟拉比时代，豪华雄伟的宫殿，巍峨壮丽的神庙，横跨幼发拉底河的大桥，跨海运输的商船……这一切无不显示巴比伦的辉煌与兴盛。巴比伦城不仅是强大王国的首都，而且成为了世界性的大都会。

汉谟拉比以后，巴比伦王国渐趋衰落，先后受到赫梯人、喀西特人的入侵。直到公元前729年。古巴比伦王国终于被亚述帝国吞并。

新巴比伦王国的建立

由于新巴比伦王国是由讲塞姆语的迦勒比人建立起来的，所以又称为迦勒比王国（公元前626年～公元前538年）。其开国君主那波帕拉沙尔在与伊朗高原西北部的米底王国共同消灭了亚述帝国以后，获得了原亚述统治的美索不达米亚、巴勒斯坦、叙利亚和腓尼基等地。那波帕拉沙尔死后，王位由他的儿子尼布甲尼撒二世（公元前605年～公元前562年）继承。尼布甲尼撒二世统治时期，新巴比伦王国达到鼎盛时期。

尼布甲尼撒二世统治下的新巴比伦，是西亚、北非的一个强国。他不仅武力征服了许多国家，而且在城市建设方面也取得了令人惊叹的业绩。其中被希腊人誉为"世界七大奇观"之一的"空中花园"就是他为了取悦他的米底籍皇后而下令在巴比伦城修筑的。这个花园位于底格里斯河边，用假山假石砌成。花园悬在半空，上面种植了各种树木和花草，恍如海市蜃楼、人间仙境。公元前3世纪时这个花园被毁坏。

为取得神庙祭司集团对王权的支持，尼布甲尼撒二世曾修复加高了巴比伦城内著名的马都克神庙寺塔。这个寺塔共7层，每层色彩不一，顶层之上是一座小庙，里面供奉着马都克神像。为了使王国的首都巴比伦城坚不可摧，尼布甲尼撒二世扩建了巴比伦城。扩建后的巴比伦城的规模极为壮观。该城有里外两道围墙，每隔一段距离，便在围墙上设一碉堡。全城共有8个城门，其中供奉女神伊什塔尔的北门用蓝青色琉璃砖镶嵌，砖上有色彩缤纷、极为美丽的兽类浮雕。

新巴比伦王国时期的经济较以前有很大发展，其中发展最显著的是商业经济，商品买卖活动非常活跃。人们不仅买卖粮食、牲畜、羊毛等农牧产品，农田、果园、房舍等各种不动产的交易也十分活跃。买卖奴隶也成为经常性的商品活动。在频繁的商业活动中，新巴比伦王国出现了两个最著名的商家：巴比伦的埃吉贝和尼普尔城的穆拉树。首都巴比伦城不仅是巴比伦尼亚的工商业中心，也是当时世界上最大的商业中心。巴比伦城的人口达到20万，西亚、北非等地的商贾都会集结此地。

尼布甲尼撒二世死后，新巴比伦开始败落。到了后来，国王的废立和操纵都被掌握在势力一直很强大的神庙祭司和工商业奴隶主集团手里。

末代帝王那波尼德（公元前555年~公元前539年）即位后，企图削弱神庙祭司和工商业奴隶主集团的势力，但祭司们极力反对，没有收到成效。加之外部形势紧张也使他无暇顾及这些。

与此同时，东方的波斯崛起，在灭掉当时的两大强国米底和吕底亚后，于公元前539年进攻两河流域，击溃了新巴比伦的军队。公元前538年，波斯军队兵临巴比伦城下。那些不满那波尼德统治，希望波斯能为他们开拓更大市场的巴比伦神庙祭司和工商业贵族们，打开城门欢迎波斯军队进入巴比伦城。这样，新巴比伦不战而降，落入波斯之手。从此，两河流域就在波斯帝国控制之下。

"冒犯上帝的城市"巴比伦

在新巴比伦王国时期,巴比伦也是古代两河流域地区最壮丽最繁华的都城,巴比伦古城有内外两道围墙,城里最壮观的建筑物,就是尼布甲尼撒王宫和著名的"空中花园",以及那座据说让上帝感到又惊又怒的巴别通天塔。

那么为什么把巴比伦城又叫做"冒犯上帝的城市呢"?这个说法来自《圣经·旧约》。

《圣经·旧约》上说,人类的祖先最初讲的是同一种语言。他们在底格里斯河和幼发拉底河之间,发现了一块非常肥沃的土地,于是就在那里定居下来,修起了城池。后来,他们的日子越过越好,决定修建一座可以通到天上去的高塔,这就是巴别塔。他们用砖和河泥作为建筑的材料。直到有一天,高高的塔顶已冲入云霄。上帝耶和华得知此事,立即从天国下凡视察。上帝一看,又惊又怒,认为这是人类虚荣心的象征。上帝心想,人们讲同样的语言,就能建起这样的巨塔,日后还有什么办不成的事情呢?于是,上帝决定让人世间的语言发生混乱,使人们互相言语不通。后来人们就把巴比伦叫做"冒犯上帝的城市"。

巴比伦城墙的厚度，可以让一辆4匹马拉的战车转身。长达16公里，每隔一段距离就有一座城楼。城墙的两端起于幼发拉底河畔。河对岸是巴比伦的新城区，一座大桥横跨幼发拉底河，使新城区跟主城连在一起。所以，这座城墙不仅是巴比伦人用来抵御敌人的主要屏障，而且也是一道保护巴比伦城不受河水泛滥之害的可靠堤防。巴比伦城有100座铜做的城门，因此希腊大诗人荷马又把巴比伦城称为"百门之都"。

巴比伦古城的大门叫典礼门，高4米多，宽2米左右。门的上部是拱形结构，两边和残存的城墙相连，门洞两边的墙上有黄、棕两色琉璃砖制成的雄狮、公牛等图像。这座城门建筑得十分牢固，公元前568年波斯人在摧毁巴比伦古城时，只有这座城门幸存下来。在千百年风雨侵蚀下，古城城墙已坍塌无存，唯独这座城门依然完好如初。

穿过城门是一条广阔大道，上面铺着灰色和粉红色石子，大道两旁的残墙上现在还留着清晰可见的雄狮、公牛等图像。尼布甲尼撒的王宫就在大道西边。被人们称为"世界七大奇迹"之一的"空中花园"，就在南宫的东北角。相传，它是尼布甲尼撒二世为给他的妻子赛米拉米斯公主排忧解闷而兴建的，可惜它早已不存在了。

赫赫有名的巴别通天塔就耸立在大道的北面。巴别塔本是巴比伦古城里一座供奉巴比伦人的主神马都克的神庙。塔的顶端是神殿。有一条石梯可以直通神殿，敬神时，穿着白色法衣的祭司在由乐器伴奏的合唱声中登上塔顶。这座巴别塔就是《圣经·旧约》里的巴别通天塔。"巴别"这个词是巴比伦文，意思是"神的大门"。由于它的读音跟古希伯来语中的"混乱"一词相似，加上当时巴比伦城里的居民讲的远不止一种语言，《圣经·旧约》的作者也就很容易把"语言混乱"与上帝对建塔的惩罚相联系，编出上述的故事来了。巴比伦古城里最早的巴别通天塔，在公元前689年亚述国王辛赫那里布攻占巴比伦时就破坏了。新巴比伦王国建立后，尼布甲尼撒二世下令重建通天塔。他命令全国不分民族、不分地区都要派人来参加修塔。

尼布甲尼撒下令重建的巴别通天塔共有7层，总高90米，塔基的长度和宽度各为91米左右。在高耸入云塔顶上，还建有壮观的供奉马都克主神的神殿，塔的四周是仓库和祭司们的住房。在5000多年前，人们能建起这样一座如此巍峨雄伟的通天塔，实在是人世间的一大奇迹。遗憾的是，巴别塔如今剩下的仅仅是一块长满了野草的方形大地墓的残迹了。

在波斯人彻底摧毁了巴比伦之后，人们对巴比伦通天塔仍然念念不忘。

公元前331年，当亚历山大大帝占领已经荒芜的巴比伦后，他曾经想重建通天塔。但是，单单清除废塔的砖瓦就需要一万人工作两个月。最后他只好放弃了这个计划。

千百年过去了，不知有多少人一直想找到巴比伦城的遗址。

1899年3月，一批德国考古学家，在今天巴格达南面50多公里的幼发拉底河畔，进行了持续10多年之久的大规模考古发掘工作，终于找到了已经失踪两千多年，由尼布甲尼撒二世在公元前605年改建后的巴比伦古城遗址。

考古学家们现在仍在巴比伦古城遗址上进行着发掘工作。许多宫殿、神庙、街道和住房已经渐渐露出地面。考古学家们正在和历史学家、艺术家们一起，根据发掘出来的文物，复制古城巴比伦大多数建筑物的原型，以便有朝一日能使这座人类宏伟的古城恢复旧观。

波斯帝国

"我是居鲁士，宇宙的王，伟大的王，强有力的王，巴比伦的王……世界四方的王……"这个居鲁士，就是前面说过的那个未经一战就攻占巴比伦的波斯王。他进入巴比伦城以后，发布了一个安民告示，古代史上叫它"居鲁士文书"。"文书"的开头就用了上面的一连串头衔。

居鲁士是波斯帝国第一个著名的国王。他登上王位以后，逐步统一了伊朗高原上的各个部落，在公元前550年（中国春秋末期）建立了波斯帝国。攻陷巴比伦城以后，他把波斯首都迁移到巴比伦。公元前529年，居鲁士在波斯东北部和游牧民族作战时阵亡。他的儿子冈比西继承了他的王位，在公元前525年征服了埃及，扩大了帝国的版图。

在冈比西远征埃及的时候，波斯的本土爆发了僧侣高墨达领导的政变。高墨达长得和冈比西的弟弟巴尔迪亚有些相像。冈比西早就把自己的弟弟暗地里杀死了，他一直不敢让别人知道。高墨达利用了这一点，自称是王弟巴尔迪亚，打着"居鲁士之子、冈比西之弟"的旗号，吸引许多人跟随他。公元前522年4月，高墨达夺取了王位，宣布减免赋税徭役，各地人民纷纷起来响应。冈比西听到这个消息以后，急忙返回波斯，不料却在途中突然死了。

不久，一个贵族的儿子，名叫大流士，起兵讨伐高墨达。结果高墨达被杀死，各地起义也被镇压下去。大流士成了波斯王，称为大流士一世。

　　大流士做了国王（公元前 522 年~公元前 486 年）以后，继续对外进行侵略战争，把附近的许多国家和部落都征服了。波斯成了一个疆土辽阔、国势强盛的大帝国。它的版图东边到达印度河，西南包括整个埃及。黑海、爱琴海、地中海、里海、咸海、红海、波斯湾和印度洋的波浪，拍打着波斯帝国的海岸。为了统治这个庞大的帝国，大流士把苏萨、爱克巴坦那、巴比伦、帕赛波里斯四个城市作为首都。他一年四季轮流在这四个首都发号施令。

　　大流士把帝国分成若干行省，设总督治理。为了防备总督反叛，他还派出许多人去监视他们。每个总督的一举一动，大流士都能很快知道。如果某个总督企图谋反被发现，他的皮就要被剥下来，铺在总督坐的椅子上，来警戒他的继任者。

　　为了便于迅速调动军队和发展帝国贸易，大流士十分注意修筑大道，把首都跟各个行省连结起来。最大的一条路从苏萨通到爱琴海海岸，长 2500 公里，这就是波斯著名的"皇道"。皇家的信使在"皇道"上骑着快马来往奔驰，采用接力赛的方法传递紧急文书。一个信使飞马急驰 20 公里，把文书传给在路边等候的另一个信使，这个信使再传给下一个人。步行需要几十天的路程，信使三天就可以到达。希腊人羡慕地说："波斯王住在巴比伦，爱琴海鲜鱼进宫廷。"

由于波斯的交通发达，沿途又派有士兵保护商旅行人免遭抢劫，波斯和印度以及地中海各国的贸易很快就发展起来了。据说，水稻和孔雀就是在那个时候从印度传入波斯的。

每年，大流士从各行省勒索大量黄金，铸成金砖，保存在皇宫金库里。他还是第一次下令铸造和使用金币的人。金币的一面是一个弓箭手，另一面是他本人的头像，这种金币叫做"大流克"，直到现代仍然被世界各国古币收藏家看作珍品。

大流士向被波斯征服的各国人民强迫征收沉重的贡税，还逼迫波斯本土的农民奉献给他丰富的礼物。靠着对各地人民的残酷压榨，大流士过着极其豪华奢侈的生活。他调集埃及、巴比伦、腓尼基和其他地方的能工巧匠，为他建造宏伟的王宫。王宫里面的奴仆多达1.5万人，卫队由1000骑兵和10000步兵组成。大流士平时吃的是从各行省进贡来的奇珍佳肴，穿的是绣着金丝的大红袍。他的臣下都不敢走近他，生怕自己的呼吸冒犯了这个"众王之王"。

为了巩固自己的统治，继续对外扩张，大流士还建立了强大的常备军，自己担任最高统帅。但是，只靠武力维持的国家是注定要灭亡的。公元前5世纪上半期，大流士和后来的几个国王多次发动侵略希腊的战争，结果都遭到惨败，这对波斯的军事优势是一个十分沉重的打击。在以后的100多年里，波斯境内被奴役人民的反抗斗争此起彼伏，一直没有中断，使帝国的势力一天天衰落下去。公元前330年（中国最早的大诗人屈原出生后第十年），巴尔干半岛中部的马其顿王国军队打败了波斯军队，庞大的波斯帝国灭亡了。它一共存在了220年。

暴君冈比西斯

公元前529年，居鲁士在进攻马萨革泰人时作战阵亡，他的同祖父同名的儿子冈比西斯即位，成了波斯皇帝。

冈比西斯是一个残暴的皇帝。因为患有癫痫病，就更显得疯狂。

公元前525年，冈比西斯率大军占领了埃及首都孟斐斯，生擒了埃及法老。为了显示战胜者的威风，在占领孟斐斯之后，他专门举行了一个庆祝胜利的仪式。他把俘虏的法老和埃及大臣们集中在城外的一块空地上，让手下的士兵给法老和大臣们的女儿们统统穿上奴隶的服装，拿着水筒去打水。这些从小衣来伸手、饭来张口的公主、小姐们哭嚎着从她们的父亲面前走过。

埃及法老和那些埃及大臣们，见女儿受到这样的折磨，心如刀绞，又无可奈何，不由得也大哭起来。一时间，空地上一片撕心裂肺的哀号，就连一些波斯士兵也不忍听下去。冈比西斯在一旁却看得手舞足蹈，哈哈大笑。

冈比西斯在埃及期间，又率大军向埃塞俄比亚发动了进攻，但损兵折将，大败而归。回到埃及之后，他的癫痫病越发严重起来，整天情绪暴躁，不时发狂。

有一天，正好是埃及人的一个宗教节日。他看见埃及人欢天喜地庆祝自己的节日，便认为是在嘲笑他征服埃塞俄比亚的失败。于是，大发雷霆，亲自率人将正在庆祝的埃及人赶走。并将埃及人最崇拜的圣牛杀掉，使在场的埃及人大惊失色。

不久，为防止自己的亲兄弟巴尔迪亚争夺王位，他又派人返回波斯将他谋杀。因为他的皇后规劝了他几句，他暴跳如雷，拔刀将皇后杀死。

他的神经总是处于十分的敏感状态，特别忌讳人们说他有病，生怕手下人说他施政无方。

有一天，他问自己的大臣普列克撒斯佩斯："你说波斯人认为我是怎样一个人，都在谈论我什么？"普列克撒斯佩斯小心翼翼地答道："他们都在称颂陛下，但是……""但是什么？"冈比西斯接着问道。"但是……他们也说您喝酒有点太多了。"冈比西斯脸色立刻阴沉起来："上次我问了几个人，他们都说我比我父亲居鲁士还强，只有一个人反对，他说我只有一点比不上我父亲居鲁士，因为我还没像他那样，有像我一样出色的儿子。怎么他们现在又认为我有缺陷呢？"他愤愤地继续说："我现在就要判定一下，是波斯人讲了真话，还是在说谎。"

冈比西斯说完，便派人把普列克撒斯佩斯的儿子带到宫中。然后对普列克撒斯佩斯说："你的儿子就在门外，如果我一箭射中他的心脏，那就说明说我不好的波斯人错了。如果我射偏了，那他们就说对了，是我失去了理智。"说完这番话，他便让士兵揪住那个孩子，拿起弓箭，一箭射了过去，正中孩子的胸膛，把孩子射死。冈比西斯狂笑道："我很清醒，是波斯人疯狂了。"

在埃及的三年期间，冈比西斯的癫痫病越来越厉害，发狂的时候也越来越多。许多大臣每天都是胆战心惊，生怕冈比西斯哪一天发起狂来，将他们

其中的哪一个杀掉。

就在冈比西斯在埃及胡作非为的时候，波斯国内出现了大乱。在冈比西斯皇宫里，有一个叫高墨达的拜火教僧侣，利用波斯人对冈比西斯暴虐无道的不满情绪，假冒被冈比西斯杀死的王子巴尔迪亚的名义，于公元前522年3月，在首都爱克巴坦那发动了政变，宣布废黜冈比西斯，自立为波斯皇帝。

政变之后，高墨达又宣布，免去帝国境内所有人民三年捐税和兵役。高墨达的这项措施大得民心。大多数波斯人、米底人、巴比伦人、亚述人早就痛恨冈比西斯的暴政，因此高墨达的免征赋税和兵役的措施一颁

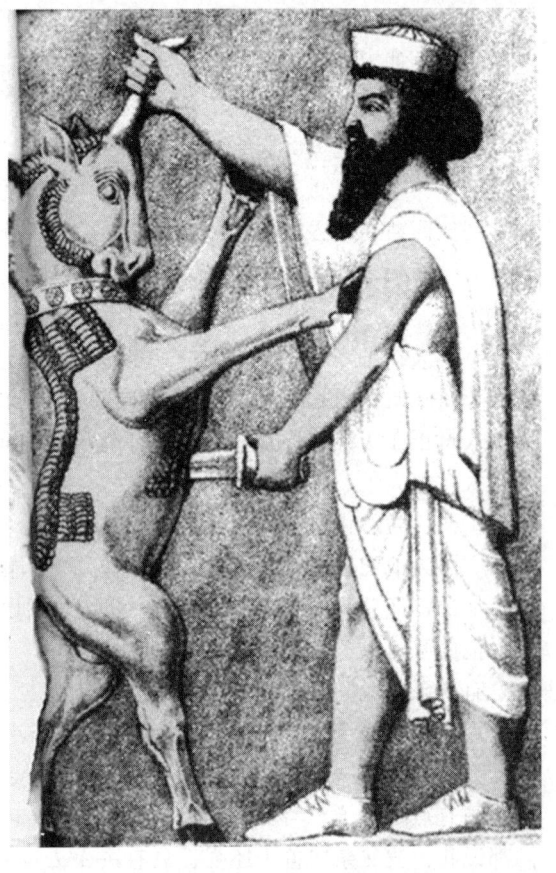

布，人人都说新皇帝好，纷纷起来拥戴冒名巴尔迪亚的高墨达。一些不满当地豪门贵族的百姓，也趁机揭竿而起，将那些经常作恶多端的富豪，杀死或赶走，把他们的家财分光。

冈比西斯得到国内大乱的消息后，急忙率领部队回国，准备夺回王位。就在他上马准备启程时，他的佩刀刀鞘的扣子，突然弹开，刀从鞘中滑了出来，锋利的刀刃把冈比西斯的大腿割了一道血口，冈比西斯痛得从马上跌了下来。

这样，冈比西斯只好暂时放弃了亲自杀回波斯的计划，派了一员亲信大将，带着一支部队先行赶回波斯。但是这支部队在埃及的大沙漠中遇到了沙暴，全军覆没，长眠在沙漠之中。后来，他们的木乃伊被现代考古学家们发现。

冈比西斯回到宫中后，癫痫病再一次发作，手下人都不敢靠近他。由于天气炎热，加上裹伤的麻布没有消毒，他的伤口受到细菌感染，天天都要流出大堆的脓血，只二十几天便一命呜呼了。

大流士改革

冈比西斯死后，波斯王位由假扮王子的拜火教僧侣高墨达篡夺。可是，8个月以来，新王从不召见大臣。大臣们虽然都很惧怕他，但对这样奇怪的事情也不免在私底下议论："为什么新国王不在公众场合露面呢？"也有人传说巴尔迪亚就是拜火教僧侣高墨达。就在人们将信将疑的时候，冈比西斯的一个王妃发现新王没有耳朵。她的父亲欧塔涅斯知道后马上断定新王的确是僧侣高墨达，因为在居鲁士在位时，这个高墨达由于过失被居鲁士下令割去了双耳。欧塔涅斯把这一消息告诉了另外6名波斯贵族。7个人商议决定发动政变，夺回政权。

没几天，新王不是真正王子的消息传遍了整个都城，高墨达也听说了。他见真相已经败露，就仓皇逃走，最后在米底被欧塔涅斯和大流士一世等人杀死。

假王既然已经死了，就得再选出一个人来做国王，7个人经过不停争论，欧塔涅斯决定退出王位的竞争，其余6人商定找一天在郊外集合，谁的马先叫谁就当国王。结果，大流士一世在马夫的帮助下当上了波斯王。

大流士一世继位后，面临着严峻的形势。帝国本部的波斯贵族拥兵自立，自称是王位的合法继承人，刚被征服的地区也趁机纷纷独立。

大流士一世经过大小18场战争，残酷镇压了各地的叛乱，重新统一了帝国。

公元前520年9月，踌躇满志的大流士一世巡行各地，为了标榜自己，大流士一世在克尔曼沙以东32公里的贝希斯顿村旁的悬崖峭壁上刻石记功，留下了著名的《贝希斯顿铭文》。这个铭文的上半部分是大流士一世的雕像，他左脚踏着倒地的高墨达，右手指向波斯人崇拜的光明与幸福之神阿胡拉·马兹达。8名被绳索绑缚着脖颈的叛乱首领被雕刻得很矮小，与高大伟岸的大流士一世形成鲜明对照。浮雕下半部是铭文，上面写着：

"我，大流士，伟大的王，万邦之王，波斯之王，诸省之王，叙斯塔斯

帕之子,阿尔沙马之孙,阿黑门尼德。……按阿胡拉·马兹达的意旨,我是国王。"

《铭文》用波斯、埃兰、巴比伦三种文字刻于贝希斯顿山距地面105米高处的悬崖上,宣扬了大流士一世的功业和他的神圣不可侵犯的权力。

稳定了国内局势后,大流士一世把主要精力放了对外征服上。公元前517年,他派兵夺取了印度河流域西北部的地区,建立起帝国的第20个行省。公元前513年,他率兵亲征黑海北岸,征服了色雷斯,然后海陆两路并进,指向多瑙河下游和黑海北岸的西徐亚人。大流士一世的部队遭到了西徐亚人的有效抵抗,损失8万之众,最后被迫撤退。公元前500年,大流士一世前往希腊在小亚细亚的殖民城邦米利都,镇压当地反波斯的起义。攻下米利都后,他借口雅典的海军支援了米利都而出兵希腊,从而揭开了长达50年的希波战争的序幕。公元前492年,大流士一世派他的女婿马尔多尼率战船600艘出征希腊,但在中途遭遇风暴,损失惨重,无功而返。公元前490年,大流士一世再次兴兵从海上进攻希腊,并在马拉松成功登陆,但拥有强大骑兵的波斯军却被全部由步兵组成的雅典军打得惨败而归。虽屡遭挫败,但大流士一世始终没放弃征服希腊建立世界帝国的念头,不过时间已经不允许他实现自己的愿望了。公元前486年,正当他策划再度出兵希腊时,埃及爆发大规模起义,大流士一世亲自前往镇压,未及成功便死了。

大流士一世在位期间,为巩固中央集权,他在政治、经济、军事等方面进行了一系列卓有成效的改革。改治上,他在被征服地区普遍设行省、置总督,对行省采用分权但却相互制约的统治方法,同时尊重被征服地区的宗教、法律和习俗，建立起了有效的中央集权体系。经济上，他实行新的税收制度，统一货币和度量衡。军事上，他自任军队最高统帅，各行省军政分权，建立了以波斯人为核心的步兵和骑兵，和以腓尼基水手为骨干，拥有600～1000艘战船的舰队。为便于调遣各行省军队和传递情报，不惜重金修筑"御道"，设驿站，备驿马，在波斯全境形成驿道网。驿道虽然是出于行政目的修建的，但也极大地便利了商业的发展。此外，他还派人勘察了从印度河到埃及的航路，开凿了尼罗河支流到红海的运河。大流士一世是世界历史上著名的改革家，他的改革奠定了波斯帝国数百年的基业。

大流士一世在位期间是波斯帝国的鼎盛时期，他征服了印度河流域和巴尔干半岛的色雷斯地区，使波斯帝国成为古代世界第一个地跨亚非欧三大洲的大帝国。

古代印度的种姓制度

印度历史是一部"不断为异族征服的历史"。印度的原始居民达罗毗荼人曾经创造了灿烂的哈拉巴文化。约公元前1500年，印度次大陆的平静被一支操印欧语的游牧民族雅利安人打破了。他们首先占领了印度"五河流域"（今巴基斯坦和印度的旁遮普地区），同当地的土著民族达罗毗荼人发生了激烈的冲突。结果，雅利安人征服了后者，并逐渐向东扩张，征服了整个北印度。雅利安人入侵印度后，逐渐放弃了游牧生活方式，开始过起农业定居生活。与此同时，在雅利安社会中逐渐形成了一个森严的等级制度，这就是种姓制度。

"种姓"即等级，梵语作"瓦尔那"（即"肤色"）。由于雅利安人是白种人，达罗毗荼人则皮肤黝黑，因此种姓制度实际上起源于入侵者把自己与被征服的当地居民在种族上隔离开来的企图。随着雅利安人内部的逐渐分化，各种社会地位被世世代代地固定下来，种姓制度就超出了种族压迫的范畴，演变为一种社会分层制度。

根据种姓制度的规定，人被分为四个等级：婆罗门、刹帝利、吠舍和首陀罗。婆罗门是第一种姓，由雅利安人中的祭司阶层组成，他们世代职掌祈祷和祭祀，有时也参与政权，是古代印度的精神统治者；刹帝利作为军事贵族，是第二种姓，他们是古代印度的世俗统治者，国王大多出于这个阶层；

其余雅利安自由民称为吠舍，是第三种姓，从事农、商、手工业；被征服的土著居民属第四种姓，称首陀罗，其中一些人是奴隶，职责是为上等种姓服务。很明显，第一、二种姓是统治阶级，第三、四种姓是被统治阶级。

种姓制度形成之初，只强调社会分工，在具体问题上尚无严格限制。公元前4世纪以后，种姓制度走向成熟。四大种姓在理论上皆为职业世袭、内部联姻、排斥外人的社会集团。相互之间界限严明，不能通婚、共食、交往，礼仪上也有严格规定。后来，种姓间地位差距进一步扩大，低贱种姓的人若诋毁了高贵种姓的人，便会惨遭从口中灌铁水和沸油的酷刑，被活活折磨死。

随着社会经济的发展，社会分工更加细致，在吠舍和首陀罗种姓中出现了许多职业团体，并演化成独立集团，史称"迦提"。迦提的形成标志着种姓制度的复杂化。迦提的地位有高低之别，但大多属于被压迫阶层，其中的旃陀罗被称为"不可接触者"阶层，或叫贱民。他们被认为出生自地下，因此是不洁的、有罪之人，他们不能用公共水井，不能入庙，不能在大路上行走。他们只能居住在与世隔绝的村庄或城镇外面的住房里，只可以使用他们自己的寺院和水井。他们必须非常小心地避免玷污各种姓中的成员，也就是说，不可与后者发生任何肉体上的接触，在极端情况下，甚至不可进入后者的视线。他们注定只可从事那些被认为是不洁的行业，因为这些行业或是玷污了某些仪式，或是伤害人或动物的生命。这些职业包括猎人、捕鱼人、屠夫、刽子手、掘墓人、承办丧葬者、制革工人、皮革工人和清道夫。

古印度的种姓制度和贱民歧视，在印度民族的历史上留下了深深的痕迹，直到今天都没有完全消除。

佛祖和佛教

在公元前6世纪，在喜马拉雅山山麓和恒河之间有一个小国，国王叫作净饭王。有一天，正在宫中的净饭王接到皇后家中送来的喜报，皇后为他生了一个王子。这位王子就是佛教的创始人佛祖乔达摩·悉达多。

悉达多的母亲在生他之后的第七天就死了，所以他是由他姨母抚养长大的。从小悉达多就特别的聪明，无论什么事情一学就会，而且对任何事情都愿意问一个为什么，非要得出答案不可。

净饭王非常喜欢小王子，希望有一天小王子能成为一个统一天下的大王。但是老国王总为这个小王子担心,因为他总愿意思考一些在老国王看来十分荒唐的事情。比如他问,同样是人,为什么有的人是婆罗门,有的人却是首陀罗?而且,婆罗门的子子孙孙都是婆罗门,首陀罗的子子孙孙永远是首陀罗,这又是为什么?老国王回答不出来,只好说这是上天安排的,但悉达多说,他不相信,又说他要找到一个让人人都能够平等的办法。

悉达多十九岁的时候,同表妹结了婚,家庭生活也十分美满。

有一天,悉达多出城游玩,看见一位老人拄着木棍,艰难地移动着脚步,走出不远又看见一个病人倒卧在污泥中,又遇着一群鸟啄食一具尸体。他问一个过路人,这是怎么回事,过路人说:"真是少见多怪,这种事经常发生,又不是第一次"。回宫后,他一直在思考这个问题,十分地烦闷和苦恼。他在想:难道人的一生就不能免除生、老、病、死的痛苦吗?又有一天,悉达多看见一个人穿着破烂的衣服,捧着一个瓦钵,现出一副悠然自得、富足快乐的样子。王子问随从这是什么人。随从说:"这是出家修道的人。"悉达多赶忙向修道者行礼,并问他为什么会这样的快乐。修道者对他说:"世事无常,只有出家人可以得到解脱。"

回宫后,王子又在想那个修道者的话,很激动,并产生了出家的念头。第二天早晨,他的妻子为他生下一个儿子。消息传出后,全城都在庆祝净饭王得了孙子,悉达多有了儿子。但悉达多在思考了一夜之后,决定出家修道。他悄悄走过妻子的房间,看见她怀抱着儿子,想走进去看上一眼。但是,他终于停住了脚步,叹息说:"要修道是多难啊。"终于,他下定决心,抛开妻儿,毅然离开了家。

第二天,悉达多走出了国境,在一条河边拔剑剃掉自己的头发,做了一个修道者。

老国王不见了儿子,急得要命,派了几个人出去寻找,终于在森林里找到了悉达多,但他坚决不肯回家。此后,悉达多四处周游寻访有名的学者学习哲学,又跟随苦行僧学道。当时印度流行所谓"苦行",就是要用各种自找苦吃的办法来求道,比如不吃不睡。悉达多也曾经用过这种修行法,结果弄得精神和体力几乎衰竭,仍然一无所得。后来他意识到,只有身体强壮,才能找到真理。于是,他开始注意锻炼身体和意志。

一天,他来到一条小河边,想洗个澡,把出家后6年来积在身上的污垢统统洗净。河边放牛的小姑娘看到悉达多身心交瘁的样子,很是担心,便给他喝了许多牛奶。悉达多终于恢复了元气。他走到一棵菩提树下,盘膝而坐,

在那里闭目沉思,静修了6年。

在他三十五岁那年,他终于想通了解脱人间痛苦的道理,创立了佛教。后来,悉达多就到各地去传教,招收信徒,希望大家相信他说的一切,并且照着去做。佛教就这样产生了。作为佛教的创始人,悉达多被他的弟子称为释迦牟尼,意思是释迦族的圣人。

释迦牟尼的学说和精神感动了许多人,其中也有许多婆罗门和刹帝利种姓的人。越来越多的人接受了释迦牟尼的教诲。

释迦牟尼把佛教解释为"四谛","谛"的意思是真理,四谛也就是四个"真理":苦谛、集谛、灭谛、道谛。"苦谛"是说人的一生到处都是苦,生老病死、喜怒哀乐其实都是苦。"集谛"指人受苦的原因,因为人有各种各样的欲望,将愿望付诸行动,就会出现相应的结果,那么在来世就要为今世的行为付出代价,即所谓的善有善报,恶有恶报。"灭谛"是说如何消灭致苦的原因,要摆脱苦就要消灭欲望。"道谛"是说如何消灭苦因,消灭苦因就得修道。

释迦牟尼还为教徒制定了"戒律"。在家的和出家的教徒都必须遵守"五戒":不杀生、不偷盗、不邪淫、不妄语、不饮酒。出家的教徒男的叫僧(和尚),女的叫尼(尼姑)。他们必须剃光头,穿僧袍,完全脱离家庭生活。另外他们还要遵守一些出家人的戒律。

佛教主张人人生而平等,同情不幸的受苦人,宣扬只要今世做了善事,来世就有好报;今世做了坏事,来世就有恶报。释迦牟尼的这些主张,逃避严酷的现实,有消极的一面。他还主张用自我解脱的办法来消除烦恼,否定斗争,所以历代统治阶级往往都利用它。

公元前485年2月15日,释迦牟尼给几个弟子讲道来到一条河边,然后就到河里洗了个澡。洗完澡后,弟子们在几棵婆罗树之间架起了一张绳床,释迦牟尼侧身而卧,枕着右手,对弟子们说:"我老了,马上就要死了,我死之后你们不要因为失去导师而自暴自弃,而要大力弘扬佛法,拯救世人。"说完,他就逝世了。以后,人们为了怀念他对弟子的苦心教导,就在寺庙里塑造了释迦牟尼的卧像,并把释迦牟尼诞生的那天(农历4月8日)称做"浴佛节",把他修道的那天(农历12月8日)称为"腊八节"。

释迦牟尼的遗体火化以后,骨灰结成许多五光十色的颗粒,佛教把这种颗粒叫做"舍利"。后来,有8个国王分取舍利,把它珍藏在特地建造起来的高塔中供奉,以表示对释迦牟尼的景仰。这种塔用金、银、玛瑙、珍珠等

7种宝物装饰，人称"宝塔"。在北京西山灵光寺的"佛牙塔"里，据说就藏着释迦牟尼的一颗牙齿。

公元1世纪时，佛教传播到中国汉族地区以后，再从中国传播到朝鲜和日本。今天，全世界有两亿多人还在信奉着佛教。

孔雀帝国的兴衰

在公元前6世纪至公元前4世纪，印度并不是一个统一的国家，而是处于列国时代，各王国割据一方，各自为政，并且不断地为土地和其他利益相互争战。在这些相互争战的王国中总计有16个小王国，其中恒河中游的摩揭陀王国则是实力比较雄厚、经济比较发达的王国之一。

恒河流域位于印度河流域的东面。随着恒河流域的开发，印度的政治、经济和文化中心逐渐从印度河流域转移到恒河中下游一带。摩揭陀王国在争霸战争中日益强大，它先后消灭了许多国家，到后来，基本上统一了恒河流域。据史载，摩揭陀王国有骑兵两万人，步兵20万人，战车两千辆，战象三千头。正当摩揭陀王国准备西征，向印度河流域推进时，遇到了向四处扩张的马其顿国王亚历山大的军队。

公元前4世纪，波斯帝国统治之下的印度西北部被马其顿国王亚历山大所征服。征服波斯之后，亚历山大就开始入侵印度河上游流域，并向恒河流域推进，这时正好与西进的摩揭陀王国军队相抵。亚历山大出师不利，就退出了印度。

亚历山大退出印度后，旃陀罗笈多在马其顿人所占领的土地上建立起一支60万人的军队，占据了印度河流域的西北部。旃陀罗笈多的军队赶走了马其顿人留守印度的军队，又挥师东进，一举推翻了摩揭陀王国的统治。旃陀罗笈多在摩揭陀王国的故都华氏城建立孔雀王朝，他自立为王，定都华氏城。

据说旃陀罗笈多原来也在摩揭陀王国，他由于触犯了国王的戒令，只好逃到亚历山大的军中。从亚历山大那里，旃陀罗笈多学会了马其顿人的军事组织方法和战略战术，这为他日后的征战打下了基础。但是旃陀罗笈多在一次谈话中，又冒犯了亚历山大，亚历山大于是下令处死他。旃陀罗笈多一面极力向亚历山大乞命，一面准备逃走。这时候，进军不利的亚历山大撤走了。他乘这个军事缝隙就地招募了一支强大的军队。

　　旋陀罗笈多是个聪明也很有个性的人。他在亚历山大的军中尽心学习军事，同时又找出马其顿军队的弱点。在他招募了自己的军队，驱赶亚历山大留下的部将塞琉古所率领的马其顿军时，充分发挥了他的军事才能，屡次击败塞琉古的入侵，并迫使它与自己的王朝订立了和约，并且凭借强大的军事势力夺得了印度河以西的土地，将马其顿人赶出印度。为了表示和解，塞琉古将他的女儿嫁给旋陀罗笈多为后。塞琉古退出印度，还把阿利亚、附立科西亚以及格得罗西亚的一部分割让给了孔雀帝国。为此，旋陀罗笈多送给塞琉古五百头战象，塞琉古王国派遣使臣驻在孔雀帝国的首都华氏城。

　　在旋陀罗笈多的统治后期，他开始信仰智那教，极其虔诚，竟至放弃王位而出家，他的儿子继承了王位。后来，旋陀罗笈多按照智那教教义的要求绝食，最终饿死。

　　旋陀罗笈多的儿子在位十多年，他继承了父亲的事业，继续向外扩张，并镇压了国内的起义，使孔雀王国更加巩固，成为南亚次大陆的一帝国。后来将王位传给了阿育王。在阿育王统治的初期，兴兵大举征伐印度南部，使除极南端的一小块土地之外的几乎整个印度都处于他的统治之下。

　　阿育王对残酷的战争给人民所造成的灾难感到十分后悔，他向全国的人民宣布："战鼓的响声"沉寂了，代替它的将是"法的声音"，今后代替暴力统治和侵略的将是不遗余力的宣扬佛法，从此以后，他将不再向邻国派遣军队，而是宣扬佛法的高僧。他在位期间，还兴办水利、修筑道路、兴办医院，使孔雀帝国进入鼎盛时期。

　　他希望每一个人都能以家庭作为人生的基点，首先在家庭中体现他所说的那些道德。主要是要服从父亲，尊崇老师和长辈；对亲朋好友要慷慨和友好；对待仆人和贫苦的人要乐善好施；对待动物要仁慈，不能滥杀。

　　阿育王首先自己以身作则。他宣布在全国废除斗兽之类的血腥娱乐，不允许用动物做杀生祭礼，在宫廷里对王公大臣们喜欢的狩猎游戏也加以限制。

　　不久，阿育王又宣布佛教为印度的国教，下令在王宫和印度各地树立石柱，开凿石壁，将他的诏令刊刻在上面。他宣称征服不应使用战争，而应依靠佛法。他还召集了全国的一大批佛教高僧，编纂整理佛教经典，在各地修建了许多佛教寺院。

　　阿育王在推行佛教的同时，也加强统治。国家的军事、行政和最高司法等一切大权都集中在他一个人手中。他拥有一个由他一手操纵的庞大的官僚机构，由行政长官、军事长官和祭祖长老分别掌管，而地方则被他分为许多

个省,派总督去管理。有60万常备军队保卫着他的政权。

在阿育王统治时期,孔雀帝国经济繁荣,商业贸易活跃。不仅国内工商业发展起来了,海外贸易也有不少进展,孔雀帝国与斯里兰卡、缅甸等国家或地区的贸易往来频繁。

繁荣强大的孔雀王朝留下了不少石刻传至今日,就连中国宁波还有阿育王寺的庙宇。尤其是它传播的印度佛教文化,几乎遍及南亚和中亚。

正如历史上许多依靠武力征服建立起的帝国一样,孔雀帝国没能维持多久。强大一个多世纪的南亚次大陆上的大国,在阿育王死后,开始逐渐走向衰落,最后又分裂成许多个小国家。

《摩诃婆罗多》

一个春暖花开的日子,天上8位神仙兄弟,带着他们美丽的妻子们下到人间游玩。在一片绿油油的草地上,一只漂亮的母牛带着小牛犊在吃草。母牛有着锦缎般的皮毛和惹人怜爱的姿态。一位妇人被母牛吸引了,她要求神仙们把母牛带走,她的丈夫知道这是极裕仙人的母牛,劝她放弃这个想法,但她执意不从。最后,在众兄弟的帮助下,他们终于偷走了母牛和牛犊。

极裕仙人是位很有法力的大仙。他回来后发现母牛不见了,运用法力很快就知道了谁是偷牛的人。他发出诅咒:8位神仙兄弟都将降到人间做凡人。极裕大仙和诅咒是很灵验的,肯定能变成现实。8位神仙兄弟非常后悔,他们一起向大仙请求宽恕。大仙在他们的恳求下,把诅咒减轻了:7位兄弟都必须到人间走一遭,但偷牛的主谋将留在人世间。

8位神仙兄弟又去求恒河女神做他们的母亲,商量好恒河女神生下前7个孩子都扔入恒河,让他们洗去罪过,重新复活为神。恒河女神被他们的诚心感动了,她答应他们的请求,便化作一位美貌的女子到人间。她娇美的容颜和婀娜的身姿,使她得到人间国王福身王的爱情。

在结婚前,他们订了一个协议:福身王不许问她的来历,不得干涉她的行为,迷恋中的福身王答应了。他们成亲了,生活幸福美满,每年都生下一个俊美的孩子,但母亲每次都将孩子扔入恒河,然后笑容满面地回到丈夫身边。国王极为震惊,但因婚前有约,只好默默忍受,这样延续了7年,第8年生第八个孩子的时候,福身王忍无可忍,终于制止了妻子。丈夫违约,大

仙的诅咒也实现了。恒河女神向丈夫讲明原委,带走了小儿子。儿子被送到大仙那里,学习各种知识,练就了各种本领,长大后回到福身王身边,成为英武、博学、善良的人物。国王立他为太子。

福身王失去爱妻后,十几年都闷闷不乐,也没再娶。有一次,他在河边看到一位大眼细腰,如花似玉,浑身发着异香的渔家女子。他要求这位女子嫁给他。但女子父亲提出的条件是要让他女儿生下的儿子继承王位。可是,福身王已将恒河女神的儿子立为太子,无法答应。他又开始郁郁不乐了。太子知道原因后,他向渔父发誓他要放弃太子的地位,并发誓一辈子不结婚,这样来保证渔家女的后代稳坐王位。渔家女终于和福身王结婚了,他们生下花钏和奇武两个儿子。花钏很早就死去了。奇武有两个儿子,一个叫持国,一个叫般度。持国是个瞎子,但他有以难敌为首的100个儿子。般度有以坚战为首的5个儿子,但个个武功出众。

持国百子和般度五子从小就产生了竞争和矛盾,长大后又开始争夺王位。难敌为了独占江山,经常想谋杀坚战兄弟。有一次他建造了一个涂满树胶的房子,让坚战五兄弟去住,当他们一住进去的时候,又派人去放火,树胶房子最容易着火,一下子就烧得精光。幸好有人报信,坚战兄弟从事先挖好的地道跑走了。

坚战兄弟们逃过了森林。在一次邻国公主招亲大会上,坚战兄弟中的一个人,一箭射中远处旋转的鱼的眼睛,他可以娶美丽的黑公主为妻了。但遵从母亲的旨意,他们五兄弟共同娶了这位妻子。

黑公主的国家势力强大。有了这样的支持,坚战五兄弟又回国了。国王分给他们一半国土,但都是荒凉的土地。难敌又想起一个坏主意,他让坚战兄弟和他玩掷骰子的赌博。条件是输了的一方必须流放12年,第12年还不能被认出来,否则又得增加12年的流放。坚战兄弟被迫无奈答应,结果输了,他们只好到森林中去过流放的生活。第13年时,他们乔装打扮,到一个国家的王宫里干活。等一年过去了,他们派使者回国要求归还他们的一半国土。

难敌拒绝了坚战五兄弟的要求。双方终于爆发战争了。难敌和坚战都联络了许多国家做他们的支持者,当时印度半岛上的国家几乎都参加了这场大战——俱卢大战。

这场大战进行了18天,死伤无数人,难敌的99个兄弟都被杀死了,只有难敌一人逃跑了。他躲进一个湖里,用一根芦管呼吸。但被坚战五兄弟发现了。他们用语言羞辱他，逼得难敌从湖里冒起来，和他们决斗。难敌寡不敌众，也被杀死了。

难敌的战士们决心为难敌报仇，他们夜袭坚战五兄弟的军营，把酣睡的战士都杀死了。幸好五兄弟当时不在，得以逃生。坚战回国做了国王，想到兄弟家族间的残杀给人民带来了那么严重的灾难，他们心里感到很愧疚。不久，他们把王位交给了孙子，带着妻子黑公主到喜马拉雅山去修道了。最后他们都升入天堂。

这些故事是印度史诗《摩诃婆罗多》的主要情节，据说它是印度传说中的大圣人毗耶娑创作的，反映了古代印度各阶层的生活，被誉为印度古代社会的百科全书，长达20多万行，是荷马史诗的8倍，是世界上最长的史诗。在印度一年一度的庙会上，艺人们都要分段朗诵它，听众常常会被感动得流下眼泪。

奥林匹亚赛会

波斯王薛西斯统率的大军横扫了希腊北部，来到了南下唯一的通道，德摩比勒隘口前。令他十分奇怪的是，把守关隘的只有几千名希腊士兵。"难道希腊人另有埋伏？"直到派去侦察的人回来向他报告，他才恍然大悟。

原来，此时正是希腊举行奥林匹克运动会的时间。而在希腊，奥林匹克是高于一切的大事，运动会期间是禁止打仗的，甚至在外敌入侵时也不受影响。

那么，希腊的奥林匹克运动会究竟是怎么回事呢？

古代希腊神话传说：居住在奥林匹斯山上的天神宙斯主宰着天地万物、整个世界。为了表达对宙斯的崇敬祈求，希腊人在伯罗奔尼撒半岛西部的奥林匹亚举行盛大的祭祀。他们进献上整牛整羊作为祭品，载歌载舞，欢庆宴饮，同时还要进行短跑竞赛活动。

到公元前766年时，希腊规定每隔4年在奥林匹亚举行一次竞技大会，也就是运动会。这就是最初的奥林匹克运动会。

最早的竞赛项目只是200码（大约182米）短跑，后来逐渐增多，有摔跤、掷铁饼、投标枪、赛马和赛车等。除了那些犯叛国罪和对神不敬的人，每个有气力，身体灵活的希腊公民都可以参加比赛。最受观众欢迎的是驾着

马车赛跑的项目。比赛时,众马奔腾,车轮滚滚,尘雾飞扬;观众的欢呼声伴着隆隆的车声、骏马的嘶鸣,方圆数十里都能感受到那热烈的气氛。因为这种比赛,需要自己有马,又要接受专门训练,所以参加的往往是贵族的代表。

运动会结束,竞赛优胜者要戴上用月桂编成的王冠,这就是人们常说的桂冠。戴着桂冠的优胜者比国王还要受到人们的崇敬和爱戴。有人甚至把他们当作神一样崇拜。竞技大会的闭幕式上,还要举行"国宴"招待他们。最著名的诗人向他们奉献赞美诗,第一流的艺术家为他们在奥林匹亚建造纪念雕像。他们的名字很快传遍了整个希腊,有的时候还要通过各种方式向国外传扬。优胜者的家乡把他们当作出征凯旋的英雄来欢迎。有的城市还故意把城墙打开一个缺口,让他们像征服者那样进城。如果优胜者是雅典人,还可以得到500银币的奖励。

古老的运动会还树立起了一种优良的运动作风,优胜者得到最高的荣誉,受到普遍的尊敬;而那些在运动会上使用不正当手段进行作弊的人,要被立即赶出竞技场,遭受大家的耻笑。

奥林匹克运动会是古代希腊生活中一项极为重要的事件。甚至战争也要为运动会让路。交战的双方会暂停攻击,等到5天运动会结束以后再继续开火。后来,休战期延长到一个月,最后延长到3个月。最令人难以理解的是,即使在外敌入侵的时候,希腊人仍把运动会放在第一位。竞赛期间是希腊全国性的节日,每个希腊人都把能看到奥运会当作一生幸福的大事。

奥运会对希腊生活的许多方面产生了巨大影响。希腊的各个城邦,因为这一全国性的运动会,就有了共同的社会活动,有利于彼此接近,也增加了各城邦之间的文化交流和贸易往来。很多城邦之间的紧张的关系一定程度上得到了缓解。此外，运动会还促进了希腊文化艺术，特别是雕刻艺术的发展。希腊著名雕刻家迈伦塑的掷铁饼者，肌肉健壮，线条流畅，准确生动地表现出一个青年运动员在掷出铁饼前一刹那间的紧张状态，被誉为不朽的艺术珍品。希腊人中曾流行着这样一句话：没有奥林匹克，就没有希腊雕刻。

古代的奥林匹克运动会一共举行了293次。到公元394年，侵入希腊的罗马皇帝狄奥多西下令禁止举行比赛，奥林匹克运动会从此中断了1500多年。后来，经过法国人顾拜旦的倡议和努力，1896年，奥运会又在雅典恢复了。以后仍然是4年一次，分别在不同的国家举行，而且参加者也不再限定为希腊人。如今，奥运会已经成为全世界瞩目的体育盛会。比赛项目更多，参赛的选手更多。每隔4年，来自世界各国的运动员们会集在田径场上，向着"更高、更快、更强"的目标竞争拼搏，传递着人类大家庭的和平和友谊。奥运会又成为了人类和平友谊的盛会。

改革家梭伦

雅典地处中希腊的阿提卡半岛，境内多山少地，矿产丰富，沿海有良港，对外交通十分便利。

公元前12世纪，多利亚人南下时并未侵入阿提卡，但多利亚人的南侵影响了迈锡尼各邦，一些居民为躲避战乱纷纷逃至雅典居住，他们成为雅典原有氏族之外的居民。由于居民混杂，原有的氏族管理机构的作用大减。为适应形势的变化，雅典出现了传说中的第十代"王"（巴赛勒斯）提修斯的改革。提修斯改革以"联合运动"的方式，废除了阿提卡各地的议事会和行政机构，设立了以雅典为中心的中央议事会和行政机构；根据出身和职业，将全居民分为三个等级：贵族、农民和手工业者。通过改革，氏族部落管理机构正式发展为贵族独占的国家机构。

这个刚刚诞生的雅典城邦是贵族统治的国家，统治机构有执政官、贵族会议和公民大会。统治机构建立后，氏族贵族便利用自己的垄断政权残酷地剥削、压迫平民。平民的处境日益恶化，他们或将土地抵押给贵族沦为"六一汉"（因为他们为富人耕田，按此比率纳租），或变为债务奴隶，或流亡国外。这种情况使贵族与平民的矛盾激化，社会动荡不安。公元前6世纪初，平民准备以暴力推翻贵族政权，内战一触即发。在这紧要关头，得到大多数

公民支持的梭伦被推举为"执政兼仲裁",受命调停矛盾。

梭伦(约公元前630~公元前560年)出身于贵族家庭,博学多识,在群众中有很高威望。他到任后,拒做僭主,主张以法治国,曾先后颁布了一系列政治、经济等方面的改革法令。

梭伦改革打击了旧的氏族贵族,消灭债务奴隶制,恢复并稳定独立的小农经济,为雅典公民形成自主独立的公民意识奠定坚实的经济基础,也使雅典奴隶制开始向高阶段发展;并打破了贵族对政权的垄断,提高了工商业奴隶主阶层的政治地位,使普通公民可以参加决定国家命运和自身利益的政治活动,促使雅典政体从贵族政治向民主政治过渡;改革对工商业的发展,采取一些鼓励的措施,为雅典的经济繁荣创造了良好条件。把雅典引上了建立奴隶制民主政治和发展工商业的道路。在梭伦改革后的一百余年里,雅典始终遵循他所开辟的政治改革道路,终于成为一个经济繁荣、政治民主、文化昌盛、国力强大的希腊超级城邦。

马拉松

波斯帝国从居鲁士起,经过几代人的不断扩张,到了大流士一世时,已经成了一个横跨亚非欧的大帝国。

大流士一世垂涎于希腊城邦的繁荣富庶,于是在公元前492年春天,派了300艘战舰、2万多名士兵远征希腊,历史上著名的希波战争爆发了。不料波斯大军在横渡爱琴海时遇上了风暴,战船和士兵全都葬身海底,未经一战就全军覆没。

但波斯王大流士一世贼心不死。第二年春天,他派出很多使者到希腊各城邦索要水和土,意思是要他们表示臣服,如果不给就将他们的城邦夷为平地。大多数城邦被波斯的恐吓吓坏了,急忙献上水和土。但希腊城邦中最强大的雅典和斯巴达根本不把波斯放在眼里,雅典人把波斯使者从高山上扔到大海里,斯巴达人把波斯使者押到水井边,指着水井说:"水井里有水也有土,你自己去取吧!"说完就把波斯使者扔到了井里。大流士一世得知雅典和斯巴达拒绝投降,非常愤怒,立即下令第二次远征希腊。

当时波斯是横跨亚非欧的大帝国,而雅典和斯巴达则是希腊的两个小小的城邦,实力悬殊,而且雅典和斯巴达之间还很不团结。为了共同抵抗波斯人，雅典派出了长跑健将斐里庇第斯去斯巴达求援。雅典和斯巴达相距240公里，斐里庇第斯仅用了两天两夜就赶到了斯巴达。不料斯巴达王说："按照我们的风俗，只有等到月圆才能出兵打仗，否则就会出师不利。"斐里庇第斯动之以情晓之以理，最后苦苦哀求斯巴达王，可斯巴达王就是不同意出兵。斐里庇第斯无可奈何，只好连夜赶回雅典。

当雅典人听到斯巴达人拒绝出兵救援的消息后，他们并没有气馁。雅典执政官发出了全民动员令，甚至连奴隶也编入了军队，积极备战。

公元前490年，波斯大军渡过爱琴海，在雅典城外的马拉松平原登陆。当时希腊人的兵役制度是根据公元前600年改革家梭伦的法律制定的。雅典人分成四个等级，第一等人是最有钱的人，在军队中担任将领。第二等人是乡村贵族，他们组成骑兵。第三等人是作坊主和富农，他们自己准备兵器和盔甲，在军队中组成重甲兵。他们的武器是长达2米的标枪、希腊短剑和盾牌。第四等人是城市中的手工业者和普通的农民，在军队中组成轻甲兵，武器是标枪和弓箭，或者充当海军战船上的划桨手。雅典军队大概有1万人，他们都决心保家卫国，愿意与波斯侵略者决一死战，所以士气高昂，战斗力很强。

反观波斯，虽然有10万军队，数量比雅典人多得多，但他们主要是由奴隶和雇佣军（大部分是被征服的希腊人）仓促组成，士气低落，装备很差，纪律松弛。真正称得上精锐的只有波斯王的1万御林军。

雅典人在统帅米太亚德的率领下奔赴马拉松，迎战波斯人。马拉松平原三面环山，一面临海，波斯人就在平原上扎营。米太亚德看了地形以后，命令雅典人登上高山，占领制高点。公元前490年9月12日清晨，决战前夕，米太亚德对雅典人说："雅典是永葆自由，还是戴上奴隶的枷锁，就看你们的了。"将士们高呼："誓死不做奴隶！"

雅典人沿着山坡冲下，杀向波斯人的军营，波斯人猝不及防，一片混乱。米太亚德趁机排兵布阵，他将军队主力放在两翼，中间则是战斗力很强的重甲兵。不一会波斯人杀了过来，用骑兵冲击雅典人的重甲兵。雅典人不断后退，波斯人步步进逼，战线不断拉长。米太亚德一声令下，雅典人两翼的主力杀声震天，夹击波斯人，波斯人大败，损失了1/3的兵力，其余的纷纷爬上海边的战船，狼狈逃走，雅典人大获全胜。

米太亚德为了让雅典人尽快知道捷报，派斐里庇第斯去传送消息。斐里庇第斯在战斗中受了伤，从斯巴达回来后又没有得到充分的休息，但他还是

毅然接受了任务。他飞快地跑到雅典的中央广场，对等在那里的焦急的雅典人说："大家欢呼吧，我们胜利了！"说完就倒在了地上，再也没有起来。

为了纪念斐里庇第斯，1896年举行第一届奥运会时，人们把从马拉松到雅典的40195米的长跑定为比赛项目，这就是著名的马拉松长跑。

血战温泉关

公元前480年春天，薛西斯继承父志，率领海陆大军，再次杀入欧洲，目标直指希腊。

而希腊方面，以斯巴达和雅典为核心，以斯巴达为盟主，三十多个希腊城邦组织了反波斯同盟。一场大战又要展开了。

当波斯军队进入希腊北部后，希腊联军北上迎敌。他们以300名斯巴达重装步兵为核心，共有四五千人驻守在温泉关。

温泉关是希腊中北部的一道险关，它西面是无法攀登的大山，东面则是无边的沼泽，只有中间一条狭窄的道路。真是"一夫当关，万夫莫开"。

驻守温泉关的希腊军队，由斯巴达王李奥尼达指挥。他是一个坚强勇敢、富有战斗经验的指挥官。当波斯大军杀到跟前时，有人提议撤退，但李奥尼达毅然决定，凭借有利地形，与侵略者血战到底。

李奥尼达一面积极布防，一面派人到各地去求援，在主帅的影响下，希腊战士们也一个个精神抖擞，对胜利充满了信心。

薛西斯的大军在温泉关的北面安营，他以为希腊人会在他的大军面前不战而退，但日子一天天地过去了，希腊军却毫无退却的迹象。薛西斯急了，他下令军队,进攻!

波斯人整整打了一天,所有的冲锋都被打退了。薛西斯更加恼怒,他命令把最精锐的波斯军调上去,然后,他便坐在高坡上的王座上,准备亲眼看着自己胜利的到来。

但这场战争发生在狭窄山沟里的激战中,波斯军队数量上的优势根本发挥不出来。他们只能与斯巴达人进行一对一地厮杀。结果,一个个波斯兵惨死在敌人的手下。

看着自己的军队无法取胜。薛西斯气得暴跳如雷,眼见太阳落山,他只得下令收兵,准备明天再战。

第二天的情形与前一天没什么区别。波斯军队发动了多次冲锋,但却不能取胜,反而损失惨重。

正当薛西斯无计可施时,忽然有一名希腊叛徒爱非阿里特前来求见。他为薛西斯献上一计。这里还有一条秘密的山路通往希腊军的背后,只不过除本地人外,外人很少知道罢了。他可以带领波斯人,经这条小道到希腊军的身后,向他们发动突然袭击,何愁大事不成?

薛西斯一听,大喜过望。他即许诺,事成之后一定重赏爱非阿里特。然后他挑选了一批波斯精兵,命他们跟着爱非阿里特去完成偷袭任务。

这支波斯小分队没费什么劲便来到了希腊联军的背后,然后他们直扑希腊大营。

李奥尼达得到敌人已到背后的消息后,知道自己已陷于波斯人的夹击之中,自己将必败无疑。为了减少损失,他命令希腊盟军赶快撤退。他自己却决定留下来,率领自己的300名斯巴达勇士与敌人战斗到底。

这一天,波斯首先发动了猛攻。在众寡悬殊的情况下,英勇的斯巴达人依然坚守阵地,进行着顽强的抵抗。矛断了,就用剑砍;剑坏了,他们就用拳脚、用牙齿同敌人搏斗。李奥尼达战死了,为了争夺他的尸体,双方进行了更加惨烈的战斗,斯巴达人经过努力,打退了数次敌人的进攻,终于把主帅的尸体抢回藏了起来。但活着的斯巴达人已经越来越少了。

温泉关终于被攻占了。波斯军找到了令他们吃尽了苦头的斯巴达王李奥尼达的尸体,把他的头砍了下来,插到了长竿上,以示庆贺。

温泉关战役虽然取得了胜利,但斯巴达人那血战到底,视死如归的精神却令薛西斯感到惊恐不安。他开始觉得,征服希腊并不像他想的那么容易。

萨拉米湾海战

攻占温泉关以后,波斯陆军直扑雅典城。但是,在那里他们却什么都没见到,整座城池空空如也。波斯王薛西斯不由得大为光火,一气之下让人将这座当时最大、最富庶的城市置于火海之中。

雅典城的居民怎么突然消失了呢?原来,雅典和其他城邦的人都接受了海军统帅提米斯托克利的建议,所有的妇女儿童都坐船到亚哥斯的特洛辛和本国的萨拉米斯岛上去躲避,所有的男人都乘着战船,集中到萨拉米斯海湾。当时希腊流传着太阳神的一个预言:希腊的命运要靠木墙才能拯救。根据这个预言,提米斯托克利认为希腊的未来在海上,太阳神所说的木墙就是指大船。

与此同时,波斯海军来到雅典的外港比里犹斯,它与直扑雅典的波斯陆军遥相呼应,那势头简直就要踏平整个希腊。

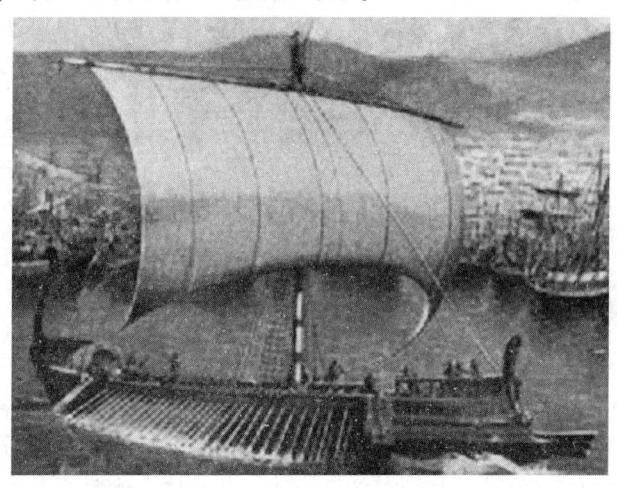

面对波斯军队的嚣张气焰,集中在雅典城南萨拉米斯海湾的希腊联合舰队对能否打败波斯大军毫无信心,有些城邦的人甚至打算把船驶离海湾,去保卫自己的家乡。

在此危急时刻,提米斯托克利召开军事会议,商讨作战方略。在会上,提米斯托克利说希腊联军完全有战胜波斯大军的可能,但前提是把战船集中在萨拉米斯海湾和波斯海军决战。他的依据是波斯战舰笨重，而港湾狭窄水浅，就算波斯军队在数量上占优势，但是在这种情况下他们的优势根本就无法发挥出来，况且，波斯水手们也不熟悉海湾水情和航路。而希腊人正相反，战船体积小，机动灵活，适合在这个狭窄的浅水湾中作战，加上水兵们在本国海湾作战，熟悉水情、航路，能充分发挥力量。

公元前480年9月20日，萨拉米斯海战正式开始。

欧利拜德斯按照提米斯托克利的建议，立即进行战争准备。他派遣科林斯支队据守西面海峡，斯巴达战舰为右翼，雅典战舰为左翼，其他城邦的战舰在中央，开始向波斯海军发起攻击。

薛西斯封锁萨拉米斯海峡后，首先派800艘先锋战舰分成三线一字摆开，向萨拉米斯海峡东端进攻。可是，海峡中间的普西塔利亚岛打乱了波斯军的阵形，波斯海军只好将纵队一分为二进行攻击，再加上波斯战船体大笨重，在狭窄的海湾运转困难，前进不得，后退无路，自相碰撞，乱作一团。

相反，希腊军舰却能在波斯军舰中任意穿梭。因为，希腊战舰大多是三层桨军舰，这样的战舰既快速，又灵活。

希腊联军抓住时机，充分发挥着自己战舰的优势，猛烈攻击波斯舰队。雅典的每艘战舰上载有18个陆战队员，他们不断地向敌舰发射火箭、投掷石块。波斯战舰陷入一片火海，波斯人惊恐万分。更令波斯人惊慌的是雅典船只坚固的构造和特殊结构。雅典战舰船头镶嵌铜冲角，船身安装一根5米的包铜横木。它们用铜冲角把波斯战舰撞得支离破碎；当它们紧贴波斯舰飞速冲过时，横木像锋利的刀子一样削断敌舰的木桨。波斯军队只能被动挨打了。

经过七八个小时的激战，萨拉米斯海战结束。希腊联军大获全胜，击沉波斯战舰200余艘，缴获50余艘，希腊舰队仅损失40艘战船。

此后，以雅典为首的希腊转入进攻，并乘机扩张海上势力，逐渐建立起雅典在爱琴海的霸权。

公元前449年，希腊和波斯在波斯首都签署了《卡利亚斯和约》，希波战争结束。

萨拉米斯海战是世界上最早的大规模海战，是希波战争的转折点，是世界海战史上以少胜多，以弱胜强的典型战例。这一战役使希腊人取得了制海权，而波斯人走向了衰落。

伯里克利与雅典

提起希腊的强盛与繁荣，人们往往会想到雅典城和伯里克利的名字，因为最能代表与反映这种强盛与繁荣的，是伯里然利统治时期的雅典，因此希腊的"黄金时代"又被称作"伯里克利时代"。

伯里克利（约公元前495~前429年），是希腊著名的民主派政治家，出身贵族，是奴隶主阶级中一个较有见识和才干的人。公元前444年以后历任首席将军，成为雅典的实际统治者，希腊历史上流传着许多关于他的美谈。

据说，为了广泛接近民众，伯里克利经常到大庭广众之中和普通百姓交谈，听取他们的意见。遇到反对他的人当面辱骂他，也从不动怒，更不随意抓人。一天晚上，在他步行回家的路上，一个贵族跟在身后辱骂他："你这个疯子！真无耻！你出身贵族，却忘掉了自己的朋友，竟然去结交那些下贱的百姓！"这个人就这样一路尖声叫骂着，尾随他到了家门口。看看天已经黑了，伯里克利让仆人打起火把，把骂他的人送回家去。

在奴隶社会的统治者、当权者中，能这样对待反对派意见的，恐怕算得上是凤毛麟角了。雅典公民对他的民主作风交口称赞，并给予他极大的支持。有一个大贵族名叫西门，专门和伯利克利作对。凡是伯利克里主张的，他都反对；凡是伯里克利反对的，他都支持。雅典公民便通过投票把他放逐到国外去了。另一个大贵族福克奇利斯，也和伯里克利唱对台戏，反对伯里克利建设雅典城的计划，最后，他也被雅典公民赶下了台。

伯里克利另一个突出的特点是对自己要求严格，执政廉洁，他掌权十几年都没参加过别人举行的宴会。他唯一一次接受的邀请是参加侄子的婚礼，但还未开宴他就离开了。老百姓形象地说，伯里克利在雅典只熟悉一条路，那就是通向能和普通公民接触的广场和500人会议的路。

在雅典，军人、法官、议员和其他政府工作人员起初都是没有薪金的，当兵的要自己掏钱买武器和马匹。这样一来，这些职务都被有钱人把持了。伯里克利执政后规定：军人和一切公职人员都由国家支付薪金。这样，一般公民也能当军人、法官、议员了。这样一来，公民的民主权利扩大了。伯里克利还给穷人发"看戏津贴"，使他们也有文化娱乐的机会。伯里克里当权时做了一件意义非同寻常的大事，这对日后雅典以至整个希腊的文化艺术、旅游及商业产生了重大影响。这件大事是：重建公元前480年被波斯军队放火烧毁了的雅典城。

在他的主持下，一批出色的雕塑家、建筑师、工艺家云集雅典，把这座古城装饰得十分雄伟、壮丽。不久，许多闻名于世的建筑陆续屹立于雅典城。可容纳14000名观众的露天剧场，经常上演一些著名剧作家的悲剧和喜剧，其中不少剧作对欧洲的戏剧产生了很大影响；专门用于诗歌演唱和比赛的音乐堂，经过精心设计，具有良好的音响效果。位于雅典中心的卫城是最出色的建筑群，它建在150米高的陡峭的山巅之上，全部用大理石修建而成，城中有雅典最著名的帕提侬神殿和智慧女神雅典娜的铜像。

雅典娜神像是著名的雕刻家、擅长雕刻神像的菲狄亚斯的杰作。像高12米，形象优美威严。雅典娜身穿黄金战袍，头戴黄金头盔，胸前的护身甲上嵌着女妖美杜莎的头像，左手持长矛，右手托着胜利女神尼刻的小雕像，身边放着一个有一条巨蛇盘在上边的圆形女神盾。神像的脸、臂、脚都是用象牙雕成的。菲狄亚斯还雕刻了被称为世界古代奇观之一的奥林匹亚的宙斯神像。公元5世纪宙斯神像在东罗马的首都君士坦丁堡烧毁。雅典娜神像则在公元146年被罗马帝国的皇帝安敦尼·庇乌搬走了，至今下落不明。

雅典城的重建吸引了众多的能工巧匠，他们从各地云集雅典。他们都想在雅典一显身手，以求得到丰厚的酬劳。虽然他们得不到雅典的公民权，但却过上了比较安定舒适的日子。

对于希腊的强盛与繁荣，伯里克利功不可没，但他晚年却屡经坎坷、挫折，接连遭受严重的打击。由于他人的诽谤，他因莫须有的罪名被撤职。复职当大将军后，他的两个儿子先后死于鼠疫，不久，他也难逃厄运，死于这种可怕的病魔。临死前，他的遗言是："我对雅典是问心无愧的。"确实，伯里克利的英名将和希腊"黄金时代"的美名永存后世。

伯里克利死后不到20年，强盛的雅典就败在希腊另一强大城邦斯巴达的武力之下了。

西西里之战

公元前432年,以斯巴达人为主的伯罗奔尼撒帝国诸国同盟与雅典同盟决裂,最终爆发了一场旷日持久的争夺奴隶和市场的战争,史称"伯罗奔尼撒战争。"

年轻的亚西比德是一个主战派,他到雅典各处进行讲演,他对人们说:"大家还呆在这里干什么,我们有天下无敌的海军,赶快出兵吧。西西里有数不尽的黄金珠宝,有成千上万廉价的奴隶,而这一切本应该是属于我们,可如今却为外族人享受,这是雅典人的奇耻大辱!成堆的金银财宝等着我们,为了我们雅典人的利益和荣誉,难道我们能眼睁睁地看着那些珠宝归叙拉古人占有,归我们的敌人斯巴达人享用吗!"

雅典人被亚西比德的言辞说得热血沸腾了,在他们的眼前,似乎有无数闪光的珠宝等着人们去搬取。于是一个接一个地跟着高呼:"出兵!出兵!"一些原本反对出兵的人也改变了立场,跟着人们呼喊和游行。亚西比德的主张代表了雅典工商业奴隶主和海军的利益,希望通过远征西西里来补充日益短缺的奴隶市场,树立海军的霸主地位。

就这样,公民大会和元老院终于通过了出兵西西里岛的决议。亚西比德被推为统帅。

亚西比德出身豪门贵族,从小就有极强的权力欲和占有欲。他有勇有谋,口才出众,很得上层人士的青睐。他还好出风头,飞扬跋扈,所以许多人又都嫉恨他。就在他被任命为统帅出兵西西里时,雅典人又任命了另一个主和派人物尼西亚当了副统帅。

公元前415年,亚西比德带领着雅典远征军出发前的夜

晚，雅典城内所有十字路口的赫尔墨斯神像全被人砸碎了。这可是个不祥的预兆，迷信的雅典人对此十分震惊，统帅亚西比德分外恼火，他打算彻底清查雅典城，严惩破坏者。但大军马上就要出发，不容拖延，他只好悻悻地带领军队离开了雅典城。

远征西西里是雅典前所未有的军事行动，耗资巨大。据统计有各类战舰136艘，重装步兵5万多名，轻装步兵1万多名。仅划桨手就有26000人。每一个雅典士兵都满怀着胜利的信心。

庞大的舰队从爱琴海出发，亚西比德踌躇满志，早把出发前夜赫尔墨斯神像被砸碎的事忘掉，信心百倍地等待即将来临的恶战，但他却未料到，国内的政敌比他的异国敌人更加恶毒。就在他率军离开雅典不久，有人就开始罗织他的罪名，在公民大会上宣布他有罪，要将他召回受审。

雅典的舰队刚刚在一个小岛靠岸，准备休息，一个雅典传令官走下船来，直奔统帅大营，向亚西比德宣布了召他回国的命令，亚西比德惊异不止，不得已将兵权交给了副统帅尼西亚。乘上自己的军舰，在一仗未打的情况下，垂头丧气地回国了。途中，他自思回国后没有好结果，于是调转船头，向远离雅典的方向划去。他要投奔雅典的敌人斯巴达。

亚西比德投敌的消息传到雅典后举国哗然，人们纷纷谴责他的变节行为。公民大会宣布判他死刑，并没收他的全部财产。亚西比德知道后十分恼火，他咬牙切齿地发誓说："我一定要让你们知道我亚西比德的厉害！"于是，他向斯巴达人献策说："要战胜雅典，你们要大力援助叙拉古，并抢占狄西里亚，以瓦解雅典人的提洛同盟。"斯巴达人马上采纳了他的建议，向西西里岛派出了大批援军，并以重兵攻占了狄西里亚。

雅典军队的新统帅尼西亚不但是一个主和派人物，而且还是一个胆小如鼠的平庸之辈。他硬着头皮当了统帅，却不知道该将这支庞大的舰队领到何方。他恨不得马上撤兵求和，但已经来到前线，又不能一仗不打。于是，他下令在叙拉古城外筑了一道城墙，试图以此包围叙拉古城，迫使敌人屈服或求和，结果却使雅典兵形成了自我保卫战的可笑局面。

谁知雅典人刚刚筑起城墙不久，增援来的斯巴达人又在雅典人的后面筑起一道城墙，形成了一道反包围圈，雅典人立刻陷入前后夹击的危险境地。

这一下雅典的士兵可慌了手脚，一些胆小怕死的士兵和划船手逃跑了，给养也发生了严重危机。尼西亚顿时吓坏了，连忙派出使者回国请求增兵，并要求辞去统帅的职务。

这时,斯巴达人已经占领了距离雅典城仅20多公里的狄西里亚,雅典城受到威胁,自身难保。当局没有同意尼西亚的辞职要求,但仍然为他派出70艘战舰和8000名士兵。

西西里岛上,双方展开了激战。最初几仗,骁勇善战的斯巴达重装步兵把雅典人打得落花流水,尼西亚见此情景吓得急忙收兵,退回城里不敢再战了。最后,他征得国内同意,不得不下令撤军。

巧的是,就在他准备撤军的当晚,即公元前413年8月27日,天空出现了月蚀。迷信的尼西亚急忙向随军的预言家咨询,预言家正色警告说:"现在撤兵必有灾难,只有等过了三九二十七天才能撤兵。"尼西亚言听计从,于是传令坚守27天后撤军。

27天的时间给了叙拉古重整海军、补充军资的好机会。待到雅典军撤退时,叙拉古的海军已将海面封锁,再一次把雅典军打得大败。

海路走不通,尼西亚指挥军队从陆路撤走。但是4万大军全无斗志,行动起来十分艰难。沿途不断受到叙拉古人的袭击,伤亡惨重,到第5天时,粮食又全部断绝了,一天军队才行走1公里。

经过几次重大的袭击,最后,雅典军只剩下7000人了。走投无路之际,尼西亚不得已向叙拉古人投降,希望能借此保存自己和7000士兵的生命。

叙拉古人接受了尼西亚的投降。但受降之后,叙拉古人马上把尼西亚斩首示众,并将7000余战俘全部卖为奴隶。

庞大的雅典远征军在西西里战中全军覆没,这在雅典战争史上是十分罕见的,也是损失最大的一次。由此,雅典主力军队消耗殆尽。

公元前405年,在赫勒斯海峡北岸的羊海,雅典和斯马达的海军再一次展开激战,结果雅典军又遭惨败,3000人被沦为俘虏。从此,雅典海军在地中海上失去了往日的霸主地位。第二年,雅典人不得不接受斯巴达人的苛刻条件。长达27年的伯罗奔尼撒战争宣告结束。

伯罗奔尼撒战争以雅典人的最终失败而结束,为欧洲带来了新的格局。结果,一个强大的马其顿帝国开始崛起了。

伊索寓言

伊索是一位奴隶出身的寓言作家，他生活的时代正是古希腊奴隶制城邦的形成时期。那个时代，奴隶主贵族作威作福，为非作歹，奴隶和下层平民备受欺凌。奴隶和下层平民对奴隶主贵族的专制并不是逆来顺受的，他们把寓言当作武器，向奴隶主作斗争。在众多的奴隶和平民出身的寓言作家中，伊索是最有代表性的一位。他是一位奴隶主的家奴，相貌丑陋却绝顶聪明，后来获得了解放。

提起伊索，也许熟悉的人不多，但提起《农夫和蛇》《狼和小羊》《鹰与蜣》《农夫和儿子们的争吵》等，也许大家都就不陌生了。

《农夫和蛇》的故事是这样的：一个农夫在冬天看见一条蛇冻僵着，很可怜它，便拿来放在自己的胸口上。那蛇受了暖气就苏醒了，等到回复了它的天性，便把它的恩人咬了一口，使他受了致命的伤。农夫临死的时候说："我怜惜恶人，应该受这个恶报！"这个故事告诉人们，决不要怜悯像蛇一样的恶人。

《狼和小羊》的故事，是《伊索寓言》中著名的一篇：一只狼来到河边，它看小羊在河边喝水，就想吃了它。但狼又想找个冠冕堂皇的借口来掩饰自己的欲望。于是狼责怪小羊把水弄脏了，害他不能喝水。小羊回答说："我在下游，你在上游，我怎么会把上游的水弄脏呢？"狼一计不成，又生一计，便恶狠狠地说，"你去年骂过我的父亲。"小羊大为吃惊，忙辩解道："那时我还没出生呢。"狼理屈词穷，终于凶相毕露地说："即使你辩解得再好，我也不放过你"。说着便猛扑过去把小羊吃掉了。这个故事要说的是坏人存心要做坏事，总是可以找到借口的。如果把狼和羊的对立关系比做奴隶主和奴隶、贵族和平民的关系，那贵族和奴隶主不就有着和狼一样的吃人的本性吗？

蜣螂和鹰相比，一个是弱者，一个是强者，它们在力量上不可相比，但在《鹰与蜣》中，蜣螂和鹰作斗争却取得了胜利：

鹰是一种凶猛的飞禽，而蜣螂是一种小虫。一次兔子被鹰追逐，在走投无路的时候碰到了蜣螂，便向他求救。蜣螂鼓励兔子和鹰讲理。但鹰却蛮横地吃掉了兔子。蜣螂从这个悲剧中悟出：同鹰是无理可讲的，必须勇敢地和它作斗争。于是，蜣螂经常等候在鹰巢下面，只要鹰一生蛋，它就飞上去，

把鹰蛋推滚起来，把它打碎。鹰到处躲避不成，最后只好飞到希腊神话中最高的神宙斯那里，请求宙斯为他提供一个安全的地方繁殖后代。宙斯便叫鹰在自己的膝上生蛋，以为这样就安全了。但蜣螂毫不惧怕，他知道这一消息后，便带了一个粪团，飞上天去，将粪团抛在宙斯的膝上。宙斯忙掩面捂鼻，慌忙站了起来，膝上的鹰蛋也落地粉碎了。这个故事告诉我们，小人物可以向强者挑战，可以蔑视宙斯这样所谓天上的"最高神祇"，只要不屈不挠，坚持战斗，最终定会取得胜利。

《伊索寓言》中有总结劳动人民生活斗争经验的故事，《农夫的儿子们的争吵》便是其中一篇：农夫的几个儿子之间经常发生争吵，不团结。农夫多次劝导也不奏效。一天，农夫把几个儿子叫到跟前，拿了一束木棒让他们轮流折，但谁也折不断。然后，农夫把一束棒拆开，分给几个儿子每人一根，叫他们再折。儿子很容易都折断了。农夫用一束棒折不断，一根棒一折就断的道理教导儿子们说："你们看吧，假如内讧，便要被打倒了。"这一生动的例子说明，团结就是力量，团结就是胜利。

在《三只公牛和狮子》中伊索告诫人们，要注意识破敌人的阴谋诡计。有三只公牛生活在一起，一只狮子想吃掉他们，可是公牛们齐心协力，令狮子无法下手。狮子想出诡计，便用花言巧语离间三只公牛的关系。公牛们不知是计，终于上当，他们各自分开。这时，狮子趁机将三只公牛一只一只吃掉了。"不要相信敌人的好话"。这是作者告诉我们的历史经验。

《伊索寓言》中还有许多精彩的寓言，说明深刻的道理。《打破神像的人》是说要打破人们对神明的迷信；《龟兔赛跑》中劝诫人们不要骄傲自大；《乌鸦和狐狸》中讽刺一些人的虚荣心；《狐狸和葡萄》中嘲笑无能者的自我安慰心理；《初次看见的骆驼》中则说明实践出真知的道理。

伊索创作的寓言故事中把奴隶主贵族常比为狮子、毒蛇、狐狸等，揭露他们的贪婪残暴，同时又歌颂了广大奴隶和下层平民顽强的斗争精神，鼓励人民团结起来，向贵族奴隶主作斗争，这触犯了奴隶主贵族的利益，动摇了他们的统治，因此，奴隶主贵族对伊索恨之入骨，千方百计想杀害他。公元前560年的一天，伊索被奴隶主押到爱琴海边一块高耸的岩石上。在生命的最后一刻，伊索冷静从容，坚强不屈。终于，伊索被推下了山岩……

伊索在世时，他的寓言就在人民中间以口头文学的形式广为流传了，但当时并未编成书。公元前3世纪左右，伊索死后的二三百年，一个希腊人把当时流行的200多个故事汇编成书，题为《伊索故事集成》，但可惜没有流传下来。公元前1世纪初，一个获释的希腊奴隶，以上书为材料，用拉丁韵文写了寓言100余篇，同时，又有一个人用希腊文写了寓言122篇。到公元4世纪，又有一个罗马人用拉丁韵文写了42篇寓言。以上三种韵文体都保存下来。后来，又有人把韵文改为散文，加进印度、阿拉伯和基督教的故事，并多次汇集、编纂和改写，就成了今天我们看到的《伊索寓言》，共有360篇。

《伊索寓言》并不是伊索一个人创作的，其中有他同时代人的作品，也有后人的创作，但这并不影响伊索的伟大，人们将永远记住他的寓言，并从他的寓言中得到启迪和教育。

亚历山大帝国的衰亡

一个政权无论曾经多么强大，都有它走向衰老、死亡的那一天，庞大的亚历山大帝国同样也不能例外。

亚历山大的东侵，给东方人民带来了极为深重的灾难，使他们饱受战乱之苦。但是在客观上，亚历山大的东侵又使得希腊文明与埃及、巴比伦和印度的文明得以接触、交流、融会，增加了各民族间互相整合的机会，加快了人类历史由分散走向整体的进程。

公元前333年亚历山大的远征军在叙利亚的伊苏斯战役中打败了大流士率领的波斯军。这次战役使古希腊和古代东方的关系告一段落。

为了让帝国这台庞大的机器更为有效地运转，亚历山大采取了一系列措施：定都巴比伦城，把统治中心放在东方，保留波斯帝国的行政制度，实行分省统治；鼓励东西方种族间的通婚，借此缓和民族矛盾；以马其顿和希腊人充当骨干力量，借此保证征服者的统治地位；袭用东方专制政体，并利用宗教进行统治，鼓吹君权神授，从而使帝国的统治呈现出东方、马其顿、希腊城邦三种因素的混合的特色。

亚历山大虽然以武力建立庞大的军事帝国，但这个帝国既没有统一的经济基础，也没有共同的语言，所以其解体几乎是不可避免的。

公元前323年6月，亚历山大病逝。他的部将为争夺对帝国的控制权而长期彼此征战，帝国迅速瓦解。到公元前3世纪初，庞大的帝国一分为三，形成三个较大的王国：一个是马其顿王国，它恢复原状，成为一个疆域不大的民族王国，虽然未能直接统治其南面的希腊诸城邦，但基本上控制了这些

地区。另一个是托勒密王朝统治下的埃及王国，埃及王国的特点是自然资源丰富，又有大海和沙漠作坚固的屏障，因此后来也成为三个王国中维持最久的一个；最后一个塞琉古王国，它由帝国的亚洲诸行省组成，是三个王国中疆域最为辽阔的一个。三足鼎立格局的形成，似乎预示着一个新的历史时期的来临，但这些国家奴隶制度的本质并没有发生根本性的改变，只是城邦政治普遍为中央集权制所代替。希腊文化与东方文化之间的相互融合，展现出进一步发展的趋势。这些王国存在的时间长短不一，到公元前30年，便先后被罗马所灭亡。这标志着亚历山大帝国的神话至此已完全终结，同时也预示着一个新的时代的来临。

安息帝国与丝绸之路

在历史上，安息曾先后臣服于亚历山大帝国和塞琉古王国，直到公元前247年安息才宣告独立，建立了阿尔萨息王朝。安息立国之初，仍受到塞琉古王国的威胁，直到公元前1世纪中叶才随着国家的日趋强大而慢慢摆脱了塞琉古王国的束缚。国王密特里达特一世时期（公元前170年～公元前138年），安息帝国积极向外扩张，占领了伊朗高原西部、两河流域和中亚细亚南部，开始成为一个强大的帝国。

安息帝国在政治上实行君主制，王位由阿尔萨息家族世袭，但王权受贵族和僧侣议事会的限制。在奴隶主阶层中，有七个显贵氏族处于领导地位，操纵着国家的军事、政治和经济大权。国家军队以骑兵为主，分重装骑兵和轻装骑兵，贵族在军队中占有重要地位。安息境内的两河流域经济发达，是帝国的经济命脉，东部山地、沙漠以及边缘草原地带比较落后，居民仍属游牧部落。

从公元前1世纪中叶起，安息帝国与不断东侵的罗马帝国之间长期进行着战争，安息帝国曾大败过罗马军，双方一度相持于两河流域和叙利亚一带。尽管安息帝国对西方的罗马帝国长期处于战争状态，但是对东方的中国却始终和睦相处，关系密切。公元前2世纪末，张骞出使西域时，曾派副使访问安息帝国，安息国王派大将率骑兵2万到边境迎接。从此，双方往来密切，东西方交通有了很大发展，"丝绸之路"成了当时重要的国际商道。"丝绸之路"的西段大部分在安息帝国境内，这不仅促进了中国与安息帝国之间商业的发展,而且也加强了东西方文化的交流。

安息帝国是一个松散的联合体,由于长期的对外战争和内部矛盾严重地削弱了中央政权的统治,国家逐渐丧失了抵御外来侵略的能力。公元226年,安息帝国在新兴的萨珊波斯的大举入侵下,军队节节败退,很快便被萨珊波斯吞并。

匈奴西迁与亚欧民族大迁徙

匈奴是中国漠北的一个游牧民族,兴起于公元前3世纪左右的战国时期,秦汉时强盛起来,人口约为200万。秦汉时期,匈奴多次入侵中国的河套、山西以及河北等地,对中国北部边疆构成了严重威胁。秦始皇曾派大将蒙恬北伐匈奴,并修筑了万里长城,以抵御匈奴骑兵。

西汉初年,匈奴又不断南下,骚扰汉王朝的北部边境。从汉高祖到汉武帝,多对匈奴采取和亲政策。汉武帝时,汉、匈之间的战争不断升级,结果匈奴大败,势力渐衰。公元前54年,匈奴分裂为南、北二部。南匈奴归附汉朝,北匈奴在汉朝军队的打击下瓦解。东汉初,匈奴再度分裂为南、北二部。南匈奴与汉朝友好,后逐渐与汉人融合;北匈奴对南匈奴和东汉政权则持敌视态度。公元91年,北匈奴在东汉和南匈奴的联合打击下败亡,北匈奴的一部分由单于率领离开漠北向西迁移。著名的匈奴西迁故事,就在这个时候开始了。

西迁的匈奴人大约有20余万,他们首先在大漠西北乌孙所辖的悦般地区停留下来。公元105年至106年,北匈奴曾遣使来到汉朝,请求和亲,汉帝没有同意,从此北匈奴失去了与汉朝的联系。公元2世纪中叶,因不堪忍受鲜卑人的压迫,北匈奴离开居住了70余年的悦般而西迁康居。因前往康居的道路极为艰险,所以只能挑选勇敢善战者前往,剩下的老弱妇幼仍留在悦般。留下来的这些人后来逐渐与柔然(阿瓦尔人)部融合。

康居位于中亚锡尔河流域,与占据阿姆河流域的大夏(大月氏人)为邻,北匈奴在此停留了近百年。公元3世纪中叶,因受到贵霜帝国和康居的联合攻击,北匈奴再次被迫离开康居迁往粟特。公元4世纪中叶,北匈奴人又离开生活了一个世纪的粟特西至东欧顿河流域。进入欧洲的匈奴人,首先与阿兰人发生冲突。结果,阿兰人大败。不久,匈奴又乘胜进犯东哥特,这次进犯的结果是引发了日耳曼人的民族大迁徙。

匈奴西迁历时280年,长途跋涉6000余公里,不仅跨越了整个中亚,而且深入欧洲腹地。在匈奴西迁的推动下,亚欧大陆众多游牧民族纷纷卷入民族大迁徙的浪潮中。

在匈奴西迁的推动下,中国北方的游牧民族则开始南迁。

欧洲的斯拉夫和日耳曼等游牧民族也开始了声势浩大的民族大迁徙。

公元5世纪至6世纪,斯拉夫人开始南迁,他们越过多瑙河,不断进攻罗马边境。公元578年,约10万斯拉夫人进占色雷斯、马其顿和帖撒利等地。到7世纪初,斯拉夫人已遍布巴尔干半岛北部各地,后来又经过几个世纪的大迁徙,斯拉夫人各地居民经过长期的融合,逐渐形成了今天东欧的各个民族国家。

日耳曼人早在公元1世纪就从北欧南下,成为罗马帝国北部的强邻。公元4世纪,匈奴人西迁到达欧洲,从而引发了日耳曼人长达两个世纪的民族大迁徙。公元375年,匈奴人进攻黑海沿岸的东哥特,在日耳曼诸部落中产生了连锁效应。东哥特人战败后渡过德涅斯特河进入保加利亚,后又南下希腊,北转意大利;西哥特人渡过多瑙河,先是定居于麦西亚(今保加利亚),后又攻入意大利,公元410年攻陷罗马,公元419年移民高卢;汪达尔人进入高卢,后转入西班牙,公元439年到达北非;盎格鲁-撒克逊人渡海进入不列颠;原居奥得河一带的勃艮第人,定居于高卢的东南部;法兰克人从莱茵河南下占领高卢的北部地区;原居北河下游的伦巴德人,于公元568年在意大利北部建国。欧洲民族大迁徙至此结束。在这场大迁徙浪潮中,西罗马帝国灭亡了,日耳曼人则成了西欧的重要民族,他们与当地的克尔特人、罗马人长期融合,逐渐形成今天西欧各个民族国家。

由匈奴西迁引发的这场历时几个世纪的民族大迁徙,不仅打破了亚欧大陆南耕北牧的传统格局,突破了地域间的封闭,而且还加强了亚欧大陆各地区、各民族间的经济文化交流和民族融合,奠定了现代亚欧大陆主要民族和国家的基础,从而形成了世界历史的新格局和新版图。

罗马的征服与扩张

罗马共和国刚刚建立之时，只是台伯河左岸拉丁姆地区的一个小城邦。周边不仅有伊达拉里亚人、萨莫奈人、埃魁人等强邻，还不时受到来自半岛南部的希腊人、波河流域的高卢人的军事威胁。面对这种局面，刚刚建立的罗马国家对外发动了统一意大利的征伐。罗马征服意大利的第一步是征服伊达拉里亚人。这场"维爱"战争从公元前477年开始，先后进行了三次，直到公元前396年最后攻占了维爱城，既解除了北邻的威胁，又使罗马的领土扩大了一倍。随后不久，罗马人又遏制了高卢人的进攻，迫使高卢人退回到波河流域。

公元前5世纪中叶以后，罗马与萨莫奈人为争夺富庶的坎佩尼亚、加普亚等地，进行了长期的争斗。从公元前343年开始，经过三次萨莫奈战争，罗马于公元前290年终于战胜了萨莫奈人，征服了中部意大利。

萨莫奈战争之后，罗马转入向南部意大利的进攻。至公元前272年，罗马征服了除波河流域之外的整个意大利半岛，成了西部地中海区的一个强国。

罗马在征服意大利之后，没有派人直接管理被征服地区，也不是采取同一政策，而是按照各地、各部族在被

征服过程中的表现和对罗马的态度以及他们各自在经济上、战略上的地位等综合因素，将其划分为五种类型，分而治之。

罗马在争夺地中海霸权的过程中，首先便是征服西部地中海区域另一强国迦太基。迦太基版图包括北非的西部，西班牙的东部和南部，西地中海的巴利阿里群岛、撒丁岛、科西嘉岛以及西西里岛的大部分。它是罗马进一步

对外扩张的主要对手。因罗马人称腓尼基人为"布匿",所以两国之间的战争被称为"布匿战争"。

从公元前264年至公元前146年,布匿战争先后进行了三次。罗马最终消灭了迦太基。

在布匿战争进行的同时,罗马还通过西班牙战争、马其顿战争和叙利亚战争完成了对西班牙、希腊、马其顿和小亚细亚的征服。

罗马的对外扩张和掠夺极大地促进了奴隶制经济的发展和阶级关系的变化。罗马奴隶主在战争中掠夺了大量财富,侵占了大片土地,俘获了数以万计的战俘。这就为奴隶制的进一步发展奠定了基础,而同一时期罗马社会经济的普遍高涨,也为大规模地经营和使用奴隶提供了可能。

公元前3世纪至前2世纪,罗马奴隶制发展的一个重要特征,就是奴隶劳动带有明显的商品生产的性质。

罗马对地中海世界的征服和奴役,加速了它的手工业,特别是商业和高利贷业的发展。而伴随而来的是罗马社会又兴起了一个新兴的富有阶层——骑士。骑士的生活目标是发财致富,而不看重门第和权力,不关心国家和公共福利。

罗马帝国的崛起

在城邦制基础上建立起来的罗马共和政体从地处意大利一隅的蕞尔小邦跃居为囊括地中海区域的奴隶制大帝国后,在阶级关系发生变化和阶级斗争日益加剧的形势下,其共和政体已不能适应当时罗马社会的发展,因而势必要建立军事独裁以加强和巩固整个帝国范围内的奴隶主阶级的统治。屋大维成为罗马唯一的全权统治者后,便开始步恺撒之后尘,采用"元首"称号正式开始他的军事独裁统治,成为了罗马帝国实质上的皇帝。

屋大维独揽大权后,曾先后获得形形色色的头衔,如"大元帅""元首""奥古斯都""祖国之父"等,所有这些头衔表明,屋大维是集行政、军事、司法、财政和宗教等大权于一身的君主,其地位可谓至高无上。

为了维护自己的独裁统治,屋大维特别注意提高奴隶主阶级的地位,扩大他们的特权。他明确规定,元老必须出身贵族,服满规定年限的军役,拥有100万塞斯退斯的地产。元老可以担任军事长官、行省总督以及执政官之

类的高级职位。仅次于元老地位的是骑士，其财产应为40万塞斯退斯。骑士有资格担任督察使等财务官员，还可以担任重要的军政职务，诸如舰队司令、供粮总监、埃及太守和近卫军长官等。骑士可以作为元老候选人，元老之子在进入元老院之前必须先做骑士。这样一来，共和制后期彼此争斗的这两个等级，都在帝国社会中享受着元首政治的恩宠，因而也都大力支持元首政治，成为元首政治的中坚力量。

无产平民由于具有自由公民身份，而且是雇佣兵的来源之一，所以屋大维对他们实行既镇压又笼络的两手政策：一方面，严格限制平民的政治活动，以避免暴动的发生；另一方面，又以所谓的"面包和竞技场"策略，即发放救济粮、举办娱乐活动和给予各种施舍等措施来收买他们。屋大维的这些手段的成功运用，使罗马城市的无产平民或耽于娱乐，或充当政客权贵的门客党羽，或充当雇佣兵，渐渐失去了早先的政治作用。对奴隶阶层，屋大维则实行严厉的统治和残酷镇压的政策。

屋大维在对外政策上采取了灵活多变的政策。在东方，他采取了较为缓和的手段来处理罗马和安息之间的紧张关系；在西方，则继续推行侵略扩张政策。经过数年的侵略战争，罗马疆域扩张到东起幼发拉底河，西至大西洋，南到撒哈拉沙漠，北至多瑙河与莱茵河。

康奈城激战

这是世界古代战争史上一次著名的以少胜多的战例。公元前216年，迦太基以5万兵力，在地处亚德里亚海湾的康奈城大败8万罗马大军，取得了辉煌的战绩。

同年6月，一直伺机向罗马复仇的迦太基军队突然占领了罗马的重要粮仓康奈城，统帅是英勇善战的汉尼拔。罗马人立即组织了8万步兵，6千骑兵，向康奈城进发，准备以优势的兵力取胜，一举夺回康奈城。一场恶战迫在眉睫。

8月2日清晨，罗马军队开到康奈附近的平原上，布成战斗阵形。罗马士兵总共排成3行，每行之间有个小间隔。精选的步兵排成70列，以密集队形摆在中心。骑兵放在步兵的左右两翼，看得出，他们要以步兵的强力冲击突破敌人的阵线。

这边，汉尼拔的部队步兵仅4万人，骑兵1.4万人，兵力比起罗马来处于明显的劣势。但他经过细致的察看地形已知道，在离战场不过五公里的亚德里亚海面上，中午时分常常刮起猛烈的东风。所以，他选择了一个背向东风的阵地，并先在高处的山谷中埋伏了一支部队。这样，他们就占有了顺风顺势的主动权，而迫使敌人面向海面，逆风逆势。

他的兵阵摆得很特别：正中是两万名战斗力较弱的步兵，排成半月形、凸出的一面对着敌人，两旁才是战斗力强的步兵；在半月形阵势的两端是精锐的奇兵。同

时，还有500名强悍的步兵，除了和其他士兵一样手持长剑外，每人在内衣里藏了一把短剑，等待着行动的信号。

上午八九点钟，当刺耳的军号声响起时，双方士兵十几万人一起发出了阵阵震耳欲聋的呐喊，威震原野。一场血腥残杀开始了。弓箭手、投石手和投射手相互投射，石块、利箭、投枪，"嗖嗖"地飞向敌人的阵地，如骤雨，如飞蝗。接着，罗马士兵首先发起猛攻，汉尼拔的军队顺势向后退却，半月形渐渐向相反的方向弯过去，最后凸出战线变成了凹形战线，罗马步兵由两侧向中间汇合进攻。罗马人越是深入进攻，迦太基的队列越是从两侧向内收缩。这正是汉尼拔的计谋：让罗马人朝"口袋"里钻。当罗马人钻进了预定的深度，汉尼拔立即组织他的精锐步兵和骑兵迅速挤压敌军的两翼，同时，向500名强悍的步兵发出了预定的信号。

只见500名壮士一声呐喊，冲出了迦太基的阵线，有几名迦太基士兵不明真相，上前拉截，被砍翻在地。500人以杂乱不堪的队形向罗马人那边跑

去，一边跑一边扔下手中的长枪，嘴里还喊着："我们投降，我们投降。"罗马士兵见他们是降兵，就让开一条路，让他们往后方跑去。在收下了他们的长箭和盾牌以后，罗马人以为已解除了他们的武装，就把他们安置在自己的后边地带。

临近中午时，天上涌起了灰色的云团，亚德里亚斯海面上，白色的海鸥尖叫着，不久，海面上刮起了强劲的东风。一股强劲的黑色旋风从东方席卷而来，扬起了漫天尘土。尘土迷住了正起劲儿地往"口袋"里钻的罗马士兵的眼睛。睁不开眼睛的士兵胡乱地碰撞，自伤很多，阵势大乱。背对东风的迦太基人，趁势大量杀伤敌人。

就在此时，留在罗马军队后卫的500名强悍的迦太基士兵，突然行动起来，他们从怀里、从靴子里拔出短剑，奋力刺进罗马士兵的喉咙和胸膛。他们似猛虎下山，左冲右突，把罗马军队冲得稀里哗啦。埋伏在山谷中的迦太基部队也冲了下来，配合他们砍杀罗马人。迦太基的骑兵也飞快地奔到这里，最后完成了对罗马人的包围。

罗马军队成了瓮中之鳖，失去了行动的自由，陷入了汉尼拔事先就为他们准备好的圈套之中。前方，遇风受阻，前进不得；左右两翼，是迦太基精锐部队的猛烈夹击；后退，已无退路。他们只能自己挤来挤去，乱作一团，成了迦太基人的活"靶子"。

经过12小时的激战，残酷的厮杀结束了，罗马人几乎全军覆灭，汉尼拔只损失6千人。这次战斗发生在第二次"布匿战争"期间。

70年以后，在第三次"布匿战争"中，罗马人终于打败了迦太基人，经过6天6夜的激战，迦太基城被罗马军队攻破，迦太基城被夷为平地。

罗马帝国的衰落

从公元2世纪到3世纪，罗马帝国爆发了全面的危机，史称"三世纪危机"。

"三世纪危机"的根本原因，在于奴隶制社会基本矛盾的激化。在罗马帝国前期，社会生产力得到进一步提高，劳动工具有了很大改进，这是罗马帝国前期的"黄金时代"形成的主要原因。但到了公元2世纪以后，由于罗马长期的奴隶制统治，人们开始鄙视劳动。伴随着贫富分化的加剧，罗马出

现了流氓无产者人数急剧增加的现象。他们逃避劳动，完全靠社会养活，成为寄生在罗马社会肌体上的赘瘤。更为严重的是，罗马奴隶主阶级及其统治机构日益腐朽，规模日趋庞大，各种开支浩繁，娱乐奢侈之风日盛。这种现象的出现，造成了财源枯竭，财政日益紧张，从而导致捐税不断增加，货币的含金量锐减，再加上国内混战不已，社会动荡不安，罗马帝国陷入了全面危机之中。

"三世纪危机"在经济上首先表现为农业的衰落，农业的衰落又导致了手工业的衰落和商业及城市的萧条。手工业作坊是靠奴隶和隶农的劳动支撑的，由于奴隶劳动生产率的降低和行省手工业产品的竞争排挤，各城市在共和末期和帝国初期发展起来的手工业也逐渐衰落下来。农业的衰落减少了农产品对城市市场的供应，而社会动荡、蛮族入侵、海盗猖獗、商路阻塞以及政府强令城市征收捐税，再加上新发行的劣质货币不受欢迎，高成色的货币又被大量收藏，这一切都严重地影响了商业的发展，加剧了经济的萧条。

"三世纪危机"在政治上表现为统治集团内部纷争不断，混战不休。军人干预政治，尤其是近卫军直接控制皇帝废立的现象，使中央政权处于严重瘫痪状态。公元192年，安敦尼王朝的末帝康茂德被杀后，在短短6个月内近卫军就先后拥立了两个皇帝。行省驻军也浑水摸鱼，各自拥立自己的皇帝，罗马内部于是发生了一场四帝争夺王位的混战（公元193年～公元197年）。

针对这种状况，在塞维鲁王朝（公元193年～公元235年）的建立者塞维鲁统治时，采取了抑制元老院、优抚军队的政策，但却又引发了"士兵派"与"元老派"的斗争，军人的权力反而更加膨胀。

塞维鲁王朝结束后，罗马又陷入长达50年的大混战，其间甚至出现过"三十僭主"（公元253年～公元268年）并存的现象，这种混战的局面一直持续到公元284年戴克里先称帝才结束。这期间，罗马帝国实际上处于瓦解状态，中央政权完全陷入瘫痪。

罗马内部的危机和动荡，给外族入侵提供了可乘之机。在东方，萨珊波斯攻占了罗马的幼发拉底河流域，并继续向西扩张，进攻叙利亚。在东北，多瑙河以北的哥特人南下掠取拜占庭，袭扰小亚细亚和爱琴海地区。在北方，日耳曼人越过罗马边境，进入高卢的中部和东部，并在西班牙的东北部站稳了脚跟。阿尔曼尼人则乘机南下深入意大利中部。随着日耳曼人大量涌入罗马，罗马帝国已处于四面楚歌的境地。

斯巴达克起义

公元前1世纪70年代，奴隶主和奴隶之间的矛盾尖锐到极点，罗马社会动荡不安，一场大规模的奴隶革命风暴掀起了。这就是在罗马心脏地区爆发的古代世界最伟大的奴隶起义——斯巴达克大起义。

起义的领导者斯巴达克是色雷斯人（今保加利亚一带）。在罗马侵略北部希腊时，色雷斯人奋勇抗击。斯巴达克参加了抗击罗马侵略者的斗争，在一次战斗中不幸被俘，后来被转卖为奴隶。因为他身躯魁梧，被送到意大利的加普亚城一个角斗学校里，充当角斗士。角斗士的悲惨命运，激起斯巴达克对罗马统治者的无比仇恨，他宁愿为自由而战死，也决不为敌人取乐而丧身于角斗场上。公元前73年夏，斯巴达克串联了200多个角斗奴准备暴动，一个叛徒突然向敌人告密。在这紧要关头，斯巴达克果断带着78名角斗士，利用菜刀、铁叉和棍棒，击败卫兵，逃出学校。在路上，他们又夺取了向附近一个角斗学校运送的武器，武装了自己，然后进据维苏威火山，四处袭击附近的奴隶主庄园，号召奴隶们起来斗争。许多奴隶和农民闻讯从四面八方投奔了他们的队伍，起义军很快增加到一万多人。

斯巴达克起义，强烈地震动了罗马的统治阶级。罗马元老院立刻派出行政长官克劳狄亚进行镇压，他率领3000人包围了维苏威火山，扼守了火山上唯一可以突围的路径，企图将他们困死在火山上。智勇双全的斯巴达克让大家用野葡萄藤编成绳梯，趁黑夜攀着绳梯缒下悬崖，绕到敌后偷袭敌军。罗马军队惊慌溃逃。起义军由山上冲入平原，解放了整个卡普亚地区。一年后，队伍已经扩大到12万人。

公元前72年，罗马元老院派两个执政官率领大军前去镇压。斯巴达克的队伍浩浩荡荡向北挺进，一路上击溃了罗马军队的前堵后追，连战连捷，直到波河流域。但是，斯巴达克到达北部意大利后，被阿尔卑斯山挡住了去路。阿尔卑斯山高耸入云，山顶终年积雪，气候恶劣，起义大队人马连同辎重翻越大山，是极其困难的。斯巴达克决定改变翻越阿尔卑斯山进攻高卢的计划。他下令毁掉一切多余物资，杀掉不需要的马匹，掉转头来挥师南下。

罗马元老院得到起义军南下的消息，乱成一团，谁也不愿就任这一年的执政官。推来推去，最后总算选出了大奴隶主克拉苏就任执政官。元老院任命他为镇压起义军的军事统帅。克拉苏为强迫士兵进行战斗，对士兵实行残酷的"什一法"，规定凡临阵脱逃的十人中杀一人。但是克拉苏仍屡战屡败，无法阻止斯巴达克的南下。

斯巴达克率领队伍一直打到意大利半岛南端，准备从那里渡海到西西里岛。由于同意供给起义军船只的海盗背弃诺言，渡海计划未能成功。这时，克拉苏从后面追上来，在半岛南端最狭处筑起又宽又深的壕沟，妄图阻截起义军的归路。起义军在一个风雪交加的寒夜，胜利地突破了克拉苏的防线，打算渡海去巴尔干半岛。这时，起义军内部出现分裂，一部分奴隶脱离了主力，随即被克拉苏消灭。

公元前71年春，起义军和罗马军队在布林的西港附近展开决战。起义军奋勇杀敌，有六万多奴隶战死。斯巴达克和上万名起义者被包围，战斗越来越残酷。斯巴达克往来冲杀，寻找克拉苏，想亲手杀掉这个刽子手，由于没有机会，结果没有成功。后来斯巴达克大腿受了重伤，仍手持盾牌，托着一条腿继续拼杀，直至壮烈牺牲。

克拉苏对起义者进行残酷报复，他把6000名被俘者钉死在卡普亚到罗马沿途的十字架上。但是奴隶的斗争火焰并没有熄灭，起义的余部仍战斗在意大利半岛上。

斯巴达克起义代表了罗马奴隶起义的最高水平，它给奴隶主阶级以沉重的打击。马克思称赞斯巴达克是"古代无产阶级的真正代表"，列宁赞誉他是"最杰出的英雄"。

罗马帝国的灭亡

公元 1 至 2 世纪，是罗马帝国的强盛时期，它雄踞于地中海一带，俨然是一个不可一世的大帝国。然而，到公元 3 世纪，罗马的奴隶制便出现了严重的危机，农业衰落，政局动荡，帝国的没落已成无可挽回之势。

奴隶主穷奢极欲，过着荒淫无度的生活。他们的住所往往是一座华丽的建筑。其中，有供洗澡前进行运动的回廊，有温度不一、相互连接的暖气房。每进一个暖气房，温度就加高一次。洗澡的人在暖气房里，等全身汗出透了才用温水冲洗，再洗凉水，最后，还要遍身涂擦软膏，以防受寒。皇帝为了炫耀帝国的豪华，经常假借各种节日和纪念日举行盛大的活动。公元 106 年，图拉莫皇帝为纪念他在达西亚的胜利，连续举行 123 天的节日娱乐。公元 4 世纪，一个大官僚为儿子举行游艺庆典，7 天就花了 2000 磅金子。宫廷内的奢侈腐化更是有恃无恐，仅御用美容师就多达数百人。

与此同时，统治者争权夺利的斗争越来越厉害。今天立一个皇帝，明天又杀掉，成了家常便饭。在公元 235 年以后的 50 年中，竟换了 10 个皇帝。

公元 284 年深秋一个阳光灿烂的午后，一支庞大的罗马军队正匆匆行进，他们从波斯人那里掠夺了众多的财宝。不幸的是皇帝在回意大利的返程中突然死去。他年轻的儿子继位不到一个月，也得了重病，不得不躺在担架上返国。

"快走！快走！"近卫军长官阿培尔在担架旁来回奔驰，时而轻揭开担架上的被子看看。阿培尔揭被的当儿，抬担架的士兵闻到一种腐臭味，他们对此产生了怀疑，直到傍晚时分，队伍来到尼科美地区，士兵们这才得以弄清臭味的来源。原来，他们年轻的皇帝早已被人害死了，担架上担的其实是皇上的尸体。

"是谁杀死了皇帝？把凶手找出来！"激愤的士兵纷纷要求严惩凶手。

阿培尔向士兵申斥道："你们想造反吗？皇帝死了再选一个就是了，谁要聚众闹事，就地处决！"

这时，一个高亢的声音响起："你说得倒轻快！我看，该处决的不是别人，而是你自己！你这个人面兽心的东西，一个月就谋害了两位皇帝！"说话的不是别人而是戴克里先。两人拔剑厮杀，阿培尔当场毙命，戴克里先被拥立为罗马帝国的皇帝。

随后,他大兴土木,建造起奢华的皇宫。在人们觐见他或是举行宫廷典礼的时候,戴克里先身穿织金的丝制衣服,戴着缀满珍珠的头巾,穿着镶宝石的鞋子。任何被准许谒见他的人,都必须对他行跪拜礼。戴克里先被奉为神明,皇权大大加强,称号也正式改为"君主"。这种君主制成了后期罗马帝国相袭的一种统治形式。

戴克里先执政后意识到,他一个人不可能对付奴隶起义及外族入侵,因此委托好友马克西米治理帝国的西部。于是,罗马帝国有了两个最高统治者,一切命令都以两人的名义发出。后来,他们又各自为自己使用了副职恺撒。从此,这四个人分别治理帝国的一部分,历史上称为"四帝共治制"。戴克里先退位后,继承了帝位的是君士坦丁。公元330年,君士坦丁把首都迁到拜占庭,定名君士坦丁堡,号称"新罗马",为东西分治创造了条件。

公元395年,罗马帝国终于分裂为东西两部,即以君士坦丁为首都的东罗马帝国和以罗马城为首都的西罗马帝国。千疮百孔的罗马帝国民怨沸腾,奴隶起义风起云涌,最著名的是高卢人掀起的"巴高达"(意为战士)运动,起义者以农民当步兵,牧人当骑兵,转战各地,使统治者胆战心惊。公元408年,罗马统率撒拉率领一支队伍自高卢回意大利,路经阿尔卑斯山隘,突然被巴高达战士截击,全部战利品均落入巴高达战士手中。巴高达实行"把奴隶主变成奴隶"的政策,不断向罗马官吏发动进攻,受到奴隶们的热烈拥护。5世纪初,一位戏剧大师编了一个喜剧,在许多地区演出,就形象地反映了当时巴高达运动的深得民心。剧情是这样的:主人公家境贫寒,窘于生计。他祈求家中的守护神给他找个安居乐业的场所,神对他说:"你最好是到罗亚尔河一带当'强盗'。那里的人公正无私,你投奔那里,就可称心如意了。"罗亚尔河一带正是巴高达活动的势力范围;所谓"当强盗"就是劝人们去做一名巴高达战士。

罗马帝国陷入一片混乱之时,又遭到了新的危机:东方日耳曼人中的哥特人开进了意大利。统率这支大军的,是哥特人中最有名的勇士阿拉里克。他出征前对妻子许愿说:我要打进罗马,让城里的贵妇给你作奴婢,把他们的财宝给你作礼物。

可是,罗马的司令官斯底里哥把阿拉里克打败了。恢复了生气的罗马城举行了成套的庆典,这是罗马历史上最后一次庆祝胜利,也是角斗士最后一次进行竞技。

聪明而有军事才能的斯底里哥决定和阿拉里克结成联盟,以阻挡来自伏尔加河的匈奴人的入侵。这一策略受到了罗马贵族的攻击,他们制造谣言,说斯底里哥想利用哥特人来推翻皇帝霍诺留的统治。无能而又无知的霍诺留竟听信谣言,下令处死了斯底里哥。

公元408年,阿拉里克的大军又一次向罗马挺进。他们占领了罗马的港口,断绝了罗马的粮食来源。罗马城外"得得得"的马蹄声令统治者惊恐万状。

元老院决定派军使到阿拉里克那里求和。

"求和吗?可以,条件是交出城内全部金银财宝。""那么,您打算把什么留给罗马的市民?"

"生命!"

"不过,城里还有很多人,士兵们每天都在操练,他们将进行殊死的抵抗。"

阿拉里克哈哈大笑:"那很好,草长得越密,割起来就越省力!"

最后终于达成了协议:罗马人出黄金5000磅,白银3000磅,绸料4000块,皮革3000张,胡椒3000磅。罗马人为了凑足5000磅的黄金,甚至将金质的神像都熔化了。哥特人收到这些贡品,才允许罗马人出城买粮食。

公元410年,阿拉里克决定打进罗马城,他向士兵们宣布:攻进罗马,可以任意抢劫3天。

一个雷电交加的夏夜,穿着兽皮的哥特人吹着牛角号,冲进了罗马城,3天3夜的洗劫,四面八方的大火,使巍峨的殿宇,壮丽的宫殿化为一片焦木。金质神像和黄金器皿装满一车又一车,都被拉走了。

抢光、烧光之后,哥特人在入城的第六天放弃了罗马,向意大利南部推进。不久,阿拉里克突然死去,据说哥特人强迫罗马俘虏排干了一条河,把阿拉里克的遗体和无数宝物一起埋在河底,然后再把水放进河里。工程完成后,全部俘虏都被杀死。所以他的葬地及殉葬品始终未被发现。

公元476年,西罗马只有6岁的末代皇帝被废黜。就这样,这个曾称霸地中海,历时12世纪的奴隶制大帝国,终于在奴隶起义和外族入侵下,覆没了,西欧历史从此揭开了新的一页。

穆罕默德创立伊斯兰教

阿拉伯半岛地处东西方交通要道，自古就是东西方大国必争之地。公元525年，拜占庭怂恿阿比西尼亚（今埃塞俄比亚）占领也门，控制了东西方的商路。公元575年，萨珊波斯又出兵驱逐阿比西尼亚人，控制了也门，并将东西方的商路改道由霍尔木兹海峡经由波斯湾到达中东。无休止的战乱和传统商路的改变，使阿拉伯南部农业生产濒临崩溃，商业萧条，城市失去往日的繁华。人口的大量北移，使阿拉伯半岛又回到游牧或半游牧的生活状态。虽然战乱频繁，但国际商贸活动也沟通了半岛与外部世界的联系，给阿拉伯社会带来了东西方先进的文化：阿比西尼亚人带来了他们信奉的基督教；萨珊波斯人信奉的佛教也随着他们对半岛的控制传入阿拉伯社会；犹太人则让阿拉伯人见识了犹太教。所以，信仰多神教的阿拉伯人早在伊斯兰教产生之前，就已经接触到大量的有关多神教的知识。

国际纷争和半岛经济的衰败，使阿拉伯各氏族部落之间的矛盾、民族矛盾、阶级矛盾一触即发。各种矛盾表现得最为剧烈的是麦加，因而一般阿拉伯民众要求实现社会安定、过上美好而幸福的生活的愿望，在这里表现得也最为突出。穆罕默德（约公元570年～公元632年）就出生在麦加的古莱西部落哈希姆族的一个没落商人家庭。他的父亲在他还没有出生时就死于去叙利亚经商的途中，6岁时，他又不幸失去了母亲，由祖父和叔父带大。12岁时，他便随商队外出经商。童年的不幸，让穆罕默德早熟，使他极早就关注起现实社会问题，早年的经商活动又使他谙熟了半岛上的风土人情和宗教信仰。25岁时，他与麦加的富有寡妇赫底彻结婚，这为他以后专心思考现实社会问题提供了雄厚的物质基础。经过一段苦心修行之后，公元610年，穆罕默德宣布自己已获得安拉的启示，伊斯兰教由此建立起来。

"伊斯兰"意为顺从，即顺从真主安拉的旨意。穆罕默德为自己所创立的宗教取名"伊斯兰"，可见其统一阿拉伯半岛的鲜明的政治目的。但传教之路却是异常艰难的，在麦加，伊斯兰教首先遭到以苏菲扬为首的麦加贵族的反对。这是因为穆罕默德的宗教在触动阿拉伯人传统的多神信仰的同时，还妨碍了控制着克尔白神庙的麦加商人贵族从神庙崇拜活动中获得收益。公元622年9月，穆罕默德偕同少数信徒星夜逃往麦加以北的雅特里布，这在伊斯兰教历史上有着极为重大的意义。

穆罕默德在雅特里布将追随他的穆斯林（迁士）和当地的穆斯林（辅士）联合了起来，组成了穆斯林公社（乌马），将雅特里布改名为麦地那，意为"先知之城"。至此，政教合一的阿拉伯国家雏形已经形成。随后，穆罕默德在穆斯林的支持下，积极扩大伊斯兰教的势力和影响。在公元624年的白尔德战役中，他再次击败来犯的麦加贵族军队。公元630年，穆罕默德的穆斯林武装兵临麦加城下，麦加贵族只得被迫承认其权威，宣布接受伊斯兰教。阿拉伯半岛其他地区纷纷表示归顺伊斯兰教。公元632年在穆罕默德去世时，阿拉伯半岛在伊斯兰教的旗帜下完成了政治统一。

随后，阿拉伯国家处于四大哈里发统治时期（公元632年～公元661年）。他们在巩固了半岛的政治统一的基础上，将统治区域扩大到中亚和地中海沿岸，这使伊斯兰教得以成为世界性宗教。与此同时，阿拉伯国家在其所征服地区（拜占庭帝国、萨珊波斯属地）封建制度的影响下，也逐渐走上封建化的道路。

阿拉伯帝国兴起

自从穆罕默德死后，阿拉伯帝国的继任者都称为"哈里发"，意为先知的继承人。最初的四任哈里发，都由阿拉伯军事团体从穆罕默德的近亲和密友中选出。第一任哈里发叫艾布·伯克尔（公元632年～公元634年在位），在他短暂的统治期内，平息了半岛各部落的叛乱，调和了穆斯林各派别之间的关系，使政权得到巩固，并走上了对外扩张的道路。

第二任哈里发叫欧麦尔（公元634年～公元644年在位），他发动了阿拉伯历史上规模空前的大征服战争，在"圣战"的旗帜下，对内部危机四伏、国力削弱的拜占庭以及伊朗等中亚国家发动了一系列军事进攻。公元635年，在约旦河支流的雅姆克河谷，他率军打败了拜占庭军队，占领了叙利亚。公元638年，进攻耶路撒冷，征服了巴勒斯坦。不久，又攻占了伊拉克，深入波斯腹地。公元642年，灭亡萨珊波斯帝国。与此同时，西路大军占领开罗，将埃及纳入哈里发国家的版图。

第三任哈里发鄂斯曼统治时期（公元644年～公元656年在位），阿拉伯贵族和牧民之间地位和贫富的差别日益明显，国家政权开始具有贵族专政性

质。鄂斯曼的亲信及其家族——倭马亚家族,掌握了国家和军队的高级职位。以阿里为代表的反对派创立了"什叶派",反对鄂斯曼政权,伊斯兰世界从此开始了长期的宗教纠纷和政治内讧。

公元656年,什叶派刺杀了鄂斯曼,阿里任第四任哈里发(公元656年~公元661年在位)。以叙利亚总督摩阿维亚为首的倭马亚家族不承认阿里政权,还有一部分不满阿里的人,也脱离了什叶派,另组军事民主派——"哈瓦立及派"。至此,伊斯兰教之争更加严重。

公元661年,阿里被军事民主派刺杀,叙利亚总督摩阿维亚趁机夺取了哈里发的权位,开始了倭马亚王朝的统治时期(公元661年~公元750年)。

倭马亚王朝初期,将镇压反对派、巩固统治作为头等大事。而后在"圣战"的口号下,继续进行大规模扩张。阿拉伯军队几乎同时向北、东、西三个方向出击。在西方,新月旗横扫北非,占领了从突尼斯直到摩洛哥的马格里布,将领土扩张到大西洋沿岸。又于公元714年征服了西哥特王国,占领比利牛斯半岛,深入到欧洲腹地。直到公元732年,才被法兰克军队打败,其入侵西欧内陆的势头受阻。在北方,阿拉伯军队曾三次进攻君士坦丁堡,由于受到顽强抵抗而终未得手。在东方,向伊朗和中亚地区进攻。公元8世纪中期,阿拉伯帝国最后形成,与当时的唐帝国、拜占庭帝国和查理曼帝国为邻,并世称雄。倭马亚帝国的各项管理机构和制度逐渐完善,阿拉伯社会封建生产关系也迅速发展起来,阿拉伯语从此成为帝国官方语言。

倭马亚王朝统治后期。宗教矛盾、民族矛盾、阶级矛盾以及统治阶级内部的矛盾,错综复杂,尖锐激烈,各教派和各民族的反抗斗争愈演愈烈。公元747年，奴隶出身的伊朗人阿布·穆苏里姆在伊朗东部的呼罗珊发动起义，提出减轻赋税、取消劳役的主张，得到广泛响应。公元750年，起义军占领了大马士革，推翻了倭马亚王朝。然而，胜利果实却被伊拉克大贵族阿布·阿拔斯夺取，他自称哈里发，建立了阿拔斯王朝，迁都巴格达。

法兰克王国

公元1世纪，法兰克人居住在莱茵河的下游。公元406年，法兰克人随同西哥特人、勃艮第人一起进入罗马帝国的高卢地区（今法国境内）。公元481年，克洛维成为法兰克人的军事首领，经过多年征战，法兰克开始走向强大。到公元511年克洛维去世时，法兰克王国已将罗马高卢的大部分地区征服。

在征服的过程中，占领罗马皇室领地的法兰克国王将其作为奖赏，赐予他的廷臣、将军、亲信、教会和修道院。这些新兴法兰克贵族的地主与被保留下来的高卢罗马大地主一起，构成了法兰克国家的地主阶级。

法兰克地主阶级的发展历程，同时也是自由农民丧失土地沦为依附农民的历程。代表地主阶级利益的封建统治者将封建化的成果以法律的形式肯定下来，这就构成了法兰克封建化的一条主线。这一过程可分如下三个阶段：第一阶段是内战时期（公元511年～公元714年）。这个时期的特征是王权衰弱，社会动荡不安。长期的战争破坏使较脆弱的自由农民只好投身于大地主的门下，法兰克的封建生产关系也由此产生，其结果是大土地所有制的成长和自由农民逐渐沦为依附农民。

第二阶段是宫相查理·马特的采邑制改革时期（公元714年～公元741年）。他下令将土地作为"采邑"进行分封，但受封者必须以服骑兵役为条件，且不得世袭。这一改革取得了明显成效：加强了法兰克王国的军事力量，促进了法兰克封建生产关系的发展。

第三阶段是加洛林王朝时期（公元751年～公元987年）。公元751年，宫相丕平发动政变并登上了王位，建立了加洛林王朝。这个王朝在查理曼统治时期（公元768年～公元814年），通过开疆拓土，形成了一个版图广大、民族众多的帝国，史称查理曼帝国。

随着大土地所有制的增长，"特恩权"也开始盛行起来。大封建主在获

得土地所有权的同时,也获得了对这块土地上的劳动者的统治权。就这样,大土地所有制与小生产相结合的超经济的剥削形式在法兰克确立起来了。

随着法兰克封建化的完成,法兰克王国也逐渐走向解体。公元814年,查理曼去世后,加洛林帝国即宣告分裂。公元843年,查理曼的三个孙子签订了所谓的《凡尔登条约》,将法兰克王国一分为三。

诺曼征服

英国由不列颠群岛组成,位于欧洲大陆之外,但是来自欧洲大陆的一次次外力的冲击,仍把它纳入了欧洲社会的历史进程。公元前后,恺撒统帅的罗马军团扬帆而至,不列颠开始纳入西方文明进程。此后,来自欧洲大陆的一些日耳曼部落定居在不列颠群岛,开启了英国历史发展的新时期。

1002年,英国国王埃塞尔雷德娶诺曼底公爵的妹妹埃玛为妻。1013年,丹麦国王征服整个英国,埃塞尔雷德携妻儿仓皇逃往诺曼底,英格兰贵族推举流亡在诺曼底的爱德华王子为合法继承人。丹麦在英国的统治下很快衰落下去,爱德华国王重新回到英国。但爱德华在朝中重用诺曼人,逐渐使诺曼人同英国本土势力之间的矛盾激化。

1051年,爱德华国王邀请诺曼底公爵威廉访问伦敦。威廉对英国王位觊觎已久,他在访问时,与表兄弟爱德华讨论了王位继承问题。因爱德华无子,所以他对威廉的要求没有提出异议。

爱德华国王于1066年1月病逝,临终前没让威廉即位,却封本土贵族哈罗德为王位继承人。不久,哈罗德在威斯敏斯特教堂加冕称王。这对威廉来说是一次沉重的打击。他决定用武力夺取王位,征服英国,建立自己的王国。

威廉派使节游说教皇亚历山大二世和神圣罗马帝国皇帝亨利四世,向他们控告哈罗德是一个篡位者。教皇支持威廉的行为,还赐给他一面"圣旗";亨利四世也表示愿意帮助威廉夺回王位;丹麦国王出于个人野心也支持威廉。很快,威廉便拼凑出一个反对哈罗德的松散联盟。为解除后顾之忧,他与东面的弗兰德人订立互不侵犯同盟,在西面征服了布列塔尼,在南部占领了梅因,这一切都为他入侵不列颠创造了有利条件。1066年春,他在里里波尼城召开封建主会议,制定进攻英国的方案。

同威廉的积极活动形成鲜明对比的是,哈罗德却无所作为,对威廉外交活动的战略意义毫无觉察,这就使自己在战争过程中处于孤立无援的被动局面。就兵力对比来看,双方基本势均力敌,但差异就在于哈罗德准备不足。诺曼底地处欧洲大陆,早于英格兰进入封建社会。哈罗德的有利之处是,内线作战、以逸待劳;不利之处是,由于文化水平低,军事制度相对落后,机动性差;再加上爱德华在位时曾将英格兰的舰队解散,从而使哈罗德缺少在海上打击威廉的力量,防御的纵深度大大缩小。

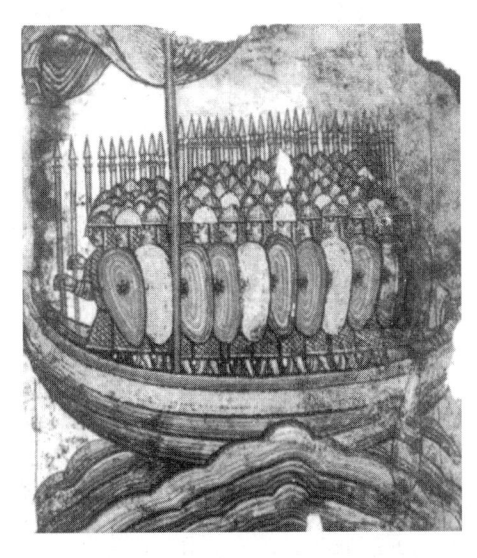

1066年8月初,威廉的进攻准备基本就绪,计划向不列颠进发,但因恶劣气候影响暂未发兵。非常凑巧的是,在此期间,英格兰发生了一场战争。封建主托斯蒂格为哈罗德夺走了自己的伯爵领地而起兵反叛,挪威国王哈拉尔德三世因个人野心同托斯蒂格联手行动,但他们被哈罗德打败了。

1066年9月28日,就在哈罗德获胜的次日,威廉的远征军驶向海峡对岸,未遇任何抵抗便在佩文西湾登陆。此时,哈罗德正在约克庆祝自己的胜利。所以英格兰东南沿海地区门户大开,直到伦敦都无重兵防守。由于事发突然,哈罗德来不及大规模调动兵力,只好以未获充分休整的5000余人迎击威廉。

哈罗德选择威尔登山地作为指挥部,将亲兵部署在峰的两侧,在中央构筑坚固的防守,两翼则由民兵把守。10月14日上午,号角齐鸣,战斗开始。在混战之中,威廉坠马,却立刻恢复镇静,跃上另一匹战马,大声高呼:"请大家都看着我,我还活着!上帝会保佑我们胜利!"最终哈罗德中流箭身亡,英军阵脚大乱,全线崩溃。威廉乘着胜利的威势,率军长驱直入,先后占领坎特伯雷、韦斯特汉姆、西尔、吉尔福德等地,接着又横扫英国北部。伦敦派代表向威廉求和,并答应由威廉做国王。1066年圣诞节,威廉在威斯敏斯特教堂被加冕为英国国王。

从此,英国历史上开始了诺曼底王朝(1066年~1154年)。诺曼征服是先进社会集团对落后社会集团的战争。威廉的胜利不仅把西欧大陆的封建制度移植到英国，而且在经济、社会、文化、军事等方面改变了英国的面貌，使英国同西欧大陆更紧密地融为一体。

十字军东侵

西欧各国的教俗封建主企图到富裕先进的东方扩张领土和掠夺财富，是十字军东征的主要原因。

十字军东征的第二个原因，是罗马教廷和西欧教会的怂恿。1095年11月，教皇乌尔班二世在法国克勒芒召开的宗教会议上发表了蛊惑人心的演说，抨击东方伊斯兰教徒的残暴，号召各国领主、骑士和普通人拿起武器，夺回主的坟墓。这次演说后不久，十字军东征行动正式付诸实施。

另外，意大利各商业共和国出于利益的考虑，也对十字军东征起了推波助澜的作用。意大利商人企图利用西欧的军事力量打击自己的竞争对手，以便独占东西方贸易，因此而支持十字军向东方扩张。

十字军东征从1096年春开始，到1291年结束，先后进行了八次，时间长达两百年。

第一次十字军分为农民和骑士两支队伍。1096年初春，法国北部和德国莱茵地区的农民集结了约六七万人，在法国阿缅的隐修士彼得的领导下，沿朝圣者的路线向东方进发。因缺少武器，又无粮秣供应，这群乌合之众到达小亚细亚后即被突厥人歼灭，生还君士坦丁堡者仅三四千人。

骑士是第一次十字军的主力。1096年秋，他们从法国、德意志和意大利分别向君士坦丁堡集结，共有三四万人，于1099年7月攻陷耶路撒冷，并以该城为中心，建立了耶路撒冷王国。

虽然建立了耶路撒冷王国，但十字军国家在近东却一直处于孤立无援的境地，为确保十字军占领的土地，教皇于1119年在耶路撒冷建立了神殿骑士团。神殿骑士团是一宗教性军事组织，随后成立的宗教性军事组织还有医院骑士团和条顿骑士团。

1144年，塞尔柱突厥人、摩苏尔总督赞古攻占爱德萨，教皇为此组织了第二次十字军东征，结果大败而归。公元1187年，埃及苏丹、库尔德人萨拉丁夺取耶路撒冷，于是又组织了第三次十字军东征。这次虽然有英、法、德三国国王参加，但由于同盟内部矛盾重重，战略目标不一，未能夺回耶路撒冷。

第三次十字军东征失败不久，刚上任的教皇英诺森三世便发动了第四次十字军东征。这次的进攻目标是埃及，但运送大军去埃及需要大量船只，于是只好请求有水上城市之称的威尼斯给予帮助。威尼斯与埃及有频繁的贸易往来，因此不希望埃及受到战争破坏，第四次十字军东征只得放弃埃及，转而去进攻同一宗教的拜占庭帝国。1204年，十字军攻占拜占庭首都君士坦丁堡，并在被

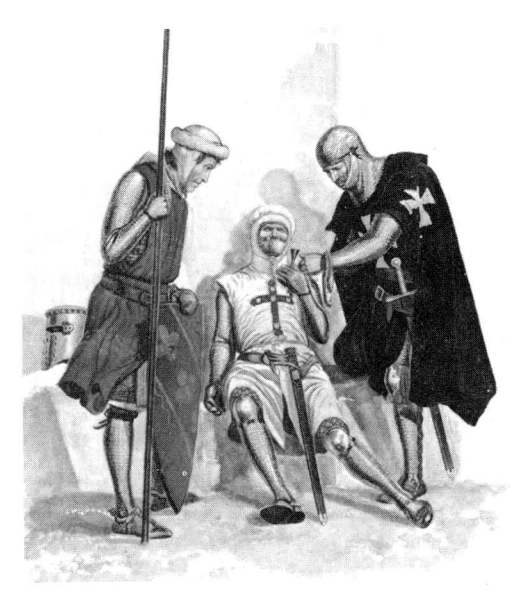

征服的拜占庭土地上建立了拉丁帝国。拉丁帝国于1261年被残存的拜占庭统治势力摧毁。此后，十字军又进行了四次东侵，但均遭失败。1291年，十字军的最后一个据点阿克城被攻陷，十字军东征至此彻底失败。

近两个世纪的十字军东征，使地中海东部各国生灵涂炭，大量财富被毁，许多文明古迹化为灰烬，几十万人死于非命，社会生产力遭到极大破坏。

但战争也在无形中推动了社会的前进，十字军东侵运动后，东西方的往来更加频繁，从而促进了手工业和商业的发展，这一客观结果是人们所始料不及的。另外，西欧封建主到东方后也开阔了眼界，领略了海外诸国较高的物质文明和精神文明。

十字军东征的另一重要成果是削弱了拜占庭、阿拉伯商人在东西方贸易中的地位，从而加强了西欧商人在地中海贸易中的势力。

基辅罗斯的盛衰

斯拉夫人很久以前就居住在现在欧洲东部的独联体境内。这些高大威猛的人们素以吃苦耐劳而著称于世。公元八、九世纪他们结束了原始的氏族生活建立了公国，南方的基辅和北方的诺夫哥罗德是所有公国中的佼佼者，地

广人多。公元9世纪末，奥列格王公率诺夫哥罗德大军南下，一举征服了基辅，以它为中心建立了"基辅罗斯"。奥列格王公也就理所当然地成为第一位"罗斯大公"。此公崇武尚力，喜欢扩张掠夺，在他的努力下，基辅罗斯逐步发展成为欧洲著名的强国。

奥列格王公没有完成他统治全欧洲的梦想就死了。继之而起的是伊戈尔大公。伊戈尔大公似乎把前任大公喜扩张，好掠夺的本性完全继承下来并且发挥到了极致。为了扩张，他穷兵黩武。本国的百姓生活在水深火热之中，人人怨声载道。但伊戈尔不知收敛反而变本加厉地剥削。

公元945年的一个冬日，伊戈尔在一队亲兵的前呼后拥下，去德列夫安人居住区巡行，他没有意识到已踏上了自己的死亡之途。以往的每一次"巡行"都会带回很多"贡物"。这一次伊戈尔同亲兵们当然也不会例外，一番巡视之后，即将满载而归了。

当那么多的毛皮、蜂蜜、蜂蜡、腊肉堆满船舱的时候，大公忽然觉得不开心。他对亲兵说：

"只有这么点东西，好干什么的？你们先运回去，我再去转一圈。"

在贪欲的驱使下大公带着少数的亲兵又一次回到村庄。村民们愤怒了，他们的忍耐已到了极限。再一次的勒索无疑如同导火索引发了人们心中久蕴的怒火。

一位老人颤抖着花白的胡子说：

"如果豺狼有了访问畜群的习惯，它就会不断再来，直到把畜群吃光为止，乡亲们，我们该怎么办？"

"打狼去！"人群中一个高壮的小伙子振臂一呼，"对，打狼去！杀掉这些披着人皮的狼！"

愤怒的人群如同爆发的火山熔岩卷向不知死活的大公及亲兵们。亲兵们见势不妙，四处逃散。这位"傻乎乎"的大公还想摆架子吓人，两手把腰一叉，"你们……"话没说完头上早着了一棒子，"哎哟，娘哎——"他一声怪叫捂着头蹲了下去。愤怒的人群不管三七二十一，一顿乱棒下去，当人们歇下来喘气的时候，刚才还不可一世的大公已成了一堆血肉模糊的酱状物。人们意犹未尽，几个小伙子向着这堆烂肉唾唾沫，撒尿来发泄他们心中的愤怒。这时刚才那位白胡子老人又说话了。"乡亲们——，我们杀了公狼，还有母狼和狼崽子，我们该怎么办？""杀进城邦，直捣狼窝！""对！捣毁狼窝！"

且不说德列夫利安人准备暴动，这边逃回的亲兵已把大公的死信带回了城堡。贵族们一阵大乱，这时，大公的老婆站了出来。这是一个很残恶的女人，丧夫之痛并没有压垮她。相反，她很镇定，她联合自己的亲信大臣，立幼子斯维雅托斯拉夫为继承人，自己做摄政女王。第一件事便是派出大批军队去剿灭"刁民"。大公的军队在途中同德列夫利安人的队伍遭遇了。经过一场残酷的厮杀，德列夫利安人一批一批地倒下了，毕竟他们不是那些训练有素装备精良的军士之敌。德列夫利安人的鲜血染红了脚下的大地。

这件事给年幼的斯维雅托斯拉夫大公以极大的刺激。他亲政以后，更加崇尚武功。他剃了光头，只留一撮额发，戴一只耳环，手握马刀。他在戎马生涯中度过了自己的一生。公元967年，大公同东罗马帝国建立联盟，共同出兵打败了保加利亚。这一次的胜利有些冲昏了他的头脑。他在脑海中勾画着宏伟蓝图："定居保加利亚，这里集中了欧洲乃至全世界的珍宝，黄澄澄的是希腊的黄金，白花花的是捷克的银子，雄赳赳地是匈牙利的骏马，沉甸甸的是罗斯的毛皮，水灵灵的是各处的美人……这一切都陈列在我斯维雅托斯拉夫的面前，供我享用。"可惜这一美梦被现实无情地粉碎了。

原来，东罗马帝国早已在窥觑着基辅罗斯，一直害怕它过于强大影响自己的势力。这一次，趁着罗斯大公不备，突出奇兵，大肆砍杀。罗斯军队毫无心理准备，仓促应战，损失惨重，只好撤出保加利亚，踏上归途。

东罗马帝国一心想把罗斯军队彻底消灭，所以早已派出使者请突厥人在半途伏击。本已伤亡惨重的罗斯军队"屋漏偏逢连夜雨"，再也招架不住这突如其来的打击，几乎全军覆没。连斯维雅托斯拉夫也力战阵亡。

经过这一次战争，基辅罗斯元气大伤，尽管以后的几位大公励精图治，想重振国威，结果都不是很理想。1054年，基辅罗斯发生了内乱，最后分裂成三个小国。在你来我往的征杀中，国力渐渐衰微，已无力再去抵抗外侮了，南方草原上的突厥族波洛伏齐人乘机侵扰。内忧外患使得基辅罗斯的人民苦不堪言，仿佛置身于十八层地狱之中，受尽煎熬。大家多么盼望有一位民族英雄能挺身而出解民于倒悬啊！

1185年，一位叫做伊戈尔·斯维雅托斯拉维奇的王公，怀着救民于水火的热情发动了对波洛伏齐人的战争。可惜他势单力薄，尽管自己拼死向前，军士死命苦战，毕竟实力相差得太悬殊了。征伐以失败告终。

为了赞颂伊戈尔的英雄精神和爱国情怀，一部催人猛醒警人奋进的史诗诞生了。这部名叫《伊戈尔远征记》的长诗的许多篇章今天依然脍炙人口。

"啊，我的武士们和弟兄们，

与其被俘，

不如死战；

弟兄们，让我们跨上骏马，

去望一望那蓝蓝的顿河。

我愿，在波洛伏齐草原的边界折断自己的长矛，俄罗斯人，我愿同你们一道，

要么抛下自己的头颅，

要么用头盔掬饮顿河的水。"

可惜的是，由于基辅罗斯内部分崩离析，各自为政，经济遭到严重破坏，虽然有伊戈尔式的爱国者献出自己的一腔热血，但终究无力回天。基辅罗斯终于在外劫内耗中渐渐趋向衰微，走向消灭。

基辅罗斯虽然消亡了，但我们不应忘记，它曾是俄罗斯、乌克兰、白俄罗斯民族的文化摇篮。

君士坦丁堡的陷落

东罗马帝国的首都君士坦丁堡，雄踞在欧亚两洲交界的博斯普鲁斯海峡的南口，三面环水，背靠大陆，地势十分险要；加上东罗马帝国多年来的构筑经营，城防工事十分坚固，真可以说是铜墙铁壁，固若金汤。要想攻破它，确实是有点儿异想天开。

然而，就在15世纪的一次战争中，它竟出乎意料地被奥斯曼土耳其人攻破了。说起这次战争，那可是中世纪战争中最激烈最悲壮的一次。

交战以前，双方都投入了大量的人力、物力，作了充分的准备。土耳其国王穆罕默德二世亲率20万大军和300艘战舰，将君士坦丁堡围得水泄不通，决心拿下这座历史名城作为伊斯兰教的中心。君士坦丁堡的军民也孤注一掷，誓与古城共存亡。他们尽一切可能加固工事，除了在西面筑了两道坚不可摧的城墙之外，还在城墙上每隔百米筑一堡垒，墙外挖了很深的护城壕。在城北金角湾的入口处，他们用粗大的铁链横锁水面，使任何船只都无法驶入。在城东城南面临海湾敌人很难接近的地方，他们也筑起了坚固的城墙。

在决一死战的紧张气氛中,战争于1453年4月6日正式爆发了。

土耳其人首先从西面猛攻,他们用每发炮弹重达500公斤的大炮对城墙狂轰滥炸,然后便扛着粗大的树干,滚动巨大的木桶,向护城壕冲去,企图把壕沟填平,但是却遭到了城中枪炮的严厉打击,纷纷败下阵来。

强攻不行,土耳其人便打算挖地道,穿过护城墙和城墙,钻入城内,不料地道还没挖完,就被当地居民发现,他们用炸药将地道炸毁了。土耳其人见此计不成,又决定使用攻城塔车,在车上筑起塔堡,外面包着三层厚厚的牛皮,车上藏有炮火和弓箭手,还有一架用滑轮升降的云梯。他们满以为这下一定可以出奇制胜了,可是当塔车靠近城墙时,守城的官兵就往塔车内猛投蘸满松脂的火把,将塔车烧着,并用大杆推倒云梯,致使土耳其人又遭惨败。

由于屡战屡败,伤亡惨重,穆罕默德二世不得不重新考察君士坦丁堡的城防虚实,制订新的进攻措施。后来,他发现城北的金角湾水面不宽,东罗马人主要依靠铁索横江来阻挡进攻,倘若能绕过铁索,从水路登陆,进行偷袭,定能在敌军毫无防备的情况攻破城池。然而,如何使船只绕过铁索抵达城下,却是一件颇费踌躇的事。穆罕默德和部下苦思冥想了很久,终于想出了一个旷古未闻的妙计奇策。

他派人到热那亚商人据守的加拉太镇去,用优裕丰厚的报酬收买了那里的商人,使商人们允许他在加拉太北面铺设一条陆上船槽。船槽是用坚厚的木板铺成的,由高往低的滑行面,槽底又涂上很厚的一层牛羊油脂。靠着这条船槽,土耳其人经过一夜的努力终于奇迹般地将80艘战船拖运到了金角湾的侧面。在那里他们架起了浮桥,筑起了炮台,向君士坦丁堡发动了新的攻势。

当炮声轰轰地在北城墙外震响时,城中的官兵惊呆了,他们做梦也没料到金角湾这边会出现土耳其兵。于是,手忙脚乱地从两线撤兵增援,而将西面的防守交给了来援的热那亚士兵。这样一来,东罗马军的兵力便分散了,而担任西城墙防守任务的热那亚士兵又不熟谙地形、地势,致使防卫日趋危急。在土耳其军连续不断的炮轰下,西城墙终于被打开了一个缺口。

穆罕默德二世见胜利在望,抑制不住内心的狂喜向手下的士兵们大喊道:"勇敢的将士们,虔诚的穆斯林们!城墙已被打开了缺口,我将给你们一座宏伟而富庶的名城,古罗马的首都,世界的中心,任你们抢劫,你们将成为腰缠万贯的大富翁,勇敢地冲进去吧!"

话音刚落,土耳其人便发疯般地向城里冲去,但是城里的军民仍然拼死抵抗,与土耳其人展开激烈的巷战。土耳其人连攻了两次都败下阵去,最后穆罕默德二世亲自上阵,全力以赴,才冲了进去。君士坦丁堡终于陷落了。

昏庸无能的君士坦丁皇帝见土耳其的旗子在城堡上空飘扬,顿时丧失了作战的勇气,脱换衣服,惶惶如丧家之犬,夺路而逃。路上他遇到几个土耳其士兵在洗劫财物,就拔剑去刺,结果被土耳其士兵当场杀死。

土耳其士兵在城里连续三天三夜大肆烧杀抢掠,许多居民被掳为奴隶,壮丽豪华的王宫被付之一炬,许多珍贵文物被抢被烧,丧失殆尽,所有的基督教偶像都从教堂搬出,换上了伊斯兰教的壁龛,全城最大的圣索非亚教堂改建为清真寺。不久,奥斯曼土耳其帝国迁都君士坦丁堡,并将城名易为伊斯坦布尔(意即伊斯兰之城)。这个名称一直沿用至今。君士坦丁堡的陷落,标志着延续千年之久的拜占庭(罗马帝国)从此覆灭了。当然,它的陷落也向统治者们发出了警告:如果不修内政,荒淫腐化,再坚固强大的城防工事都不足以维护其长治久安。

《一千零一夜》

古时候,在中国和印度之间有个叫萨桑的岛国,国王叫山鲁亚。一天,国王看见王后和奴仆们说笑,怀疑王后有不贞行为,于是就杀掉了她。从此以后,国王每天都要娶一个新娘,第二天早晨就把新娘杀死。

就这样国王一连娶了1000个女子,又杀了1000个女子。老百姓纷纷带着女儿逃出京城。国王命令宰相每天要送一个女子进宫,否则就将他治罪。

可有女儿的老百姓早已逃得一干二净,去哪里找啊?宰相愁眉苦脸地回到家里,他的女儿桑鲁卓问道:"爸爸,你遇到什么事了?"

宰相说:"国王要每天娶一个新娘子,可有女儿的人家都逃走了,我去哪里找啊?"

桑鲁卓不仅美貌出众,而且博学多才,非常聪明。为了救父亲和国内年轻的姐妹,她毅然要求进宫。宰相起初不同意,但看到女儿心意已决,只好同意。

到了晚上,桑鲁卓对国王说:"尊敬的陛下,请允许我给您讲一个故事吧。"国王答应了。桑鲁卓就开始讲故事,国王被故事曲折动人的情节深深打动了,故事还没有讲完,天就亮了。桑鲁卓对国王说:"尊敬的国王,如果您能够开恩不杀我的话,那么明天晚上我会给您把故事讲完,还要再讲一个更精彩的故事!"国王同意了。

到了晚上,桑鲁卓给国王把昨晚的故事讲完,接着又讲了一个精彩的故事,国王听得入迷了,讲到最精彩处,恰好又到了天亮。桑鲁卓又说:"尊敬的国王,如果您能开恩不杀我的话,明天晚上我会给您讲完,然后再讲一个更精彩的故事。"国王为了听故事,又没有杀桑鲁卓。从此以后,桑鲁卓每天夜里都给国王讲一个曲折离奇、引人入胜的故事,一直讲了1001夜。终于,国王幡然省悟,发誓以后再也不乱杀人了,随即册封桑鲁卓为皇后,并与她白头偕老。

后人就把桑鲁卓讲的故事收集起来,编成了《一千零一夜》,我国又称为《天方夜谭》。

举世闻名的阿拉伯文学是世界文学艺术宝库之一,其中对世界文学有重要贡献的要数《一千零一夜》。它是中世纪中期近东各国、阿拉伯地区广大艺人、文人、学士经过几百年收集、加工、提炼、编纂而成的。这部书以6世纪的波斯故事为线索,吸收了印度、希腊、希伯来、埃及等地的童话和寓言故事,到14世纪最后编定,成为一部童话和故事集。其中的故事很富于启迪意义,在许多篇章中歌颂了劳动人民淳朴善良的高尚品质和爱憎分明的感情,揭露和鞭笞了封建社会的黑暗。《一千零一夜》描述的新兴阿拉伯商人经商航海、追求财富的冒险故事也精彩纷呈。同时,也反映了伊斯兰世界各民族人民的社会生活与风俗习惯,是研究阿拉伯历史的宝贵参考资料。可以说,《一千零一夜》是世界文学史上的一颗明珠,它对后来西方各国的文学、音乐、戏剧和绘画都产生了深远的影响。

阿拉伯艺术也别具特色，这在清真寺的建筑中表现得尤为突出。由于受正统伊斯兰教派的影响，禁止偶像崇拜，人物和动物的造型艺术比较缺乏。为了弥补这方面的不足，艺术家独具匠心，利用阿拉伯字母和几何图案进行巧妙构思，使阿拉伯的绘画、雕刻、镶嵌艺术具有抽象化的特点。阿拉伯建筑艺术对欧洲产生了深刻的影响。

阿拉伯人既是文化的创造者，也是文化的传播者，中国古代的罗盘针、造纸术、火药和印度的代数学、十进位法，都是通过阿拉伯人传到西方的。同时，阿拉伯人在古希腊、古罗马文化与欧洲文艺复兴之间建立了纵向联系，在欧洲文化发展史上也起到了承前启后的作用。

《一千零一夜》中有很多精彩的故事，比如《阿拉丁神灯》《阿里巴巴和四十大盗》《渔翁和金鱼的故事》《辛伯达航海旅行的故事》等，都是其中的名篇。

马可·波罗

马可·波罗是世界著名的旅行家，1254年生于意大利威尼斯一个商人家庭。17岁时跟随父亲和叔叔，途径中东，历时四年多来到中国，在中国游历了17年。回国后出了一本《马可·波罗游记》，记述了他在东方最富有的国家——中国的见闻，激起了欧洲人对东方的热烈向往，对以后新航路的开辟产生了巨大的影响。同时，西方地理学家还根据书中的描述，绘制了早期的"世界地图"。

马可·波罗小时候，他的父亲和叔叔到东方经商，来到元大都（今天的北京）并朝见过蒙古帝国的忽必烈大汗，还带回了大汗给罗马教皇的信。他们回家后，小马可·波罗天天缠着他们讲东方旅行的故事。这些故事引起了小马可·波罗的浓厚兴趣，使他下定决心要跟父亲和叔叔到中国去。1271年，马可·波罗17岁时，父亲和叔叔拿着教皇的复信和礼品，带领马可·波罗与十几位旅伴一起向东方进发了。他们从威尼斯进入地中海，然后横渡黑海，经过两河流域来到中东古城巴格达，从这里到波斯湾的出海口霍尔木兹就可以乘船直驶中国了。然而，这时却发生了意外事件。当他们在一个镇上掏钱买东西时，被强盗盯上了，这伙强盗乘他们晚上睡觉时抓住了他们，并把他们分别关押起来。半夜里，马可·波罗和父亲逃了出来。当他们找来救兵时，强盗早已离开，除了叔叔之外，别的旅伴也不知去向了。

马可·波罗和父亲、叔叔来到霍尔木兹，一直等了两个月，也没遇上去中国的船只，只好改走陆路。

这是一条充满艰难险阻的路，是让最有雄心的旅行家也望而却步的路。他们从霍尔木兹向东，越过荒凉恐怖的伊朗沙漠，跨过险峻寒冷的帕米尔高原，一路上跋山涉水，克服了疾病、饥渴的困扰，躲开了强盗、猛兽的侵袭，终于来到了中国新疆。

一到这里，马可·波罗的眼睛便被吸引住了。美丽繁华的喀什、盛产美玉的和田，还有处处花香扑鼻的果园，马可他们继续向东，穿过塔克拉玛干沙漠，来到古城敦煌，瞻仰了举世闻名的佛像雕刻和壁画。接着，他们经玉门关见到了万里长城。最后穿过河西走廊，终于到达了上都——元朝的北部都城。这时已是1275年的夏天，距他们离开祖国已经过了四个寒暑了！

马可·波罗的父亲和叔叔向忽必烈大汗呈上了教皇的信件和礼物，并向大汗介绍了马可·波罗。大汗非常赏识年轻聪明的马可·波罗，特意请他们进宫讲述沿途的见闻，并携他们同返大都，后来还留他们在元朝当官任职。

聪明的马可·波罗很快就学会了蒙古语和汉语。他借奉大汗之命巡视各地的机会，走遍了中国的山山水水，中国的辽阔与富有让他惊呆了。他先后到过新疆、甘肃、内蒙古、山西、陕西、四川、云南、山东、江苏、浙江、福建以及北京等地，还出使过越南、缅甸、苏门答腊。他每到一处，总要详细地考察当地的风俗、地理、人情。在回到大都后，又详细地向忽必烈大汗进行了汇报。

在《马可·波罗游记》中，他盛赞了中国的繁盛昌明：发达的工商业、繁华热闹的市集、华美廉价的丝绸锦缎、宏伟壮观的都城、完善方便的驿道交通、普遍流通的纸币等等。书中的内容，使每一个读过这本书的人都无限

神往。

17年很快就过去了,马可·波罗越来越想家。1292年春天,马可·波罗和父亲、叔叔受忽必烈大汗委托,护送一位蒙古公主到波斯成婚。他们趁机向大汗提出回国的请求。大汗答应他们,在完成使命后,可以转路回国。

1295年末,他们三人终于回到了阔别二十四载的亲人身边。他们从中国回来的消息迅速传遍了整个威尼斯,他们的见闻引起了人们的极大兴趣。他们从中国带回的无数奇珍异宝,一夜之间使他们成了威尼斯的巨富。

1298年,马可·波罗参加了威尼斯与热那亚的战争,不幸被俘。在狱中他遇到了作家鲁思梯谦,于是便有了马可·波罗口述、鲁思梯谦记录的《马可·波罗游记》。这本书在欧洲广泛流传,激起了欧洲人对中国文明与财富的倾慕,最终发现了新航路和新大陆。

奥斯曼帝国

奥斯曼土耳其人是突厥人的一支,原来居住在中国北方,靠游牧为生。公元7世纪,突厥人被唐朝军队打败,向西迁徙到中亚呼罗珊一带。13世纪时,受蒙古西侵的威胁,又西迁至小亚细亚,依附于塞尔柱突厥人(西迁突厥人的一支)建立的罗姆苏丹国。罗姆苏丹赐给他们萨卡利亚河岸的一块土地,让他们继续过游牧生活。13世纪中叶后,罗姆苏丹国在蒙古人的侵扰下逐渐衰落。1299年部落首领奥斯曼(1282年~1326年)乘机宣布独立,建立了奥斯曼土耳其国家,国王称"苏丹"。后人把奥斯曼土耳其国人简称奥斯曼或土耳其人。

奥斯曼苏丹刚建国时,仿照罗姆苏丹国的做法,将新征服的土地分封给贵族。由于当时国势不强,社会财产分化还不太明显,到奥斯曼死时,苏丹仅留几件武器、十几匹马和几百只羊。奥斯曼的儿子乌尔汗(1326年~1359年)即位后,他发展了国家机构,建立了强大的步兵和骑兵,不断向外扩张,夺取了拜占庭在小亚细亚的全部领土。

1354年,乌尔汗派兵渡过达达尼尔海峡,占领了利波里半岛。土耳其人在巴尔干半岛的侵略扩张,引起了巴尔干各国的恐慌,他们联合起来共同抗击土耳其人的入侵。1389年,由塞尔维亚、匈牙利、波兰等国组织的"万联军"在科索沃平原与六万土耳其军队决战,结果欧洲联军被击溃,土军占领了塞尔维亚等国。联军的惨败震惊了欧洲。1396年，在罗马教皇的支持下，匈牙利国王亲自率领匈牙利、波兰、捷克、法国、德国以及意大利热那亚、威尼斯等由城市骑士组成的联军，在多瑙河尼科堡与土耳其军大战，结果欧洲联军又被土耳其军队打败，奥斯曼帝国趁势吞并了几乎整个巴尔干地区。

正当奥斯曼帝国气势汹汹、不可一世时，1402年，在中亚兴起的帖木儿汗国的大军侵入小亚细亚，这位自称是成吉思汗的继承人、梦想征服世界的帖木儿汗，率领20万蒙古铁骑与奥斯曼帝国苏丹巴耶塞特（1389年~1403年）的土耳其军队在安卡拉附近的原野展开激烈的战斗。骄横一世的土耳其军队被蒙古铁骑彻底击败，苏丹巴耶塞特成为帖木儿汗的阶下囚。强大的奥斯曼帝国臣服于帖木儿汗国，一度开始衰落。

1405年，帖木儿汗在远征中国途中去世，帖木儿汗国随之瓦解。奥斯曼帝国在经历失败后，于15世纪上半叶又重新崛起，继续对外征服侵略。

1453年春，苏丹穆罕默德二世（1451年~1481年）率17万大军、300多艘战舰，分水、陆两路对拜占庭首都君士坦丁堡发起进攻。当时君士坦丁堡只有五万居民，能参加战斗的军队不足一万人。但是君士坦丁堡地势险要，易守难攻，同时又有热那亚和威尼斯人的援助，再加上守军顽强战斗，致使土耳其军队猛攻不下。后来，奥斯曼苏丹收买了城中的热那亚人，在热那亚人控制的加拉太铺设了一条15公里长的涂油木板滑道，使70余艘战舰绕过拜占庭军队封锁水道的铁索链，沿滑道进入黄金角湾，出其不意地从侧背强攻东罗马城堡。1453年，土耳其人攻破罗马城门，突入君士坦丁堡，杀死拜占庭皇帝君士坦丁十一世，然后又在城里劫掠烧杀三天，将千年古城化为一片瓦砾。奥斯曼帝国占领君士坦丁堡后，将其改名为伊斯坦布尔，意为"伊斯兰教的城市"，并作为自己的国都。

16世纪上半叶，奥斯曼帝国达到鼎盛时期。它先后侵入伊朗，占领埃及、叙利亚、巴勒斯坦，攻陷当时属于匈牙利的贝尔格莱德和布达，兵临维也纳，疆域面积多达500万平方公里，成为历史上又一个地跨亚、非、欧的大帝国。

16世纪下半叶时，奥斯曼帝国的侵略扩张不断受挫。1571年，土耳其海军在勒颁多海被西班牙和威尼斯海军打败；1572年，奥斯曼帝国对莫斯科的进攻也以失败告终。

17世纪，奥斯曼土耳其帝国在内外交困中迅速衰落下去。

新航路的开辟

哥伦布通过阅读马可·波罗的《东方见闻录》，对富庶的东方产生了浓厚的兴趣。他相信当时已日益流行的地圆学说，认为地球是圆的，只要从欧洲海岸一直向西航行，就可以到达印度，得到大量的黄金、香料。麦哲伦在西班牙国王的资助下，进行环球航行，但他本人却没能活着回到西班牙。1492年8月3日拂晓，3艘帆船从西班牙南端的巴罗士港起航，向西驶去。率领这支船队的哥伦布站在旗舰"圣玛利亚"号的船头，远眺无边无际的大海，陷入了沉思。此刻，他的心情是非常复杂的，既充满希望，又感到前途渺茫，还有几分恐惧。因为在基督教传说中，大海的四周是无底的深渊，当船到达那里时会被四周的魔鬼吞没。汹涌的大海使人无法捉摸，此行的结局也许是到达遍地黄金的地方，也许是葬身海底。当时，他并没有意识到这是人类地理大发现道路上的第一步。

哥伦布（1451年~1506年）的出身和出生地一直是个倍受争议的问题，但大多数学者认为他出身于航海事业发达的意大利热那亚城。当时，欧洲社会正经历着一场深刻的变革。经过近千年的发展，社会生产力已经有了明显的提高。随着社会经济的发展，人们对货币的需求也在不断增加，由于社会上流通的货币奇缺，严重地制约了资本的积累。当时欧洲使用的货币主要是金币，黄金又是重要的装饰品，是财富的象征，所以人们对它的欲望是无穷的，而欧洲每年的黄金开采量却非常有限。造成黄金缺乏的原因还在于此前东西方之间的不平衡贸易。欧洲社会上层在商品经济日益发展的情况下，对东方奢侈品的需求也在不断增加。东方的香料、丝绸、瓷器和其他产品不断地运往西方，而西方却没有可以交换的产品，只有用黄金和白银来交换，导致了金银的大量外流。这一切导致了人们狂热地寻找黄金。哥伦布曾经说过："黄金是一个令人惊叹的东西！谁有了它，谁就可以为所欲为，做到一切。有了黄金，可以把灵魂送上天堂"。这就是当时欧洲人的心理写照。恩格斯也曾指出："葡萄牙人在非洲海岸、印度和整个远东寻找的是黄金；黄金一词是驱使西班牙人横渡大西洋到美洲去的咒语；黄金是白人刚踏上一个新发现的海岸时所需要的第一件东西。"

然而到哪里去找黄金呢？一些人把希望寄托在遥远的海外和东方。这并不是没有道理的，关键是怎样到达那里。意大利旅行家马可·波罗在他的《东方见闻录》中把东方描写得非常富有，说那里黄金遍地，香料盈野。不过，当时到东方去可不是一件容易的事，去遥远的东方要经过千难万险。11世纪时，欧洲封建主曾经组织过十字军，企图到东方掠夺一番，结果是伤亡惨重。采取和平的方法也是困难重重，当时通往东方的重要商路有三条：一条在北部，经小亚细亚、黑海、里海至中亚细亚；一条在中部，从地中海东岸经两河流域至波斯湾，再从海路到东方各地；还有一条在南部，经埃及的亚历山大港到红海，再从海路到东方。北部的一条被对欧洲人仇视的土耳其人占据着，奥斯曼帝国与神圣罗马帝国正处于战争状态。另外两条被阿拉伯商人控制着，伊斯兰教和基督教的敌对状态使欧洲人休想经过这里。东方与西方的一切交往都必须经过阿拉伯人的手，商品经阿拉伯商人转手后要提高8~10倍的价钱。长期以来，欧洲的贵族和商人就想绕过中东地区，另寻途径，到达中国和印度。到了15世纪末期，欧洲人终于具备了实现这一愿望的条件。

15世纪末期，欧洲已经形成比较强大的民族国家，如英国、法国、葡萄牙和西班牙。任何事业都可以在国家的赞助下进行。当时的天文地理知识也有了很大的发展。古希腊地理学家的地圆学说日益流行，在航海方面，欧洲的造船技术得到了很大改善，中国发明的罗盘针在欧洲已经得到了应用，在大海中航行可以不迷失方向，这使远程航海成为可能。同时在欧洲出现了一批敢于冒险的航海家和赞助者。在新航路的发现中，哥伦布是最为典型的代表人物。

为了实现自己的愿望，哥伦布四处寻求资助者，但到处碰壁，大多数人

都不相信他的说法，更不愿把钱用在这种冒险上。1486年，哥伦布来到经济基础强大的西班牙王宫，向西班牙国王陈述了他的主张和设想，并提出了一些条件。西班牙国王于1492年4月17日和哥伦布签订了"圣大非协定"，决定给予赞助，并事先封他为将要发现的土地的宗主和统治者，即在各海洋中由他亲自发现或取得的一切岛屿及大陆的海军上将，新发现土地的世袭总督，他有权把新土地上总收入的二十分之一留为己有，但这些土地的主权属于西班牙国王。

经过一番准备，哥伦布终于在1492年8月3日从西班牙出发了。他的船队由三艘大帆船和87名水手组成。哥伦布指挥船队一直向西航行，他对途中见到的每一群海鸟和每一片水草都进行仔细的观察，不放过一点线索。1492年10月12日凌晨，在经过两个多月的航行，久盼陆地而不见，船员中怨声四起，几乎要发生叛乱的时候，船头上的一名水手突然一声惊叫："啊！陆地！"原来他在月光下隐隐约约地看到前方有一块陆地。天亮时，他们来到了一个岛屿。哥伦布立即上岸，面对繁盛的草木，他欣喜地宣布这里是西班牙的土地，并命名为圣萨尔瓦多岛。圣萨尔瓦多意为救世主，这个岛屿就是现在巴哈马群岛中的华特林岛。哥伦布以为他已经到了印度，所以把当地人称为印第安人（即印度人）。哥伦布没有向西，而是由此向南继续航行，到达了附近的古巴和海地，发现了那里许许多多的大小岛屿。但使哥伦布失望的是，这里并没有他所想象的那么多黄金和香料，只是有许多他们从来没有见到的动植物和风土人情。尽管如此，土地对他来说也是非常重要的。

哥伦布作为欧洲人中在美洲的第一个殖民者，虽然没有得到大量的黄金，但是仍可以通过其他方式满足自己需求财富的欲望。起初，欧洲殖民者还不是赤裸裸的抢夺，而是进行不平等的贸易。当时这些岛屿上印第安人的生产方式还是极其原始的，因此，欧洲人带来的所有制品，甚至废物、玻璃碎片和每张用过的扑克牌对于他们来说都是宝贝，他们用这些东西大量换取印第安人的贵重物品。印第安人把这些远方来的白人当成神仙派来的贵客，热情的招待，满足他们的各种要求，对于他们的野心并没有提防。然而正是这些人宣布了他们灾难的到来。哥伦布到达海地以后，在那里建立据点，把欧洲的先进武器——大炮和火枪带到了岛上；开始了对当地人民的血腥统治和疯狂掠夺。哥伦布为了炫耀他的成功，带着掠夺来的财富和10个印地安人返回，于1493年3月15日回到西班牙的巴罗士港，向欧洲人宣布他已经找到了通往印度的航路。这在欧洲引起了轰动，哥伦布得到了国王的礼遇，成

为西班牙的贵族。

不久,西班牙国王决定再次派哥伦布远航。这次,哥伦布先后到达多米尼加、海地等地。此后,哥伦布又两次到达美洲。但由于哥伦布所到之处黄金不多等原因,他并未给西班牙国库带来巨大收入,也未能使自己成为巨富,反而遭到西班牙贵族的忌恨和排挤。1506年5月20日,他病逝于西班牙的瓦里阿多里德城。

哥伦布至死都认为他所到的地方是印度。后来一个叫做亚美利加的意大利冒险家到了美洲大陆的另一边,看到了太平洋,从而证实了哥伦布发现的并不是印度,而是欧洲人过去不知道的一个新大陆。后来,人们就把那里称为亚美利加洲,即美洲。

与西班牙派人向西航行的同时,葡萄牙人也在不断地向南寻找通向东方的航路。葡萄牙人很久以前就在不断地向西航行。早在1487年,葡萄牙人迪亚士就在国王的鼓励下,组织船只沿着非洲海岸向南航行,到达非洲最南部的好望角。接着,葡萄牙人达·伽马(1469年~1524年)组织了更大的船队,于1497年7月8日从里斯本出发,先是循着迪亚士发现的航路,于同一年的11月到达好望角,并从那里折向北航行。1498年3月,到达了莫桑比克。在一个阿拉伯向导的指引下,在这里建立据点,但遭到当地人的抵制,所以他在购买了大批的香料、丝绸、宝石和其它东方特产后匆匆返航。他这次所带回货物的纯利润是全部航行费用的60倍。在以后的航行中,葡萄牙人带来了更多的人马和大炮,打败印度洋上各地有组织的抵抗,建立了许多商业和军事据点,终于控制了这条通往东方的航路。

真正通过探险证实可以环绕世界航行的是麦哲伦。西班牙人虽然发现了美洲,但当时在那里所获得的利益却远远不如葡萄牙人在印度所获得的多,所以西班牙人决意要继续向西航行,以求从西面到达印度。1519年9月20日,葡萄牙人麦哲伦(1480年~1521年)在西班牙国王的资助下,率领一支由五条大帆船和265名水手组成的探险船队出航,先是沿着已经知道的道路向西航行,然后转向南,沿着美洲大陆摸索着南下。途中曾经因冬天的寒冷而停留相当长一段时间。此后,在春天到来之际发现了美洲南部的海峡,后来人们把这里称为麦哲伦海峡。在横渡太平洋时,麦哲伦的船队经历了严重的缺少食物和淡水的困难,一些丧失希望的人曾经发动反对麦哲伦的叛乱,叛乱的首领被麦哲伦抛在途中的荒岛上。1521年3月,终于到达了菲律宾群岛。麦哲伦的船队在这里得到了补充。麦哲伦在干涉岛上内部战争时,被当

地的土著人杀死。后来船队沿着已经熟悉的航路进入印度洋,再沿着葡萄牙人发现的航路返回西班牙。当1522年9月船队返回西班牙时,水手们惊奇地发现所使用的日历少了一天。通过这次航行,地圆学说得到了确认。

新航路发现以后,世界的交往进一步扩大,但在初期,由于东西方在经济发展水平、武器等方面的差距,欧洲人开始了大规模的殖民活动,在非洲、亚洲和美洲占领殖民地,压迫和剥削当地人民,进行奴隶贸易。

文艺复兴

文艺复兴是14世纪至16世纪欧洲文化和思想发展的一个历史时期,是欧洲历史上一次重大的新文化运动,是人类历史上一个百花齐放、硕果累累、人才济济的光辉时代。恩格斯称之为"人类从来没有经历过的最伟大的进步的变革","是一个需要巨人而且产生巨人"的时代。

普遍认为文艺复兴发端于14世纪的意大利(文艺复兴一词就源于意大利语,意为"再生"或"复兴"),以后扩展到西欧各国,16世纪达到鼎盛。

14世纪时,随着工厂手工业和商品经济的发展,资本主义生产关系已在欧洲封建制度内部逐渐形成。在政治上,封建割据已引起普遍的不满,民族意识开始觉醒,欧洲各国民众表现了要求民族统一的强烈愿望,从而在文化艺术上出现了反映新兴资本主义势力的利益和要求的新思潮。新兴资产阶级认为中世纪文化是一种倒退,而希腊、罗马古典文化则是光明发达的典范,他们力图复兴古典文化——而所谓的"复兴"其实是一次对知识和精神的空前解放与创造。

文艺复兴另一个重要原因是,1453年奥斯曼土耳其帝国攻陷君士坦丁堡,东罗马帝国灭亡。大批受到东方文化影响并保留古罗马帝国精神的人才逃往意大利,带回许多新鲜思想和艺术,在罗马开办教授希腊语的学校,促使了文艺复兴运动的形成。

当时的意大利处于城市林立的状态,各城市都是一个独立或半独立的国家,14世纪后各城市逐渐从共和制走向专制。独裁者耽于享乐,信奉新柏拉图主义,希望摆脱宗教禁欲主义的束缚,大力保护艺术家对世俗生活的描绘。与此同时,圣方济各会的宗教激进主义力图摒弃正统宗教的经院哲学,歌颂自然的美和人的精神价值。罗马梵蒂冈也在走向腐败，历届教皇的享乐规模比世俗独裁者还要厉害，他们也在保护艺术家，允许艺术偏离正统的宗教教条。哲学、科学都逐渐地在比较宽松的气氛中发展，也酝酿着宗教改革的前奏。

在这种社会背景下，文艺复兴开始了，其发展大致经历了四个阶段：

13世纪——文艺复兴运动早期。这一阶段的突出特点是文学的发展达到了空前的水平。文化中心城市是佛罗伦萨，代表人物是被誉为"前三杰"的三位文学家——但丁、彼特拉克和薄伽丘，他们的杰作《神曲》《阿非利加》和《十日谈》在世界文学史上占有突出的位置。由于他们的作品广为流传，这三位诗人的家乡佛罗伦萨的方言成为现代意大利语的前身。本阶段值得一提的还有被尊为"欧洲绘画之父"的大师乔托，他的艺术手法直接影响了其后100年的意大利画风。

14世纪末至15世纪上半期——文艺复兴高潮的准备期。这一期间人文主义和文学艺术有了进一步地发展，产生了一批高水平的画家、雕刻家和建筑家，如画家马萨乔、雕刻家多纳太罗和建筑家布鲁涅列斯基。其中，由布鲁涅列斯基于1434年至1437年间主持设计的佛罗伦萨教堂大拱顶，规模宏大，巍峨华丽，令人印象深刻。

15世纪末至16世纪上半期——是文艺复兴的兴盛期。文化中心城市已从佛罗伦萨转移到了罗马，主要代表人物是"后三杰"——达·芬奇、米开朗基罗和拉斐尔，他们留下的《蒙娜丽莎》《最后的晚餐》《大卫》《圣母悲戚》和《西斯廷圣母》以及梵蒂冈博物馆内拉斐尔画室的大量壁画堪称世界艺术画廊珍品。

16世纪下半期至17世纪上半期——文艺复兴的晚期。这一时期的代表人物有威尼斯画派四大名家——乔尔乔内、提香、委罗奈斯和丁托列托，同时出现的还有三位著名科学家、思想家——布鲁诺、伽利略和康帕内拉。

整个文艺复兴进程持续了约四个世纪，它对欧洲乃至世界的社会发展和文化发展起了重要的推动作用。它是欧洲历史上的一次思想大解放，表达了资产阶级破除封建思想体系的精神桎梏、解放生产力、建立新的生产关系的要求。文艺复兴过后，欧洲中世纪的黑暗和教会统治便被冲破了，资本主义蓬蓬勃勃地发展起来。

但丁与《神曲》

意大利诗人但丁（1265年~1321年），是一位伟大的诗人。恩格斯称他是"中世纪的最后一位诗人，同时又是新时代的最初一位诗人"。

但丁出生于一个没落贵族的家庭，从小喜欢读诗，曾经拜著名学者为师，学过拉丁文和古代文学，他特别崇拜古罗马的一位重要诗人维吉尔，把维吉尔当作自己的精神导师。维吉尔写的史诗《埃涅阿斯纪》歌颂了罗马祖先建国创业的丰功伟绩，被认为是文人创作的史诗中的最好作品。

但丁少年时曾在一次宴会上见到一位容貌清秀、美丽动人的姑娘贝阿德丽采。但丁非常喜欢她，宴会后常找机会去看望她。随着年龄的增长，但丁把贝阿德丽采当作自己精神上的爱慕对象。这种爱情给但丁以神奇的力量，他为她写下了一系列抒情诗篇。但不幸的是贝阿德丽采却与一位银行家结婚，不久死去。但丁为此悲伤万分，又写了一系列的悼念诗。但丁把为贝阿德丽采写的诗收集在一起，用散文串联起来，说明每首诗的写作动因，取名《新生》。诗中但丁追求纯洁的爱情，把贝阿德丽采看作是上帝派来拯救他灵魂的天使，一个神化的女性。从此之后，贝阿德丽采成了但丁作品中一个象征性的理想人物。

青年时期的但丁还积极参加城邦的政治活动。当时的意大利正处于分裂状态，佛罗伦萨是斗争最激烈的地点。代表新兴市民阶级利益的贵尔夫党经过激烈斗争，战胜了代表封建贵族势力的基伯林党。但贵尔夫党很快分裂为黑党和白党两派，二者又展开激烈的斗争。但丁属于白派，反对教皇干涉城邦内政。1302年，黑党在教皇的帮助下取胜，但丁被加上莫须有的罪名，被赶出城邦，开始了近20年的流放生活。大约在1307年，在流亡生活最痛苦的时候，但丁开始了《神曲》的创作，这是他长期酝酿和构思的一部巨著。但丁说过他写《神曲》的目的是"要使生活在这一世界的人们摆脱悲惨的遭遇，把他们引到幸福的境地"。但丁想寻找意大利民族的出路，渴求祖国和平统一，人民安家乐业，在作品中他表现了他的理想和愿望。

《神曲》的意大利文原意是《神圣的喜剧》，但丁原来只给自己的作品取名为《喜剧》，后人为了表示对它的崇敬而加上"神圣"一词。起名《喜剧》是因为作品从悲哀的地狱开始，到光明的天堂结束，带有喜剧的因素。

《神曲》全长14000多行，分为《地狱》《炼狱》（又译《净界》）《天堂》三部分。每部分33歌，加上序曲，共100歌。

长诗采用中古文学特有的梦幻形式，叙述但丁在"人生的中途"所做的一个梦。在梦中，但丁在一个黑暗的森林中迷路了。黎明时，他在阳光的沐浴下朝山顶攀登。突然，在他的面前出现了三头猛兽——豹、狮、狼，诗人惊慌呼救，这时出现了古代罗马诗人维吉尔，他遵从圣女贝阿德丽采——即但丁青年时倾心的女子的命令，搭救但丁从另一条路走出绝境。

但丁在维吉尔的带领下游历了地狱和炼狱。地狱共九层，上面宽下面窄，像一个大漏斗。地狱阴森恐怖，凄惨万分，凡生前做过坏事的人的灵魂都被罚在地狱中受刑，并根据罪孽的大小安排在不同的层次，罪孽越重，越在下层，所受的刑也越重。例如，在地狱的第八层，诗人看到了已死的教皇尼古拉三世，以及当时还活在世上的，迫害过诗人的教皇卜尼法斯八世。他们的身体头朝下被埋在地洞中，两条腿在外面剧烈地扭动着，挣扎着。诗人见后高兴地说道："真是罪有应得！他们在世上把善良的人踩在脚下，而把凶恶的人捧在头上。让他们永远受罪吧！"

炼狱里的灵魂的罪孽比地狱中灵魂的罪孽轻些。炼狱是一座浮在海上的山，四周有美丽的海滩，山外有山脚，顶口是地上乐园。炼狱也分为七层，这里每一层分别住有犯过骄、妒、怒、情、贪、食、色，七种罪孽的亡魂。他们的罪孽较轻，可以得到宽恕。经过烈火的焚烧，断除孽根后，他们可以升入天堂。

地上乐园里飘着吉祥的云朵，花瓣般的雨珠，这里出现了圣女贝阿德丽采，她接替维吉尔引导但丁游历天堂。

天堂庄严光辉，充满欢乐和爱，住着生前正直行善的人，他们享受着永远的幸福。天堂也分为九重。九重之上是上帝的天府。天府是上帝和天使们的住所，充满上帝的光和爱。但丁见到了圣父、圣母和圣子"三位一体"的奥秘诗人觉得，在那天府里才真正见到了人类最理想的境界。

这便是《神曲》的主要内容。但丁在作品中积极关心现实，他写的是中世纪晚期的意大利生活。诗中所写的游历三界的所见所闻，很多都是意大利的现实生活，涉及了当时佛罗伦萨以至意大利复杂的党派斗争，涉及教皇和僧侣们的罪恶，也涉及贪官污吏及新兴资产阶级对人民的剥削压迫等。《神曲》也表明了但丁是个爱国主义者。他渴望祖国统一和平，反对分裂和纷争，即使在另一个世界里，他也和鬼魂们谈论意大利的政治形势和国家兴亡

问题,有时禁不住内心的激动,他还抒发自己的强烈的感情。《炼狱》第六歌中他为祖国的分裂和动乱而哀痛:

唉,奴隶般的意大利,你哀痛之逆旅,你这暴风雨中没有舵手的孤舟,

你不再是各省的主妇,而是妓院;

而你的活着的人民住在你里面,

没有一天不发生战争,为一座城墙,

同一条城壕围住的人却自相残杀,

你这可怜虫啊?你向四下里看看,

你国土的滨岸,然后再看望你的腹地,

有没有一块享着和平幸福的土地。

《神曲》也表达了但丁对人类智慧和理想的追求。《神曲》中的地狱是现实世界的实际情况,天堂是人类的理想和希望,炼狱则是我们人类从现实到理想中须经过的苦难历程,但丁希望人们认识罪恶,悔过自新,去认识最高真理,达到最理想的境界,这在当时是非常难得的思想,显示了新的文化思潮的萌芽。

《神曲》在艺术手法上也有力地衬托了作品要表达的思想。全诗分三部,每部三十三首歌,每段三行诗。三部诗又都用群星作结束,这一切烘托出这样的气氛:在群星的指引下,随着诗句的阶梯,人类正从地狱通向天堂,由低贱向高尚攀登、发展。

胡斯战争

胡斯战争又称捷克农民战争,它是欧洲历史上时间较长、影响深远的一次农民战争。由于这次战争是以捷克民族英雄胡斯的宗教改革为旗帜,以胡斯党人为领导,所以称为胡斯战争。

中世纪的欧洲笼罩都会在教会的势力下,捷克不例外。教会是当时最大的封建豢和剥削者,征收名目繁多的赋税。这一切,遭到神学家、布拉格大学教授兼伯种恒教堂的传教士约翰·胡斯(1369年~1415年)的指责,他说:"在上帝的眼里,一个有道德的穷苦农民或老妇人比一个富有而有罪的主教高得多。"

1412年,教皇派人到捷克兜售赎罪券,胡斯公开抨击,主张改革教会,否认教皇有最高权力。

1414年，胡斯参加在康斯坦次举行的宗教会议时被逮捕，并于同年7月6日以"异端"罪名被烧死。原本皇帝西吉斯孟德在胡斯赴会时，曾答应保证他的安全，这时却坐视不救，激起了捷克人民极大愤慨。

1415年9月，布拉格多次举行集会，抗议教皇和皇帝的背信弃义。

1417年起，出现了"消灭一切领主"的口号。

1419年7月，大规模的农民战争打着胡斯改革的旗帜爆发了。

战争在苏多麦尔日、维特科夫山、乌斯提、塔霍夫等地展开，先后持续了十余年，打败了五次十字军的东征，影响波及到德国，对整个欧洲都产生了震动。

随后，捷克发生了重大的社会变革，胡斯党人分裂为圣杯派（温和派）和塔博尔派（激进派）。经济上和政治上较稳固的圣杯派开始与封建天主教阵营勾结，市民阶级和贵族公开背叛人民。

1434年，在利帕内会战中圣杯派打败塔博尔派。至此，胡斯战争结束。

胡斯战争虽然失败了，但它与英、法等国的农民起义相比更具规模，它给外国（尤其是德国）在捷克的势力以沉重的打击，保证了捷克在一定时期内脱离神圣罗马帝国而获得独立的政治地位。与此同时，这次战争还波及到邻近各国以及整个欧洲，促进了这些国家反封建斗争的高涨，推进了许多国家的宗教改革运动。

掷出窗外事件

公元962年。罗马。德意志的国王由教皇加冕称帝,神圣罗马帝国诞生了。那时帝国的势力如日东升,其疆域包括了德意志、奥地利、捷克、意大利北部和瑞士等一系列领土。时光斗转星移,到了13世纪末,帝国的势力已日薄西山。国内诸侯混战,乱世为王,整个帝国被分割成大大小小的诸侯国,皇帝成了一个被架空了权力的傀儡,早已失掉了控制整个帝国的权力。此时国内的形势正如德国著名诗人海涅写的那样:

法国人和俄国人占有了陆地,

海洋是属于英国人的,

只有在梦想的空中王国里,

德国人的权力才是无可争辩的。

想一想从前帝国的气势,国王的尊严,看一看今天的尴尬处境:竟然只有在梦中才能行使自己至高无上的权力,多么可悲呀!大权的日益衰落早已引起了皇帝的恐慌,他想拼命抓住皇权不放,就好像溺水者抓住一根救命的稻草。皇帝要权力,诸侯当然也要权力,重重矛盾相互摩擦,终于撞出了火花。

"摩擦生火"的外力是发生在捷克的"掷出窗外事件"。德意志帝国在公元1526年吞并了捷克。当时的大帝国已是名存实亡。奥地利成为诸侯中最有势力的国中国。奥地利的皇帝来自哈布斯堡家族,所以,捷克并入德意志的版图,实际上成了奥地利哈布斯堡家族的领地。1617年,哈布斯堡家族的斐迪南受德意志皇帝之封为捷克国王。捷克在归入哈布斯堡家族领地之时,奥地利皇帝曾有过承诺:不论是哈布斯堡家族的哪一个成员作国王,都必须承认并遵守捷克王国的法律,保留原有的议会、宗教以及政治上的自主权等等。然而,自从斐迪南,这个捷克人眼里的魔王一上台,一切都变了,他根本不承认哈布斯堡家族曾经有过的承诺,完全把捷克当作奥地利的附庸国。什么捷克的法律,什么自己的议会,什么自主权通通被取消了,从城市到乡村凡是能插手的地方,他都派了自己的官员。捷克人彻底沦为奴隶。捷克人的心中蕴蓄着怒火。这时另一件事的发生,对于捷克人来说,无异于火上浇油。

自从 16 世纪以来，欧洲发生了宗教改革，"新教"风行。但是那些反对新教的顽固分子，挖空心思反对新教。一大批臭味相投的保守贵族们组织了所谓的"耶稣会"，用以维护旧的宗教秩序，妄想同新教抗衡，阻止新教的传播。那个捷克人眼里的"魔王"斐迪南，就是一个狂热的耶稣会分子。他丧心病狂地反对新教，一上台便借用手中的权力残酷迫害捷克新教徒。这一切对于久已心怀怨愤的捷克人民来说真是雪上加霜，1618 年的一天，愤怒的捷克人民终于开始了自己的反抗行动。

那一天是 5 月 23 日，一群武装群众和新教徒手拿铁棒长矛冲进了王宫，国王吓得仓皇逃窜，愤怒的群众在搜寻中逮住了两个斐迪南国王最忠实的走狗。两条平日里耀武扬威的走狗，已没有了昔时作威作福的神气。只有瑟瑟发抖，摇尾乞怜的份了。看见两条走狗的"熊"样，人们更加愤恨，突然不知是谁喊了一句："把他们扔到窗外去！""对，扔出去摔死他！"立时有无数愤怒的声音在响应。在一阵怒吼声中，两条走狗被人们按照捷克人的方式，从 20 多米高的窗台狠狠摔了下去。两条走狗命大，竟没有摔死，只是昏晕了而已。"掷出窗外事件"使得欧洲统治者们大为震惊。斐迪南决定说服哈布斯堡家族发动一场战争。一举扫平捷克，让捷克人老老实实地听从自己的摆布。怒火尚未平息的捷克人更加愤恨，他们纷纷组织起来，武装自己。高喊着：

"打到奥地利去！"

"彻底推翻哈布斯堡家族"

"让斐迪南滚蛋！"

这些捷克人组成了自己的临时政府，选出了 30 名保护人（其中大部分是新教贵族）领导起义。群众占领了政府各部门，废除了一切法规，取消了一切赋税，把耶稣教会分子，打得屁滚尿流，夹着尾巴逃掉了。

起义军开始时所向披靡，杀进了奥地利境内，直逼维也纳，奥地利的新教徒们一向也不满皇帝的一些政策，借此机会纷纷响应。此时奥地利的老皇帝已经死掉了，正巧是捷克人眼里的那个"混蛋"皇帝斐迪南接任皇位。听到捷克义军已兵临维也纳城下，斐迪南吓得面无人色，那些王公大臣们也是缩成一团，瑟瑟发抖。没有人知道除了发抖外还应该做些什么，一个年长的老贵族吓得一边抽着流出来的鼻涕，一边含混不清结结巴巴地说："陛……陛……陛下，你……你快派人去……去谈判呀……"正在这时，有人报告说起义军派代表来谈判了。斐迪南擦了擦额头的冷汗，把十个手指绞在一起，

一双鼠眼转了几转,计上心来,"对。就这样干!这帮刁民,等着瞧吧!"斐迪南派出他的一个亲信作为全权代表去同起义军领袖谈判,其实这只是他玩的缓兵之计,暗地里他早派人去西班牙国王那搬讨救兵了。这时的起义军如果能一鼓作气攻进王宫,胜利唾手可得。然而起义军的领导权全部掌握在捷克贵族手里,这些贵族们在紧要关头又暴露出自私狭隘动摇不定的弱点来。一方面他们要迫使国王让步,从中得到实惠,一方面又害怕如果起义真的胜利了,群众的声势大起来会损害自身的利益,所以这些新教贵族们一再主张谈判。斐迪南的奸计就这样得逞了。

一天深夜,当起义军的战士在沉睡的时候,西班牙军队从背后偷袭了,斐迪南的军队也从正面发动了进攻,起义军腹背受敌,伤亡惨重,一退再退,退回到了捷克。那些捷克的贫苦百姓们斗志不减,表示只要有一息尚存,决不屈服强权。可恨那些领导者们开始动摇、叛逃,严重削弱了起义军的力量。

1620年11月初,两军在捷克首府布拉格附近决战,由于叛逃者出卖了起义军,加上敌我力量悬殊,起义战士纷纷倒在了自己的土地上,为了保卫自己的土地流尽了最后一滴鲜血。起义被残酷地镇压下去了,斐迪南又神气活现地坐上了他的宝座,捷克人民再次陷入奥地利的残酷统治之下。

近代卷

断头的国王

新航路开辟以后，大西洋上的岛国英国因为地处美洲和欧洲大陆之间，所以发展得很快，出现了很多资产阶级新贵族（靠经营工商业致富的贵族）。但国王查理一世为代表的封建势力还想维持落后的封建统治，疯狂搜刮资产阶级的钱财，激起了资产阶级的强烈不满。由资产阶级组成的议会为了自己的利益千方百计限制国王的权力，但国王对议会根本不屑一顾，议会和国王之间的冲突不可避免。

1640年10月，议会突然逮捕了国王查理一世的两个亲信斯特拉夫伯爵和罗德大主教，并判处他们死刑。查理一世得知后，大发雷霆。第二天，查理一世带着卫队冲进议会，对议会首领说："我以国王的身份命令你们立即释放斯特拉夫伯爵和罗德大主教！""这根本不可能！"议会首领的态度也很强硬，很多议员围了上来，向国王提出抗议。查理一世见事不妙，赶紧逃出了议会。

1640年11月，为了筹措军费镇压苏格兰人的起义，查理一世被迫召开议会，企图通过新的征税法案。议员们不但没有通过法案，反而趁机提出要求限制国王的权力。这一要求得到了广大工商业者、市民和农民的支持。查理一世恼羞成怒，亲自率领卫队闯进议会准备逮捕反对最激烈的5名议员。但这5名议员早已听到了风声，躲了起来，查理一世扑了个空。第二天，查理一世下令全城搜捕，但国王的卫队遭到了人民的阻拦，伦敦周围农村的农民也纷纷进城，表示拥护议会，连伦敦市长也反对逮捕这5名议员，查理一世在伦敦陷入了孤立。

几天以后，查理一世逃出了伦敦，来到了英格兰北部的约克郡，准备纠集忠于自己的军队，讨伐议会。1642年8月22日，查理一世率领军队在诺丁汉升起了军旗，正式宣布讨伐议会。

消息传到伦敦后，议会慌忙组织军队抵抗。当时英格兰北部和西部的封建贵族拥护国王，参加了国王军。而在工商业比较发达的包括伦敦在内的英格兰东南部，很多资产阶级新贵族、市民和农民都

表示拥护议会。内战开始后，由于国王军训练有素，临时拼凑起来的议会军接连战败，国王军一直打到离伦敦很近的牛津。伦敦城内的议员们乱成一团，有的主张坚决抵抗，有的主张逃跑，有的主张和国王议和。这时议会军统帅克伦威尔挺身而出，强烈谴责逃跑和议和的人，主张同国王军决战，早已没有主意的议员们只好表示同意。

克伦威尔是一个新贵族的儿子。内战爆发后，他招募了60名农民组成了骑兵，加入了议会军同国王军作战。由于他的军队纪律严明，作战勇敢，屡建战功，人数也不断增加，所以很快就得到了议会军广大官兵的拥护，克伦威尔也成了议会军的统帅。

1644年7月的一个傍晚，在约克城西郊的马斯顿草原，国王军和议会军展开了决战。国王军有1.8万名步兵和7000名骑兵，议会军有2万名步兵和7000名骑兵。国王军的统帅鲁波特望着黑压压的议会军，问侍从："克伦威尔也来了吗？"侍从说："是的，他来了。"鲁波特听了长长地叹了一口气，因为他知道克伦威尔能征善战，再加上议会军人数比国王军多，这场仗很难取胜。正当他准备去吃晚饭的时候，议会军分三路，呐喊着向国王军发起了

冲锋,这是鲁波特始料不及的,他慌忙部署军队迎战。在他的指挥下,国王军打退了议会军的左翼。就在这时,克伦威尔率领着精锐骑兵向鲁波特杀来。鲁波特吓得掉转马头,狼狈逃走了。国王军顿时大乱,议会军趁机发起总攻,国王军大败。第二年夏天,议会军抓住了查理一世。但他很快逃了出来,又发动第二次内战,结果又被打败,再次成为俘虏。

1649年1月30日,伦敦法庭宣布查理一世是"暴君、叛徒、杀人犯和人民公敌",宣布对他处以死刑。一身黑衣的查理一世早已没有的昔日趾高气扬的模样,他脸色苍白,目光呆滞,浑身颤抖。刽子手手中锋利的斧头向查理一世的脖子用力砍去,查理一世的头颅滚落到地上,沾满了泥水,人民发出一阵欢呼。此后,英国成立了共和国,资产阶级革命取得了成功。

未戴王冠的英国国王

1653年12月16日,伦敦市政厅内挤满了当时英国社会中的头面人物。正中间的椅子上端坐一人,这人50岁上下,红红的脸膛,身穿黑色长袍,戴着宽金边的帽子,神态庄严。伦敦市长站了起来准备讲话,热闹的大厅立即肃静下来,只听他大声说道:"先生们,今天,我们在这里举行盛大的仪式,请奥列弗·克伦威尔将军就任英格兰、苏格兰、爱尔兰的护国主。同时,还将宣布新的英国宪法《统治文件》。"原来,椅子上坐的就是英国大革命中的风云人物克伦威尔。

这时,礼宾官送上国玺,伦敦市长献上了国剑,克伦威尔起身一一接受。大厅里响起一阵热烈的掌声。

接着,一位将军宣读了新的英国宪法《统治文件》,文件规定,护国主为终身制,国家的一切施政方针,都要通过护国主才能生效。

随后,以护国主为首的各级官员列队而出,在士兵的欢呼声中结束了就职典礼。从此,克伦威尔成为英国的最高统治者。

克伦威尔1599年生于亨丁顿郡一个中等乡绅家庭。17岁进入剑桥大学学习,后来又在伦敦学法律。1628年,他被选入议会。

当查理一世向议会宣战时,克伦威尔毅然参加了反国王的战斗。战争初期,议会军节节败退,克伦威尔十分焦急,他决定自己出钱建立一支纪律严明,有战斗力的队伍。他仔细分析了议会军溃败的原因,认为要想在战争中争取主动,必须有一支英勇善战的骑兵。

在17世纪的欧洲,步兵已经开始使用火器——一种短管火枪。但是,这种枪使用起来极为不便,它必须从枪口装子弹,并且要用引火线点火才能发射,遇上大风大雨,就等于没有。打完一发子弹以后,必须重新从枪口装子弹,非常麻烦。而且,这种子弹的杀伤力不强,遇到身穿铠甲的骑兵,就很难奏效。而骑兵行动迅速,又可以冲锋陷阵。

克伦威尔从剑桥郡的自耕农和手工业者中间选择士兵,要求他们具有革命热情,英勇无畏,并能自觉遵守纪律。起初,他的队伍只有60人,但他们英勇善战,常常以少胜多,越战越强,人数也越来越多,人称"铁骑军"。克伦威尔率领铁骑军扭转了战场上的局面,铁骑军所到之处,敌人闻风丧胆。克伦威尔的声望也日益增高,当上了议会军的司令。1644年7月2日下午7时,在英格兰的北部的马斯顿草原上,议会军和国王军相遇了。国王军统帅鲁伯特和纽斯卡尔率领1万步兵和7000骑兵在草原深处摆下阵势。鲁伯特站在高地上向远处望去,只见议会军黑压压一片站在那里。鲁伯特回头问侍从:"克伦威尔在不在那里?"侍从回答说:"在那里。"鲁伯特心情立即沉重起来,他早知道克伦威尔能征善战,现在又见对方阵容整齐,士气高昂,怎能不担忧。他沉默了一阵,转身进了帐篷,准备用晚餐。

"轰隆!""轰隆!"

议会军的大炮开始轰击。紧接着,2万名步兵和7000名骑兵分三路发起了冲锋,迅速向国王军杀了过来。

鲁伯特没想到克伦威尔会这样快就发起进攻,急忙下令迎战。他们虽然打退了左翼的议会军,但中路已被克伦威尔亲自率领的铁骑军突破。国王军骑兵抵挡不住，掉头逃出了战场。议会军越战越勇，一鼓作气地追杀起来。国王军步兵失去了骑兵掩护，立即全部溃散。鲁伯特见大势已去，急忙带领少量残兵败将仓皇逃跑。这时候，太阳刚刚落山，短短的时间内，议会军就取得了决定性的胜利。

议会军虽然在马斯顿草原大胜国王军，但查理一世的势力依然很强大。议会内部矛盾重重，有人竟私下和国王谈判。查理一世利用议会军内部的不团结，两次大败议会军。

克伦威尔感到必须改革议会军，他在议会开会时，向保守派严正指出："如果不改组军队，如果不更加有力地进行战斗，人民就不会再忍耐下去了。"

1645年1月，议会通过《新军法案》，授权克伦威尔建立一支2.1万人的军队，改组后的军队称新模范军。新模范军的士兵有三分之一来自"铁骑军。"克伦威尔制定了严肃的军纪：士兵骂人罚12便士；喝酒要挨军棍；禁止盗窃、奸淫，否则要处以严厉的刑罚。克伦威尔还打破门第观念，大力提拔英勇善战的下层平民。这样一来，部队的战斗力更强了。1645年6月14日清晨，英格兰中部的纳斯比村被浓浓的大雾笼罩着，议会军和国王军在这里展开血战。查理一世想利用大雾作掩护偷袭议会军，当国王军呐喊着冲入敌方阵地时，却发现议会军帐篷里空无一人，查理一世才知道上当了，但为时已晚。克伦威尔早料到国王军要偷袭，已经做好了埋伏，又亲自率领一支人马绕到国王军后方。两边同时发起冲锋，夹击国王军。查理一世首尾不能相顾，大惊失色，急忙化装成一个仆人逃到苏格兰。国王军被彻底击溃。

1649年1月30日，查理一世被送上了断头台。查理一世被处决仅一个星期，苏格兰议会便宣布拥立查理一世的儿子查理二世为国王，并且加紧备战，准备出兵讨伐英格兰。

克伦威尔得到消息，迅速进军，不久就攻占了苏格兰首都爱丁堡。

"哈哈，看来这场戏快演完了。"克伦威尔坐在苏格兰宫廷内的国王宝座上，踌躇满志地说。

"是，将军，您进军神速，真是古今少有。"身边的侍从附和道。

"你真是个天才，将军，最近这一仗，我们一下子打死了3000苏格兰士兵，还俘虏了1000人。这次一定能抓住查理二世，像查理一世一样，也要他上断头台。"另一个侍从说道，1651年9月3日，克伦威尔全歼苏格兰军队，查理二世逃到了法国。克伦威尔占领了整个苏格兰，从此，他获得了"常胜

将军"的称号。

随着军事上的胜利,克伦威尔的个人野心也膨胀起来,已不满足于仅仅指挥军队,他要独揽大权。

1653年4月19日,克伦威尔在伦敦白厅召开军官会议,要求议会自动解散。

第二天,议会召开会议,准备了一个新的选举法,公开对抗克伦威尔。

"我马上到议会去!给那些夸夸其谈的老爷们一点颜色看看!"克伦威尔听到这个消息,非常恼火,立即带着一支军队冲进议会。

"议员先生们!你们整天只会空谈,上帝已经抛弃了你们,要选择更好的人来执掌政权!"克伦威尔高声喊道。

"你怎么敢污辱议会!"议员们愤怒地指责克伦威尔。"够了!够了,你们这群废物,我不承认你们这个议会,我取缔你们!"克伦威尔怒吼道。

"你敢破坏英格兰神圣的法律?!你疯了!"

"你们统统给我滚出去。"克伦威尔一挥手,士兵们冲进议会,议员们全被拖了出去。

"把选举法草案拿来!"克伦威尔走到议会秘书面前,伸手把文件抢了过来,脱下自己的帽子,把文件塞了进去,又重新戴在头上。

"把门锁上!"克伦威尔离开议会大厅时命令士兵。1653年12月16日,克伦威尔就任护国主。他把国家的立法、行政、军事、外交大权都抓在自己手里,成为没戴王冠的国王。他从一个资产阶级革命家,变成了一个军事独裁者。

1658年,克伦威尔病逝。

彼得一世改革

17世纪末年,彼得一世为了让俄国尽快摆脱落后、愚昧的状况,亲自前往西欧历时一年半之久,先后考察了荷兰、英国等先进的资本主义国家。通过这些考察,他更痛切地感到俄国的落后。他决心励精图治,迎头赶上。回国后,彼得一世借鉴西欧模式,果断地对俄国社会进行全面的改革,史称"彼得改革"。

彼得一世先进行了礼仪制度的改革。彼得考察回来后,许多贵族、领主、王公大臣都晋见他。他们一看到沙皇，"噗"地一下跪在地上。"不！不！"彼得连忙对他们说："下跪是旧的仪式，现在不时兴了，大家请起来。"于是，彼得下令，禁止这种在俄罗斯已通行了几百年的下跪仪式。

正当这些人站起来吃惊地望着沙皇时，彼得又拿出了一把剪刀，走到领头的那个贵族面前，笑着说："你的胡子该剪一剪了。"只听"咔嚓、咔嚓"几下，那个人的美须统统落了地。人们大惊失色，因为俄罗斯男子一向有留胡子的习惯，浓密、宽厚的胡须被认为是威严、端庄的象征。彼得明白，改革一定要从人们最难摒弃的习俗入手，他宣布凡留须者要交纳留须税。同时又下令各级官员禁止穿长袍，一律改穿西服。礼仪制度的改革成了彼得学习西方、改造俄国社会的先声。

彼得一世的座右铭是"俄国需要的是水域"，所以建立强大的正规军成了彼得改革的一项主要内容。他解散了叛乱的射击军后，下令实行征兵制，规定每25户农民抽丁一名，由此建立了一支20万人的正规陆军。为了创建海军，他亲自参与起草《海军章程》，动用国库收入的四分之一建造舰队，同时下令：一般农奴每一万户缴纳相当于一艘战舰的费用，城市居民则须缴纳相当于12艘战舰的费用，共12万卢布。他聘请外籍军官帮助训练俄国军队，大举兴建军事工程，终于建成了拥有48艘军舰和800多只小型战船的强大海军。后来，经过21年的北方战争，俄国打败了瑞典，取得了芬兰湾和里加湾，使俄国有了出海口。1713年，彼得一世将首都从莫斯科迁至位于波罗的海岸边的彼得堡新城。

为了改组国家管理体制，加强中央集权，1711年，彼得一世下令废除元老院，成立枢密院。同时把全国分成50个省，省长由沙皇政府直接任命。1721年，罢黜了反对改革、干预皇权的大教长，将教会直接置于皇权控制之下。随后又颁布"官秩表",打破了门第和资历的限制,实行"论功取仕、量才录用",这使许多出身低微但有才能的人被提拔到各级政府机关。童年时代曾放过猪的雅古任斯基,就当上了第一任总检察长。

为了迅速改变俄国社会的落后面貌,彼得一世不惜采用粗暴的手段,强迫俄国贵族接受教育和欧化生活。他积极派贵族子弟出国留学,并在国内先后开办了航海学校、海军学校、王科学院、医科学校等,对贵族实行强迫教育。1703年,出版发行了俄国第一份报纸。1724年,又建立了国家科学院,附设大学。

这场改革并不是一帆风顺,但彼得一世矢志不移,坚持到底。1716年,皇太子阿列克塞不顾彼得的再三规劝,在一批旧贵族和教士的煽动下,结成"太子帮",公开出面反对改革,并准备发动宫廷政变。阿列克塞阴谋败露后,又于1717年投奔奥地利,企图借助外力来达到破坏改革的目的。1718年6月,在彼得一世的威胁和压力下,阿列克塞被引渡回国,彼得一世不徇私情,毅然将他交付法庭审判,并要求根据法律和正义严惩"不肖之子"。阿列克塞被处以极刑后,彼得一世又于同年九月,将与反动贵族勾结的皇后洛普希娜送进修道院。彼得此举深得人心,大大加快了俄国社会改革的进程。

经过彼得一世20多年的征战和努力,俄国的社会面貌明显改观,从一个积贫积弱的国家一跃而成为欧洲强国。1721年,俄国枢密院一致通过决议,尊称彼得为"大帝"和"祖国之父"。从此,俄国正式改称俄罗斯帝国。

彼得大帝两次围攻纳尔瓦

1700年秋天,绵绵细雨下个不停。俄国通往瑞典的大道上,一支军队正踩着泥泞的道路艰难地向前行进。队伍浩浩荡荡,还有1万多辆装满炮弹、粮食的马车,前后有数十俄里长。

这是俄国沙皇彼得一世率军准备大举进攻瑞典,夺取出海口。

部队从莫斯科出发,一路行进了两个月,初冬的时候才到达瑞典在波罗的海沿岸的一个重要城堡纳尔瓦。彼得等队伍集结完毕,立即下令围攻。一连猛攻了两个星期,瑞典军队顽强抵抗,纳尔瓦城堡又非常坚固,俄军的炮弹都快打完了,纳尔瓦依然还在瑞典人手里。

这时,瑞典十八岁的国王查理十二世正亲自率领1万多名瑞典军人,首先击败俄国的盟友波兰和丹麦，然后又以闪电般的速度来到纳尔瓦，增援被围的瑞典军队。

初冬的北欧已经十分寒冷了。天空阴暗低沉，飘着雪花。俄军在纳尔瓦激战了将近一个月，已经疲惫不堪，后边的粮食又供应不上，俄军忍着饥饿伏在战壕里，怨天怨地。瑞典军队在凌晨时分突然发动了攻击，前锋已悄悄摸到了俄军的阵地上。俄军立即乱作一团，有的茫无目标地射击。有的看势头不对，开始逃跑。一个俄国军官忙乱中带领部队渡过涅瓦河，瑞典军队的炮弹正在他们中间开了花，俄军人仰马翻，无数人掉进冰凉刺骨的河水，再也爬不起来了。

这一仗下来，俄军几乎全军覆没，伤亡1万多人，大炮和各种武器全被瑞典人缴获，军官大多数死在了战场上，彼得一世侥幸逃脱。

当瑞典人欢庆自己的胜利时，彼得正在自己的皇宫里考虑如何重建俄国军队，报仇雪耻。

他首先在国内进行了一系列改革，加强了中央政府对地方的控制权。为了向国外购买武器装备，他把赋税提高了4倍，还增加了各种新的税收。对于老百姓来说，几乎没有什么东西可以不缴税的，就连妇女的洗衣盆，死人的棺材，房子的烟囱，人脸上的胡子，都要缴税，甚至连人的眼珠如果不是蓝色而是黑色或灰色，也要缴税。

他又下令全国每25户农民出一名终身服役的士兵，很快重建了一支拥有20万人的陆军，他高薪聘请外籍军官到俄国服务，让他们严格训练俄军士兵，提高部队的战斗力。他命令每三座教堂交出一口大钟，很快就铸造了300门大炮，比在纳尔瓦损失的大炮多3倍。他命令每1万个农民要缴纳一艘战舰的钱，然后又征集全国的工匠加紧建造船只，迅速地造了40多艘大船和200多只小船，建立了俄国第一支海军舰队——波罗的海舰队。

一年之后，彼得率领强大的俄国军队向波罗的海进军。这一次，他们首先包围了纳尔瓦附近的尼恩尚茨堡。彼得笑着对部下说："我要在这里开一桌炮火宴席。"几十门大炮整整轰击了一天，终于将要塞炸开了三个缺口，步兵呐喊着蜂拥而进。瑞典军队抵挡不住，不得不投降，俄军缴获了大批武器弹药。接着彼得又率军攻占了吉诺特要塞。纳尔瓦和尼恩尚茨堡要塞、吉诺特要塞的地理位置成品字形结构，可以互相保护，现在只剩下纳尔瓦城堡了。

彼得坐着军舰，命令士兵倒举瑞典国旗和军旗在纳尔瓦城堡前向瑞典军队示威。守城的瑞典将军戈恩看后不屑一顾地说："彼得是我手下败将，去年这个时候，他要不是逃得快，早当了我的俘虏。今天却在这里耀武扬威，真是可笑。"第二次纳尔瓦大战开始了。俄国军队首先还是用炮火轰击。100多门大炮，对准纳尔瓦城猛轰，炮声震天动地。城里的瑞典军队也不甘示弱，用炮火还击，双方炮战整整持续了一天一夜，纳尔瓦的城防工事极为坚固，俄国人毫无办法，瑞典人也被俄军猛烈的炮火吓得心惊肉跳，戈恩感到俄军今非昔比，长期打下去，纳尔瓦终究要被攻破，他决定派人向瑞典国王求援。

瑞典信使一出纳尔瓦，就被俄军抓住，带到彼得面前。彼得看完戈恩给瑞典国王的信，突然有了主意，为什么不将计就计攻破纳尔瓦呢？

他马上召集将军们开会，把自己的计划告诉了他们。几名将军一听，立即大笑，齐声称赞："陛下真是神机妙算！戈恩怎么也不会怀疑的，我们看着戈恩这个笨蛋怎么上当吧。"数天之后，一队瑞典军队向纳尔瓦开来，他们冲破俄军的包围，来到纳尔瓦城下，戈恩一见援军到来，大喜过望，马上命令士兵打开城门，接援军进城。城门打开了，瑞典援军一进城却对准自己人开火起来，原来这支瑞典援军是俄国人装扮的，这正是彼得妙计，戈恩果然上当了。

城外的俄军一见自己人攻进城内，也像潮水一样向前涌来。俄军想起了一年前自己的耻辱，个个奋勇争先，猛冲猛杀。戈恩见纳尔瓦已经守不住，只得下令投降。

俄军大获全胜，凯旋而归。彼得夺取出海口，打开"朝向欧洲窗户"的计划完成了第一步。

蒸汽机的真正发明者

你听说过"水壶的故事"吗？故事中说，瓦特小的时候，看见炉子上壶里的水沸腾了。蒸汽把壶盖顶了起来，瓦特从中受到启发，长大后发明了蒸汽机，成为著名的发明家。其实，那只不过是传说而已，瓦特发明蒸汽机并不是他幼时的灵感，而是吸收前人的成果和他个人艰苦努力的结果。

1736年，瓦特生于英国造船业发达的格拉斯哥城附近的格里诺克镇。他的祖父和叔叔是机械工人，父亲是造船工人。因为家里穷，瓦特几乎没上过学，但在家庭的影响下，从小就懂得了不少机械制造的知识，培养了制造机械的兴趣。瓦特18岁那年进格拉斯哥城学习手艺，后来又去伦敦专门学习机械制造业。1757年，瓦特到格拉斯格大学当实验员，专门制作和修理教学仪器。大学为瓦特提供了良好的学习与实践的机会。他孜孜不倦地学习，还掌握了德文和意大利文，一有机会就向大学里的教授请教，有时还和他们争论科学技术问题。

1763年，外边送到大学里的一台蒸汽机要瓦特负责修理。瓦特和另外几个人详细地研究起来。

这台蒸汽机是一个名叫纽克曼的苏格兰铁匠发明制造的，这在当时是最先进的蒸汽机了。在纽克曼之前，有许多人都对蒸汽当作动力用于生产怀着很大的兴趣。1688年，法国物理学家德尼斯·帕潘，曾用一个圆筒和活塞制造出第一台简单的蒸汽机。但是，帕潘的发明没有实际运用到工业生产上。十年后，英国人托易斯·塞维利发明了蒸汽抽水机，主要用于矿井抽水。1705年，纽克曼经过长期研究，综合帕潘和塞维利发明的优点，创造了空气蒸汽机。

经过认真研究，瓦特发现纽克曼蒸汽机有许多缺陷，主要是燃料耗费太大、笨拙，应用的范围有限，只能用于矿井抽水和灌溉，瓦特决心造一台比它更好的蒸汽机。

一年之后，瓦特自己制造的蒸汽机开始点火了。但水沸腾起来之后，蒸汽机一动不动，水汽从里面冒了出来，屋子里搞得雾气腾腾，原来蒸汽机漏汽，瓦特的第一次试验失败了。

"我一定能成功！"瓦特相信自己的能力。

但是，大学里并不支持他制造蒸汽机。当时，造一台蒸汽机需要几千英镑，而瓦特一年的工资也才不过35英镑，他只好向朋友求助。一个经营铁工厂和煤厂，名叫巴克的朋友为他提供经费，给予他很多帮助。当试验眼看就

要成功的时候,巴克却突然破产,瓦特又走投无路了。

"瓦特,我给你带好消息了。"正当瓦特在自己的实验室里一筹莫展的时候,好心的巴克却在四处奔走,想法为瓦特寻找支持者。

"什么好消息,快告诉我。"瓦特兴奋起来,感到事情又有希望了。

"伯明翰有一个铁器制造商,叫马太·波尔敦,他答应为你提供经费。"

"他有什么条件?"

"他将为试制蒸汽机提供一切费用,并且维持你的生活,直到这个事业获利为止。你要用蒸汽机专利权的三分之二,作为对他的补偿。"

"好,我同意了!"

瓦特很快赶到伯明翰,在那里,经过反复实践,终于在1796年制成了有分离冷凝器的单动式蒸汽机。这种蒸汽机比纽克曼的蒸汽机有显著的优点,可节省百分之七十五的燃料。

瓦特并没满足于已取得的成就,1782年,他又成功地制造了联协式蒸汽机。1784年,瓦特对它进行了改进,为它增加了一种自动调节蒸汽机速率的装置,使它能适用于各种机械的运动。从此之后,纺织业、采矿业、冶金业、造纸业、陶瓷业等工业部门,都先后采用蒸汽机作为动力了。

1807年,美国人富尔把瓦特的蒸汽机装在轮船上,从此,航运中的帆船时代结束了。

1814年,英国人史蒂芬把瓦特的蒸汽机装在火车上,陆路运输的新时代开始了。

19世纪三、四十年代,蒸汽机在欧洲和北美被广泛采用,这就是所谓的"蒸汽时代"。

瓦特逝世于1819年,后人为了纪念他的伟大发明,把发电机和电动机的功率计算单位称为"瓦特"。现代家庭用的电灯、电暖器、电熨斗的功率都称为"瓦",那是"瓦特"的简称,也是为了纪念他为人类作出的杰出贡献。

伟大的科学家牛顿

我们都知道,牛顿是位伟大的科学家。为自然科学的发展做出了巨大贡献。那么,他的成就主要在哪些方面呢?先看看他在天文学方面的贡献。在牛顿之前,哥白尼、布鲁诺、开普勒等人曾经取得了很大成就。牛顿继承并发展了他们的研究成果。牛顿年轻的时候，就相信开普勒提出的行星按照一定轨道运动的理论。但为什么会这样运动呢？他感到一定有种隐藏着的力量在牵着这些行星，使它们不至于脱离轨道，在天空中乱飞。月亮绕着地球运转，一定是有种力在牵着它；一件东西向地面落下，也是因为被这种力吸向地面。经过深入地思考和研究，牛顿发现任何物体都具有吸引力。于是他发现了万有引力定律。这就是：宇宙中的任何物体之间，都存在着相互吸引力；各个物体间吸引力的大小，与物体的大小成正比，与它们之间的距离成反比。牛顿还把这个定律用数学公式表达出来，后来它成为天文学上的基础定律，极大地推动了对天体运动的研究。同时，它对于研究物体的运动，都有普遍意义。

在光学方面，牛顿用三棱镜进行光的实验，把白光分解成红、橙、黄、绿、蓝、靛、紫七种颜色的光带。他通过倒置棱镜，又把七色光带综合为白光。这样，就正确解释了白光（即日光）是由有色光组织成的，从而奠定了光谱学的基础。另外，他制成了世界上第一架反射望远镜，能够放大四十倍，通过它，可以看到木星的卫星。反射望远镜的发明，使人类对天体的观察进入了一个新阶段。

在数学上，牛顿创立了二项式定理和微积分学，推动了数学研究的发展。

在力学上，牛顿在伽利略力学理论的基础上，经过长期深入研究，解释了众多的力学现象，建立了完整的力学理论体系。其中，力学三定律，也称"牛顿三定律"，对近代自然科学的发展影响最大。

总之，牛顿是近代自然科学的奠基人，在科学发展史上占有非常重要的

地位。

牛顿在科学上能够取得这么多的重大成就，不是偶然的。这是他善于观察思考，勤奋刻苦钻研的结果。

1642年，牛顿生于英国东南部林肯郡的一个农村。他从小就喜欢读书，非常勤奋，还特别喜欢手工，家里给他的零用钱，他都用来购买木工工具。他做了许多精巧的风车、风筝、日晷、漏壶等实用器械。十八岁那年，牛顿进入剑桥大学三一学院，二十六岁就成为剑桥大学著名的数学教授。

年轻的时候，牛顿就非常注意观察自然现象，不管什么事都在心里问个为什么。据传说，一天傍晚，牛顿在苹果树下乘凉，忽然有一个苹果从树上掉下来，刚好落在他身边。牛顿看见后，觉得很奇怪，苹果为什么掉在地下，而不向天上飞去呢？在"苹果落地"的启发下，经过专心思考和研究，牛顿后来发现了万有引力定律。

牛顿非常勤奋，他一生中的绝大部分时间是在实验室度过的，他常通宵达旦地做实验，有时一连六个星期都在实验室工作，不分白天和黑夜，直到把实验做完为止。

有一天，他请一个朋友吃饭。可是朋友来了，他却还在实验室里工作。吃饭的时间早过了，还不见牛顿从实验室里出来。朋友饿急了，就自己到餐厅里把一只鸡吃了，鸡骨头留在了碗里。过了一会儿，牛顿来到餐厅，看到碗里有很多鸡骨头，不觉惊奇地说："原来我已经吃过饭了。"于是又回到了实验室工作。

又有一次牛顿一边思考问题，一边准备煮鸡蛋。不知不觉地把自己的怀表扔进锅里煮了起来。

牛顿就是这样忘我，这样孜孜不倦地钻研学问的。

牛顿虽然是位伟大的科学家，却从来没有骄傲自满过，他谦虚地说："在科学的道路上，我们只是一个在海边玩耍的孩子，偶然拾到一块美丽的石子。至于真理的大海，我还没有发现呢！"

1727年，牛顿病逝于伦敦郊区。英国政府为他举行了隆重的国葬。

"海上马车夫"

17世纪，欧洲的资本主义经济得到较大的发展，各国之间的贸易往来日益增多。当时，世界各国间的贸易通道主要在海上，哪个国家的造船工业发达，拥有商船的数量和吨位最多，它就能控制东西方贸易，称霸海洋，从事海外殖民掠夺。船在当时就像陆路运输的马车一样，船就是海上的马车，哪个国家掌握了海上的马车，它就是海上的马车夫。在整个17世纪，荷兰是世界上最强大的海上霸主，因此，被称为"海上马车夫"。

荷兰，在17世纪之前，是西班牙属地尼德兰的一个省。"尼德兰"意为低地，是莱茵河入海处一大片低地的总称，它包括今天的荷兰、比利时、卢森堡和法国东北部的一部分。尼德兰是个富饶的地区，当年西班牙帝国的一半税收来自这里。西班牙国王查理一世把它看作是自己"王冠上的一颗珍珠"。16世纪末，尼德兰普遍兴起了反对西班牙统治的政治运动和武装起义。1581年尼德兰北方七省成立"联省共和国"，其中以荷兰省最大，所以又称荷兰共和国。

荷兰独立后，大力发展资本主义工商业，商业、海洋运输业，金融业非常发达，很快成为西欧强国。

当时，荷兰的造船业居世界首位。仅在首都阿姆斯特丹就有上百家造船厂，全国可以同时开工建造几百艘船。荷兰的造船技术是世界上最先进的，船的造价也比英国低，所以欧洲许多国家都到荷兰订购船只。

荷兰的商船吨位占当时欧洲总吨位的三分之四，拥有1.5万艘商船，几乎垄断了海上贸易。挪威的木材、丹麦的鱼类、波兰的粮食、俄国的毛皮、东南亚的香料、印度的棉纺织品、中国的丝绸和瓷器等等，大都由荷兰商船转运，经荷兰商人转手销售。当时的阿姆斯特丹是国际贸易的中心，港内经常有2000多艘商船停泊。

荷兰的海军舰只几乎超过了英法两国海军的1倍。它们在世界各大洋游弋，保护本国商船，并从事海外殖民掠夺。在亚洲，1595年荷兰人首次绕过好望角，到达印度、爪哇。不久，荷兰舰队便在爪哇和马六甲海峡两次打败葡萄牙舰队，并且不断追捕、抢劫中国商船，垄断了东方贸易。1602年，荷兰成立东印度公司，专门控制这一地区的贸易，还一度侵占我国的澎湖、台湾。

在美洲，荷兰于1621年成立西印度公司，把持西北非洲与美洲之间的贸易，并在北美侵占了一块殖民地，建立了以新阿姆斯特丹（即现在的纽约）为中心的新荷兰。

在非洲，荷兰在东西方交通的咽喉，南非的好望角，修筑要塞、营建殖民地，在那里开辟种植园，保证过往船只的淡水、粮食的供应。

由此可见，"海上马车夫"这个绰号形象说明了17世纪的荷兰在商业、海洋和殖民掠夺各方面所拥有的霸权。

西班牙"无敌舰队"的覆没

16世纪中叶后，欧洲资本主义迅速发展。英国和西班牙在扩大海外贸易和殖民掠夺的活动中，发生越来越尖锐的矛盾。

西班牙是当时欧洲最强大的殖民帝国。拥有1千万人口，殖民地势力范围已伸向欧、亚、非、美四大洲，号称"日不落帝国"。西班牙之所以能够称霸世界，任意干涉欧洲和世界的国际事务，垄断许多地区的贸易，主要是凭借它掌握的海上霸权，有一支庞大的船队。

英国在伊丽莎白统治时期，海军的力量还比较薄弱，不敢大规模地同西班牙在海上交战。英国所采取的策略是对西班牙进行干扰和偷袭。英国政府纵容海盗头子到西班牙殖民地进行走私贩奴活动，扰乱西班牙的航线，从侧面打击西班牙的海上霸权地位。

大海盗霍金斯本是英国普里茅斯的大船主。他多次从非洲抓捕黑奴，运往美洲卖给蓄奴庄园主，从中获取巨额暴利。英国女王对他极为赏识，授予他贵族称号，封他为海军上将。1577 年，英国另一个海盗头子德雷克率领 5 艘海盗船，闯入智利、秘鲁海岸，从停泊在那里的西班牙船队抢劫了价值 150 万英镑的金银，然后逃之夭夭。1580 年回到英国后，他把从事海盗活动所得的百分之四十献给了伊丽莎白女王。西班牙驻英国大使提出抗议要求赔偿，英国女王置之不理，而且授予德雷克海军上将军衔，亲自为他颁发"林带勋章"一枚，这是英国最高级的骑士勋章。伊丽莎白声称："德雷克的航海活动，像一根绞索套在了西班牙国王脖子上。"为了表示鼓励和支持英国海盗行径，女王伊丽莎白将德雷克从西班牙船队中抢来的宝石镶嵌在皇冠上。

随着英国殖民掠夺和海上活动的加剧，舰船工业的迅速发展，逐步有了与西班牙抗衡的海上势力。16 世纪 70 年代至 80 年代，英国与西班牙的斗争全面展开。英国支持法国的胡格诺教徒反对法国的天主教会，因为西班牙同法国天主教会有着良好的关系。西班牙则支持爱尔兰的天主教徒和其他英国的分裂势力，力图颠覆伊丽莎白的统治，然后把苏格兰女王玛利·斯图亚特扶上英国王位。伊丽莎白对此阴谋活动给予了毁灭性的打击。1587 年 2 月，她命令处决了因禁二十余年的玛利·斯图亚特，以绝国内外复辟势力对她的利用和幻想。至此，西班牙和英国之间决战之势不可避免了。

1588 年 5 月，西班牙派出他的名为"最幸运的无敌舰队"从里斯本出发，远征英国。这只庞大的舰队拥有 134 艘战船，船员和水手共 8766 名，摇桨奴隶 2088 名，教士 300 人，作战士兵 21855 人。7 月中旬，"无敌舰队"迫近英吉利海峡英国的海岸。

兵来将挡，水来土掩，英国方面把王朝海军、各类商船和海盗船集中起来，总共约有大小舰只 140 艘，征集作战部队 9000 余人。由海军上将霍华德任总司令，海盗头子出身的德雷克和霍金斯等人也参与指挥，因为他们也算有海上作战的经验，而又熟悉对手西班牙舰队的情况。

西班牙舰队的舰船体大雄伟，船身像楼房一样高耸海面，足够海上阅兵舰船的水平，但可惜尾大不掉，笨重迟缓，成了英军比较容易捕捉的海上目标。而英国的舰只，大多船体小而狭长，快捷轻便，火力强而灵活。从速度上、火力上看，西班牙舰队已经暴露了许多不利的因素。

而且这时不知什么原因西班牙国王菲力浦二世任命了一位陆军将领即梅·西多尼亚公爵担任总司令，统帅西班牙的"最幸运的无敌舰队"。但他不仅没有海战经验，而且一出海航行他就晕船。西班牙在统帅的选择上犯了致命错误，用这样一位先天不足的总司令担任统帅，就恐怕难以所向无敌，

幸运之神能否降临到他的头上，也就不可预料了。

7月28日（星期日）午夜，"无敌舰队"停泊在法国北部多佛尔海港口加来，这里距英国多佛尔港仅三十余公里。西班牙舰上的船员均已酣睡入梦。英国人在黑暗的夜色和重重云雾的掩护之下，把6艘旧商船偷偷地驶进海港。这6艘船的舱内全装满了易燃品，船身也涂满了柏油。当接近西班牙舰队时，立即点燃6艘放火船，借着顺风顺水猛然闯入西班牙舰群。顿时一片火海，烈焰熊熊。西多尼亚公爵在忙乱中命令解缆拔锚，各自夺路逃生。

7月29日黎明，两支舰队在加来和敦刻尔克之间的格雪夫兰会战。英军的战术是不去与西班牙的楼船大舰正面作战，而主要是在英吉利海峡的航路上，进行跟踪，攻其两翼，用小舰队游击的办法，采取准确的远距离炮战，使西班牙舰队中的步兵无法靠近船舷。西班牙"无敌舰队"的炮火也很凶猛，双方展开了激烈的海战。海战的关键是炮战，由于英军炮兵的射击技术好，命中率高，"无敌舰队"受到重创。战至黄昏时分，西多尼亚不得不命令舰队撤出战斗掉头返航。英国舰队的炮弹也快打光了。"无敌舰队"驶进多维尔偏北的马尔特停泊休整。

8月初，在格雪夫兰特会战中被打得狼狈逃窜的"无敌舰队"，起航回国。英军司令霍华德亲率动力舰穷追不舍。"无敌舰队"在海上又遇到大风暴，有的船只被大浪吞没，有的因触礁搁浅而失事，有的甚至被刮到了挪威海岸，到1588年10月，西多尼亚率领残部，经过赫布里底群岛才回到西班牙，他仅带回43艘残破船只，"无敌舰队"几乎全军覆没。

英国通过避己所短，扬己所长的灵活作战方式，和西班牙进行了十多年不屈不挠的战争，特别是英西海战，给了西班牙沉重打击。西班牙从此一蹶不振，英国却一跃成为海上强国，取代了西班牙的海上霸权地位。此后，英国继续向海外掠夺殖民地，把触角伸向了世界各地，到了20世纪初，英国真正成了"日不落帝国"。

美国独立战争的第一枪

18世纪后半期，英国在大西洋岸建立了13个殖民地。每个殖民地都由英国派来的总督统治。这时的殖民地已经开发了大量的种植园，建立了纺织、炼铁、采矿等多种工业，经济比较繁荣。

英国政府为了增加财政收入，不断增加殖民地的税收，对殖民地进行蛮横的压榨和残酷的剥削。1765年，英国人又想出个新花样：印花税。他们规定，一切公文、契约合同、执照、报纸、杂志、广告、单据、遗嘱，都必须贴上印花税票，才能生效可流通。这激起殖民地人民极大的愤怒，于是，"自由之子""通讯委员会"等秘密反英组织相继出现，各地都发生了反英事件，抵制英货、赶走税吏、焚烧税票、武装反抗等等。

这一切引起了英国政府的恐慌，他们立即派军队镇压。1770年3月5日，英军在波士顿向手无寸铁的市民开枪，当场打死5名市民，打伤了6人，制造了震惊北美的"波士顿惨案"。反英的怒火在殖民地人民心中燃烧，一场争取独立和自由的战火即将在北美大陆上燃烧起来了。

1775年4月19日清晨，波士顿人民在莱克星顿上空打响了独立战争的第一枪，莱克星顿的枪声拉开了美国独立战争的序幕。

1775年4月，马萨诸塞总督兼驻军总司令盖奇得到一个消息：在距波士顿不远的康科德镇上，有"通讯委员会"的一个秘密军需仓库。盖奇立即命令少校史密斯率800名英军前往搜查。部队连夜出发了，4月19日凌晨，他们来到了离康科德6英里的小村庄——莱克星顿。

英军在黎明前的薄雾中向前行进，经过一夜行军。他们个个困倦不堪，呵欠连天。忽然，他们发现村外的草地上站着几十个村民，正手握长枪严阵以待。史密斯知道这些武装村民就是莱克星顿的民兵，北美大陆殖民地上的居民都叫他们"一分钟人"，因为他们行动特别迅速，只要一听到警报，在一分钟内就能集合起来，立即投入战斗。让史密斯吃惊的是，这些民兵为什么这样快就知道英军的行动呢？原来，"通讯委员会"的侦察员早就得到了情报，并立刻在波士顿教堂的顶上挂起一盏红灯。"通讯委员会"的信使，雕版匠保尔·瑞维尔看到后立即骑马赶到康科德报警。

"射击！给我冲！"史密斯一看对方只有几十个人，原来有些紧张的心情马上放松下来。他根本没把这几十个衣服破烂的民兵放在眼里，举起指挥刀发出了命令。

莱克星顿的民兵立刻还击，猛烈抵抗英军的进攻，枪声震响在莱克星顿上空，传出很远很远。几分钟后，枪声渐渐稀疏，民兵们因为人少，地形不利很快撤离了战场，分散隐蔽起来。

史密斯初战告捷，非常得意，指挥士兵直奔康科德。英军赶到镇上时，天已大亮，旭日东升了，但街道上却看不见一个人，家家关门闭户，显得冷

冷清清，史密斯下令搜查，英军进入各家翻箱倒柜，折腾了大半天，什么也没找到。原来，民兵早已把仓库转移，"通讯委员会"的领导人也隐蔽起来了。

"撤！"史密斯觉得情况有些不妙，连忙下令撤退。这时，镇外喊杀声、枪声陡然大作，附近各村镇的民兵已得到消息，从四面八方向康科德赶来。包围了正在撤退的英军。他们埋伏在篱笆后边、灌木丛中、房屋顶上、街道拐角处向英军射击。英军一批又一批倒在地上，而当英军举枪还击时却连民兵的影子也找不到。英军一路向波士顿方向退却，沿途遭到民兵的不断袭击，狼狈不堪。

战斗一直持续到黄昏，最后还是从波士顿开来的一支援军，才把史密斯等人救了出去。

这一仗，英军死伤247人，民兵牺牲了几十人，剩下的英军弹药耗尽，回想起来也是心有余悸，他们第一次尝到殖民地人民铁拳的滋味。有个士兵说："我48小时没吃一点东西，帽子被打掉了3次，2颗子弹穿透上衣。我的刺刀也被人打掉了。"

莱克星顿的枪声震动了大西洋沿岸的13个殖民地。美国独立战争从此开始。

独立战争胜利后，美国人民为了纪念莱克星顿的战斗。在这个村镇的中心，铸造了一座手握步枪的民兵铜像。他们永远也不会忘记，正是这个小小村庄的民兵。为美利坚民族的独立奠定了第一块基石。所以，莱克星顿成为美国自由独立的象征，被人们赞誉为"美国自由的摇篮。"

美利坚合众国的缔造者

大家都知道，美国的首都是华盛顿，它位于大西洋岸的波托马克河畔。其实，在1800年以前美国并没有这样一座城市，它是美国人民为纪念美国的开国元勋——乔治·华盛顿而专门建立的，由此可以看出他在美国人民心目中的是多么崇高。

1732年12月22日，乔治·华盛顿生于弗吉尼亚的一个种植园主家庭。他自幼丧父，只继承了少量的田产和10个黑奴。十六岁的时候，就去西部作土地测量员，后来又在俄亥俄河流域领做过土地买卖，靠着自己的艰苦奋

斗,华盛顿成为当地有名的大种植园主。

当时,英法两国为争夺北美殖民地进行了旷日持久的战争,英国为战胜法国,竭力争取北美大种植园主的支持,1754 年,弗吉尼亚总督答应把二十万英亩土地给参加反法战争的富人,华盛顿积极参加了英国方面对法作战,指挥弗吉尼亚地方武装英勇战斗,屡立战功,协助英军把法军赶出北美。但战争结束后,英国却立刻翻脸,宣布西部土地为王室私产,不准垦殖。这一禁令使华盛顿一下子丧失了三万多英亩土地,从此,他成为英国殖民政策的坚决反对者。

1775 年 4 月 19 日,波士顿人民在莱克星顿打响了反抗英国殖民统治的第一枪,北美各州人民纷纷响应,轰轰烈烈的美国独立战争爆发了。

1775 年 6 月,北美 13 个英属殖民地在费城召开"大陆会议",华盛顿被任命为大陆军总司令。这时,波士顿义军正和那里的英军激战,华盛顿立即骑马出发,于 7 月 3 日抵达波士顿,他亲临前线指挥战斗,给英军以严重打击。

在战争初期,美军打得非常艰苦,他们中的大多数人是临时招集来的农民,衣服破烂不堪,没有武器,没有受过正规军事训练,根本不像一支军队,另一方面,美军的后勤供应也极度的困难,士兵们经常吃不饱、穿不暖,有时一连五六天吃不到面包,只好吃马料,在寒冷的冬季,有许多士兵不得不赤脚行军。

相反,他们的对手英军却装备精良,训练有素,后勤供应充足。所以,美军一败再败,纽约等要塞相继失守,到 1777 年 9 月,连首都费城也被英军占领,有些意志不坚的将领竟率兵向英军投降。

在极端严峻的形势下,华盛顿始终忠于北美人民的独立事业,从来没有动摇过。他以非凡的才干,把原来自由、散漫,缺乏组织纪律和统一指挥的美军组织起来,在战斗中锻炼成长,逐步建立了一支强大的正规军。他鼓励美军士兵,号召他们为自由而战,指出:美利坚人是自由民,还是奴隶;我们的田产应当归自己,还是被劫夺、被毁坏;只有两条路,一条是勇敢地反抗,一条是驯服。

他努力将各州团结、联系起来,共同作战。1777 年 10 月,美军在萨拉托加大败英军,从而扭转了整个独立战争的局面。与此同时,为了孤立英国,美国又多方展开了外交活动,争取法国等国的援助。1778 年 6 月,法国军舰开进美国,英军被迫从费城撤退,把主攻方向转向南方。1780 年,英军把主力转移到南方港口城市约克镇。法国和美军两路并进，直逼约克镇。法军用海军封锁海港，切断英军海上补给线，断绝了英国军队退路，华盛顿则率部从正面猛攻。

1781年9月，英军统帅康华理率部上千余人向华盛顿投降，美国独立战争取得了最后的胜利。

独立战争胜利后，华盛顿解甲归田，回到弗吉尼亚继续经营自己的种植园，在葡萄树和无花果树的绿荫下享受宁静的田园生活。1787年，华盛顿再度出山，主持制宪会议，制定了世界上第一部资产阶级宪法。1789年4月，华盛顿当选为美国第一任总统。

做完了两任总统，华盛顿又回到家乡过着退隐生活。1799年12月14日，华盛顿病逝。

杰弗逊和《独立宣言》

莱克星顿战斗结束后半年多来，各地自发的反英斗争此起彼伏。查尔斯顿附近的邦克山一战，打死打伤英军1000多人。驻波士顿英军被围困八个月之久。但是，大陆会议一直没有下决心宣布独立。

1776年1月，资产阶级启蒙运动思想家托马斯·潘恩发表了《常识》，号召殖民地人民向英国宣布独立。不出一个月，这本激动人心的小册子就传遍了13个殖民地，人们都在阅读、传诵着。独立战争的领导人约翰·亚当斯看到这种情况后高兴地说："独立像一股洪流，每天从四面八方向我们滔滔涌来。"在人民要求独立的呼声越来越高的情况下，大陆会议终于在7月4日通过了由著名革命家、思想家和科学家杰弗逊、富兰克林等人起草的《独立宣言》，宣告了一个新国家——美利坚合众国的诞生。

1776年7月4日，从大西洋沿岸到阿巴拉契亚山，从波士顿到萨凡纳，整个北美殖民地都因《独立宣言》的通过而沉浸在一片欢庆之中。在这个欢乐的中心费城，《独立宣言》刚刚通过，全城就已是一片欢腾，教堂钟声齐鸣，士兵们列成长队鸣枪致贺。

在多佛，特意为《独立宣言》的宣读安排了一个焚烧英王乔治三世画像的仪式。主持仪式的人解释说："这样，我们甚至连那个不配治理自由人民的国王的影子也给销毁了。"在其他小城镇，人们更多的是奔走相告，高呼

"万岁"来表示庆祝。《独立宣言》为什么会有如此巨大的魅力,受到北美几百万人民这样密切地关注和欢迎呢?事情的原委,都与托马斯·杰弗逊这个伟大的人联系在一起。

1743年4月13日,杰弗逊出生在弗吉尼亚州的一个种植园主家庭。父亲彼得·杰弗逊做过土木工程师。1760年3月,杰弗逊进入著名的威廉-玛丽学院读书,深受启蒙思想,特别是洛克的"天赋人权"论的影响。1762年毕业后,他专门学习了五年法律,出色地做了七年律师。1769年,杰弗逊步入政治舞台,当选为弗吉尼亚地方议会议员。他在议会中的第一个提案就是《奴隶主自愿解放奴隶的实施办法》。1773年,他同亨利等人在弗吉尼亚州组织了通讯委员会,加强与各地革命力量之间的联系,宣传北美殖民地脱离英国独立的思想。在积极从事民族独立运动的斗争中,他逐渐成为当时的左翼领袖和鼓吹资产阶级民主革命的号手。

1774年,杰弗逊发表了著名的《英属美洲权利概述》一文,揭露英国国王在殖民地实行的种种高压政策,否认他们的殖民权利。他发展了"主权在民"的学说,提出了"政府的一切权力是人民给予的,人民有权进行革命,以反对暴君"的原则。这篇文章引起了极大地反响,一些英国进步人士将文章翻印成册,在伦敦广为散发。许多英国议员还引用其中的论据抨击英国政府的高压政策,使英国政府十分被动,杰弗逊因此被英国政府列入了"黑名单"。

1775年4月,莱克星顿民兵打响了北美独立战争的第一枪。同年五月,三十三岁的杰弗逊经过长途跋涉来到费城,代表弗吉尼亚参加第二届大陆会议。此时,大陆会议已成为领导北美殖民地独立战争的"临时政府"。大会决定北美殖民地脱离英国而独立,并指定杰弗逊、富兰克林等五人起草北美独立的宣言。经过商定,宣言起草委员会决定将这项重要工作委托给长于写作、年富力强的杰弗逊。

从1776年6月11日到28日，杰弗逊满怀激情，把自己关在屋子里，写出了《独立宣言》初稿，并提交大会讨论。经过两天半逐字逐句地讨论和修改，最后于1776年7月4日通过，美利坚合众国从此正式诞生。

《独立宣言》以磅礴的气势、流畅的笔调，概括了英、法民主主义思想家提出的政治理论和革命原则。它庄严地向世界宣布：人人生而平等，都有生存、自由和谋求幸福的权利；为了保障这些权利，人们才建立政府；任何形式的政府如果破坏这个目的，那么人民便有权改变它或废除它，而建立新政府。《独立宣言》在控诉了英国国王的种种暴行后，以美利坚合众国人民的名义庄严宣告，解除对于英王的一切隶属关系，完全废止与大不列颠王国之间的一切政治联系，从而宣告了美利坚合众国的成立。

美国独立后，杰弗逊成为政治舞台上的活跃人物。他先后担任战时州长和美国驻法国的全权公使。1789年联邦政府成立后，他被任命为美国国务卿。1800年，当选为美国第三届总统。1803年，他以1500万美元的低价，从拿破仑手中购得了路易斯安纳，使美国领土几乎增加了一倍，他还采用各种措施活跃这个新生国家的民主气氛，促进资本主义经济的发展。

1809年，杰弗逊连任两届总统期满后，回到家乡。他把自己的晚年全部献给了美国的教育事业。他亲手制订了大、中、小三级教育制度，确立了美国国民教育的规范。他特别主张运用教育手段，培养德才兼备的"自然贵族"，用以区别"人为的贵族"。

1818年，年过七旬的杰弗逊，开始为创建弗吉尼亚大学而四处奔波，把自己生命的最后几年时光全部献给了建校工作。从整个校址的设计、施工，到招生开学、聘请知名学者，他无一不亲自过问，付出了巨大的精力，终于使学校在他去世的前一年建成。

杰弗逊的一生十分简朴。在他担任总统期间，白宫每天早晨都对外开放，来访者可以自由出入。他认为只有这样，才能永远不脱离群众，保持民主作风。杰弗逊一生追求自由和民主，痛恨封建暴君的专制。在他的一枚图章上，刻有这样的格言："反抗暴君，就是服从上帝。"在美国人民的心目中，杰弗逊是与华盛顿、林肯齐名的三大伟人之一。

启蒙运动的领袖

"启蒙",就是开启智慧,通过教育和宣传,把人们从愚昧、落后、黑暗的封建社会中解放出来,使人们摆脱教会散布的迷信和偏见,从而为争取自由和平等去斗争。启蒙运动是发生在18世纪欧洲的一场反封建、反教会的思想文化革命运动,它为资产阶级革命作了思想准备和舆论宣传。

启蒙运动的中心在法国。法国启蒙运动的领袖则是伏尔泰。他的思想对18世纪的欧洲产生了巨大影响,所以,后来的人曾这样说:"18世纪是伏尔泰的世纪。"

伏尔泰本名叫弗鲁索瓦·玛利·阿钱埃,1694年生于巴黎一个富有的公证人家庭。少年时期,他在耶稣会主办的贵族学校读书。中学毕业之后,父亲一心想让他学法律,将来当法官或律师,但伏尔泰却立志成为诗人。他的确有诗人的天赋,他经常出口成章,即兴写诗。由于他写了一首嘲笑贵族的讽刺诗,结果被关进巴士底狱。在狱中,他仍然坚持创作,完成了他的第一部悲剧《俄狄浦斯》。1718年,《俄狄浦斯》在巴黎上演,获得成功,他一举成名。

伏尔泰成名之后仍然写讽刺诗嘲笑法国贵族,结果遭到贵族子弟的毒打,第二次被关进巴士底狱。出狱后被宣布驱逐出境。他不得不流亡到英国。在伦敦,伏尔泰以新奇的眼光观察了英国的政治制度和经济生活,研究了唯物主义哲学和牛顿的物理学。他还接触到了英国新兴文学,对莎士比亚的戏剧产生了浓厚的兴趣,并把他的剧作翻译介绍到法国。1743年,伏尔泰发表了《哲学书简》,在这部书里,他赞扬英国革命后取得的成就,批评法国封建制度,宣传唯物主义哲学思想。他认为人一生下来就应当是自由的,在法律面前应当人人平等。他主张在法国建立一个在"哲学家"引导下,依靠资产阶级力量的开明君主制,国内有言论出版自由等等。他反对天主教会,激烈谴责教士的贪婪和愚民的说教,他称天主教教主为"恶棍",称教皇为"两足禽兽",号召人民粉碎教会这个邪恶势力。此书一出版,即被法国政府判为禁书,并当众烧毁。

为了避祸,伏尔泰来到法国和荷兰边境一个古老偏僻的贵族庄园,隐居在他的女友德·爱特莱侯爵夫人家中,一住就是15年,直到1749年侯爵夫

人去世。在此期间,他写下了悲剧《恺撒之死》《穆罕默德》讽刺长诗《奥尔良的少女》,哲理小说《查第格或命运》,历史著作《路易十四时代》以及科学论著《牛顿哲学原理》。

1750年,伏尔泰应普鲁士国王腓特烈二世邀请访问柏林。他来到一个比法国更黑暗,更残酷的封建专制国家,却幻想借助"开明君主"的力量,进行某些社会变革,实现启蒙主义理想。然而,腓特烈二世只把伏尔泰当作宫廷点缀,给外人一个"开明君主"的形象,实际上他实行的是军国主义的野蛮扩张政策。伏尔泰丝毫不能改变德国现实,1752年,他离开柏林。

1760年,伏尔泰在法国与瑞士边境的费尔奈庄园定居下来,在此度过了他一生中的最后20余年。在这期间,他写下了大量的文学、哲学和政治著论,包括哲理小说《老实人或乐观主义》《天真汉》,哲理诗《自然规律》等,他还把中国元杂剧《赵氏孤儿》改编成《中国孤儿》。

伏尔泰虽远离巴黎,却仍然关心法国社会现实,他晚年写了许多文章和小册子,抨击教会和专制统治,它们以化名和匿名的方式在欧洲各地流传,推动了进步的思想运动。当时欧洲成千上万的哲学家、艺术家、演员慕名拜访伏尔泰,另外还有人给伏尔泰写信求教,伏尔泰都热情接待或回信,小小的费尔奈庄园成为欧洲启蒙运动的中心。

伏尔泰还积极参加社会活动,他积极为无辜受害的人士奔走,最突出的是发生在1762年的闻名欧洲的卡拉事件。当时,法国社会中天主教教会的权力极大,天主教僧侣被列为法国封建社会的第一等级,教会经常残酷压榨和迫害人民。1762年有个名叫卡拉的新教徒,他的儿子因欠债而自杀了。天主教会马上向法院诬告卡拉,说他儿子因为想改信天主教,被信新教的父亲杀死了。法院于是把卡拉全家逮捕,进行严刑拷打,将卡拉判处死刑。处死的这一天,刽子手们先用铁棒打断了卡拉的双臂、肋骨和双腿,然后把他挂在马车后面,在地上活活拖死,最后还点上一把火,把尸体烧成灰烬。

伏尔泰听说这件事之后,异常愤怒,他亲自调查事件真相,把这件冤案的调查报告寄给欧洲许多国家,全欧洲都对此感到震惊和愤怒,纷纷痛斥法国的地方法院。四年后,教会不得不宣布卡拉无罪,恢复了他家人的自由。从此,伏尔泰被称为"卡拉的恩人",受到法国人民的尊敬。以后,伏尔泰又为新教徒西尔文、拉巴尔等受迫害的人鸣冤,经过多年的斗争,终于使他们恢复名誉。所以伏尔泰被誉为被压迫者的保护人,声望越来越高。

伏尔泰不仅是一位伟大的思想家,而且是一位杰出的文学家。他最有成

就的文学作品是哲理小说，《老实人或乐观主义》是其中的代表作。

《老实人》的主题是批判盲目乐观主义哲学，小说中的邦葛罗斯是个哲学家，在他看来，世界是完美的，一切人和一切事物都尽善尽美，"在这最美好的世界上，一切都走向美好。"邦葛罗斯一生的遭遇是对他的"哲学"一个极大嘲讽，他先染上梅毒，接着又遭到宗教裁判所的火刑，后又被卖为奴隶，但他冥顽不化，死不改口，仍然坚持说世界尽善尽美。小说的主人公老实人开始相信邦葛罗斯的乐观主义哲学，但严酷现实粉碎了他的乐观幻想。他是德国男爵的养子，由于他与男爵的女儿居内贡小姐相爱，结果被贵族偏见极深的男爵赶出了家门。从此他四处流浪，到处都看到封建专制的腐败和天主教会的罪恶。到里斯本时，他遇到了大地震。为防止全城毁灭，教会与大学博士相勾结，认为只有"在庄严的仪式中用文火慢慢烧死几个，才是阻止地震的万试万灵的秘方"。为此，教会抓了五个人。其中一个人的罪名是娶了自己的教母；另外两个葡萄牙人是"吃鸡的时候把同煮的火腿扔掉"。在场的邦葛罗斯和老实人似乎赞同他们的吃法，于是，他便也被一块儿送上宗教火刑场。结果三人被烧死，邦葛罗斯和老实人却奇迹般地脱了险。老实人历尽磨难，认识到世界就像一个屠宰场，他抛弃了乐观主义。最后他找到了一个黄金国，国内遍地都是黄金、碧玉和宝石，人人过着自由平等、快乐而富裕的生活。当然，这只是伏尔泰的理想。

1778年2月，八十四岁高龄的伏尔泰在路易十五死后重返阔别28年的巴黎，人民群众夹道欢迎这位勇敢的斗士。5月30日，伏尔泰病逝。临终前，神父要他承认基督的神主，他愤然拒绝。反动教会不准把他葬在巴黎。大革命时期，伏尔泰的骨灰运回巴黎，在法国伟人公墓隆重安葬。

攻占巴士底狱

制宪议会召开后，大资产阶级和自由派贵族以为国王已经让步。没想到，路易十六却暗中调集军队，将巴士底狱塔楼上的大炮对准了圣安东工人区。

国王准备以武力镇压革命群众运动的消息传出后，巴黎各阶层人民纷纷举行游行示威，却遭到政府军的枪击。

7月13日凌晨，巴黎上空敲响了警钟，起义的群众从残废军人院和军械库中夺得大批枪支，同时连夜赶造了五万多支长矛。人民群众筑起街垒，同政府军在街巷里展开了激烈的战斗。当晚，起义者占领了除巴士底狱和少数据点以外的巴黎主要市区。这时，大金融资产阶级和自由派贵族万分惊恐，慌忙组成了巴黎市政厅常务委员会，以便控制局势的发展。7月14日清晨，"打到巴士底狱去"的口号声响彻巴黎上空，三十万起义群众加入了进攻巴士底狱的战斗。资产阶级控制的市政厅曾派人和守军谈判，但守军司令却下令开枪，造成一百多名群众伤亡。愤怒的群众异常英勇，用大炮打断了吊桥绳索，攻进巴士底狱，释放了狱中的政治犯，处死了守卫司令。

7月15日，路易十六被迫从巴黎撤军，并承认了制宪议会。以国王的弟弟亚多瓦伯爵为首的反动大臣、宫廷贵族们纷纷逃亡国外，企图借助国外反动势力伺机反扑。

7月14日，革命者推翻了法国波旁王朝的专制统治，政权转到制宪议会手里，这是巴黎人民取得的伟大胜利。它标志着法国资产阶级革命的开端。后来，7月14日这天被定为法国国庆日。

1789年7月14日巴黎人民攻克巴士底狱，吹响了全国城乡人民革命的号角。全国各大城市在几天之内相继爆发了多次人民革命运动，推翻封建政权，成立了市政机关，建立了国民自卫军，历史上称之为"市政革命"。代表大资产阶级和自由派贵族利益的君主立宪派却乘机展开政治活动，窃取了胜利果实，由金融资产阶级的代表巴伊任巴黎市长，自由派贵族拉法叶特任国民自卫军司令。

与此同时，轰轰烈烈的农民运动也席卷全国。深受封建剥削和压迫的农民纷纷拿起武器，攻打地主庄园，用绞架处死地主老爷，吓得封建贵族狼狈地逃到城市或国外。风起云涌的农民运动不仅使封建专制统治的基础发生了动摇，使城镇革命的成果得到了巩固，而且推动君主立宪派采取了一些改革措施。

罗伯斯比尔

1791年9月30日，法兰西共和国制宪会议在举行最后一次会议。众人正全神贯注地听一个人发表演说。

这人中等身材，苍白瘦削，有些虚弱。一双深陷的眼睛，时而热情滚滚，喷射出太阳一般的光辉，时而又若有所思，显得镇定深沉。

只听他慷慨激昂地说："我反对在宪法中规定国王有否决权。如果大多数人的政治权利被剥夺，那么，《人权宣言》中说的权力归人民就是虚伪和欺骗！是谁完成了我们的光荣的革命呢？难道是一些名人和富人吗？不！只有人民才想革命，只有人民才能完成革命。"

台下报以长时间的热烈的掌声。

这位演讲的人就是法国资产阶级大革命中最杰出的革命家罗伯斯比尔。

1758年5月6日，马克西米连·罗伯斯比尔生于法国北部阿尔土瓦省的首府阿腊斯城。祖父和父亲都是律师。罗伯斯比尔11岁到巴黎上学。当时巴黎有许多反封建的启蒙思想家，比如伏尔泰、狄德罗、卢梭等。他如饥似渴地阅读启蒙思想家的著作。他尤其崇拜卢梭，把卢梭看成是自己的导师。1778年，罗伯斯比尔进入巴黎大学的法律系，他亲自拜访卢梭，受到卢梭热情接待，两人倾心长谈，这对他以后从事革命产生了很大影响。

1781年大学毕业后，罗伯斯比尔回到阿腊斯当律师。他熟悉法律，思想敏捷，口才出众，同情穷人，经常无偿为平民辩护，很快成为阿尔土瓦省的名人。1788年，他被推选为阿尔土瓦第三等级代表参加会议。起初，这个外省青年并没引起人们的注意，后来他在制宪会议上发表了一篇激昂的演说，提出消灭等级特权，保障人权，出版和信仰自由，代表们开始对他刮目相看，他的名字在人民中很快流传开来。在革命初期，巴黎有很多革命俱乐部，以雅各宾俱乐部最为有名，因为其成员经常在圣雅各教堂开会，所以人们称他们雅各宾派。罗伯斯比尔是该俱乐部成员，后来他又成为雅各宾派的领袖。他主张彻底消灭封建专制，建立一个真正人人平等的共和国，因此，他得到人民的热烈拥护。在人民中的威望与日俱增。

1791年6月，国王路易十六企图逃亡国外勾结外国反动势力镇压法国革命，结果被群众抓获，罗伯斯比尔主张严惩国王，废除君主制，但被保守的君主立宪派拒绝。但罗伯斯比尔依然坚持自己的信念，他说："我已决定把我的生命贡献给为真理而作的斗争。"

这时，奥国皇帝和普鲁士国王联合发表宣言，宣称要派军队惩罚"罪犯"，恢复法国的"君主统治"。外国的专制势力企图武力干涉革命的迹象越来越明显，而国民公会中的保守派竟然无动于衷。罗伯斯比尔以极大的爱国热忱发表演说，鼓励人民捍卫革命的成果，他说："我们或者重新堕入以前的奴隶制中，或者重新拿起武器！"他的这句话成为传颂一时的名言，鼓舞了人民的斗志。

1792年春天，普奥联合出兵进攻法国。战争一开始，法军就遭到惨败，因为国王和王后早把作战计划送给了敌方，贵族军官，不是叛变投敌，就是有意怠战。法军节节败退，革命面临空前的危险。

雅各宾派的三个主要领导人罗伯斯比尔、马拉、丹东向全国人民发出保卫祖国的呼声，罗伯斯比尔说："战争一旦开始，就必须是胜利的。"丹东在立法会议上作了简短而激昂的演说："就要响起的警钟并不是警报，而是袭击国家敌人的号令。要战胜他们，诸位，我们必须勇敢，勇敢，再勇敢，法国就能得救！"这几句话获得两次热烈的掌声，并成为流传至今的名言。

法国人民勇敢保卫祖国，各地的义勇军纷纷开往前线，最终把侵略者赶出了国土。

1792年8月，国王路易十六被人民逮捕，全国上下一致要求审判国王。执掌政权的吉伦特派，故意拖延时间，不审判国王，说什么"国王是神圣不可侵犯的，国民公会无权审判国王"等等。他们咒骂罗伯斯比尔是"独裁者"，马拉是"独裁的鼓吹者"。

这年10月，人们发现了路易十六藏在王宫后面墙壁里的秘密文件柜，里面全是路易十六写给逃亡在外国的法国贵族的信，命令他们想法"邀请"普奥等国军队进攻法国，而他自己则宣称要"重新掌权"。路易十六叛国和反对革命的罪行暴露无遗。

1793年1月15日晚上，法国议会大厅里召开国民公会表决对国王路易十六的判刑问题。表决的方法叫"唱名表决"，由议长对700多名议员，被点到的议员逐个上台发表意见。当点到罗伯斯比尔，他步伐矫健地走上台，握紧拳头，以充满哲理的语言发表了自己的意见："我不能践踏真理和正义，而把暴君的生命看得比普通公民还重要。我不能玷辱智慧，而把这罪大恶极的人从理该灭亡的命运中拯救出来。我投票赞成死刑。"

表决整整进行了两天三夜，大多数议员赞成判处死刑。1793年1月21日，国王路易十六被送上断头台。

处决国王是法国革命的伟大胜利，引起了欧洲各国反动君主的极端仇恨。1793年春天，普鲁士、奥地利、英国、西班牙等国组成"反法同盟"，法军在敌人的大举进攻下，节节败退。国内到处发生保王党叛乱，革命形势非常危急。1793年5月31日，巴黎警钟又一次敲响，人民举行第三次武装起义，推翻掌权的吉伦特派，雅各宾派掌握了政权。

雅各宾派的首领罗伯斯比尔，面对国内外的危急形势，采取了一系列果断的措施。很快赶走了外国侵略者，平定了国内反革命叛乱，巩固了大革命的成果。

但是，这时雅各宾派内部发生了危机。三位领袖人物中马拉被反动派暗杀，丹东变成了暴发户，丧失了革命斗志，反对罗伯斯比尔的政策，结果被处决。为了镇压反对派，罗伯斯比尔采用恐怖政策，通过了改组革命法庭的法律，规定可以随意处死反对派。从1994年6月10日起，平均每天处死50人。这样做的结果，使雅各宾派陷入孤立的处境，给了反对派分子可乘之机。

1794年7月27日，法国的"共和历"共和2年热月9日，罗伯斯比尔，圣鞠斯特等人在国民公会的会场上被捕。第二天清晨，罗伯斯比尔等人未经审判便被送上了断头台。这个事件后来被称为"热月政变。"

"热月政变"结束了雅各宾派专政，法国大革命的高潮也随之而结束。

"雾月政变"

青年时期的拿破仑以卓越的指挥才能充分显示了他卓越的军事天才。法国国民革命军政府，非常欣赏他的才能，大胆任用他到各地带兵，拿破仑也不负厚望，对欧洲封建势力进行了有力的打击。

1797年，拿破仑被任命为"意大利方面军"总司令，同欧洲封建势力作殊死斗争，大大维护了革命政权所取得的胜利成果。

正当他在欧洲各地扫荡封建势力的时候，得到了一个使他震惊的消息：革命政府国民议会中钻进来大批保王党分子，准备伺机推翻国民政府，恢复封建君主制。他非常仇视保王党人对革命的进攻，他曾在一封信中说："从大革命开始，我就一直在打击国内外一切敌人，履行我作为军人的职责，恪守一名军人的义务。我抛弃了我的家产、荣誉、地位，甚至亲人，我为共和国丧失了一切，但我毫无怨言！"所以当他得到保王党人企图对革命大举反攻时，就立即派军队回国，干预议会事务。

经过清查，大批保王党分子落入法网，拿破仑共处死了160名保王党人，再一次维护了资产阶级政权。当他谈到对保王党人的镇压时说："只有当一切都告完毕之后，我才会放刀入鞘！"表现了对革命积极的、毫不妥协的态度。

之后，拿破仑越过阿尔卑斯山铲除了意大利北部的封建势力，接着，他提出了一连串的进攻计划：远征埃及，进而打击英国。然后对俄、奥等反法国家逐个打击，以便建立一个强大的以法国为中心的欧洲秩序。

国民政府同意了拿破仑的计划。

1798年，拿破仑率军远征埃及。当时埃及为英国占领，在英国的支持下，受到入侵的埃及、叙利亚人民对法国入侵者给予了有力打击。拿破仑进退维谷，难以立即作出决断。正当他陷入埃及困境之时，沙皇俄国军队在沙皇本人的带领下，组织欧洲其他反法各国，结成第二次反法同盟，向法国发起进攻，试图把法国革命彻底消灭。另外，法国国内保王党人看到这种情况，也蠢蠢欲动，企图从内部推翻资产阶级统治，恢复他们旧有的统治秩序。

国内政局动荡不安。甚至连国民政府内部也对政府的统治不满，不少人要求政府采取有力措施，向国内外敌人发起进攻。

在这种形势下，头脑清醒的拿破仑立刻意识到将要发生什么。

于是，他抛下法国远征军，于1799年10月，只率少数随行人员，偷偷地离开埃及，急匆匆星夜赶回巴黎。

"拿破仑将军回来了！"

拿破仑刚一进入巴黎，他的支持者便奔走相告，立即一传十，十传百，巴黎沸腾了。人们欢呼雀跃，高呼着拿破仑的名字激动异常。

拿破仑也没有想到，他能够得到这么多人的狂热支持，他立刻把他周围的人召集起来，商量下一步计划。

"我认为，我们应该采取行动，满足巴黎人民的要求，立即取消现在掌握权力的督政府，成立执政府，把大革命彻底进行下去！"其中一个人这样说。

"对！您应该成为我们的领袖。革命果实马上就要被瓜分豆剖了，我们必须对懦弱无能的督政府采取行动，捍卫革命政权、维护胜利果实。"不少人强烈要求。

拿破仑犹豫再三，他不是对自己将要采取的行动犹豫，而是想试探一下有多少人支持自己夺取政权。

终于，他微微一笑，对忠实于自己的这些部下发话了："好！我答应你们的要求，我们立即采取行动。不过，我们要很好地商量一下具体行动措施。我的要求是，只许成功，不许失败！"

"是！"部下们异口同声。

看到这些人情绪高涨，满怀信心，他问他的得力干将布鲁斯说：

"布鲁斯，银行家们的事情做得怎么样？"

布鲁斯回答道："他们都答应了我们的要求，同意提供足够用的资金。"

听了这句话，拿破仑终于咽下了最后一颗定心丸。几天前，他派布鲁斯到巴黎各大银行家那里去，希望说服这些资产阶级巨头们支持自己的行动，因为，没有他们的鼎力相助，要发动政变是不可能的。结果，这些嗅觉灵敏的资产阶级银行家，早就从拿破仑身上看到了资产阶级的希望，所以，当布鲁斯一个个找到他们时，竟一个个都是满口答应。

11月9日，拿破仑开始行动，他派军队控制了督政府，接管了革命政府的一切事务。这一天是法国共和历雾月18日，所以，历史上称拿破仑在这天发动的政变为"雾月政变"。第二天，拿破仑把法国议会——元老院和500人院全部解散，夺取了议会大权，并宣布成立执政府。在执政府中，他自认第一执政，大权独揽，开始了为期15年的独裁统治。雾月政变使拿破仑掌握了法国军政大权，此后，他连续采取军事行动，决定性地打击了欧洲封建势力对法国的几次反扑。1800年，拿破仑击溃奥地利军队，并进逼奥地利南部地区，迫使奥皇签订和约。1802年，以沙俄为首的第二次反法联盟又被拿破仑击溃，使俄国对法国的威胁解除了。

对国内，拿破仑也采取了一系列维护其资产阶级统治的措施。他用武力征讨和分化瓦解的手段，镇压了保王党的复辟活动，同时，又采取了其他统治措施，巩固了他的统治基础。

1804年12月2日，拿破仑在巴黎圣母院大教堂举行了隆重的加冕典礼，自称皇帝，将法兰西共和国改为法兰西第一帝国。

之后，他又进行了一系列维护帝国统治的战争。1805年，击败了由俄国、普鲁士、奥地利组成的第三次反法联盟。1806年，击败了以俄国、普鲁士为主的第四次反法联盟，迫使普鲁士投降法国。1807年，拿破仑又逼迫沙

皇俄国签订了梯尔西特和平条约，条约承认了法国在欧洲的统治。

这一切，都使拿破仑在欧洲的威望大增，也严重打击了欧洲封建势力，促进了资本主义的发展。

会战马伦哥

"大人，您的这个方案无疑是大胆的、是会出奇制胜的，是一个绝好的方案！但是，极其危险的大圣伯纳德山口、充满死亡的阿尔卑斯山脉、人烟稀少的羊肠小道，等等等等，您想过没有，我们如何通过？"

"您问得非常好！但是，只有这条路，才不易被敌人发觉，才容易创造奇迹。让我们与死神拼搏，创造奇迹吧！"

这是1800年法军统帅、威名赫赫的拿破仑同他的秘书布尔里埃纳的一次对话。原来这是他们在商讨对付强大的敌人奥地利的策略。这时，拿破仑刚以他卓越的军事才能登上了法国第一执政官的宝座，反法联盟正向法国步步进逼。在反法联盟中，奥地利威胁最大，而且它已经侵占了意大利，正准备从意大利向法国进攻。所以，拿破仑决定先打败奥地利，然后，击败反法联盟。但是，如何打败奥地利呢？拿破仑面对着一张地图在全神贯注地思考。终于，他似乎有了主意，问秘书布尔里埃纳："你猜猜看，我们将在哪里取得胜利？"布尔里埃纳摇摇头，不知拿破仑在想什么。拿破仑却一指地图上的一个地方，对秘书说："你看这里。"布尔里埃纳一看，不解地问："阿尔卑斯山大圣伯纳德山口，这儿怎么了？"拿破仑笑道："笨蛋，你再看这里。""什么？亚里山大里亚，这是奥军统帅梅拉斯的大本营。""对！正是，亚里山大里亚是梅拉斯的老窝，他的军火库、医院、炮兵、后备部队都在亚里山大里亚，他会在这里一动不动地呆下去的。""这个我信，可是……"布尔里埃纳话未说完，拿破仑哈哈大笑："我说你今天怎么像个孩子，什么也不知道！好，让我告诉你，我们从这里，大圣伯纳德山口越过阿尔卑斯山，突袭梅拉斯，截断他与奥地利的交通线，阻断援军，然后在这里——圣吉里亚诺，在斯克里维亚河流过的平原上和他会战，打他个出其不意，出奇制胜。"说完看着异常吃惊的布尔里埃纳，问道："听懂了吗？"

布尔里埃纳回过神来，提出了本文开头的问题。

这样，拿破仑就把他进军奥地利的路线确定下来了。但是还有一个更为重要的问题,那就是:必须组建一支6万人的预备军团,而且不能让敌人知道任何蛛丝马迹。这谈何容易啊!须知当时英国和奥地利的间谍几乎遍及法国各个角落,只要法军稍有动静,他们就会立刻报告上级。那么,应该如何来偷偷组建一支庞大的军队呢?拿破仑深深陷入深思之中。终于,这位法兰西卓越的领导人以其非凡智慧开始了他又一次非凡的行动。

拿破仑先把他的参谋部和新兵团召集到第戎城,给人以随时准备进攻意大利的假象。而把真正翻越阿尔卑斯山脉的部队从各地悄悄调往日内瓦,那里更接近阿尔卑斯山的大圣伯纳德山口。另一方面,他又大造舆论,声言将要到第戎城检阅他的预备兵团——所谓预备兵团,实则是一批不堪一击的新兵,但当时外界并不知道任何消息。检阅的这一天,一批批的间谍从欧洲各国匆匆忙忙赶往第戎城,但到了第戎城之后,他们都吃惊地发现,这支预备兵团竟看不出有丝毫战斗力,全是老弱残兵和新兵娃娃,而且衣帽不整、装备不齐!间谍们非常懊丧,他们毫无兴趣地把消息报告给了上司,谁知这消息却使反法联盟的各个首脑异常高兴,他们认为,拿破仑吹嘘的预备兵团不过如此!他们不知道,这正是拿破仑所设的圈套!

与此同时,拿破仑还准备了另外一手:让法情报部门专门散发一些小传单,上面写有关拿破仑的不光彩的事情和讽刺挖苦、甚至否认预备兵团存在的内容。这样,就很容易使敌人相信,拿破仑的预备兵团纯属子虚乌有!

结果,拿破仑的目的达到了。反法联盟对拿破仑除了嘲笑,就是蔑视。认为他在唬人,根本就没有能力进攻自己,所以没有任何警戒的必要!梅拉

斯元帅甚至得意忘形地对部下说:"拿破仑想借预备兵团吓唬我们搞撤军,过去我们多次上过他的当,这次我们再也不相信他、再也不会上他的当了!"就在梅拉斯自鸣得意的时候,拿破仑率领他悄悄调往阿尔卑斯山的精兵强将,翻越阿尔卑斯山,悄悄向梅拉斯袭来。拿破仑率领军队蜿蜒曲折地行进在山脉之中,风雪交加,道路险峻,部队只能排成一列行走,狭窄的地方还要侧身而过。离山口越来越近了,成功在望,士兵们压抑不住内心的兴奋。可是就在这时候,因为道路崎岖狭窄,车辆和笨重的火炮无法向前移动了。拿破仑和手下将士们焦急万分。正在他们无计可施的时候,一些山民赶来了,在他们的建议下,指挥官们终于有了办法。他们把松树主干截断,然后从中间锯开,挖成木槽,再把炮管卸下装入木槽捆扎结实,使炮头后尾朝前,在炮尾环上系上绳索,由士兵们拉着向前走。这样,他们终于越过了极其艰难的路程,走出了阿尔卑斯山脉,大步迈向了意大利皮埃蒙特平原。向敌人进军。

　　就在法军兴高采烈的时候,却意外地遇上了奥地利军队。在多拉·巴蒂亚河谷上,只有一条狭窄的通道,奥军镇守上方,死死拦住了法军的前进道路。拿破仑强行突破敌军,终因地势险要而败了下来。法军将士们又一次遇上了困难,但是,历经千辛万苦才越过阿尔卑斯山,绝不能就此罢休。拿破仑和将领们经过研究,终于有了办法。他们让大部队隐蔽下来休息,然后让小股部队轮番进攻奥军,使他们不得喘息。到天黑的时候,大部队开始行动。为了不使敌人察觉,道路铺上了一层厚厚的麦秸和粪草等,用衣被包上炮车轮子,不让车有任何响声。这样他们又神不知鬼不觉地从敌人眼皮底下溜了过去。等到敌人察觉时,拿破仑已走得无影无踪了。法军迅速逼近奥军总部亚历山大里亚,这时梅拉斯才如梦初醒,他立刻布置部队向亚历山大里亚集结,同时,又派兵迎战法军。

　　1800年6月4日至9日,法奥两军在喀斯特姆奥和尼斯两地展开激战,结果法军大胜,歼敌1万余人,自己却只伤亡几百人。拿破仑抓住时机,迅速调整力量,把主力2.7万人集中在托尔托纳北面的沃盖附近,认为那里将是法奥两军大战之地。同时,他又命令得力大将德赛率领一支部队前往托尔托纳以南,堵截奥军退路。这个计划差点使法军全军覆没,拿破仑没有想到,法奥两军大会战出乎其预料,在亚历山大里亚东南的一个小村庄马伦哥打响了,而他的部队却派往别处。6月14日,他在沃盖等奥军,马伦哥却传来消息:法军大败!战略要地马伦哥、卡斯特尔切利奥洛失守!奥军全军出动,向法军压了过来。拿破仑迅即赶往前线，指挥作战。但因兵力有限，法军处境危险。此时，奥军却一片欢腾，梅拉斯更是欣喜若狂。他当时就派人回维也纳向皇帝报捷，高兴地说："拿破仑坚持不了多久了，胜利是属于我们的。"说完，他就离开战场，回到了亚历山大里亚。

虽然法军面对危境一片混乱，拿破仑却镇定自若，沉着指挥战斗。当他听说战略要地失守，便赶到士兵那里，首先指责士兵不该丢掉阵地，说："你们玷污法国兵团，你们不配称为法兰西共和国的军队！"然后训斥道："我让参谋长在你们的团旗上写上：他们不再属于法国兵团。让全军都知道你们是懦夫！小鬼！"

士兵们听了拿破仑的训斥，谁也不敢言语，都感到羞愧难当。突然，一个士兵大声喊道："我们不是懦夫，请不要写那几个字，我们不想终身受耻辱。请再给我们一次机会，我们决心把丢失的阵地夺回来。"话音刚落，其他士兵也大声附和，表示要夺回阵地，拿破仑看到这种情况，内心感到很高兴，他同意了大家的请求，同时告诉大家，德赛兵团马上就会赶来援助！士兵们发出一阵怒吼，纷纷冲向敌人。其他兵团的士兵也受到了激励，人人奋勇拼杀。正当双方激战之时，德赛兵团及时赶到，法军士气大振，勇猛进击敌军。作战当中，德赛被击中身亡，但将士们不但没有动摇前进的信心，反而决心痛击敌军。终于，奥军大乱，人仰马翻，血肉横飞，全军溃败。法军取得了最后的胜利。

6月15日下午，奥军元帅梅拉斯在停战协议上签上了名字。

马伦哥会战，拿破仑以其卓越的才能和过人的胆识，在十分不利的条件下，反败为胜，最终取得胜利，创造了军事史上罕见的奇迹。他也由此巩固了法兰西共和国的地位。

乌耳姆战役

1804年12月2日，拿破仑终于在巴黎圣母院大教堂举行了隆重的加冕典礼，当上了法兰西帝国的皇帝。之后，便继续实行他庞大的战争计划。

他首先准备的是进攻英国，因为英国曾因法国与之争夺殖民地而公开与法国宣战。拿破仑在登基之前就在英吉利海峡沿岸集结了12万军队，并声称：他即将成为英国议会、英格兰银行和伦敦的主人。这种强大的攻势促使

形势急剧变化，第三次反法联盟在英国的积极努力下迅速结成。库图佐夫率10万俄军、麦克率25万奥军，另外10万俄瑞联军以及强大的英国舰队分别在法国四周虎视眈眈，法国处境极为不利。鉴于这种情况，拿破仑迅速改变策略，暂时放弃了进攻英国的计划。同时，他认真分析了眼前局势，他认为俄军向西挺进，其目的是与麦克会合，一旦会合成功，将形成一股强大力量，使法军难以应战，所以必须想尽一切办法破坏俄、奥军队会合。

拿破仑不愧为杰出的政治家、军事家，他对形势的正确分析使他逐渐由被动变为主动，为夺取战争的最后胜利打下了坚实的基础。

拿破仑清楚地知道，面对强大的敌人，必须采取各个击破的战略战术原则。所以他首先收买普鲁士、使普鲁士保持中立，然后使原先准备参加反法联军的小国巴伐利亚等与自己结盟，这样，就使自己减少了不少对手。

一切就绪以后，拿破仑在1805年8月26日下令部队向东挺进，要争取时间去破坏俄奥会师，结果法国17万大军只用了二十余日便赶到了目的地——莱茵河畔。

拿破仑一方面派大军飞速东进，另一方面他却不断出现在巴黎，报纸不断发布他的消息，这又是他的计谋，目的是让敌人相信他没有率军远征。另外，他还把大军集结在英吉利海峡沿岸，佯装进攻英国。这样，果然使敌上了当。法军迅速飞向莱茵河，奥军却毫无察觉，相反，麦克却把战线进一步拉长，这对拿破仑各个击破的原则很有利。

麦克自认为拿破仑短时间不会赶往莱茵河，所以他让部队抢先占领黑林山的各个要道，并进驻乌耳姆，准备迎击法军先头部队。当拿破仑知道麦克这种布置后，便决定从乌耳姆以东突破奥军防线，然后强渡多瑙河，插入奥军背后，这样可以有效地阻止奥军与俄军会合。

拿破仑以迅雷不及掩耳之势迅速攻占多瑙河，部队向对岸突进。而此时刻麦克都毫无防备。当消息传来时，麦克一点也不相信，他说："这是不可能的，法军至少还须二十天的路才能到达这里！"这时，同行的斐迪南大公感到事情不妙，便劝麦克迅速撤军，回到安全地方，以免被法军吃掉。而麦克都不以为然，他相信法军大部分仍远离自己，而俄军很快便会到达。结果，这一判断最终导致自己彻底的失败。法军大部队在总帅拿破仑的指挥下，渐渐包围了乌耳姆，使奥军成了瓮中之鳖，插翅难飞。

这时，俄国军队也赶到了莱茵河边。拿破仑派大将缪拉率军拿掉乌耳姆，但缪拉有勇无谋，在作战过程当中，他犯下了致命的错误，差点使法军功亏一篑！原来，他在实施对乌耳姆的进攻时，命令部队在多瑶河北岸进攻乌耳姆的第六军，然后进至南岸，这样在防守上面就出现了漏洞，奥军一旦从北面突围，就会溜之大吉了。

果然，狡猾的麦克发现了这点，他立即组织部队由北面突围出击，但一个突然的事件使他犹豫起来。在他正在商议突围方案时，舒尔曼斯特进来了。麦克和他的大将都不认识他，因此，舒尔曼斯特先作了自我介绍。

"将军，我叫蒙代尔，我有好消息要报告您。"

"什么好消息？"

"英国人在布伦港登陆了，已迅速向巴黎进军。法国元老院有人号召人民推翻拿破仑，我想，这消息对您非常有用，您不想坐失良机吧？"舒尔曼斯特意在让麦克放弃突围，一举击溃法军，夺得胜利。

麦克果然心动了，问道："真的吗？"

"千真万确！"

"那么，你为什么要告诉我这些消息？"麦克想从舒尔曼斯特的口中了解点什么。

"您不相信我是吧？告诉您吧，我虽是法国人，但我恨那个恶魔，因为他让我们古老而高贵的姓氏蒙受了莫大的耻辱，我要用我力所能及的力量去报复他，我希望上天能够帮助人们去打败他，让他失去他所拥有的一切，直至生命！"

听了舒尔曼斯特的话，麦克犹豫不决，他不想放弃这个打败拿破仑的绝好时机。正当麦克不知如何是好的时候，一张法国报纸使他定下了打败拿破仑的决心。报纸上有法国巴黎爆发反对拿破仑的革命消息。麦克一看大喜，认为拿破仑已经众叛亲离，盖世之功唾手可得。

可惜麦克打错了如意算盘，原来舒尔曼斯特是拿破仑派来的间谍，拿破仑发现了缪拉的失误，便派舒尔曼斯特去诱骗麦克上当。至于那份法国报纸，是拿破仑估计到麦克不会轻易上钩而想的又一骗局。

法军慢慢收紧了包围圈，17万大军兵临城下，这时麦克才恍然大悟，但为时已晚。

伴随着东方升起的太阳，法军开始了总攻，拿破仑下令所有火力一齐射向乌耳姆，刹那间，万炮齐发，乌耳姆笼罩在火海之中，最后奥军阵营里升起一面白旗，麦克投降了。受降仪式上，麦克率领他的16员大将，在白旗的引导之下，缓缓到拿破仑面前，相继放下了武器，之后3万多官兵依次列队

投降。拿破仑及其士兵骄傲地欢呼:"法兰西万岁!"乌耳姆一战,是拿破仑精心运用快速作战战略取得的成功一战,"兵贵神速",古今战争皆如此。这次战役,再次显示了拿破仑卓越的军事指挥才能。

滑铁卢战役

俄、英、普、奥等组成的第六次反法联盟,终于打败了拿破仑,拿破仑被迫退位,被放逐到他的领地厄尔巴岛上,波旁王朝复辟。

但拿破仑并不甘心自己的这次失败,他仍然在关心着时局的发展。1815年初,反法联盟在维也纳开会,由于分赃不均而大吵大闹,以至于剑拔弩张、横刀相向。同时,法国人民由于封建贵族的残酷统治,越来越不满意波旁王朝的统治而更加怀念拿破仑时代。

拿破仑见时机已成熟,便决定东山再起。1815年2月26日夜,拿破仑率领1050名官兵,分乘6艘小船,巧妙躲过监视厄尔巴岛的波旁王朝皇家军舰,经过三天三夜的航行,于3月1日抵达法国南岸儒昂湾。拿破仑感慨万端、兴致勃发,立刻在岸上发表了热情洋溢的演说:"士兵们,我们并未失败!我时刻在倾听着你们的声音,为我们的今天,我历经重重艰辛!现在,此时此刻,我终于又回到了你们中间。来吧,让我们并肩战斗!胜利属于你们,荣誉属于你们!高举起大鹰旗帜,去推翻波旁王朝,争取我们的自由和幸福吧!"

士兵们在拿破仑的鼓舞下,热血沸腾。部队开始进军巴黎。沿途所到,不少人欢呼雀跃。波旁王朝派出的阻击部队,因多是拿破仑旧部,所以纷纷归附,这样,到3月12日,拿破仑未放一枪一弹,顺利进入巴黎。此时,他的部队已发展到1.5万人。路易十八看到大势已去,仓皇逃出巴黎。3月19日,拿破仑在万民欢腾声中,重登王位。正在维也纳开会的反法联盟各国首脑,惊恐万状,立刻停止争吵,并马上拟定了临时宣言,称拿破仑是世界和平的扰乱者和敌人,他"不受法律保护",与此同时,他们迅速集结兵力,到3月25日,英、俄、普、奥、荷、比等国结成的第七次反法联盟,并有重兵70万。联军准备分头进攻巴黎:巴克雷指挥17万俄军和25万奥军集结在莱茵河方面,向洛林和阿尔萨斯推进;弗里蒙指挥奥-撒丁联军6万,集结于法意边境,准备随时向法进军;普鲁士的布吕歇耳元帅率12万普军、300门大炮在沙罗瓦和列日之间集结;英国的威灵顿将军指挥一支由英、德、荷、比人组成的混合部队约10万人、200门大炮,驻扎在布鲁塞尔和蒙斯之间。另外,联军还有一支30万人的预备队。

联军约定在6月20日左右开始行动。

法军方面,拿破仑也在加紧备战,到6月上旬,已有18万人集结在鹰旗之下,他希望到6月底能有50万人上阵。但令拿破仑遗憾的是,过去富有作战经验的老将已不愿再为拿破仑效力,这对法军非常不利。

对于联军的强大阵容,拿破仑认真地进行了分析,他决定要化被动为主动,以攻为守。他认为威胁最大的是比利时方面的英普军队,所以要集中主要兵力对付,而莱茵河、意大利方面的联军,只要派少量兵力进行牵制就行了。同时,他还决定,要趁联军尚未会齐的时候,争取战机,率先击溃英普联军,打败了威灵顿和布吕歇耳这两个老将,其他联军便好应付了。

计划已定,拿破仑便于6月12日派12.5万法军(其中有近卫军2万人)、火炮300门,悄悄移动到比利时边境,驻扎到离普军只隔一片密林的地方。

6月16日下午2时,战斗打响。法军主力7万人在林尼附近同普军主力8万人交战,拿破仑另派5万兵力牵制英军,他希望能够把英、普军队切开,然后各个击破。

战斗进行得异常激烈,又加上天公不作美,下起了大雨,枪炮声、雷雨声相互交加、轰轰作响,一直到傍晚雷雨过后,布吕歇耳才发现,法军已占领林尼村,普军防线已被切断。而且,法军迅速包围了普军,布吕歇耳也被摔伤。普军见形势不利,四散溃逃。拿破仑认为普军败局已定,令法军休息一日,然后才令格鲁希元帅追击普军残兵。这样,坐失了歼灭普军的大好时机,逃散的普军在瓦弗方面重新集结,对法军构成了新的威胁。

击溃了普军的拿破仑，亲率大军转攻英军，威灵顿见到布吕歇耳战败，害怕孤军作战，便迅速撤退到滑铁卢方向。法军将领内伊受命拦截英军，但内伊优柔寡断，英军顺利撤走。拿破仑气愤异常，也尾随英军至滑铁卢附近。

这时，被拿破仑击溃的普军重新集结，兵分两路，一路增援滑铁卢附近的英军，一路直接围攻法军右翼。

威灵顿率6万余英军、大炮156门，在滑铁卢村南布阵。阵地后方是圣让山，前面地势低洼，左侧是几个小村和沼泽、灌木林，右侧有坚固的乌古蒙堡垒，阵地中央是圣拉埃村。威灵顿号称"铁公爵"，在战术上长于防守而短于进击，所以在与拿破仑交战之前，他更加谨慎，着重防守，这一正确战术原则为他最后胜利奠定了基础。

滑铁卢总决战之前，拿破仑只率7万士兵、270门大炮，但这些大炮因为天下大雨而只有一小部分进入阵地。拿破仑将总预备队置于中央后方，并正确判断出英军弱点在其中段，所以他决定佯攻英军右翼而重点攻击中部。

6月18日上午11时决定历史进程的时刻到来了。法军抢先开炮，向英军右翼乌古蒙堡垒射击，形成对峙。中午1时，拿破仑按照计划，准备进攻英军中部，但情况发生了重要变化，布吕歇耳率英军的一部分及时赶到，拿破仑不得不从预备队中抽出两个骑兵师迎击布吕歇耳。同时，拿破仑急速传令格鲁希元帅让其增援，然后率部猛攻英军中部阵地。威灵顿顽强抵抗，双方互相争夺，伤亡都很大，下午6时，拿破仑令内伊元帅要不惜一切代价攻克英军中部，内伊不愧为"勇士中的勇士"之称，经过奋勇拼杀，终于完成任务，占领了圣拉埃村。英军无力支持，法军也疲惫不堪，双方都在焦急地等待援军，谁先到达一步，谁就会左右历史进程，这才是极其关键的历史时刻。

黄昏时分，终于从远处飞驰过来大队人马，双方都在祈祷上帝：来的是自己人！终于那支部队走近了，双方都看得非常清楚，那高高飘扬的是普鲁士军旗！

顿时，英军士气高涨，精神振奋，威灵顿立即命令部队作最后反击，英普联军热血沸腾，疯狂地扑向少气无力的法军。

拿破仑见状，内心暗骂格鲁希"死在了何处！"此时此刻，他也深感大势已去，但仍然在作最后的决战。他立即命令近卫军投入战斗，拼死抵挡联军的进攻，但已无回天之力，终因腹背受敌而全军溃败。拿破仑乘马逃出战场，仓皇离去。关于格鲁希元帅增援拿破仑一事，后世颇多传说，有人说是格鲁希元帅存心背叛拿破仑所以迟迟不予发兵。更具诱惑力与传奇色彩的说法是，格鲁希接到了拿破仑让他增援的命令，但他理解为增援别部，所以尽管他听到了近在咫尺的隆隆炮声，仍然不为所动，如果他稍微动一动脑筋，就会立刻在眨眼之间来到战场。也有的说，战前，拿破仑命令格鲁希原地待命，以便增援。在双方激战过程中，格鲁希及其将领都感到有点不对劲，不少将领劝格鲁希赶快开往开炮的地方，以便随机应变。但格鲁希却无动于衷，尽管在这种变幻莫测的形势之下，他已很长时间没有与拿破仑取得联系了，可是他仍然在遵照拿破仑的命令办事，那就是：原地待命！他不顾部下的竭力劝说，一直在等待、等待，直到拿破仑全军覆没！

不管怎么说，拿破仑大败于滑铁卢，格鲁希负有不可推卸的责任。

1815年6月21日，拿破仑败归巴黎，百万反法联军也长驱直入进入法国边境。7月7日，联军进入巴黎，拿破仑宣布退位，结束了他的"百日执政"。不久，他被流放到位于大西洋南部、远离欧洲大陆的圣赫勒拿岛。直到1821年5月死去。

普加乔夫起义

18世纪中期，俄国出现了一个女沙皇——叶卡捷琳娜二世。这是个阴险、狠毒、残暴的女人，她原来是彼得三世的皇后，为了登上皇帝的宝座，她勾结贵族暗杀了自己的丈夫。彼得三世莫名其妙地死了，民间传出有关他的种种猜测。1793年9月，在顿河和乌拉尔河一带，人们议论纷纷，都传说彼得三世没有死，就隐藏在哥萨克中间：

"你听说了吗？彼得三世还在人世呢！"

"是真的吗？"

"当然是真的，他从狠毒的女沙皇手中逃脱了，隐名埋姓藏在哥萨克中间。"

"怎么跑到哥萨克人这儿来了呢？这我可有点不相信。""你还不知道？彼得三世已经率大军进攻来了，他就在伏尔加河畔的大草原上。"

"要真是这样那就太好了！彼得三世倒是个不错的皇帝，可比现在这个好多了！自从这个女人当了皇上，我们的日子比以前更难熬了。"

"我们去投奔他怎么样？"

"这个主意好，走，现在就去，反正这日子也过不下去了。"叶卡杰琳娜统治时期，采取了许多维护大贵族和大地主利益的政策，残酷剥削和压榨广大人民。那时候，地位最卑下，遭遇最悲惨的是农奴，他们是地主的私有财产，没有人身自由。地主可以任意侮辱打骂农奴，也可以把他们当牲口一样任意买卖。稍不如意，就把农奴流放西伯利亚或者罚做苦役。人们忍无可忍，都想起来反抗沙皇，只是没人领头。这个领头人终于出现了，他叫叶梅连·普加乔夫。其实，人们传说中的彼得三世就是普加乔夫，真的彼得三世早在1762年就被杀了。普加乔夫冒称彼得三世只是便于发动农民起义而已。

普加乔夫生于顿河沿岸齐莫维斯克镇的一个贫穷的哥萨克家庭。十八岁时被征兵到波兰打仗；又参加过对土耳其的战争，由于作战勇敢，被提升为少尉。后来因为生病，退伍回乡。

1773年9月17日，普加乔夫率领由八十多名哥萨克组成的小队伍去攻打雅伊克城堡，揭开了起义的序幕。他们首战告捷，接着便向奥伦堡进军。奥伦堡是当时俄国在东南地区的一个军事重镇。奥伦堡城池坚固，有重兵把守，还有七十门大炮，易守难攻。10月7日，普加乔夫率起义军进攻奥伦堡，因兵力悬殊，没有成功。于是他决定采用围城打援的战略，长期围困奥伦堡。在此期间，普加乔夫成立了军事委员会，加强部队建设。

同时，普加乔夫展开了大量的宣传鼓动工作，到处传布檄文，声称要给哥萨克"河川、土地、草原、薪饷、武器和粮食；"给巴什基尔人、哈萨克人、卡尔梅克人和鞑靼人"土地、水源、草场、森林、自由和粮食"。号召各族人民起义推翻叶卡杰琳娜二世。哥萨克的农民、工人和各族人民纷纷投奔起义队伍。起义军很快发展到三万多人，叶卡杰琳娜二世惊惶失措，急忙调动三路大军，增援奥伦堡。

第一路大军的主力有两万多人，由卡尔将军率领。他根本没把普加乔夫放在眼里，认为起义军不过是乌合之众，不堪一击，自己一定马到成功。

卡尔带着队伍漫不经心地向奥伦堡开来，心里想，这次打了胜仗一定会得到皇上重赏。他正在做美梦呢，突然一阵炮响，几颗炮弹正落在他的队伍中间，他自己猛然一惊，险些从马背上跌了下来，原来他中了普加乔夫的埋伏。卡尔刚下令还击，起义军的骑兵已经发起猛攻，挥舞着雪亮的马刀，像一阵旋风刮了过来。官兵仓皇应战，哪还招架得住，不会儿就四散溃逃，卡尔早就扔下队伍自己先跑了。

第二路援军紧随而来。普加乔夫带兵埋伏在一个山头上，山下是一条河。官兵在本尔内舍夫上校的率领下来到河边，这正是11月份，河上结着薄冰，寒风刺骨。本尔内舍夫向四处观察了一会儿，只见周围静悄悄的，心中祈祷千万别遇上普加乔夫的埋伏。他下令队伍立即过河。官兵刚到河中间，突然一阵炮响，起义军从河边的山头上冲了下来，呐喊声惊天动地，陷入包围的官兵还没来得及抵抗就当了俘虏。本尔内舍夫见势不妙，急忙化装成马车夫想逃走，结果被起义军抓住，当场处死。

第三路援军听见两路人马溃败的消息，不敢大意，绕路冲到奥伦堡城下，被守城的官兵接了进去。

1774年春天，叶卡杰琳娜二世再次派大军增援奥伦堡，3月22日，双方在谢季塔瓦展开激战，起义军遭到失败。4月1日，起义军在萨马拉激战中再次受挫，只好从奥伦堡撤退，向巴什基尔地区转移。

在撤向巴什基尔地区的路途中，许多工人，农民和巴什基尔人加入了起义队伍。7月12日，普加乔夫把起义军分成四个纵队，向俄国南方另一军事重镇喀山发动猛攻。经过激烈战斗，起义军攻破喀山城，政府军仓皇逃走。两天后，官兵立即反掉过来，起义军只得弃城而走。在喀山战斗中，起义军阵亡和被俘约八千人，使新补充的队伍几乎全部丧失了。普加乔夫从喀山撤退，西渡伏尔加河，向顿河挺进，打算发动顿河地区的哥萨克，去攻打察里津，然后进攻莫斯科。在西进途中，沿途又有无数群众参加起义，起义很快席卷了诺夫哥罗德省和沃龙涅什省。这些西方的几千名贵族仓皇逃往莫斯科。叶卡杰琳娜二世惊恐万状，急忙从土耳其战场上调回苏沃洛夫的部队去追击普加乔夫。当普加乔夫的起义军刚刚逼近察里津，刚准备攻城，苏沃洛夫的部队就尾随而来。8月25日凌晨，双方在萨尔尼科夫展开决战，起义军被击溃。普加乔夫带领二百多名残部，东渡伏尔加河，逃往草原深处。队伍不断缩小，最后剩下不到五十人了。

1774年9月4日，起义军军事委员会成员特沃洛戈夫、炮兵长官丘马科夫等叛徒，把普加乔夫捆绑起来，交给了雅伊克镇的沙皇政府当局。

1775年1月10日，普加乔夫在莫斯科被沙皇杀害。俄国历史是最大的一次农民起义被镇压下去了。但普加乔夫却永远受到俄罗斯人民的尊敬。

俄国革命的先驱

　　1818年9月的一天,在彼得堡皇家近卫军营地,几名年轻的军官在上尉雷列耶夫的房间里正低声而热烈地议论着什么。这时,从外面走进一个高大而英俊的青年人,房间里的人一见他进来,马上一起欢呼:"你终于回来,我们正谈论着呢!"看来,他们彼此都很熟。

　　进来的人姓恰达耶夫,也是一名近卫军军官,他刚从法国旅行回来。

　　"你们谈论些什么?"恰达耶夫问。

　　"那还有什么?当然是你和你的法国之行。怎么样?你带回些什么?"年轻的军官们迫不及待地问。

　　"我带回了你们最需要的东西,伏尔泰、孟德斯鸠和卢梭的著作,凡是我能弄到的都带回来了,他们的著作在法国是禁书。贵族们每天都在担心哪一天会再来一次革命,所以他们禁止出版这些人的书。"

　　"伏尔泰在《老实人》中不是说过吗,要紧的是耕种自己的园地。这话说得真精彩,我们要做的,不就是耕种俄国这块土地吗?俄国需要的是像法国那样的革命!"雷列耶夫激动地说。

　　"我们首先要做的是宣传,俄国到处都是黑暗、愚昧、落后,我们要像法国人那样搞思想启蒙。所以,在俄国出版伏尔泰等人的著作是非常必要的。"雷列耶夫说。

　　"我认为,在俄国,我们要先推翻沙皇,消灭野蛮的农奴制。你们还记得普希金的《自由颂》吗?"一名军官说。

　　"我憎恨你和你的皇座,

　　专制的暴君和魔王,

　　我带着残忍的高兴看着你的覆灭,

　　你子孙的死亡。"

　　有诗人气质的雷列耶夫和几名军官一齐大声背诵普希金《自由颂》的最后一节。普希金和这些人是亲密的朋友,对于普希金的诗,他们都非常喜欢,也非常熟悉。

　　"说到普希金,他的勇气我们都比不上,虽然还不到二十岁,诗写得却非常有力量。有自由思想的青年人都会喜欢他的诗。我去法国之前,他为我送行，还送我一首诗，你们看吧，看最后一节，写得多么好！"恰达耶夫一边说，一边从口袋里拿出一个本子递给雷列耶夫。

雷列耶夫一看，诗的题目是《致恰达耶夫》最后一节写道：

"朋友，相信吧，

迷人的幸福的晨辰就要上升，

射出光芒，

俄罗斯要从睡梦中苏醒，

在专制暴政的废墟上，

将会写上我们姓名的字样。"

"太好了！"

"真棒！"

"好极了！"

年轻的军官们激动地纷纷称赞。他们是一些有头脑的贵族青年，在1812年的卫国战争中他们追击拿破仑的法军，一直打到巴黎。在那里，他们受到启蒙思想的熏陶，看到了大革命给法国带来的天翻地覆的变化，自由、民主、平等这些字眼，让这些年轻人热血沸腾。是啊，英国、法国都发生了革命，日益强大起来，而俄国呢，还是落后反动的专制农奴制。他们决心改变这种黑暗现实。

恰达耶夫、雷列耶夫是年轻军官们的领袖，他们成立了秘密的革命团体和小组，在俄国各地从事宣传鼓动工作，等待时机，准备先在彼得堡发动一次起义。

转眼1825年底。老沙皇亚历山大一世突然死了。他没有子女，谁来继位呢？俄国枢密院大臣和大主教最后决定由沙皇的二弟康斯坦丁继承皇位。于是，他们派信使去迎接远在华沙的康斯坦丁回国。

但是，康斯坦丁从华沙写信回来，表示自己不愿当沙皇，声明放弃继承权。

这时，沙皇的三弟尼古拉趁机写信给二哥康斯坦丁，表示自己想当沙皇。康斯坦丁马上同意了。于是，枢密院通告全国臣民，决定在12月14日举行正式的登基仪式。

12月14日清晨，全副武装的3000多名近卫军突然开进彼得堡的元老院广场，围绕着彼得大帝的铜像排成一个战斗的方阵，领头的军官正是雷列耶夫、恰达耶夫等人。

"打倒专制暴君沙皇!"

"制定宪法!"

"要求民主!"

"要求自由!"

"废除农奴制!"

近卫军突然高呼口号,洪亮的口号声惊醒了彼得堡市民,他们兴奋地打开窗子,注视着近卫军官兵,为他们呐喊助威。口号声传到了皇宫,正在试穿登基新衣的尼古拉大为惊恐,他做梦也没想到这个时候会有人反对他。他恼羞成怒,大声吼道:"马上集合军队,消灭这群叛党!"

大臣和将军们急忙出了皇宫去调集军队。一队骑兵向起义者冲去,他们高举雪亮的马刀,气势汹汹,"砰!""砰!"突然一阵枪响,沙皇的骑兵纷纷落马,后边的又冲上来,起义者还以密集的射击,沙皇的人马自相践踏,混乱一片。

勇敢的起义者鼓舞了广大的市民。中午时分,彼得堡的穷苦工人、手工业者、贫民纷纷涌向广场,用砖头瓦块袭击政府军。起义的队伍迅速扩大了。

这时,彼得堡城外的炮兵开了进来,尼古拉命令大炮对准广场袭击。一颗颗炮弹在广场中央爆炸,起义的人群很挤,不一会儿广场上就血流成河,起义队伍伤亡惨重,不得不退出广场。沙皇的骑兵又猛冲过来,雷列耶夫指挥士兵顽强抵抗,但因寡不敌众,起义队伍很快溃散了。恰达耶夫和雷列耶夫被沙皇抓住,关进监狱。

半个月以后,即在12月29日,俄国南部的乌克兰士兵发动起义,结果也被残酷镇压下去。

因为彼得堡和乌克兰起义正好是在俄历12月,他们又是相同组织发起的,所以历史书上把领导这次起义的成员称为"十二月党人"。

起义失败之后,十二月党人的五位领袖雷列耶夫、恰达耶夫等人被绞死,100多人被流放西伯利亚,600多人受到牵连被判刑。

12月党人起义虽然失败了,但他们英勇无畏反抗暴政的精神一直激励着后来的俄国革命者。

奴隶贸易

在人类历史上,没有什么比贩卖人口更为耻辱的了,但是,在西方资本主义发展历史上,公开的奴隶贸易竟然延续了长达四百年的历史!这是人类历史上最为黑暗、最为可耻的一页!

奴隶贸易发生在资本主义进行原始积累的时候。资本主义的发展,使资产阶级需要大批的廉价劳动力和巨额的财富或货币资本。要达到这个目的,资本家除了残酷压榨、剥削工人外,就是掠夺海外殖民地的大量财产。后来,美洲被发现,英国等殖民主义国家把美洲作为巨额财富的来源地。大量土著居民如印第安人被成批地赶往矿井,当他们被榨干最后一滴血汗时,他们又被成批成批地埋于废弃的矿井之中。就这样,他们用生命为资本家积累着一枚枚硬币。

土著居民因过重的劳动而过早地结束了一个个生命,这样资本家的劳动力来源就难以得到保证,因此,他们把目光转移到了贫瘠而落后的非洲。

把非洲黑奴贩卖到美洲,可以得到几十倍甚至上百倍的利益,所以,不少资本家纷纷把精力投入到贩奴活动中。1730年,拿四码白布就可以在非洲换取一个黑奴,把这个黑奴运到牙买加,可以卖至100英镑。18世纪末,一艘贩奴船往返一趟,运三百多名黑奴就可获利一万九千多英镑。西班牙、荷兰、英国、法国,尤其是最先垄断奴隶贸易的葡萄牙,都在贩奴运动中发了横财,为本国的资本主义发展准备了十分充足的条件。所以有人说,一个个黑奴的躯体就是一块块砖,无数黑奴的血肉就是无数的钢筋水泥,极度繁荣的欧美城市伦敦、阿姆斯特丹、马德里、纽约等,都是靠这些砖块一层层垒起来、靠这些钢筋水泥一点点浇灌而成的。1769年,殖民主义者贴出了一张贩卖黑人的广告,原文是这样的:

1769年7月24日,查尔顿,下月3日,星期四,将拍卖94个年轻、健康的黑奴。其中,成年男子39个,成年女子24人,男孩15人,女孩16人。这些奴隶是由戴维和约翰·狄亚斯公司刚从塞拉利昂运达的。

由此我们可以略窥当年奴隶贸易的一斑。这张广告仿佛在展示着当年残无人性的掠夺者的赤裸裸的凶恶本质。

为了拯救处于痛苦深渊的苦难者,人类创造了上帝。上帝是万能的,他可以拯救或者惩罚积善行德或弃善从恶者。但是,这些奴隶贩子却打着上帝的旗号为非作歹而丝毫不害怕上帝的怪罪!他们把贩奴的船命名为"耶稣号""神的礼物号""圣母玛利亚号"等,一些传教士不但助纣为虐,为奴隶贩子大唱赞美诗,而且还亲自参与奴隶贩卖!

奴隶贩子捕捉黑人的手法也不断变化。最初他们亲自去非洲大陆掠捕,在掠捕过程中,有不少贩子被打死打伤。所以,他们不久就改变策略,自己只端坐一方,让非洲本地的黑人头目去捕捉自己的同胞,这样更加安全、更加有利可图。捕获到奴隶之后,为了防止他们逃跑,奴隶贩子把黑奴一个个用铁链锁起来,甚至用铁丝从黑奴的肩胛骨处穿起来,然后囚禁于牢笼之中,等待运往美洲。

一般的贩奴船从欧洲起航以后,直接从欧洲各地开往非洲西岸距美洲最近的内亚湾,在这里,用船上的商品换取奴隶。奴隶上船后,在每一个奴隶身上都要烙上所属奴隶主的姓名,之后,戴上脚镣手铐后串上铁丝,就像运送一头猪、一只大象那样把奴隶塞进拥挤不堪、污浊熏天的船舱之中。他们根本不考虑奴隶的生命安全,更不考虑奴隶的健康状况。所以,运送过程中,经常是各种疾病凶猛肆虐,还不时流行瘟疫。

当然,疾病和瘟疫奴隶主非常关心,他们害怕这样会影响利润,所以,只要发现患病黑奴,尤其是奄奄一息者,他们就会立刻把他们扔入大海之中。尽管如此,奴隶的残废率仍达百分之三十甚至百分之五十。

对于敢于反抗或不听从他们摆布的奴隶,奴隶贩子会施加他们能够采取的任何处罚，轻者以皮鞭抽打，重者被砍头、挖心、断其手足、以绳索活活勒死以及扔到一望无际的海水之中等。这些手段残忍、毒辣，令人触目惊心。不少奴隶不堪忍受这种非人待遇，一有机会他们就奋然反抗奴隶主，殴打奴隶贩子，或者是逃亡，有些奴隶则宁愿跳海自杀！奴隶们在用种种方式方法表示着他们对这种残忍的贩奴制度的反抗。

在非洲大陆和美洲种植园、矿区中，这种反抗更是频繁。不少时候，奴隶们揭竿而起，共同反对统治者，在人类历史上写下了一页又一页可歌可泣的壮举！

从1700年到1845年，仅在英国和美国贩奴船上就发生了五十五次奴隶起义，而在美洲广大奴隶遭受奴役的殖民地区，这种反抗就更加激烈。光是美国黑奴就举行过二百五十多次起义！奴隶起义影响最大者，要算1790～1803年的海地黑奴起义，这次起义极大地震动了整个世界，敲响了拉美殖民地奴隶反对殖民统治者的警钟。其领导者杜桑虽然受到法国殖民者背信弃义的欺骗，被捕而死，但海地人民仍然坚持斗争，最终于1804年建立了独立的海地国，这是世界历史上，第一个由奴隶创建的国家，它极大地鼓舞了世界各国人民反对殖民主义的斗志，具有重要的历史意义。

贩奴运动的起因是资本主义蓬勃发展的需要，同样，贩奴制度的废除也是资本主义迅速发展过程中必须经历的。由于奴隶经常反抗、怠工、罢工、逃亡，甚至起义等，奴隶主感觉到光靠压榨奴隶已经不能满足需要，另外，随着资本主义的发展，资本家需要的是自由劳动力，这种自由劳动力随着大工厂的出现，其需求量越来越大，所以，客观上为奴隶自身的解放提供了条件。

于是，十九世纪初，工业资本主义最发达的英国在世界范围内带头开始掀起了废除奴隶制的运动，从此，废奴运动在世界各地此起彼伏，形成一股不可阻挡的历史潮流。广大被压迫的奴隶迎来了他们的新生。尽管如此，世界范围的贩奴运动并没有戛然而止，断断续续的贩奴活动又持续了近百年，直到十九世界末才基本结束。

实际上，贩奴活动的结束，并不意味着奴隶取得了完全的自由，所谓自由劳动力，是资本家剥削奴隶（工人）的另外一种更为隐蔽、更为堂皇的一种说法。但是，无论如何，取消了奴隶贸易毕竟是跨过了黑人历史上最为丑恶的一步。

自由海地的诞生

19世纪初,拿破仑在欧洲挥舞马鞭,横扫一切封建势力,他的威望日高一日,所到之处,万众欢腾。

正在这个时候,1801年下半年,他得到了一个令他震惊的消息,法国殖民地海地发生了暴动,来势凶猛,大有赶走法国殖民者的声势。

这是怎么回事呢?事情还得从头说起。

海地位于中美洲大西洋西部的圣多明各岛(又叫海地岛)的西半部,原来被强大的西班牙殖民者占领,后来法国打败西班牙,占领了海地。海地人大多是非洲黑奴的后代,世代忍受着殖民者的残酷压迫与剥削。早在1790年,海地的黑白混血种人和自由黑人发动了武装起义,试图用暴力手段争取与白人完全平等的公民权,但是由于起义准备不足,也没有提出反映广大黑奴要求的革命口号,所以没有得到广大奴隶的支持,在法国殖民者的血腥镇压下,起义失败了。

但这并未阻止海地人民争取自由独立的决心,一年以后,1791年8月,混血种人和黑人再次发动武装暴动。他们高喊"宁愿死也比当奴隶好"的口号,猛烈地向殖民统治者和白人奴隶主发动进攻。起义军放火焚烧了咖啡园和甘蔗种植园,烧毁了殖民者的豪华别墅和其他建筑物,杀掉了残酷压榨奴隶的法国殖民官吏和白人奴隶主,起义军受到广大黑人奴隶的拥护,队伍迅速壮大,声势越来越高。起义刚开始两个月,烽火便燃遍了全国各地,有二百多个咖啡园、甘蔗园被毁坏,有两千多名法国殖民者被打死,法国人胆战心惊。

在这次起义中,涌现出不少起义英雄,如杜桑·卢维杜尔、克里斯托夫、德萨利纳等。其中杜桑更是一位杰出的海地黑人领袖。他原是奴隶出身的种植场马车夫,与一般奴隶一样,他从小就受到法国殖民者和奴隶主的欺凌。杜桑对于这一切早已暗下决心,誓把法国殖民者和奴隶主杀掉,争取黑人的自由。所以后来他刻苦学习了法文,还经常阅读卢梭、孟德斯鸠等思想家的著作,接受了新的思想。

参加起义以后,杜桑以严明的纪律统率部队,所到之处,敌人望风而逃。他率领的部队发展壮大,很快成为起义军的主力,他本人也成了海地奴隶起义的主要领导人。

1793年,法国因国内混乱,只派出了6000人的军队去镇压起义,被起义军彻底摧毁。西班牙、英国看到有机可乘,又先后派兵入侵海地,去镇压方兴未艾的起义烽火。但杜桑领导起义军英勇奋战,终于相继赶走了英国、西班牙侵略军,把他们赶入大海,英、西军队狼狈逃窜。同时,杜桑又平定了黑白混血种人上层集团的叛乱活动,最终统一了整个海地岛,并建立了革命政权。

1801年6月,海地召开了制宪会议,制定了宪法。宪法明确规定废除奴隶制度,所有海地人不分人种、肤色一律平等,都享受自由的公民权。私有财产神圣不可侵犯,贸易自由。海地宣布独立。在这次会议上,杜桑被选为终身总统。拿破仑就是在这种情况下得到消息的。他立刻召见他的妹夫黎克勒,命令他远征海地。

1801年12月,黎克勒率领54艘战舰、3万名士兵,开始了企图恢复法国殖民统治的远征。

杜桑领导起义军坚决保卫自由海地。他对战士们说:"我们已经取得了自由,我们黑奴世代受欺凌的时代已经一去不复返了!现在,法国人又回来了,他们企图从我们手中夺去我们的自由,我们宁可战死也决不能答应他们!让我们共同奋斗吧!我们要让法军饿死、渴死、累死,让海地变成这些强盗的活地狱!努力吧,自由属于我们!"

当3万法军来到海地的时候,起义军就在他们要登陆的地方点起火来,烧毁那里的一切,法军所到之处,一片灰烬,只有满地尘土、满眼浓烟似乎在怒视着这些远道而来的不速之客。

法军找不到吃的,饥饿难忍。他们甚至找不到喝的,因为水中已被起义军下入了毒药。法军的战斗力大大削减,黎克勒大伤脑筋。此外,起义军利用有利地形,四处出击,法军不时有人阵亡,狼狈不堪,到处挨打。

一个作战部队无吃无喝,人困马乏,又不熟悉地形,如何能作战!不要说提高战斗力,就连最起码的作战能力都不具备。这样下去,如何向拿破仑交代?黎克勒在思考着在想方设法完成任务。

不久,一个大胆而有效的计划出来了。黎克勒满心欢喜,他立即召集部下,把这个意见告诉他们,法军将士听了以后,也都非常高兴,他们的任务终于可以完成了。

黎克勒写了一封言词恳切的信给杜桑,信中说:"法国和海地虽然相距遥远，但我们世世代代都很友好，以后还要继续友好下去。目前，我们之间存在一些分歧，这是误会，我们应该把误会消除，所以，我建议，我们坐到一起进行谈判，有什么话、什么问题，我们都可以商量。我相信，我们会消除误会的。请来我们这里吧，我的朋友，我们真诚地邀请您，您来到之后，就会发现，没有谁是比我更诚实的朋友了。至于您的安全，我们将绝对保证，将不会有任何人对您施以非礼。"

这封信确实够"诚实"的了。杜桑相信了黎克勒，一个人单枪匹马来到法军驻地。

这时候，黎克勒听说杜桑来了，为自己设计的骗局成功而非常高兴。

"报告将军，杜桑来到了。"一个士兵报告黎克勒。"逮捕他！"黎克勒简捷有力地下达了命令。

杜桑被带上镣铐。当他知道自己上当受骗，怒气冲天，破口大骂黎克勒：

"你们背信弃义、卑鄙无耻！你们是强盗，一伙强盗！你们杀死我，只不过是在海地砍倒了一棵自由之树，你们砍倒了这棵，将有成千上万棵生长起来，你们是砍不完的，等着瞧吧，你们这伙强盗，你们都将一个个滚出海地去！"

黎克勒和他的部下听了杜桑的叱骂，竟一齐哈哈大笑起来："哈哈哈……"

1802年5月，黎克勒逮捕了杜桑，随即把他押送到法国，交给了拿破仑。拿破仑下令将他送进监狱。1803年4月，这位杰出的黑人领袖死在法国监狱中。

杜桑之死，使海地人民更加清醒地认清了殖民主义者丑恶、凶残、卑鄙无耻的本质，也更激起了海地人民对殖民统治者的仇恨。他们决心继续完成杜桑未完的事业，为争取海地人民的独立、自由、幸福而勇敢地战斗！

不久，海地的革命烈火又熊熊燃烧起来，革命者在克里斯托夫和德萨利纳领导下，继续抗击法国殖民者。

在海地人民的英勇反抗下，法军行动艰难，再加上海地蔓延黄热病，侵略军损失惨重，伤亡达3万余人。1802年11月，黎克勒也死于黄热病，法国侵略军陷于绝境。1803年10月，法军终于投降。法国远征舰队载着仅余的800名老弱残兵返回法国。回国途中，所有人员又被英国海军俘虏，于是，黎克勒率领的庞大的远征军最终全军覆没。

1801年1月1日，海地正式宣布独立，并恢复了印第安人的传统名称——"海地",其意为"多山的地方"。

海地革命是拉美国家第一次取得胜利的黑人革命,揭开了整个拉丁美洲黑人革命的序幕,为拉美人民推翻殖民统治、建立自由国家树立了榜样。

电灯的发明

在电灯问世以前,人们普遍使用的照明工具是煤油灯或煤气灯。这种灯因燃烧煤油或煤气,因此,有浓烈的黑烟和刺鼻的臭味,并且要经常添加燃料,擦洗灯罩,因而很不方便。更严重的是,这种灯很容易引起火灾,酿成大祸。多少年来,很多科学家想尽办法,想发明一种既安全又方便的电灯。

19世纪初,英国一位化学家用2000节电池和两根炭棒,制成世界上第一盏弧光灯。但这种光线太强,只能安装在街道或广场上,普通家庭无法使用。无数科学家为此绞尽脑汁,想制造一种价廉物美、经久耐用的家用电灯。

这一天终于来到了。1879年10月21日,一位美国发明家通过长期的反复试验,终于点燃了世界上第一盏有实用价值的电灯。从此,这位发明家的名字,就像他发明的电灯一样,走入了千家万户。他,就是被后人赞誉为"发明大王"的爱迪生。

1847年2月11日，爱迪生诞生于美国俄亥俄州的米兰镇。他一生只在学校里念过三个月的书，但他勤奋好学，勤于思考，其发明创造了电灯、留声机、电影摄影机等1000多种成果，为人类做出了重大的贡献。

爱迪生十二岁时，便沉迷于科学实验之中，经过自己孜孜不倦地自学和实验，十六岁那年，便发明了每小时拍发一个信号的自动电报机。后来，又接连发明了自动数票机、第一架实用打字机、二重与四重电报机、自动电话机和留声机等。有了这些发明成果的爱迪生并不满足，1878年9月，爱迪生决定向电力照明这个堡垒发起进攻。他翻阅了大量的有关电力照明的书籍，决心制造出价钱便宜，经久耐用，而且安全方便的电灯。

他从白热灯着手试验。把一小截耐热的东西装在玻璃泡里，当电流把它烧到白热化的程度时，便由热而发光。他首先想到炭，于是就把一小截炭丝装进玻璃泡里，刚一通电可马上就断裂了。

"这是什么原因呢？"爱迪生拿起断成两段的炭丝，再看看玻璃泡，过了许久，才忽然想起，"噢，也许因为这里面有空气，空气中的氧又帮助炭丝燃烧，致使它马上断掉！"于是他用自己手制的抽气机，尽可能地把玻璃泡里的空气抽掉。一通电，果然没有马上熄掉。但8分钟后，灯还是灭了。

可不管怎么说，爱迪生终于发现：真空状态对白热灯显得非常重要，关键是炭丝，问题的症结就在这里。那么应选择什么样的耐热材料好呢？

爱迪生左思右想，熔点最高，耐热性较强要算白金啦！于是，爱迪生和他的助手们，用白金试了好几次，可这种熔点较高的白金，虽然使电灯发光时间延长了好多，但不时要自动熄掉再自动发光，仍然很不理想。

爱迪生并不气馁，继续着自己的试验工作。他先后试用了钡、钛、锢等各种稀有金属，效果都不很理想。

过了一段时间，爱迪生对前边的实验工作做了一个总结，把自己所能想到的各种耐热材料全部写下来，总共有1600种之多。

接下来，他与助手们将这1600种耐热材料分门别类地开始试验，可试来试去，还是采用白金最为合适。由于改进了抽气方法，使玻璃泡内的真空程度更高，灯的寿命已延长到2个小时。但这种由白金为材料做成的灯，价格太昂贵了，谁愿意花这么多钱去买只能用2个小时的电灯呢？

实验工作陷入了低谷，爱迪生非常苦恼，一个寒冷的冬天，爱迪生在炉火旁闲坐，看着炽烈的炭火，口中不禁自言自语道："炭炭……"

可用木炭做的炭条已经试过，该怎么办呢？爱迪生感到浑身燥热，顺手把脖子上的围巾扯下，看到这用棉纱织成的围脖，爱迪生脑海突然萌发了一个念头：

对！棉纱的纤维比木材的好，能不能用这种材料？

他急忙从围巾上扯下一根棉纱，在炉火上烤了好长时间，棉纱变成了焦焦的炭。他小心地把这根炭丝装进玻璃泡里，一试验，效果果然很好。

爱迪生非常高兴，紧接又制造很多棉纱做成的炭丝，连续进行了多次试验。灯泡的寿命一下子延长13个小时，后来又达到45小时。

这个消息一传开，轰动了整个世界。使英国伦敦的煤气股票价格狂跌，煤气行也出现一片混乱。人们预感到，点燃煤气灯即将成为历史，未来将是电光的时代。

大家纷纷向爱迪生祝贺，可爱迪生却无丝毫高兴的样子，摇头说道："不行，还得找其它材料！"

"怎么，亮了45个小时还不行？"助手吃惊地问道。"不行！我希望它能亮1000个小时，最好是16000个小时！"爱迪生答道。

大家知道，亮1000多个小时固然很好，可去找什么材料合适呢？

爱迪生这时心中已有数。他根据棉纱的性质，决定从植物纤维这方面去寻找新的材料。

于是，马拉松式的试验又开始了。凡是植物方面的材料，只要能找到，爱迪生都做了试验，甚至连马的鬃，人的头发和胡子都拿来当灯丝试验。最后，爱迪生选择竹这种植物。他在试验之前，先取出一片竹子，用显微镜一看，高兴得跳了起来。于是，把炭化后的竹丝装进玻璃泡，通上电后，这种竹丝灯泡竟连续不断地亮了1200个小时！

这下，爱迪生终于松了口气，助手们纷纷向他祝贺，可他又认真地说道："世界各地有很多竹子，其结构不尽相同，我们应认真挑选一下！"

助手深为爱迪生精益求精的科学态度所感动，纷纷自告奋勇到各地去考察。经过比较，在日本出产的一种竹子最为合适，便大量从日本进口这种竹子。与此同时，爱迪生又开设电厂，架设电线。过了不久，美国人民便用上这种价廉物美，经久耐用的竹丝灯泡。

竹丝灯用了好多年。直到1906年，爱迪生又改用钨丝来做，使灯泡的质量又得到提高，一直沿用到今天。

当人们点亮电灯时，每每会想到这位伟大的发明家，是他，给黑暗带来无穷无尽的光明。1979年，美国花费了几百万美元，举行长达一年之久的纪

念活动,来纪念爱迪生发明电灯一百周年。

《共产党宣言》的诞生

"他们一直在坚持他们的意见,态度很坚决,我们该怎么办?"

"我认为,我们应该盛情邀请他们,完全同意他们的观点,这对我们同盟的未来有莫大好处!否则将是不明智的。""不,那样将改变我们同盟的性质,那也是不堪设想的!""没有什么不堪设想的!既然我们的同盟有不少缺点,而他们的思想体系是正确的,那么,抛弃落后的东西代之以进步的观点又有什么遗憾呢?"

这是 1847 年发生在"正义者同盟"总部的一场争论,争论非常激烈,争论的问题是:是否全盘接受马克思、恩格斯的思想,进而改组"正义者同盟"。因为马克思、恩格斯都不是"正义者同盟"盟员,所以不少人持反对意见。又因为这是本同盟高层人士会议,所以会议开得激烈而又严肃。

最后,"正义者同盟"中的先进人物从全局着眼,以多数赞成的表决结果同意了接受马克思、恩格斯思想体系的方案。并立刻全权委托同盟代表约瑟夫·莫尔前往布鲁塞尔和巴黎,与马克思和恩格斯面谈、盛情邀请他们。

"我们可以接受邀请,并全力配合你们的工作。但只有一个条件,你们必须同意。那就是,同盟必须摒弃原有章程中一切助长迷信权威的东西,因为这类做法是和科学的世界观、和无产阶级的事业相抵触的。"

莫尔见到住在布鲁塞尔同盟街 5 号的马克思时,马克思仍然态度坚决地说道。

"可以,请您看一看,这是我们同盟全体领导成员签名的'委托书',我们同意全部采纳您的意见,并邀请您和恩格斯先生为我们同盟——啊,今后应该是我们共同的同盟了——写一个宣言,正式改组它!"

莫尔说着,双手交给马克思一封集体签名的信件。信中还有重要的一条就是请马克思、恩格斯参加同盟。

"可是,恩格斯现在还在巴黎。"

"这个没问题,我马上就去把您的意见传达给他。""好吧,谢谢你们对我们的信任,我们一定把这件事作好,因为其意义非常大!"

马克思说完伸出双手,与莫尔的双手紧紧握在了一起。其实,马克思和恩格斯一直在关心着"正义者同盟"的活动，因为当时在欧洲的许多工人团体和共产主义小组中，"正义者同盟"影响最大，而且其思想、宗旨也较为进步。同盟在欧洲各国都有会员；马克思和恩格斯早就有意参与他们的工作，只不过时机不到。而且，同盟中陈旧的宗派主义传统很严重，要参加的话，必须彻底改组，使它成为国际无产阶级革命斗争的领导组织，让它带领全世界无产阶级以科学共产主义理论改造世界。

现在机会终于来了。

马克思和恩格斯为全面改组同盟作了充分的准备。经过几个月的辛苦工作，一切基本准备就绪了。

1847年6月，正义者同盟在伦敦召开了第一次代表大会。因为经济困难，马克思未能出席。恩格斯根据事先同马克思商量的好计划，与威廉·沃尔佛一起指导了同盟的改组工作。

根据马克思、恩格斯的提议，大会决定把"正义者同盟"改为"共产主义者同盟"。大会还通过了恩格斯为同盟起草的章程。章程已经删除了旧章程中所有过去秘密活动时和宗派活动时遗留下来的东西，而代之以民主集中制原则。其第一条明确规定了同盟的行动目的，推翻资产阶级、建立无产阶级专政的政权，消灭旧的以阶级对立为基础的资产阶级社会，建立没有阶级、没有私有制的新型社会。

根据马克思、恩格斯的建议，同盟原有的口号"人人皆兄弟"予以废除，代之以"全世界无产者，联合起来"的新的、富有战斗意义的伟大口号。

这样，一个最具进步意义的、新型的无产阶级政党——共产主义者同盟诞生了，此后的无产阶级革命事业将进入一个崭新的发展阶段。

同盟成立后，为了避免反动势力的迫害，其活动仍然是秘密的。同时，为了扩大阵营，同盟进行了一系列宣传活动。马克思和恩格斯在布鲁塞尔组织建立了一个"工人教育协会"，又把《德意志——布鲁塞尔报》作为共产主义者同盟的宣传阵地。1847年9月，马克思和恩格斯还组织了一个"国际民主协会"。这些，都是公开的群众性组织，其目的是教育和组织革命群众，宣传共产主义思想。

经过马克思、恩格斯和同盟全体人员的共同努力，共产主义者同盟的队伍在不断壮大。

1847年12月29日，共产主义者同盟在伦敦召开第三次代表大会。马克思和恩格斯都出席了会议。

这次大会的主要任务，是通过新的《章程》和制订纲领。大会共开了十天。早在两个月前，同盟中央委员会曾用一种问答的形式写成了纲领草案：《共产主义信条的象征》，同盟把它分发给全体成员讨论。因为这份纲领还具有不少空想成分，如把共产主义看成是思想家的发现。为此，恩格斯又草拟了一份纲领，也是用问答体，名为《共产主义原理》。新章程的讨论比较顺利，但在讨论纲领时，第二次代表大会产生了激烈的争论。于是，马克思和恩格斯耐心地做了宣传和解释工作。渐渐地使代表们的意见趋向一致。最后，大会同意了马克思和恩格斯的观点，并且决定委托马克思和恩格斯起草一个宣言，作为共产主义同盟的行动纲领。同时，也作为同盟的重要文件，向全世界公开发表。

马克思和恩格斯吸收了《共产主义原理》中的基本观点，在大会结束以后，积极投入新宣言的写作，不久，《共产党宣言》顺利完成了，并于1848年2月在伦敦正式出版发行。《共产党宣言》是科学社会主义的第一个纲领性文件，它系统地阐述了共产主义理论，成为全世界无产阶级斗争的总纲领。它着重阐明了资产阶级的灭亡和无产阶级的胜利都是不可避免的这一客观规律，明确规定了无产阶级革命的任务和目的，提出了无产阶级革命的策略思想。

《共产党宣言》的结尾，马克思、恩格斯豪迈地宣称：让统治阶级在共产主义革命面前发抖吧！无产者在这个革命中失去的只是锁链，他们获得的将是整个世界！

最后，以"全世界无产者，联合起来！"作为《宣言》庄严的结语。

《共产党宣言》发表后，很快就被翻译成各国文字，在全世界广为传播。

《共产党宣言》的发表，是世界历史上划时代的大事，它标志着马克思主义的诞生，标志着人类思想史上一次伟大的革命。无产阶级革命者从此可以用崭新的世界观来观察世界和改造世界。

第一国际

"为了工人大众的事业，各国人民必须团结一致，对付我们共同的敌人！""我们要团结起来解放自己！"

这是1864年9月28日，伦敦圣马丁教堂里工人们互相发言的热烈场面。

原来，这里正在举行集会，声援波兰人民反抗沙皇统治的斗争。会议大厅里挂满了许多国家的国旗。

当时，也来出席大会的马克思看到这种场面非常高兴，他感觉到，有必要把全世界的工人无产者联合起来，组成工人联合组织，以便更好的开展工作。

这次大会就是英国工人联系法国工人而召开的，英法工人率先发言，鼓励倡导大家团结起来，共同斗争。

这标志着工人运动已进入一个新的发展时期，建立国际工人组织的时机已经成熟。

在马克思的支持下，各国工人一致要求，大会成立了"国际工人协会"即"第一国际"，还选举成立了其领导机构——中央委员会，后改称为"总委员会"，马克思当选为总委员会委员，担任德国通讯书记。

大会委托马克思起草纲领和章程，在起草之前，还有一段不小的风波。

本来，大会决定由总委员会领导起草纲领和章程，马克思因为有病而未能参加，这样，各国代表之间便产生了严重的分歧。

英国代表起草纲领时，把改善工人的地位放在首位，要求工人阶级为了经济利益而斗争，而意大利代表则要求把意大利工人协会的章程作为第一国际的章程，甚至提出要成立一个以意大利人为首的"欧洲工人阶级中央政府"，这明显是偏向于意大利的工人，会在第一国际中造成不和，甚至分裂。不管是英国或意大利代表，他们所提出的问题都是围绕经济利益，而没有涉及到工人阶级所迫切要求的政治地位问题，而工人的政治利益才是最根本的利益，有了政治地位作保障，其他一切问题都好解决。

德国代表看到这么多不同意见，便写信把情况告诉马克思，马克思接到信后，立刻意识到，这样下去会产生严重问题，会背离组建第一国际的实质与意义。所以，10月18日，马克思带病来参加会议。

总委员会又经过长时间激烈的争论，于10月20日作出最后决定，由马克思负责对文件作具体的修改。

于是，马克思不顾疾病缠身，严肃认真地把所有文件进行审阅、修改。经过七昼夜的辛勤劳动，马克思于10月28日，向总委员会提交了修改后的文件。文件共有两份：《第一国际成立宣言》和《第一国际共同章程》。

总委员会在随即召开的全体会议上，一致通过了马克思修改后的《成立宣言》和《共同章程》。

《成立宣言》是第一国际的纲领性文件，它对国际工人运动的要求十分清楚，它说："夺取政权已成为工人阶级的伟大使命。"国际工人阶级要团结起来，形成一支强有力的队伍，只有这样，才能最终战胜资产阶级。工人阶级也只有团结在自己的组织周围，才能促进国际工人运动的发展，赢得自身的解放。

第一国际成立之后，立刻组织各国工人开展运动，掀起了国际工人运动的高潮。如1866年英国裁缝工人大罢工，1867年法国青铜工人大罢工，1868年日内瓦建筑工人大罢工等，这些斗争，在第一国际的有力支持下，都取得了胜利。第一国际在支持各国工人反对各国资产阶级，争取自己应有的权益的同时，也在同各种机会主义者作顽强的斗争。这些斗争主要有与普鲁东主义和巴枯宁主义的斗争。

普鲁东主义的代表人物是普鲁东，是一个无政府主义者的典型代表，他主张取消国家、取消政党，实现个人的绝对自由，不受任何约束。这种想法说透了，就是要求世上所有的人，想干什么就干什么。这种主张明显是在捣乱，也是根本行不通的。但是，真是萝卜白菜，各有所爱，这种无政府主义思想居然在法国、西班牙、意大利等国家有不少信徒，不少人在为之摇旗呐喊。

本来，普鲁东在世界各地捣乱，还没有形成什么气候也就算了，可是，他居然找到了第一国际来捣乱，这就使第一国际的领导们不能视而不见了。

1864年秋，普鲁东趁人不备，加入了第一国际，到1865年1月，他就死了。他虽然死了，可是，他的信徒却有不少也偷偷摸摸地混进了第一国际，而且已经形成一股不小的势力，到处捣乱。有时还试图夺取第一国际的权力，用他们的无政府主义思想改变第一国际的性质。

如1865年9月，第一国际代表会议在伦敦召开，会议刚一开始，就有不少人违背第一国际的纲领，如第一国际要组织工人斗争，他们说，那没有必要！各国有各国的情况，无法指导，更无法组织等。第一国际要援助波兰工人反对俄国沙皇统治，他们又说，那是波兰工人自己的事，第一国际没有必要去把这件小事列入议事日程等。

第一国际总委员会的委员以及第一国际的其他代表们感到奇怪，为什么这些人专门和大多数代表们的意见相对抗？经过调查了解后，委员们知道了，这伙人都是法国第一国际支部派来的，他们都是普鲁东主义者。

认清了他们的身份与目的，马克思对他们作了尖锐的驳斥。马克思指出，各地工人阶级的斗争，是第一国际总行动的一部分。第一国际纲领中指明了进行政治斗争的必要性，不进行政治斗争，就无法赢得被压迫的无产阶级的彻底解放。政治斗争是第一国际的主要任务，今后仍然要全力支持各国工人的政治斗争。至于援助波兰工人的斗争，实际上也是第一国际争取民族解放的主要任务中的一部分，第一国际就是要反对专制政府，反对剥削制度，提倡被压迫者的彻底解放，实现人人平等的大同世界。

经过斗争，大会代表一致通过了支持波兰工人的决议。普鲁东主义者失败了。

但像所有失败者一样，普鲁东主义者并不甘心自己的失败，他们在会议上又提出了一个荒谬的问题。他们说，第一国际是工人组织，因此，应该全部由体力劳动者参加，不应该吸收脑力劳动者。他们这样说的目的，是想挤走马克思、恩格斯等人，因为他们都是知识分子。

马克思又痛斥了这种思想，指出排斥一切知识分子就是不要知识作指导，那么，工人运动就会变成蛮干，结果只能是失败。

在全体代表的支持下，普鲁东主义者张口结舌，无话可说，他们中的不少人灰溜溜地溜走了，另有不少人离开了普鲁东主义阵营，来到了第一国际这边。

第一国际所开展的第二个斗争，是与巴枯宁主义的斗争。巴枯宁也是一个无政府主义者，曾参加过奥地利1848年革命，但被捕后三次写信给俄国沙皇，奴颜婢膝地乞求政府宽恕。以后窜到英国。加入第一国际时，把这段不光荣的历史隐瞒了。

1868年10月，巴枯宁在日内瓦背着第一国际，组织了一个"社会主义民主同盟"组织，大肆宣传"废除国家""阶级平等""主张个人绝对自由"等无政府主义思想，还派人到意大利、西班牙、法国等去建立支部。巴枯宁这样做的目的是想造成强大的声势，提高自身的威望，最后夺取第一国际的领导权。

1868年12月，他还给马克思写了一封信，说了一大堆恭维马克思的话，并希望马克思接纳他的"社会主义民主同盟"所有成员，集体加入第一国际。

马克思接到信后，立即意识到巴枯宁的险恶用心，于是他代表第一国际总委员会给巴枯宁写了一封回信，告诉他，第一国际本身就是一个国际组织了，其内部不能再有一个国际组织。拒绝了巴枯宁的无理要求。

巴枯宁口头表示同意,并"解散"了"社会主义民主同盟",但他却指使心腹以个人身份,加入第一国际,妄图伺机捣乱。

机会终于来了,1869年,第一国际在巴塞尔召开代表大会,巴枯宁分子便伪造了许多证件,冒充代表,试图取得多数选票,挤走马克思及总委员会主要成员。马克思发现后,立刻予以斥责,并揭穿了他们的阴谋。这样,巴枯宁主义者的捣乱也以失败而告终。

第一国际在斗争中不断发展壮大,更加有力地团结各国工人,支持各国无产阶级的斗争,在世界各国的工人运动中,起到了巨大作用。

铁血宰相俾斯麦

奥托·冯·俾斯麦1815年4月1日出生在普鲁士一家大贵族地主家庭。他在父亲的庄园里度过了自己的童年。后来进入大学学习,在学习期间,他强暴蛮横、凶悍粗野,曾与同学作过27次决斗。大学毕业后,他回到家乡管理自己的两处领地。

1848年,德国爆发革命,俾斯麦在自己的领地上组织起军队,准备武力镇压革命。1851年~1858年,他担任普鲁士邦驻德意志联邦代表会的代表,1859年任驻俄大使,1861年改任驻法大使,1862年他出任普鲁士宰相兼外交大臣。由以上介绍可以看出,俾斯麦是一个主张使用武力的顽固分子,而且很了解俄、法统治者的内心想法,这就使他当上宰相后深知该如何使用武力去对付敌人。

俾斯麦当上宰相的第一周,就在邦联议会上发表了他的首次演说,他非常激动地说道:"当代的重大政治问题不是用说空话和多数派决议所能决定的,而必须用铁和血来解决。德国所指望的不是普鲁士的自由主义,而是他的武力!"这就是"铁血宰相"的由来。那么他这番演说用意何在呢?

原来,许多世纪以前,德国就一直处于四分五裂的状态之中,这种群龙无首的情况名闻欧洲。1815年,各封建国家在维也纳召开会议,建立了"德意志邦联",它包括力量较强的奥地利、普鲁士和其他小国共34个国家和4个自由城市。但这个邦联并不是一个统一的国家,各小国仍然具有完全独立的主权,有各自独立的政府和军队,有各自不受侵犯的疆域、不同的关税政策以及不同的发展水平。实际上,所谓组成邦联,只不过徒具形式而已。

但是，各小国互相主动联合，说明了一个重要问题，即：分裂不利于经济发展。为了全体德意志小国的共同利益，他们宁愿联合起来。

愿望是好的，可以说，德国的统一是历史发展的必然趋势。但是，怎样统一？由谁来统一？这个问题显然非常难办。光靠这种松松垮垮、无任何约束力的"邦联"是不行的。这样，到了十九世纪五六十年代，德意志的统一问题就提到了各小国的议事日程。各个封建小国都在打着自己的如意算盘。

形势显然对当时具有较强的两个大国有利，那就是奥地利和普鲁士。

奥地利想以自己为中心来统一德国，并希望把普鲁士与别的小国一样，包括在内。而普鲁士则不同，他们计划要统一的国家中，排除了奥地利。

就这样，双方展开了斗争。

50年代初，双方势均力敌。1850年春，奥地利主动发起攻势。5月，奥地利在法兰克福召集全德代表会议，会议决定恢复全德议会，并由奥、普轮流担任主席。但是，普鲁士予以断然拒绝。结果，双方谈判告终。

50年代末，普鲁士开始反攻。它首先与许多德意志小国发展了经济联系。并利用1859年法、意与奥地利打仗的机会，企图迫使全德议会交出领导权。1860年春，普鲁士开始军事改革，大大加强了军事力量。

1862年9月，俾斯麦担任首相之职时，正是普鲁士军事力量处于上升时期，这正好为他的铁血政策打下了坚实的基础。

俾斯麦深知，议会里的资产阶级议员只会吵吵嚷嚷，他们懦弱无能，根本没有实力对抗政府，所以，为了更有效地实行"铁血政策"，他干脆一脚踢开议会，在议会指控政府"违背宪法"的情况下，他不但不害怕，反而公开扬言："冲突在所难免，在冲突中最有力量的方面，一定获胜！"一副挑战者的姿态。同时，他还知道，一旦自己的"铁血政策"得到最后胜利，取得

了全德的统一,那么,这些叽叽喳喳的资产阶级议员就会立刻拜倒在他的面前。

俾斯麦"铁血政策"的第一步,就是向丹麦进攻。1863年末,丹麦合并了属德意志纬联的施勒斯维希小公国。次年初,俾斯麦联合奥地利对丹麦作战。俾斯麦之所以要联奥抗丹,原因是既解除了后顾之忧,又能共同对外。奥地利马上同意了普鲁士的要求,普奥联合向丹麦发出最后通牒,随即开始战争。丹麦以4万士兵对6万敌人,结果战败。普鲁士得到了施勒斯维希。奥地利也得到了另一小公国何尔斯泰因。"铁血政策"的第二步,就是挑起对奥地利的战争。打败丹麦后,俾斯麦调转枪口,对准了奥地利。但打败奥地利并不像打败丹麦那样容易。于是俾斯麦先联合意大利,意大利因威尼斯地区一直受奥地利欺凌,所以马上答应了普鲁士的请求,双方结成反奥联盟。然后,俾斯麦三次亲往法国,假意许诺拿破仑三世,打败奥地利后,让法国得到一份领土报酬。这样,稳住了法国。

做好了这些后,俾斯麦对奥地利一再挑衅,要求奥地利将不久前从丹麦手中得到的小公国何尔泰因让给普鲁士,同时提出改革德意志联邦法案,以期排除奥地利在整个德意志的影响。奥地利当然不答应,于是就联合不少德意志小国对普鲁士进行"制裁"。于是普奥战争爆发。

1866年6月,奥军28万人对付普军25万人,7月3日,双方集结于萨多瓦村附近展开决战,俾斯麦下决心一举击溃奥军,并自带毒药,准备一旦失败就服毒自杀!

结果,普军大获全胜。十天后,俾斯麦逼近奥地利都城维也纳。在有人提议一举占领奥地利全境时,狡猾的俾斯麦没有听从,他估计到法国会出面干预,另外,他可能还会利用奥地利。

果然,拿破仑三世出面进行了调停,双方达成协议。奥地利宣布退出德意志,并将四个邦国和一个自由市让归普鲁士。

这样,普鲁士就统一了德国整个北部和中部地区,建立起了一个北德意志联邦。这时只有德意志南部紧邻法国的四个小邦国仍旧保持着独立。俾斯麦想兼并这四个小国,但他知道,法国也有同样想法,而法国是这样强大,不打败他,德国的统一将不可能实现。同时,俾斯麦对法国境内富裕地区阿尔萨斯和洛林也很感兴趣,早已垂涎三尺。

所以,俾斯麦"铁血政策"的第三步,就是进行普法战争,打败法国。

于是，他经过充分准备，于1870年发动普法战争，次年大获全胜。普鲁士军队开进巴黎附近的凡尔赛，并在凡尔赛宫，宣布以普鲁士为首的德意志帝国成立。普鲁士国王威廉一世为德意志帝国皇帝，俾斯麦为首相。德意志的统一完全实现。

这就是"铁血宰相"俾斯麦的"铁血政策"，他采用这种政策，终于使德国走上统一。

客观地说，德国的统一是历史的必然，它有助于德国经济的发展，是进步的。但是，统一后的德国实力逐渐强大，可能是这种"铁血政策"的不断影响，德国逐渐成为世界战争的策源地，给世界人民带来了巨大的灾难和痛苦。

色当战役

色当战役是普法战争的一个重大战役。

普奥战争结束以后，普鲁士日渐强大，但是，紧靠法国南部的四个小国还仍然没有被俾斯麦统一，而俾斯麦是下决心要统一除奥地利以外的所有德意志的国家。

所以要实现德意志的最后统一，必须统一这个小邦国。可是，俾斯麦知道，这四个小国紧靠法国，法国也早怀有吞并之心，一旦普鲁士强行占领，法国岂会善罢甘休？更何况，法国离德国最近的阿尔萨斯和洛林两地区，矿产资源丰富，俾斯麦也早就瞄准它们了。

对于正处高峰时期的俾斯麦来说，找个借口与法国打一仗，既统一了南部四小国，又占领了阿尔萨斯和洛林，这是再合适不过了。可是，与法国开战的机会迟迟未到，俾斯麦等得手痒痒的。

再说法国一方，当时是拿破仑的侄子路易·拿破仑·波拿巴当皇帝，史称拿破仑三世。这个人是个政治阴谋家和军事冒险家。1848年法国革命失败后，他窃取了法兰西第二共和国的总统大权，又于1851年12月发动政变，恢复帝制，建立了历史上所说的法兰西第二帝国。

拿破仑三世是个独裁、残暴、狂妄之徒，总希望通过战争称霸欧洲，当时皇后欧仁妮就直言不讳地说："不发动战争，我们的儿子怎么当皇帝？"

这样一个人,当然不会坐视普鲁士的强大而不顾。他曾露骨地表白,"德意志不该统一,应分成三个部分,南北德国应该对立起来。这样法国才可以从中渔利。"

不仅拿破仑三世如此,当时法国的另一位大臣梯也尔也哀叹:"奥地利的失败意味着法国400年来遭到的最大灾难。从此,失去一张阻止德国统一的王牌!"

这样,普、法双方各怀鬼胎,开始了明争暗斗,都在寻找挑起战争的契机。

法国率先一步,普奥战争刚结束,三世就派人要求普鲁士兑现战前许下的诺言,要求普鲁士同意法国侵占比利时和卢森堡。并婉言提起德意志南部四小国的领土划分问题。这无异要从普鲁士身上咬去一块肥肉,"铁血宰相"俾斯麦当然不会同意。不过他使了个心眼儿,没有明确予以拒绝,而是要求法国把这事写成备忘录,"我好回去给我们国王商量"。法国大使不知是计,就照办了。

俾斯麦拿到备忘录,没有去见皇帝,而是把它送给了同样想称霸欧洲的英、俄,试图挑起英、俄与法国的矛盾。拿破仑三世知道了俾斯麦的做法,火冒三丈,决心与普鲁士决一雌雄!

尽管如此,法国并未立刻动武。但接踵而至的西班牙王位继承人问题,终于使战争爆发了。

原来,西班牙女王伊沙贝拉被1868年西班牙革命推翻,女王流亡国外,王位空缺,俾斯麦看到有利可图,就派人收买了新成立的西班牙临时政府,提议让普鲁士国王威廉的堂兄利奥波德亲王去继承西班牙王位。俾斯麦的意图很明显,普鲁士的亲王做了西班牙的国王,法国腹背受敌,打起仗来,普鲁士前后夹击。

拿破仑三世也看到了这种危险,随即就把抗议书递到了普鲁士国王手中,抗议书说,西班牙王位应由西班牙人去坐。否则,法国也可派去一个国王! 对此,俾斯麦非常气愤。同时,法国政府内部议论纷纷,不少人要求普鲁士收回成命,否则将把这件事视为战争的原因,双方剑拔弩张。突然,事情却有了转机,利奥波德亲王在别人劝说下,宣布放弃西班牙国王候选人资格,他说:"本来,只要西班牙人拥戴,我可以去作他们的国王。但我不想为此引发一场欧洲战争。"

于是，西班牙王位继承人问题就告结束。可是，拿破仑三世看到事情这么简单就完结了，认为普鲁士害怕他，所以他得寸进尺，提出更进一步的要求。

他令法国驻柏林大使去面见普鲁士国王威廉一世，要求普鲁士作出书面保证，保证今后决不再派任何普鲁士国王家庭的人去任西班牙国王。

1870年7月13日，威廉一世在度假地埃姆斯会见了法国大使。对法国的要求，威廉一世也感到无理，所以断然予以拒绝。然后威廉一世把会谈结果用电报告诉俾斯麦。

俾斯麦本来对法国这种节外生枝之举十分不满，如果没有法国干预，恐怕利奥波德亲王已经成为西班牙国王了。正在俾斯麦难以咽下这口气时，威廉一世的电报到了。电文的内容主要有：

法国大使提出的无理要求不能接受，我已经予以拒绝；西班牙王位继承人问题已经通告了法国大使，由此引出的矛盾已经过去；关于此事，我不准备再接见法国大使了。

俾斯麦饶有意味地仔细阅读着电文，突然他抬起头来问身旁的参谋总长毛奇和陆军总长房龙："如果与法国开战，我们能否取胜？"

这两个人也是"铁血政策"的得力执行人，立即说："一定取胜，我们会全力支持您的。"

"好！"俾斯麦喜形于色，立刻手指电文，"我们可以……"说完，三人哈哈大笑。

第二天，报纸公布了威廉一世的"埃姆斯急电"，但内容已经变味了。原来俾斯麦为了挑起战争，故意激怒拿破仑三世，他把电文做了改动，然后拿去发表。

法国人看了电文，感到普鲁士国王如此无礼，非常气愤。尤其是拿破仑三世，认为普鲁士是在让自己出丑。这样在议会的支持下，拿破仑三世终于忍耐不住，于1870年7月19日，宣布对普鲁士开战。狂妄的拿破仑三世还说："我们这只不过是到普鲁士作一次军事散步！"

战争开始时，拿破仑三世充满了信心，他把号称40万的大军调到前线，准备采用先发制人的策略一举冲入德意志境内，打败普鲁士。于是他自封司令，在7月28日到前线视察。可是，当他到前线后却发现，前线只有20万军队。军事要塞麦茨的兵力不足10万，而且装备不齐，物资不足，编制混

乱。作战命令已经下达了,不少官兵还未找到自己所属的部队。根本无法投入战争。战机一个个失去了。

法军坐失良机,普军却赢得了时间。

8月2日,法军闯入德境,立即遭到普鲁士军队的迎头痛击。

8月4日,普军转入反攻,向法军发起凌厉的攻势,攻入法境内法军前哨阵地维桑堡,法军败退。拿破仑三世大怒,急忙电令麦克马洪夺回他丢失的阵地。8月6日,麦克马洪率军开到维桑堡西南的维尔特村。被普军拦截,双方展开激战,结果,法军全线溃败,继续撤退。普军乘胜追击,战场全部移入法国境内。

拿破仑三世看到情况不妙,立即打退堂鼓,他把元帅印交给元帅巴赞,自己乘上一辆马车向西逃窜。8月14日,巴赞又被普军严密包围在麦茨要塞孤城,已无反抗之力。

拿破仑三世见事不妙,又随麦克马洪所率的12万大军逃向东北,到8月30日,不得不退守色当。普军随即也向色当集结。

9月1日,色当会战开始了。普军700门大炮猛轰法军营地,炮弹像雨点一样落向法军阵地。色当全城一片火海,硝烟弥漫。法军死伤无数,余下的急忙钻进堡垒。麦克马洪几次受伤。

接着,普军20万人向色当发起猛攻,下午3时,法军终于支撑不住,在色当城楼举起了白旗,拿破仑三世还向普鲁士国王写了一封投降书,竟无耻地说:"我亲爱的兄弟,因为我未能死在我的军中,所以我只得把自己的佩剑献给陛下。我希望继续做陛下的好兄弟,拿破仑。"

9月2日,拿破仑三世会见德国首相俾斯麦,正式签署了投降书。拿破仑三世、法军元帅以下的39名将军,10万士兵全部做了普军的俘虏。650门大炮也被普军缴获。

9月3日,拿破仑三世向巴黎发电:"军队已被击败,全体官兵和我本人都已成为俘虏。"

1871年1月28日,普法签订《巴黎停战协定》,宣布法国投降。5月10日,双方在法兰克福签订《法兰克福和约》,法国割让了阿尔萨斯和洛林给德国,并赔偿50亿法郎,宣告战争结束。

色当战役在历史上被称为"色当惨败",它使德国最后完成了统一。

三月十八日武装起义

普法战争色当惨败后,法军全面崩溃,不到20天时间,普军已团团包围了法国首都巴黎。拿破仑三世投降后,帝国统治垮台,政权落入刚刚成立的资产阶级临时政府手中。临时政府虽然口头上叫嚷坚决抵抗,首脑特罗骨高喊"永不投降"、外交部长法夫尔也发誓"决不让出一寸土地!"但他们却从背后暗通俾斯麦,商量投降条件。

不久,特罗骨公开投降,资产阶级国民议会拉出另一反革命老手梯也尔出任内阁总理,梯也尔一上台,立刻签订了卖国条约。普法战争结束。

条约规定,巴黎城外炮台移交给普军,法军要交出近2000门大炮、10万枚炮弹、17万支步枪、350万枚子弹等,被全面解除了武装。另外,赔偿普军50亿法郎,割让阿尔萨斯和洛林等大片地区。

这使法国人民感到受到了莫大的侮辱!

早在1870年9月4日,巴黎工人阶级就选出了自己的中央委员会,以监督政府抗战。当普军包围巴黎时,巴黎工人就组成了194个营、30万人的国民自卫军,开始武装保卫祖国。1871年2月中旬,工人武装又选出了"国民自卫军中央委员会"以作为领导机关。

梯也尔上台后,为了顺利实现投降,他千方百计地想解决国民自卫军所拥有的武装。

3月17日夜,梯也尔举行秘密军事会议,计划先夺取国民自卫军的大炮弹药,然后逮捕国民自卫军中央委员会首脑。会议结束后,投降政府便开始下令军队占领国民自卫军的停炮场、工人居住区和交通要道。

国民自卫军掌握着400门大炮，梯也尔率先把军队开到了大炮阵地。

3月18日凌晨，梯也尔令巴黎卫戍司令维努亚亲自带队鬼鬼祟祟地走向巴黎以北工人居住区的一个战略要地——蒙马特尔。他们先杀死了守卫在那里的几名自卫军战士，然后拉的拉、推的推，把几门大炮拖出了掩体。

突然，"嗵嗵嗵"三声炮响，接着全城的警报声全都响了起来。原来，在政府军拖运大炮的时候，有的自卫军战士发现了敌人的行动，连忙鸣炮报警。警笛声吓坏了政府军指挥官列康特将军，也警醒了正在睡梦中的国民自卫军战士，他们纷纷拿起武器，奔向出事地点。

正当政府军拖运大炮时，有几名妇女截住了他们，妇女们愤怒责问政府军：

"你们投降卖国，交出你们自己的武器弹药还不够，还要偷我们大炮送给德国鬼子，你们还有良心没有？还知道不知道什么是耻辱！"

听到这突如其来的责骂，政府军官兵面红耳赤，不知如何是好，他们纷纷停止了行动。列康特见状，连忙下令击毙这个说话的妇女，不料，这个妇女一点也不怕死，更加气愤地走向前去拍一拍自己的胸膛，骂道：

"打吧！你这个卖国贼！向我这里开枪！你们没有本事对付外国入侵者，反而向自己的同胞开枪！"

接着，她面对政府军士兵，喊道：

"弟兄们，我们都是姐妹兄弟，你们难道愿意让德国鬼子占领我们的家园吗？你们怎么忍心把枪口对准自己的父老乡亲？有种的，向德国鬼子开枪！"

"对，向德国鬼子开枪！"一群妇女异口同声地说。这些士兵们都默默地把枪口向下移动。列康特气急败坏，抽出大刀大声下令："开枪"，可是仍然没有人服从他的命令。突然，一个士兵高喊："弟兄们，打倒德国鬼子！"其他士兵群起呼应："打倒德国鬼子！"于是他们立刻逮捕了列康特，加入到了保家卫国的斗争行列之中。

大炮被放到了原来的位置。

蒙马特尔的枪炮声使巴黎工人阶级惊醒了过来，国民自卫中央委员会决定以武力还击反动政府。这样，一场无产阶级和资产阶级之间的生死搏斗开始了。

人们从四面八方冲入市中心，与反动政府展开了殊死搏斗。

上午十点半，在一所小学里，国民自卫军的八九名中央委员集合到一起，发出命令，指挥起义。然后，他们分别率国民自卫队员，向市政厅进发。11点，中央委员瓦尔兰率军进入蒙马特尔高地。在其他区，国民自卫军迅速占领了区公所、兵营及政府机关，并开始修筑工事。队伍很快地向市中心推进。

下午两点半，中央委员会举行临时会议，决定发起全面攻击。并立即下令：占领陆军部、市政厅和其他政府机构。经过奋力作战，国民自卫军占领了警察局、政府军参谋部、巴黎圣母院等，反动政府的军队被打得人仰马翻，溃不成军。

梯也尔一早起来就开始在外交部，和外交部长法夫尔在一起等待好消息。

下午三点半，两个士兵惊慌失措地向他报告：

"蒙、蒙马特尔高地被自卫军夺回，士兵们全、全都投降了。快跑吧，自卫军已经冲过来了！"梯也尔吓得面无人色，如丧家之犬，匆忙从侧门逃了出去。

法夫尔听了士兵的汇报，大叫"我们被抛弃了，谁也不支持我们！"随后，立即追梯也尔而去。

逃亡中，有人提醒梯也尔：

"您的家属还未来得及通知呢。"

梯也尔立即斥责道："混蛋，什么时候了，管他呢！"巴黎其他的政府首脑、官员，也纷纷逃离巴黎，来到了离巴黎23公里的凡尔赛。

晚上八点钟，国民自卫军领导人瓦尔兰、别尔热尔、阿尔诺德三人率三支队伍向市政厅发起猛烈攻击，不久即占领了市政厅。一面鲜艳的红旗冉冉升起在市政厅屋顶，巴黎人民的武装起义取得了胜利。

国民自卫军中央委员会当即发出宣告："巴黎的无产者，目睹统治阶级的失职和叛变行为，已经了解到了由他们自己亲手掌握公共事务的领导以挽救时局的时刻已经到来。他们已经了解到，夺取政府权利以掌握自己的命运是他们必须立即履行的职责和绝对的权利。"

3月28日，20万巴黎民众聚集在巴黎市政厅前宽阔的广场上，欢呼巴黎公社正式成立。成千上万的人们欢呼着，庆祝自己的伟大胜利。

市政厅前搭起了高大的主席台。国民自卫军荷枪实弹，刀光闪闪，在雄壮的乐曲声中高举红旗列队进入会场。

下午4时，主席台上庄严宣布了公社委员会委员名单，顿时，"公社万岁"的呼声响彻云霄。

公社发布法令，撤销原来的常备军，由国民自卫军代替它。公社又成立了十个委员会，统一行使立法、司法和行政权力。这样，人类历史上第一个由工人阶级组成的政府诞生了。

悲壮的"五月流血周"

巴黎公社的成立，使资产阶级卖国政府惊慌失措，他们纷纷逃离巴黎，奔向不远的凡尔赛。

但是，聚集在凡尔赛反动政府手下的兵力只有两三万人，远远不能与起义军相对抗，梯也尔匆匆忙忙召集他的反动走狗——各级部长大臣商量对策。

"我们怎么办？那群无产者现在聚集了30万人，可我们、我们只有2万人！2万！懂吗？"梯也尔气急败坏地厉声责问道。

"我们本来有不少军队，可是，被德国人……"不知是谁小声嘀咕了一句，还没敢把"俘虏"二字吐出来。

听到这句话，梯也尔把圆眼珠子一转，心里盘算着："对啊，那十几万军队如果能被德国人放回来……"

"法夫尔，"他立即喊道。

"到！"外交部长答道。

"你辛苦一趟吧。"梯也尔向法夫尔小声耳语说："你去德军阵地，面见一下俾斯麦先生。"

法夫尔心领神会，立刻去找俾斯麦。这样，卖国政府又一次去与入侵者勾结。他们共同镇压人民的革命力量。德国允诺，放回色当之战中的十余万法国俘虏，并同意梯也尔的军队从普军阵地中穿过，从巴黎北面进攻工人武装队伍。经过与敌人暗中勾结，凡尔赛的军队已大大加强了战斗力。

梯也尔迅速调集兵力，从巴黎各方进攻起义军，1871年5月20日中午1点，他们发起了猛攻。

开始，起义军顽强抵抗，尽管伤亡不少，但义军将士们越战越勇，毫不畏惧。但是，随着战争的继续，由于战略防御的失误和没有进行统一、有效的指挥，巴黎防御很快转向劣势。

起义军对巴黎外围的防御力量非常薄弱，这主要是因为战线过长，兵力分散，所有伤亡都难以得到有效的兵源补充。在西南方向，敌人有13万人，还有700门大炮。实际上，等于说敌人进攻时，每一公里就有60门大炮和25门野战炮。而起义军的防御兵力只有1.8万人，就是说，每个起义军战士要对付七八个敌人。像西南门户圣克鲁门一带重要防线上，几乎没有防守部队。所以兵力不足使抵抗显得困难重重。即使是这样，由于起义军战士的顽强抵抗，敌人因不知虚实而不敢冒然入城。直到5月21日中午时分，一个奸细冲出城去，才让敌军从圣克鲁门攻进城内。

敌人冲进城里后，公社战士与敌人展开了激烈的巷战。大街小巷，都是公社战士筑成的街垒，战士们守着这些街垒，打死打伤了一批又一批敌人，牢牢地守卫着这些防线。他们相互之间不约而同地发着誓言：人在街垒在，只要有一口气，决不让敌人越过街垒！

就这样，在隆隆的炮声中，街垒在战士们的手中牢牢地控制着。

看到梯也尔反动政府的军队在艰难地攻占着巴黎的每一个街区，普鲁士军队又一次帮助了他们。本来，普军占领着巴黎西北面的防线，这时，他们在圣乌昂门一带松开封锁线，这样，大批凡尔赛士兵疯狂地冲了进去。

圣乌昂门离蒙马特尔高地仅1公里远，所以当凡尔赛兵从这里进攻时，公社战士立刻遭到敌人西北和西南两方面的夹击。

当时，守卫蒙马特尔高地的公社战士只有三四百人，而敌人的兵力却达两万多，力量的悬殊，使公社战士处于极其不利的境地。但公社战士仍在勇猛地抵抗着。

敌军发出猛烈的炮火，蒙马特尔高地几乎被炸了个底朝天。看到敌人来势凶猛，公社战士开始突围，但只有少数人突围成功，大多数战士都献出了宝贵的生命。

经过四五个小时的攻击，敌人以惨重的代价，终于占领了这块高地。形势对起义军越发不利了。

占领了蒙马特尔高地，敌军迅速向南推进，直扑巴黎公社重要办公地点——市政厅。

公社委员会各自在不同的区域指挥作战。一个公社委员被敌人抓到，连同其他十几名妇女和五六名儿童被敌人枪杀了。枪杀时，这个公社委员带领其他十几个人一齐高呼："公社万岁！"

有一个公社委员带领战士守护着通向市政厅的重要交通要道——协和广场。敌人进攻到这里以后，发起了冲锋，他们以500百人的兵力猛烈攻击，而公社战士只有五六十人，双方展开了激战。因为这个地方是通向市政厅

的，所以公社战士决心誓死保卫它。

敌人发动了十余次冲锋，都没有成功，后来，敌人改变了战术，他们先用大炮轰击战士们赖以躲避炮火的房屋，霎时房屋烈焰腾空而起，战士们在冲出屋子的一刹那，又遭到敌人密集的枪弹袭击，结果不少战士被打死。然后敌人又用八十余门大炮猛轰阵地，隆隆的炮声震动了整个大地，更震动着每个战士的心，他们看着自己付出巨大代价的阵地马上就要被敌人攻破了，内心极度悲伤。

这样，双方对峙了两天两夜后，战士们奉命撤退。

留在市政厅里指挥作战的公社委员们，看到敌人马上就要攻进来了，便决定放弃市政厅，分散到各个街区去指挥战斗，打击敌人。

不久，市政厅屋子顶端的红旗缓缓地降了下来，一位战士对全体委员保证，他一定要用生命保护这面鲜艳的红旗。强大的敌人在不断杀戮着公社战士，包围圈越来越小。

5月26日，公社战士仅仅据守着六分之一的街区。公社指挥部最后迁到了拉雪兹神父墓地，200名战士守卫着这最后一道防线。

27日下午4时，5000名敌人向墓地扑来，疯狂的敌人向战士猛烈射击，一批又一批战士倒下了。傍晚时分，公墓大门被打开，敌人冲了进来，战士们用手中仅剩的子弹顽强地打击着敌人。

战士们打完了最后一颗子弹，敌人冲上来，把他们一个一个地俘虏了。不久，敌人又从远处押来一批又一批公社战士，准备在这里把他们全部屠杀。

随着"公社万岁"的呼喊，敌人的枪响了，战士们一排又一排地倒了下去鲜血染红了整个墓地，染红了社员们身后的墓地围墙。

后来，人们为了纪念公社社员，就在这里建造了一座纪念碑，这就是举世闻名的"公社社员墙"。

从5月21日至28日，巴黎公社的社员战士们，为了捍卫公社的胜利果实，与敌人进行了一周的激战，这就是世界历史上有名的"五月流血周"！

在国内外反动势力的共同镇压下，巴黎起义失败了，但这是世界无产阶级的第一次伟大的革命运动，此后，无产阶级在巴黎公社的感召下，举行了一次又一次的起义，开创了世界历史的新纪元！

巴布教徒的"正义王国"

19世纪中期,卡扎尔王朝统治下的伊朗,封建割据十分严重,各地封建主为了自己的利益互相争霸不休,造成国家长时间的贫穷落后。占伊朗人口三分之一的游牧部落贵族又坚决反对中央集权,甚至公开否认王权的存在。这种局面严重阻碍着社会经济的发展。

与此同时,俄、英、法、美等国又乘虚而入,在政治、经济方面对伊朗干预、掠夺。

在内忧外患的重重困难条件下,伊朗人民生活困苦不堪,他们希望推翻外国势力与本国封建统治,建立起一个"正义王国"。

1844年,二十四岁的伊斯兰教徒赛义德·阿里·穆罕默德自称"巴布",在各地传教。他告诉人们,他正在创建一个人人平等、和谐幸福的"正义王国"。"巴布"是"门"的意思,他说,即将降临人世的救世主将通过此"门"传达他的意志,所以希望人们能够跟着他,由此"门"进入"正义王国"之中。巴布的这种宣传,对正处于水深火热的广大伊朗人民来说,具有非常大的吸引力,人们终日缺吃少穿,正想有这么一个美好的地方,现在机会来了,人们竞相传说着。不久,就有成千上万的伊朗人相信了巴布的宣传,以至于形成了巴布教。巴布教徒又很快遍及全国,形成了一股颇大的力量。对此,伊朗政府非常恐慌,他们害怕巴布教徒越来越多,势力越来越大,政府则越来越难以收拾局面,所以立即派人将巴布逮捕,并关进了监狱。

其实,巴布本人并没有想要带领巴布教徒推翻政府的统治。因为他反对使用暴力,不喜欢用武器去打败统治者,而是一个改良主义者,就是说,他主张让自己的各种想法告诉统治者,让统治者采用自己的意见,从而改变不合理的社会现实。尽管如此,统治者仍把他看成是危险分子,1847年,他正在宣传他的"正义王国"的时候被政府逮捕了。

"巴布被逮捕了!"巴布教徒们奔走相告,人们义愤填膺,很快,人们把长期以来积压在心中的愤怒表现了出来,1848年9月,700名巴布教徒在穆罕默德·阿里·巴尔福鲁什的领导下,在伊朗北部的马赞德兰省发动武装起义。起义军以塞克·塔别尔西陵墓为基地,与政府军展开了斗争。

按照传说,塔别尔西陵墓是一块禁地,政府军不得任意进入陵区抓人,这对巴布教徒起义者倒是有保护作用的。巴布教徒驻扎在陵区之后，就开始修筑堡垒防御工事。并按照他们的理想建立起了"正义王国"。他们所修筑的城堡是八角形的，每个角有一个塔楼，城墙周围挖上很深的壕沟，壕沟与城墙之间还布置了许多陷阱。教徒们住在城堡内的木房中，起义者规定：粮食与一切物资归起义者所有，大家平均使用。这个消息一传开，百姓们便扶老携幼，带着吃的用的等物资来到陵墓区加入这个"正义王国"，也有不少人从伊朗其他地方奔来。起义者人数很快增加到2万人。

起义队伍的迅速壮大，引起了伊朗国王的恐慌，国王下令要消灭起义军。于是，地方政府便派出军队与巴布教徒们作战，但一次又一次，政府军被起义者打得落花流水，以至于地方政府官员们听到"巴布"二字就异常惊恐。

在这种情况下，国王为了肃清起义队伍，不得不派王叔马赫迪·古里率军征讨。古里率军住到了陵区附近的阿弗拿村。起义军得到消息后，决定趁政府军不注意时，于夜间袭击他们。这天晚上，起义军首领侯赛因带领一个小分队悄悄地来到了政府军所住的村子，当起义军战士一个个进入村子后，他们一齐呐喊，冲向政府军。政府军官兵正在做着美梦，听见厮杀声，便赶紧起来，但不少官兵还没弄清是怎么回事，便被起义军杀死了。

这次战斗，起义军共杀死100余名政府军，一名指挥官也被起义军打死了。巴布教徒们取得了首战的胜利。这次胜利大大地鼓舞了起义军的士气，他们知道，政府军不会善罢甘休的，所以，他们立刻投入准备更大的战役中去了。

果然，政府军战败的消息传到京城后，从国王到大臣都十分震惊。王叔更是气急败坏，决定亲自征讨起义军。于是，他率领8000人的部队，急急忙忙地赶赴陵区，要对起义军大加挞伐。

起义军得到王叔亲征的消息后，决定也让王叔尝点他们的厉害。尽管这天晚上天气十分寒冷，伸手不见五指，起义军们在侯赛因的带领下，凭着自己果断、勇敢的精神偷偷来到了政府军周围。"杀啊！杀啊！"随着这怒吼声，政府军宿营地漫天火光腾地而起。王叔见状，早已魂飞魄散，六神无主，抢先逃命去了。他因躲在森林里，才挽回了一条性命。而两个王子的命运则没有他好，因为惊惶失措，王子被大火活活烧死。其他未被烧死的士兵，则迈开小腿飞也似的溜了。起义军再次取得了胜利，人们更是兴高采烈。

王叔恼羞成怒重新聚集兵力，向起义军反扑。他率领军队把起义军城堡围了个水泄不通。

"怎么办？我们该如何来对付政府军？"

二位起义军首领着急地问侯赛因。

"我们力量悬殊，硬拼肯定不行，但像前两次那样偷袭，王叔肯定早有准备……"侯赛因还未说守，一位将领立刻说："有什么可怕的？大不了鱼死网破，杀他个人仰马翻，也出出我们心中的毒气！"

"不要冲动，桑尼，我们认真地想想再说吧！"侯赛因劝道。

经过认真讨论，最后，侯赛因决定还用突袭的办法，但要更突然，更猛烈。

这天夜里，400名起义军在侯赛因的带领下悄悄地走出了城堡，他们为了不制造任何声响，把马蹄子都给包住了。"敌营到了，点火！"一位将领立即下令。眨眼间，烈火熊熊燃烧起来，政府军哇哇乱叫，一片混乱。起义军乘势在敌营里猛烈杀敌。顿时，敌营中血流成河，死尸遍地。

混战中，侯赛因不幸中弹身亡，起义军迅速撤出了战斗。这次战役，共有400名政府军被打死，其中军官35名，还有1000多政府军受了伤，起义军重创了敌军。但巴布教徒的代价也是巨大的，他们伤亡100余人，还失去了领袖侯赛因。

起义军的处境越来越艰难，政府军派大部队严密封锁了陵区，几个月以后，城堡中只有250人了。粮弹等资源也消耗殆尽。

尽管如此，义军仍保持着旺盛的斗志，所以1万多名王军仍不敢轻易进攻。

1849年5月中旬，一位政府军官手捧伊斯兰教经典，《古兰经》向巴布教徒们发誓，如果起义军放下武器，将获得自由，政府不再追究这件事情。这样，一个个起义军在万般无奈之下，慢慢地走了出来。可是，还没等他们弄清怎么回事，政府军就把他们一个个全部杀死了。

政府军用欺骗手段屠杀了起义者。但这并未阻止巴布教徒们继续起义。1849年2月，全国巴布教徒发展到了10万人。1850年5月，巴布教徒又在赞兼发动武装起义，消灭政府军8000人，12月，政府军把起义军全部杀死、起义失败。1850年6月，尼兹里的巴布教徒又发动武装起义。起义军声势浩大，所向无敌。

为了阻止巴布教徒们不断起义，1850年7月，伊朗国王下令处死巴布。

巴布被处死后，巴布教徒们并未停止起义，除了公开与政府对抗外，他

们还采用隐蔽手法进行活动，极大地动摇了伊朗政府的统治。

德里反英大起义

英国殖民者占领印度后，收买了大量的印度籍雇佣军为它统治印度服务。这些雇佣军虽然身穿英国军服，但对英国殖民者占领自己的祖国早已是满腹怨恨，他们也希望有一天能把殖民者赶走，获得国家的独立。

除士兵之外，印度社会各阶层包括不少封建王公们，对英国殖民者残酷剥削、压榨、肆意凌辱印度人民都含有巨大的不满情绪。

1856年，在印度农村中就开始传递烤烧饼，据说这也是反英起义的信号。印度士兵还组织了地下军人委员会。传递荷花，密谋反英活动。

德里反英大起义开始主要是在士兵范围内展开的，但它迅速带动了其他社会各界，掀起了印度人民反对殖民统治的高潮。

本来，印度雇佣军作为英国殖民者的侵略工具，为英国全面占领印度起到了巨大作用。但是，英国自从1849年全面统治印度之后，对雇佣军的政策与态度发生了很大变化，如遣散大批印度士兵，减少军饷，取消他们的免税权，命令印度士兵绝对服从英国军官等，他们还强迫印度士兵渡海或者是到伊斯兰教国家作战，使这些士兵丧失了原来的种姓。这些都激起了印度士兵越来越高的不满情绪。双方矛盾一触即发。

1857年，在印度士兵中盛行传说着一种违背民族教规的事情。原来，印度教不许教徒吃牛肉，而伊斯兰教不许吃猪肉，这是千百年来形成的教规。可是，英国人不管这些信仰，尽管在他们的雇佣军中，有不少信仰印度教，也有不少信仰伊斯兰教。可以说，雇佣军是由印度教徒和伊斯兰教徒组成的，按理英国殖民者应当尊重这两种教徒的信仰，但是他们自恃强大，根本不把这些教规教徒放在眼里，更不关心士兵们的信仰问题。所以，在印度士兵中，早就流传着英国人侮辱印度士兵，拿虔诚的信仰开玩笑的事情，广大印度士兵们是可忍无可忍了。

终于有了导火线，士兵们竞相传说，英国殖民当局新发下来的子弹涂上了牛油和猪油，因为子弹在使用时，必须用嘴咬开后盖，所以这无疑是让印度兵吃他们忌讳的东西。这年3月，印度的一个士兵名叫曼加尔·潘迪因与英国兵发生争执，打死了三个英国军官，次月，潘迪被公开处死。这两件事情成了德里大起义的导火索。他们约定，在5月31日举行全国性民族大起义。

但是，5月9日，一个突然事件发生了，它改变了原来的计划。这天德里附近密拉特城第三骑兵连的85名印度士兵公开拒绝英国殖民者所发的子弹。英国军官一气之下，把他们统统捆绑起来，带到操场上，当着其他士兵的面，硬把子弹塞到他们口中，而且嘴里不停地说着侮辱士兵的话：

"吃吧，吃吧，这是牛油、牛肉、猪油、猪肉，让你们吃个够，你们这群愚蠢的牛和猪，我看你们还敢不敢反抗。"说完哈哈大笑，笑声飞遍操场，强烈地刺激着每一个印度士兵的心。

百般侮辱之后，英军宣布了对这85名军人执行徒刑的命令，并立刻把他们送往陆军监狱囚禁。

印度士兵们再也忍受不了了，当夜他们立即决定：第二天起义。并派人通知各处士兵。

5月10日是个星期天，英国军官们正在教堂做祈祷，下午5点，印度起义士兵们突然呼喊着冲进教堂，把这里所有的英国军人杀了个干干净净。接着他们冲进英国官署和监狱中，痛击殖民强盗，救出了自己的同胞。之后，他们又冲进兵工厂和弹药库，把武器弹药分发给参加起义的所有人，一同向德里前进。

5月11日清晨，起义军到达了德里城外，英国军官立刻率军应战。两支部队迅速走到了一起，准备向对方开火。突然，起义士兵中的一个人看到对面来打自己的，全是印度人，只有军官才是英国人，他灵机一动，大声喊道："同胞们，我们是自己人，不要再替英国强盗卖命了，把枪口调过头去，对准英国人，打倒殖民强盗！"

"打倒殖民强盗，把英国人赶出去！"起义士兵们的呼喊声一浪高过一浪。"打倒殖民强盗，把英国人赶出去！"准备攻击起义军的德里士兵随即响应了起义士兵的要求，立刻把枪口朝向英国军官。

"呼""呼"，随着几声枪声，英国军官倒地身亡。两支起义队伍热烈地欢呼，然后汇合到一起，冲向德里城中。5月16日，起义军经过与英国军队的几天交锋之后，占领了德里城，把英国人赶出了德里城。起义者还组建了自己的政府。全国其他地方听说德里起义军打败了英国殖民者，也纷纷起来响应，不久，从东海岸加尔各答到西北边境的白沙瓦地区都摆脱了英国统治，重新回到了印度人民手中。

英国派驻印度的总督肯宁看到印度人民起义如燎原之火，便十分恐慌。他急忙召集驻印高级官员商议对策。

"肯贝尔将军，你看我们该怎么办？"肯宁向肯贝尔询问。"总督阁下，我们的军队分散到了印度各地，在这种情况下，很难马上集中起来，更何况，他们在各地还要继续执行任务。"肯贝尔在分析着，"如果把他们调遣回来，那么印度士兵势必会造成更大的声势，那样局势就会越来越不好办。"说完又叹息一声说："唉，我们真不该让印度人当兵，我们训练了他们，给他们吃的、穿的，现在反过来打我们！"

"好了好了，现在说这些还有什么用？"总督说，明显地对只会发牢骚的将军表示不满。"我问你，英国政府派来进攻中国的部队现在走到了哪里？"

这一句话问醒了将军肯贝尔，他立刻明白了总督的意思，连忙说："对对，用英国皇军，我怎么没想起来呢！"

"我的问题你还没有回答呢！"总督提醒道。

"啊，他们……已经到了新加坡。"

"赶快把他们召回！还有，驻守在伊朗的英军也要马上赶来增援，让他们在孟买登陆，从两路夹攻敌人，迅速打败他们！"

"是、是！"

得到将军的回答后，肯宁立刻请示英国政府，英国政府当然同意了他的意见。另外，总督又派人到阿富汗和尼泊尔去，带着金银财宝，重金利用那里的军队，让他们向印度起义部队开战。

9月3日，几路英军从不同方向进军到德里城下。然后与印度起义军发生战斗。但是连续10余日，未取得任何进展，德里仍牢牢地控制在起义军手中。

14日，英军以50门大炮猛轰德里，"嗵嗵"几声后，城墙"轰隆"一声倒塌了一大截，英军冲进城去。

守城印度士兵看到英军入城，便迅速隐蔽起来，趁英军潮水般地冲进来时，他们从各个隐蔽点向英军射击。随着"呼呼"的枪声，英国官兵一个接着一个地倒在血泊之中。英军入城之后，大肆杀戮印度人民。一支英军跑到一个清真寺前，一个穆斯林来不及躲避，被他们一枪打死。突然，从清真寺中冲出上千名穆斯林，个个手持钢刀，面对英军。英军连忙举枪射击，立刻有200多名穆斯林被他们打死，但其余的穆斯林勇敢地冲向敌人，与他们展开了肉搏战，结果，有几百名英军士兵被大刀砍死。

德里起义军与强大的英军顽强战斗了六天，最后被迫撤离。

这次战斗，共打死英军官兵5000余人，其中有两名将军，极大地动摇了英国在印度的殖民统治。

起义军撤出德里后，英国女王采用分化政策，颁布了保护封建主利益的文告，于是封建主部分投靠了英国殖民当局，转过头来镇压起义军。1859年，起义彻底失败。

约翰·布朗起义

1859年10月16日深夜，在美国弗吉尼亚州的一所僻静农舍里，17个白人和五个黑人挎着手枪、腰刀，手拿长枪，个个神情激动，其中有位年过半百的白人脸色苍白，不停地咳嗽，显然是有病，但两眼却炯炯有神。他看了看周围的人，严肃地说"弟兄们！拿起武器，我们马上向哈泼斯渡口进军，为解放我们的黑人兄弟血战到底，要用鲜血和生命实现这个神圣的事业！"

紧接着，这22个人出了农舍，迅速消失在茫茫黑夜之中。这位老人就是约翰·布朗，美国废奴运动中的英勇战士。那么，什么是废奴运动呢？这就需要我们了解19世纪中期美国的社会历史状况。

美国人赶走英国殖民者之后，建立了独立的美利坚合众国。但国内却存在着两种对立的社会制度，北方各州的资本主义工商业迅速发展，而南方各州仍然保留着奴隶制度。在南方各州的种植园中，棉花是主要产品，产量相当于当时世界总产量的四分之三，欧洲的纺织业几乎全靠美国供应棉花。种植棉花需要大量劳动力，而黑人毫无疑问是廉价的劳动力。为了追求利润、追求金钱，南方的奴隶主们疯狂地扩充奴隶制，到1860年，美国黑人奴隶已从建国初期的60万人增加到400万人。

在南方种植园里，黑奴过着牛马不如的生活，他们每天都要干18到20小时的活儿，还经常遭到奴隶主的毒打。他们像牲口一样在市场上被买卖，有时还戴脚镣在种植园里摘棉花。这种野蛮残酷的制度激起了黑奴的强烈反抗。黑奴们逃离种植园、杀死监工、焚烧种植园，甚至举行武装起义。同时，北方各州也掀起轰轰烈烈的废奴运动，广大工人、农民、黑人和有良知的资产阶级知识分子纷纷投入这一运动。他们到处演讲，印发书籍和各种小册子，揭露和抨击奴隶制，主张解放黑奴，废除奴隶制。

废奴主义者还建立"地下铁路",也就是秘密通道,像乘坐"火车"一样,把黑奴从南方蓄奴州分段护送到北方的自由州或转送到加拿大。

约翰·布朗也是"地下铁路"的积极参加者。他1800年生于美国康涅狄格州托林斯顿镇一个贫苦白人家庭。他的父亲就是一个坚决的废奴主义者,他的家就是"地下铁路"的一个中转站。因此,他从小就对蓄奴制深恶痛绝。长大后,他耳闻目睹黑人奴隶的悲惨遭遇,决心为反对奴隶制而战。他认真研究黑人的历史,了解黑人分布情况,积极参加地下铁路的工作,绘制奴隶逃亡图。后来,他意识到要想解放黑奴必须要用武装斗争。为此,他于1850年建立了一个黑人武装组织——基列人同盟。为以后的起义作了组织上的准备。1854年,在南方奴隶主的操纵下,国会通过了反动的《堪萨斯——内布拉斯加法案》,规定让堪萨斯和内布拉斯加两地区的居民自行决定他们自己居住的地区应为蓄奴州还是自由州。南方奴隶主组织了大批武装匪徒,企图用武力控制选举,建立奴隶制。北方的废奴主义者也拿起武器,来到堪萨斯,决心把这里变为自由州。双方展开了搏斗。一次,当废奴派正开会时,几百名蓄奴派武装匪徒突然闯了进来,当场杀害了许多人。堪萨斯处于恐怖中,眼看有成为蓄奴州的危险。

约翰·布朗听到这个消息,立刻行动起来。他虽年过半百,身体还有病,仍然像年轻人一样充满战斗的热情。他带四个儿子、女婿和另外几名勇士来到了堪萨斯。1854年5月24日夜晚,布朗带人闯进匪徒们巢穴,当场处死了杀害废奴主义者的五名凶手。随后,布朗带领手下的战士隐蔽在深山里,昼伏夜出,不断袭击蓄奴派的据点。匪徒们被布朗神出鬼没的游击队打得晕头转向。经过废奴派的斗争,堪萨斯终于成为自由州。

1859年,约翰·布朗来到弗吉尼亚州,他决定在这里举行武装起义,起义军要进攻的第一个目标就是弗吉尼亚西部的哈泼斯渡口。因为这里位于马里兰州同弗吉尼亚州的交界处,又是波托马克河和申南多亚河的汇合处,周围是群山、沼泽和丛林,地势十分险要,是南北交通要道。而且,那里还有一个很大的军火库,一旦夺到手便可把奴隶武装起来。他计划夺取哈泼斯渡口进入山区开展游击战,然后举行更大规模的武装起义,彻底推翻奴隶制。

这支仅有22人的小队伍,以无畏的精神勇猛地扑向哈泼斯,仅用了几个小时,他们便俘虏了全部驻军,控制了整个城镇,还擒获了当地的几个庄园主,派人把庄园里的黑奴都解放了出来。

这时,闻讯赶来的军队包围了他们。布朗和战士们被困在军火库里。尽管敌人的力量非常强大，约翰·布朗只有22个人，但他们不畏强暴，与对方展开了生死搏斗。经过两天一夜的激战，大部分起义战士壮烈牺牲了，其中包括布朗的四个儿子。布朗依然没有屈服，他镇定地站在一个死去的儿子身边，一只手紧握另一个即将死去的儿子的手，一只手还在拿枪向敌人射击。最后他身负重伤被俘。

审讯开始了。

"你是受谁的指使？"弗吉尼亚的州长怀斯厉声问布朗。"是上帝，是正义！"布朗满身是血，挣扎着站在怀斯面前昂然回答。

"你的目的是什么？"

"我要解放黑人奴隶，因为在上帝面前，他们同样是人。""你犯了杀人罪、煽动罪、叛国罪，难道你不知道吗？""我没罪，我在为正义而战！"

"你是疯子！"

"我认为你们才是疯子，你们南方人竭力维护这种野蛮残忍的蓄奴制，还相信它会永远存在下去这才是真正的疯子。"最后，约翰·布朗被判死刑，罪名是"杀人叛国，煽动黑奴叛乱。"

1859年12月2日，约翰·布朗在临赴绞刑架之前，挥笔留下了最后的遗言："我，约翰·布朗，现在坚信只有用鲜血才能清洗这个有罪的国土的罪恶。过去我自以为不需要流很多血就可以做到一点，现在我认为这种想法是不现实的。"约翰·布朗为黑人的解放事业献出了宝贵的生命，在他英勇就义的时刻，北方各州统统下半旗，高大建筑物上饰以黑色装置，教堂鸣钟致哀。

约翰·布朗虽然牺牲了，他的精神却鼓舞了更多的人，他们纷纷加入斗争的队伍，解放黑奴的呼声传遍美国的每个角落，不久，两种制度的决战——美国南北战争终于爆发了。

血战葛底斯堡

1861年2月，美国南方各州宣布脱离联邦政府，建立了一个"美利坚邦联"，这年4月，南方叛军攻占了联邦政府军驻守的萨姆特要塞，南北战争爆发了。

战争初期，由于林肯政府的妥协退让和北军指挥官的指挥失当，北军接连失利,首都华盛顿两次告急,而进攻叛军老巢里士满的北方政府军司令麦克米伦畏敌不前,贻误战机,在南方军队进攻下遭到惨败。

林肯总统忧心如焚,苦思良策,希望能扭转战局。"必须撤换麦克米伦将军!"林肯心里想,"但是谁来代替他呢?"林肯又犹豫起来,在办公室来回踱步,突然,他想起了一个人:米德,对,就是他!虽然他的军衔不过是个准将,但他有勇有谋,每次战斗都有突出的表现,一定能担负起重任。

1863年6月,林肯召见了米德。林肯看了看从战地匆匆赶来的米德,示意他坐下,米德却站得笔直,心里想知道总统召见他到底为了什么事。

"米德将军,我经过认真考虑,决定任命您为波托马克河军团司令,接替麦克米伦将军的职务,您有什么想法?"林肯说道。

"尊敬的总统,我非常感激您对我的器重,但您知道,我一直是麦克米伦将军的下属,现在要接替他的职务,恐怕……"。

"您的心情我能理解,但这是战争的需要。你是个优秀的军事指挥官,这谁都知道,至于麦克米伦将军,他太令我失望了。去年他带领10万大军沿波托马克河而下,本来可以拿下叛军的首都里士满,结果怎样呢?他对南方叛军有恐惧心理,停滞不前,被叛军司令罗伯特·李打得险些全军覆没。后来,在安提塔姆溪,当罗伯特·李退却时,他应当追击,但他竟按兵不动,白白把敌人放跑了。"林肯一边说一边在办公室来回走了几步,显得有些激动。

米德一直认真听着总统讲话,不时点一点头。

林肯在沙发上坐了下来,以充满信任的口吻说:"你和麦克米伦完全不同,你是一位勇敢的将军,我相信你能胜任。""我服从总统的命令,我将尽我所能去干。"米德终于同意了。

林肯满意地点点头,然后又说:"我将给你8万人,另外库奇将军指挥宾夕法尼亚洲的 30 个民团和纽约州的 19 个团，和你协同作战，他听你指挥。"

"库奇是位英勇善战的将军。"米德兴奋地说。

"当然，你们这次进攻的目标不是里士满，而是罗伯特·李，你们要寻找有利的战机和他的主力决战，争取彻底击垮他的军队。我等候你们的好消息。"

米德告辞了总统，然后和库奇取得了联系，两人研究作战计划，寻找破敌的机会。

南方叛军司令罗伯特·李这时正率 10 万大军，250 门大炮，从南向北打来，一路之上战无不胜，其势不可挡。这一天，他听说波托马克军团司令变成了米德，不屑一顾地说："哼！米德，还有库奇，等着瞧吧。我要像踩死一只蚂蚁一样，把他们碾个粉碎！我要攻下哈里斯堡、巴尔的摩、费城、华盛顿！"

1863 年 7 月 1 日，米德和库奇在华盛顿以北 200 公里的小镇葛底斯堡设下埋伏，准备在这里痛击罗伯特·李的叛军。他们早已了解到罗伯特·李的军队远离南方，缺乏给养，华盛顿北部的重镇费城有北方军队的军需仓库，还有大量的食品，是罗伯特·李进攻的首要目标，而葛底斯堡是通往费城的必经之地。

一切准备就绪之后，他们严阵待，等着敌人进入伏击圈。大约上午 9 点钟，侦察兵忽然来报告：前方不远发现敌人一支部队。

"有多少人？骑兵还是步兵？"米德问。

"大约 3000 人，主要是步兵，有少量骑兵，还带着几门大炮。"

此时，南方叛军还没发现米德的部队。正向葛底斯堡进发。突然一阵巨响，埋伏在山边的北方军大炮开火了，紧接着雨点般的子弹向南军射来，转眼之间，南军被打得人仰马翻，一部分残兵丢下枪支，没命奔逃。

原来，这支部队是罗伯特·李的先头部队，此时，他离葛底斯堡还有 10 公里。他根本没把米德部队放在眼里，骑在马上悠闲地欣赏自然美景。忽然，前方传来隆隆的大炮声，他连忙举起望远镜，只见前面山林中开起团团硝烟，他知道遇上了敌人。立即督促部队加速前进。

罗伯特·李命令 1.5 万名士兵猛攻北军左翼。南方军队在炮火配合下，在一片呐喊和马蹄声中猛冲过来。指挥左翼北军的库奇立即命令 20 门重炮对准扑过来的骑兵轰击，一匹匹战马嘶叫着摔倒在地，后边冲过的骑兵又践踏

着摔倒在地的南军士兵。南军阵地上血肉横飞,一片混乱。1.5万人顷刻间死伤过半,罗伯特·李眼看情形对自己不利,只好下令撤退。

第二天清晨,罗伯特·李首先集中自己的大炮猛烈轰击库奇的阵地,又发起了两次冲锋,很快就被库奇击退。北军正准备反击南军的又一次进攻,却半天不见敌人的动静,只见不远处山林中有军旗飘动,库奇估计罗伯特·李正在组织更大规模的进攻。但这次他错了,罗伯特·李其实是声东击西,早把主力部队悄悄运动到北军右翼,出其不意地向那里的北军发动了攻击。双方在这里展开了激战,北军凭借地形有利打退了敌人的多次进攻,战场上到处都是南军的尸体,而北军也伤亡惨重。

罗伯特·李从未遇见如此顽强的对手,进攻接连受挫,使他以前的傲慢自大全消失无踪,他怒气冲天,命令200多门大炮同时向右翼的北军开火,炮弹像冰雹一样落在联邦军的阵地上,山上的石头被炮火击中,掀了起来,呼啸着向空中飞去。紧接着5000骑兵像一阵狂风一样刮向北军阵地,骑兵的后面是3万多步兵像潮水一样涌了上来。双方在阵地前进入肉搏战,喊杀声使大地都震颤起来。到下午3点钟,南军突破了北军的右翼阵地,但也付出了惨重的代价。但不管怎样终于夺取了北军的阵地,罗伯特·李这时才稍感轻松一些。夜幕渐渐降临了,战场上一片沉静,经过两天激战的南军士兵疲倦不堪,尽管山上蚊虫成群,他们还是很快睡着了。不知睡了多长时间,他们突然被一阵喊杀声惊醒,朦朦胧胧中只见山上到处都是火光,北方军队已经冲上了阵地,许多人还没弄清楚怎么回事就永远躺在了地上。原来,米德抓住罗伯特·李一贯轻敌的毛病,决定趁其不备,半夜偷袭,果然一举成功。白天失去的阵地又重新夺了回来。

7月3日,罗伯特·李急躁起来,连续两天遭受沉重打击,对于他来说是从来没有的事,而且南军的给养、弹药都急需补充,如果这样僵持下去,对自己非常不利,必须尽快击溃米德,然后就可以挥师费城,在那里可以得到军需品,还能让疲惫的部队休整几天。他决定孤注一掷,继续猛攻北军,这一天的战斗空前激烈,阵地几次易手,战马和士兵的尸体满山都是,山间小溪都被鲜血染红了。战斗一直持续到当晚10点钟,南军支持不住了,再也没有力量进攻。米德立即把前线胜利的消息报告给了林肯总统。

7月4日,林肯发表了讲话,说:"葛底斯堡成了奴隶主军队的坟墓。至7月3日晚10时,光荣的波托马克军团,取得了辉煌的胜利。"

7月4日夜间,罗伯特·李连夜渡过波托马克河,率残部仓忙退却。

葛底斯堡大战，南方军队伤亡近3万人，北方军队也死伤2.3万人，这是内战中规模最大的一次战斗，也是内战的转折点，从此，南方军队由进攻转入防御，北方的最终胜利只是时间问题。

弗吉尼亚大会战

1864年3月9日，一名矮个子将军走进美国总统林肯的办公室，他有点不修边幅，粗率中显出庄重，手中拿着一支雪茄不停地吸着。

"这就是尤利塞斯·格兰特。"办公室里的人小声议论起来。

"天哪，他真像一个扫马圈的农民，根本不像一位将军！""真难想像就是他在唐纳尔逊堡击溃了艾伯特·西德尼·约翰斯顿，在维克斯堡又大败约翰·彭伯顿！"

"不过，他可不是罗伯特·李的对手。"

"我相信只有他才能与罗伯特·李相匹敌，我敢打赌，他能打垮罗伯特·李，他身上有种非达目的不肯罢休的坚韧不拔的劲儿，怪不得总统信任他。"

格兰特听见了人们的议论，他一点儿也不放在心上，别人说什么不会对他有什么影响。他径直向林肯走去。

"格兰特将军，您终于来了。"林肯马上迎上来和他热情握手。

"见到您，我深感荣幸，总统先生。"格兰特第一次来到华盛顿，第一次见总统，他觉得林肯身上有伟人的气质，有常人没有的智慧和洞察力，心中对林肯总统非常敬仰。

"格兰特将军，这场战争已经打了三年，我们赢得了一些胜利，但都不是决定性的最后胜利。我们最主要的对手是罗伯特·李和他的北弗吉尼亚兵团。他的队伍虽然在葛底斯堡被击败，但他最终还是渡过了波托马克河退回了弗吉尼亚，在那里又重新组织起了强大的兵团。"林肯说。

"罗伯特·李是位杰出的将军，他的确不容易对付。"格兰特说。

"我把您请到华盛顿来，就是要告诉您，我任命您为陆军中将和联邦政府陆军总司令。"

"非常感谢总统的信任。"

"罗伯特·李的部队现在集结在弗吉尼亚北部、拉皮丹河以南、弗雷德里克斯堡以西的荒野和丛林地区。我命令你亲自率波托骑兵团,在这一地区和他决战,务必彻底击溃他的弗吉尼亚兵团。"

"我将竭尽全力,不惜牺牲自己的生命来执行总统的命令。击垮罗伯特·李。"

"格兰特将军,我相信你必将负起责任和有所作为。再见。"

格兰特告别总统,立即制定作战计划,他脸上的神情好像要去撞一堵墙,而且一定要把墙撞倒。

1864年5月4日,格兰特指挥10万大军,穿越地形复杂的荒原,向罗伯特·李发动了攻势。罗伯特·李派朱巴尔将军率一部人马绕道袭击格兰特侧翼,格兰特一面应战,一面改变阵势,但他的庞大兵团在稠密的丛林里调度有些困难。双方激战两天,互有胜负,打成平局。格兰特现在知道,他面对的是和约翰斯顿或彭伯顿气质大不相同的将军,罗伯特·李也发现,波托马克兵团已得到了堪当其任的统帅。

接着,格兰特试图包抄敌人左翼,但是他的队伍在行军时扬起的尘土,使罗伯特·李发现了他的意图。当他的先头部队到达斯波斯西尔法西尼亚时,罗伯特·李已在那里严阵以待了。格兰特的部队立足未稳,南军就用骑兵发起了攻击,北军先头部队立即溃败,这时,后续部队赶到,击退南军。双方急忙构筑工事,挖掘战壕。这样相持了五天。格兰特随即调动他的左路部队,试图包抄李的右翼,北弗吉尼亚兵团却已又在那里等待他了,而且阵地选择得很好,并筑起了堡垒,格兰特不得不相机行事,安全撤退,继续向侧翼转进,罗伯特·李也跟着他转移,一同来到盖恩斯磨坊。

双方军队在盖恩斯掘战壕对峙,阵线长达8英里。6月1日,北军全线出击，被李击退。两军在这里对峙了十天，都没进展。两军阵线之间尸体遍地，在炎热的夏季开始腐败，受重伤的士兵躺在那里默默地渴死、饿死、失血而死。最后，北军发动了一次最勇猛的攻击，他们在跳出堑壕冲向敌人之前，各在背部用针别上一张纸条，写明自己姓名和籍贯，以供死后认尸。结果，南军阵线被打开缺口，罗伯特·李指挥部队开始撤退。

格兰特在一个月内，把战线向敌方推进了近100英里。但这时，他伤亡已达6万人，罗伯特·李也损失了3万人。北方新兵不断补充进波托马克兵团，罗伯特·李却没有源源不断的补充兵员，他开始收缩阵线。6月12日，格兰特开始把指挥部移往詹姆斯河，他用小股部队吸引住罗伯特·李，而把主力趁机用船运过詹姆斯河。这时，他本可以挥军进入没设防的彼得斯堡，从而由侧面包围南方首都里士满，但他失去了机会。罗伯特·李由内线溜进堡内，及时挖好了堑壕。格兰特连续发起三次总攻，都被南军击退，双方又形成对峙局面。格兰特没有足够的大炮攻破彼得斯堡防线。他制定了一个叫"火山口之战"的计划，偷偷挖掘地道通向南军阵线，想在坚固的城墙下面埋炸药进行爆破。但罗伯特·李识破了他的意图，已挖好的地道被南军发现，他们及时封住了地道，北军士兵有许多人被埋在了地下。格兰特认识到，短时间内攻破彼得斯堡是不可能的，他决定围困住罗伯特·李，等待时机。

格兰特和罗伯特·李在彼得堡郊外的漫长阵线整整对峙了9个月。围攻开始时，双方兵力不相上下。但到了1865年3月中旬，格兰特兵力已达11万人，而罗伯特·李只有5万人。如果罗伯特·李不及时撤退，就可能被彻底包围，全军覆没，但如果他放弃彼得斯堡，里士满就会立即陷入重围。罗伯特·李试图先攻打北军左翼，打破对彼得斯堡的围困，但遭到惨重失败。这时，谢里登指挥的北军从谢南多亚河谷出击，横扫弗古尼亚，又成功地击退了罗伯特·李的右翼。4月2日，格兰特突破了南军的中部防线，罗伯特·李唯一的希望就是向西撤退与约翰斯顿会合了。

4月2日夜，罗伯特·李的军队悄悄撤出彼得斯堡。格兰特于4月3日进入里士满，接着毫不停留地追击罗伯特·李。谢里登及时堵住了南军向南逃窜的通路。4月9日，谢里登又挥师占领了向西的唯一通路，罗伯特·李无路可走了。

罗伯特·李下令竖起一面白旗，请求与对手会谈。在阿波马托克斯法院小村一所房子里，两位美国内战中最伟大的将军见面了。罗伯特·李穿上了披挂全新的军装，挎着镶嵌宝石的指挥刀；格兰特穿着士兵服，纽扣没有扣

上,也没有带指挥刀。格兰特眼看着英勇的对手心情悲哀而沮丧,这是英雄惜英雄的感情。

格兰特亲手写下了投降条件,双方签字。会谈结束后,罗伯特·李在门口停留了片刻,眺望门外到处飘扬着星条旗的一片田野。他一手握拳,缓慢地在他那只戴着长手套的掌心里击了三下。他骑上他的战马"旅客"走掉了。

北军发出震天的欢呼。

历时四年的美国内战,终于以北方的彻底胜利而告结束。

马赫迪大破英军

苏丹境内的白尼罗河,是一条美丽的河流,河水清澈透明,两岸树木野草翠绿茂盛,异常迷人。但伊斯兰教徒们却无心欣赏这如诗如画的家乡风景,他们正急匆匆地赶往阿巴岛教堂听一位阿訇宣读教义。

这是1881年8月中旬的一天,这时苏丹正被英国殖民军所占领。

"我是马赫迪,我要把你们从痛苦中拯救出来,我要使你们摆脱苦难,获得幸福的生活。受苦受难的苏丹人民,站起来吧,让我们携起手来,赶走英国强盗!"

不少伊斯兰教徒,还未走进教堂,就听到了马赫迪的声音,他们异常激动地在倾听着,那么多人拥在这个教堂里,竟没有一点声响。只听马赫迪接着说:

"我要带领你们建立一个普遍平等、处处公正的美好社会。要消灭社会上不平等的差别,要消灭邪恶势力。宁拼千条命,不纳一文钱,这就是我们的信条!"

人们热烈欢呼着马赫迪的宣讲,非常振奋。随即马赫迪宣布:开始圣战!

那么,这个马赫迪真是救世主吗?当然不是,他的真名叫穆罕默得·共哈迈德。因为出身贫寒,所以能够体会到社会下层人民所遭受的苦难。他从小就立下壮志,要赶走英国侵略者,但是,用什么办法才能有效地团结其他人共同抗英呢?

经过认真准备,他决定以马赫迪的名义领导人民起来斗争。

马赫迪的这种做法,果然收到了明显的效果,不少伊斯兰教教徒来到了他的身边，准备跟着他同英国人作斗争。当马赫迪在利用教义来宣传抗英斗争时，英国人也闻讯而来，但是，他们不是来听讲的，而是来逮捕这些信徒的。马赫迪正想带领他的信徒去和英军比试比试。于是，双方在阿巴岛上展开激战，结果打死了100多敌人。

初战告捷，马赫迪和他的信徒们非常高兴，于是，他们正式宣布起义。马赫迪先把他的起义军带进山区，他们在卡迪尔山建立了根据地。这时他的起义军已发展到了近5000人。

1881年12月，苏丹总督指使拉希德率1400多名"讨伐军"偷袭马赫迪起义军根据地，马赫迪率起义军预先埋伏在"讨伐军"所经过的山路周围，当拉希德带兵正自鸣得意，以为可以消灭起义军时，马赫迪命令军队堵死各要道，然后亲率士兵冲下山去。"讨伐军"仓促应战，结果，全部被歼灭。1882年4月，新上任的苏丹总督盖格勒又派遣尤来福·沙拉得率3500人攻击卡迪尔起义军，当这支部队长途跋涉、立足未稳之时，马赫迪统帅起义军连夜奇袭，取得成功，全歼了这支敌军。

这两次战役，马赫迪大获全胜，缴获了大批武器弹药，同时，大大增强了苏丹人民的抗英信心，起义队伍迅速壮大。1883年1月，起义军攻下苏丹第二大城市乌拜依德，这时，起义队伍已发展到3万余人。9月，英政府派希克斯率领万人大军再次征伐起义军，希克斯除了1.1万人的埃及远征军之外，还有14门大炮、6挺机枪、500匹战马和5500头骆驼，规模庞大，气势汹汹。而马赫迪仅有3万人马，力量悬殊。

希克斯在进军乌拜伊德途中，一路上困难重重，因为水井已被起义军早先封填，所以英军唇焦口干，疲惫不堪。到了乌拜伊德附近，希克斯把军队分成三大块，第一部分人马在前开路，后面是并行的两部人马，他以为这样可以前呼后应，稳扎稳打。

马赫迪早已得到了英国行动的消息，并时刻派人跟踪打听英军部署与动向。当他看到英军越来越近时，就在英军要走的希甘森林空地四周埋伏下了层层部队和重武器。然后派遣一支小部队迎击敌人，另派一支5000人的队伍绕到敌后夺取敌人辎重。一切安排就绪之后，马赫迪返回埋伏区准备痛击敌人。

1883年11月5日，希克斯摇头晃脑地呵斥着他的部队，要求部队保持镇静，以便不让起义军发觉，他还认为他的行动非常秘密呢。他命令部队连夜行军，凌晨时分到达了乌拜伊德地区。刚走进一个小山坳，就遇见了一股起义军，这支起义军故意袭击了希克斯，然后调头就跑，希克斯不知是计，下令追击。但追着追着，起义军就无影无踪了。希克斯大怒，下令一定要找到这帮人。正当他们为找不到人而着急时，又一股起义军在英军前方放了几枪，希克斯战刀一挥"给我追！"于是大队人马飞速向前。结果又是没追着。这样，敌人慢慢地就进入了马赫迪的埋伏区。

天亮以后，英军看到了一片开阔地，希克斯便下令英军稍事休息。疲惫的英军得令，纷纷坐的坐，躺的躺，横七竖八。

还未等英军喘过气来，只听"砰"的一声枪响，惊起了尚未坐下的士兵。希克斯连忙向四周遥望，他的头刚抬起来，"砰砰砰"一连串的枪声响了起来，紧接着，起义军像天兵天将似的，一下子从天而降，包围了希克斯的军队。希克斯一看大惊失色，连忙命令士兵投入战斗，但是已经晚了。马赫迪率军拼杀，刹那间，英军死的死，伤的伤，尸横遍野。连希克斯本人也被起义军打死了。

这次战斗，起义军只以很小的代价，取得了最后胜利。乌拜依德战役，是马赫迪起义的一个重要转折点，自此之后，起义军所向无敌，连战皆胜。不久就占领了苏丹大部分地区，首都喀土穆成了一座孤城。

乌拜伊德战役更使英国政府震惊，他们为了挽回败局，又派了一大刽子手戈登担任苏丹总督。

1884年2月，戈登到达苏丹，先是用收买的办法，任命马赫迪为科尔多瓦省的省长，但马赫迪却劝戈登投降起义军。戈登看到劝降不成，便加紧备战，同时，他向伦敦发出了一封紧急求援的电报。

马赫迪已经等不及了，他于3月16日率军攻占喀土穆北部地区，切断了戈登的退路。接着，派军队包围了喀土穆。为了使敌人投降，起义军采用了围而不攻的战术，切断了敌人与外界的一切联系。马赫迪希望英军因饥饿而束手就擒。果然，长时间的围困，英军不但面黄肌瘦，有不少人还开了小差。

10月，马赫迪率军抵达离喀土穆不远的恩图曼城下。马赫迪写信给戈登，要求戈登投降。但戈登不予理睬，因为他已得到消息，英国援军已从埃及出发，马上就会到达喀土穆。马赫迪决定，在英援军到达之前攻城。

12月14日马赫迪紧缩包围圈，炮弹在戈登身旁呼啸而过，戈登内心异常恐慌，他在一封求援信中呼喊道："我们的末日就要来了，上帝啊，快救救我们吧！"

1885年8月26日凌晨，起义军向喀土穆发动总攻，成千上万起义军像潮水一样冲进城内，经过短时间作战，起义军终于占领了喀土穆。

戈登看到大势已去，便准备下楼逃跑。一个起义军战士见状，大喝一声："哪里跑？"只听"扑哧"一声，起义军的长矛刺中了戈登的心窝。戈登来不及哼一哼，便一头栽到楼下死了。

随即，起义军解放了喀土穆。为期四年的马赫迪武装起义宣告成功，他们建立了统一的伊斯兰国家——马赫迪王国。

"倒幕"运动与明治维新

19世纪后半期，继欧洲和美洲的资产阶级革命之后，亚洲的日本也出现了一次在政治、经济、思想文化等领域的全面革新运动。这场以推行资本主义新政为目的的资产阶级革新运动，开始于明治年间，所以史称"明治维新"。

日本过去是一个闭关自守、封建落后的国家。这个国家号称"神国"，是所谓"诸神保护的国家"。天皇就是神的化身，他对自己的臣民拥有至高无上的权力。"忠君报国""效忠天皇"的思想一直是日本封建社会的最高道德准则。

到了1603年，德川家康消灭了各地的割据势力，取得了"征夷大将军"的称号，在江户设置了幕府，建立了德川家族的一统天下。在德川幕府统治下，日本名义上的首脑是天皇，但实权已落在德川家族的手中。当时幕府将军把持着全国最高土地所有权，直辖约占全国耕地总面积的四分之一，是最大的封建领主。并且还掌握着全国的商业城市和矿山，垄断着对外贸易，控制了国家的经济命脉，在政治上，德川幕府名义上是"大将军"，实际上自称"大君"，对外代表国家，对内主持政府，大权独揽。最典型的是，幕府并不设在首都，而在江户办公，处理国家大事，往往自作主张，根本不把天皇放在眼里。

为了加强自己的统治，德川幕府任意掠夺土地，并把这些分封给270家叫做"大名"的封建领主。各地大名必须宣誓效忠将军，遵守幕府法规，听从调遣。大名的领地和统治机构叫做"藩"，意即幕府的屏障。并按亲疏关系，把200多个藩分为亲藩、内藩和外藩，将军依靠亲藩、内藩，对边远的外藩大名严加防范。大名又把自己的领地分割成更小的单位分赐给自己的家臣,他们属于将军和大名之下,被称做武士。这些武士一般是职业军人,拥有佩刀的特权,杀死平民可以不受惩罚,是幕府将军统治人民的主要工具。

除此之外,幕府将军又按照"士、农、工、商"四民的次序,被划在武士之下,受到等级身份制度的严格限制。另外,还有30多万被称做"非人"和"秽多"的贱民,他们被排斥在士、农、工、商之外,过着悲惨的生活。

为了更加巩固自己的统治,幕府一方面拼命鼓吹迂腐的儒家思想,尤其把宋朝理学家朱熹的演说定为国学,禁锢人民的思想,压制他们的反抗情绪;另一方面,推行闭关自守的"锁国"政策,不同其他国家建立任何关系,把整个日本严密地封闭起来。

德川幕府以为这样一来就可以长治久安了。可他万万没有想到,18世后期,随着商品经济的发展,出现了新兴的地主阶级和商业资本家,他们为了争得政治上的地位,摆脱封建统治,对幕府制度产生强烈的不满。而广大的人民群众不堪忍受苦难的生活,反抗的情绪也日趋高涨,接连爆发无数次农民起义和市民暴动。这些反抗斗争,严重地动摇了幕府的统治。

正当幕府惶惶不可终日之时,西方殖民主义列强大举入侵日本。1853年,美国海军将领柏利率领舰队两次闯进江户湾,迫使日本开港通商。幕府屈服于列强的炮火,连续与列强签订了很多不平等条约和关税协定,出卖国家主权和民族利益。大批农民和手工业者因为外货的倾入而纷纷破产,日本人民受到双重的压迫和剥削,处境更加痛苦。民族矛盾和阶级矛盾迅速激化,一场推翻封建幕府,争取民族独立的斗争迫在眉睫。

1865年12月,长州藩讨幕派高杉晋作率领以农民为主体的"奇兵队"击败保守派,夺取了藩政权。随后,萨摩藩讨幕派西乡隆盛、大久保利通等人也控制了藩权。不久,这两股力量结成讨幕联盟,成为全国讨幕运动的核心,他们一方面实行政治、经济改革,以调动农民、商人和中下级武士的积

极性;另一方面,在军事上武装自己,购置大量的西方先进武器,与幕府军队抗衡。

这一年的12月,压制讨幕派的孝明天皇去世,不满15岁的明治天皇即位。这时,宫廷形势开始向有利于讨幕派方面发展。1867年10月,萨摩、长州、安艺三藩讨幕派在京都召开秘密会议,决定利用年幼的明治天皇的名义武装倒幕。他们一方面扩充兵力,另一方面秘密同天皇取得联系,准备发动宫廷政变,把德川将军赶下台去。

明治天皇虽然年幼,可颇有见识,对幕府把持朝政也十分不满,当即答应与讨幕派联合起来,推翻幕府统治。于是,就写了一份"讨幕密诏",交到大久保利通他们手里。

大久保利通等人接到密诏,欣喜若狂,赶紧打开细细观看,只见上面写着:

"不讨此贼,何以上谢光帝之神,下报万民之深仇!"大家高兴地叫起来:"天皇英明!天皇万岁!"

紧接着,他们便召集讨幕派的重要人物,于1867年10月上旬的一天,在京都天皇宫中的一间书房里,商量具体的对策。

"我们有天皇的诏书在手,可以说是出师有名啊!"一个武士得意地说道。

"对!有这份诏书,看德川庆喜还有什么招术!"另一个信心十足地应和道。

此时,门外突然闯进一个宫廷侍卫,气喘吁吁地说道:"诸位大人,德川庆喜刚刚见过天皇,主动请求辞去将军的职位,把政权交还给天皇了!"

原来,德川庆喜听到风声,觉着形势对己不利,决定先发制人,主动辞职,以免与改革派正面冲突。

西南各诸侯怎能相信德川庆喜会轻易把政权交出,一眼就看出这是对方的缓兵之计。大家讨论一番,一致同意以武力解决问题,给德川庆喜一个措手不及。

于是,他们调兵遣将,很快把自己的部队调集到京都附近,准备发动宫廷政变。

1868年1月3日,西南各诸侯率兵包围皇宫,解除德川幕府驻后宫警卫队的武装。他们簇拥着年少的明治天皇,召开御前会议,宣布"王政复古",

大权全归天皇掌握。明治天皇随即颁布诏书，决定建立由他领导的新的中央政府，并委派西乡隆盛和大久保利通这些改革派主管政事。

德川庆喜连夜逃出京都，退居大阪，集中了全部兵力，杀气腾腾地向京都进犯。他们打着"解救天皇，清除奸臣"的旗号，兵分两路，准备以钳形夹击京都。

大久保利通、西乡隆盛、木户孝允寿人以萨摩、长州、安艺诸藩的武装，在京都附近的鸟羽、优见两地迎击幕府军。明治天皇亲自到阵前督战，大村益次郎率领的5000名装备精良的政府军，早已占据有利地形，架起了巨炮，静等幕府军的到来。

夜半时分，两军相遇，双方展开了大厮杀，只听炮声隆隆，杀声震天。幕府军虽然人数众多，但军心涣散，士气很低，刚一接触，便四处溃逃。而政府军却斗志旺盛，以一当十越战越勇。

与此同时，改革派还提出"减免租税""四民平等"口号，把农民和商人都争取到自己一边，以壮大自己声势。因此，由三井等富商资助的各种军用物资，源源不断地由市民群众送到前线，并有许多市民找出土枪、土炮直接参战。幕府军早已不得人心，面对铺天盖地而来的政府军和百姓，早已吓得魂不附体，纷纷投降。德川庆喜看到大势已去，长叹一声仓皇撤退，逃到江户。

政府军不给对方以喘息之机，跟踪幕府残军，迅即包围江户。

德川庆喜看到自己的军队已经瓦解，江户的居民又不拥护自己，再战只有死路一条，于是决定放下武器，向天皇投降。随后，政府军便开进江户，这样，统治日本长达200多年之久的德川幕府垮台了。

1868年三、四月间，明治政府先后颁布了《五条誓文》和《政体书》，从而提出推行资本主义新政的基本方针，从1868年~1873年，开展了大刀阔斧的维新运动。

维新运动的主要内容是，收回封建地主领地、取消封建身份级制、扶植资本主义工商业、破除封建主义旧文化。这些有利于发展资本主义的改革措施，使日本走上了资本主义道路，摆脱了沦为殖民地的危机，由一个落后的封建社会，逐步转变为独立的资本主义强国。

但是由于当时日本资本主义的发展水平不高，资产阶级的力量较为软弱，尚未形成独立的政治力量，因而国家的领导权落在中下级武士手中，他

们虽然资产阶级化了,但仍保留着浓厚的封建主义因素,使它日后逐步发展成为军事封建的帝国主义。

飞机的发明者莱特兄弟

1877年冬天,一场大雪降在美国的代顿地区,城郊的山冈上到处是白茫茫一片。一群孩子来到堆着厚厚白雪的山坡上,乘着自制的爬犁飞快地向下滑去。山坡上顿时响起阵阵笑声。

在他们旁边,有两个男孩静静地站着,眼睁睁地看着欢快的爬犁从上而下划过。大一点的男孩叹道:"嗨!要是我们也有一架爬犁该多好啊!"

另一个孩子撅着嘴说道:"谁叫我们爸爸总不在家呢!"他灵机一动,又接着说道:"哥哥,我们自己动手做吧!"被称做哥哥的男孩一听,顿时笑了起来,愉快地说道:

"对呀!我们自己也可以做。走,奥维尔,我们回去!"于是,两个孩子一蹦一跳地跑下山坡,向家里飞快地跑去。

这弟兄两个就是莱特兄弟,大的叫威尔伯,小的便是奥维尔。他们从小就喜欢摆弄一些玩意,经常在一起做各种各样的游戏。他们的爷爷是个制作车轮的工匠,屋里有各种各样的工具,弟兄两个把那里当作他们的乐园,经常跑去看爷爷干活。时间一长,他们就模仿着制作一些小玩具。因此,弟兄两个决定,这次要做架爬犁,拉到山坡上与同伴们比赛。当天晚上,弟兄俩就把这种想法告诉了妈妈。妈妈一听,非常高兴地说道:"好,咱们共同来做吧!"

于是,弟兄俩跑到爷爷的工作房里,找到很多木条和工具,不假思索就干了起来。

"不行"妈妈阻止他们说,"干什么事情得有个计划,我们首先得画一个图样,然后才做!"

弟兄俩个明白了这个道理,就同妈妈一起设计图样。妈妈首先量了兄弟俩身体的尺寸,然后画出一个很矮的爬犁。"妈妈,别人家的爬犁很高,为啥你画的爬犁这么矮?这能行吗?"弟弟奥维尔不解他问。

"孩子,要想叫爬犁跑得快,就得制成矮矮的,这样可以减少风的阻力,速度也就会快多了。"妈妈温和地解释道。弟兄俩这才明白,干任何事情都

不应莽撞,应首先弄懂道理。

过了一天,莱特兄弟的矮爬犁做成了。弟兄俩把它推到小山冈上,刚放在山坡上,就跑来了一个男孩。

"快来看呀,莱特兄弟扛了一个怪物!"这个男孩大惊小怪地叫道。

不一会儿,孩子们都围了上来,指手画脚地议论着这个怪模怪样的东西。莱特兄弟不以为然,勇敢地说道:"谁和我们比赛!"

先前跑过来的男孩连忙叫道:"我来!我来与他们比赛!"说完,就把自己爬犁拉了过来。

比赛结果,当然是莱特兄弟获胜,孩子们再也不嘲弄这个爬犁,反而围起来左瞧右看,似乎想从中找到什么。

莱特兄弟非常高兴,带着胜利的喜悦回家去了。

圣诞节到了,爸爸也从外地回来。圣诞节早晨,爸爸把礼物送给了他们,兄弟俩急不可耐地打开一看,是一个不知名的玩具,样子好怪好怪的。

爸爸告诉他们,这是飞螺旋,能在空中高高地飞去。"鸟才能飞呢!它怎么也会飞!"威尔伯有点怀疑。

爸爸笑了一笑,当场做了表演。只见他先把上面的橡皮筋扭好,一松手,它就发出呜呜的声音,向空中高高地飞去。兄弟这才相信,除了鸟、蝴蝶之外,人工制造的东西,也可以飞上天。于是,弟兄俩便把它拆开了,想从中探索一下,它为何能飞上天去。

从这以后,在他们的幼小心灵里,就萌发了将来一定制造出一种能飞上高高蓝天的东西。这个愿望一直影响着他们。1896年,莱特兄弟在报纸看到一条消息:德国的李林塔尔因驾驶滑翔机失事身亡。这个消息对他们震动很大,弟兄俩决定研究空中飞行。

这时候,莱特兄弟开着一家自行车商店。他们一边干活挣钱,一边研究飞行的资料。三年后,他们掌握了大量有关航空方面的知识,决定仿制一架滑翔机。

他们首先观察老鹰在空中飞行的动作,然后一张又一张地画下来,之后才着手设计滑翔机。1900年10月,莱特兄弟终于制成了他们第一架滑翔机,并把它带到离代顿很远的吉蒂霍克海边,这里十分偏僻,周围既没有树木也没有民房,而且这里风力很大,非常适宜放飞滑翔机。

兄弟俩用了一个星期的时间,把滑翔机装好,先把它系上绳索,像风筝那样放飞,结果成功了。然后由威尔伯坐上去进行试验,虽然飞了起来,但只有 1 米多高。

第二年，兄弟俩在上次制作的基础上，经过多次改进，又制成了一架滑翔机。这年秋天，他们又来到吉蒂霍克海边，一试验，飞行高度一下子达到 180 米之高。

弟兄俩非常高兴，但并不满足。他们想能否制造一种不用风力也能飞行的机器？

兄弟俩反复思考，把有关飞行的资料集中起来，反复研究，始终想不到用什么动力，把宠大的滑翔机和人运到空中。有一天，车行门前停了一辆汽车，司机向他们借一把工具用用。来修理一下汽车的发动机。弟兄俩灵机一动，能不能用汽车的发动机来推动飞行。

从这以后，弟兄俩围绕发动机动开了脑筋。他们首先测出滑翔机的最大运载能力是 90 公斤，于是，他们向工厂订制一个不超过 90 公斤的发动机。但当时最轻的发动机是 190 公斤，工厂无法制出这么轻的发动机。

后来，一名制造发动机的工程师知道了这件事情，答应帮助莱特兄弟。过了一段时间，这位工程师果然造出一部 12 马力、重量只有 70 公斤的汽油发动机。

弟兄俩非常高兴，很快便着手研究怎样利用发动机来推动滑翔机飞行。经过无数次的试验，他们终于把发动机安装在滑翔机上，不过是在滑翔机上安上螺旋桨，由发动机来推动螺旋桨旋转，带动滑翔机飞行。

1903 年 9 月，莱特兄弟带着他们装有发动机的飞机再次来到吉蒂霍克海边试飞。虽然这次试飞失败了，但他们从中吸取了很多经验。过后不久，他们又连续试飞多次，不是因为螺旋桨的故障，就是发动机出了毛病，或是驾驶技术的问题。

莱特兄弟毫不气馁，仍然坚持试飞。就在这时，一位名叫兰莱的发明家，受美国政府的委托，制造了一架带有汽油发动机的飞机，在试飞中坠入大海。

莱特兄弟得知这个消息，便前去调查，并从兰莱的失败中吸取了教训，获得了很多经验，他们对飞机的每一部件作了严格的检查，制定了严格的操作规定，于 1903 年 12 月 14 日，又来到吉蒂霍克，进行试飞试验。

这天下午，兄弟俩先在地面上安置两根固定在木头上的铁轨，并有一定的斜度，好让飞机方便地滑行。接着，就把他们制造的飞机，放在铁轨上面。

最后是由谁先飞的问题，兄弟俩争执不下，只好用抛硬币的方法，由威尔伯先飞。

威尔伯上机后,伏卧在飞机正中,一会儿便发动飞机,发动机传出轰鸣的声音,螺旋桨也慢慢地转了起来。

飞机在斜坡上刚滑行3米,就挣脱了结在后面的铁丝,呼啸着升到空中。

"飞起来啦!"奥维尔兴奋地叫道。

话音未落,飞机突然减慢速度,很快掉落在地上。整个飞行时间不到4分钟。

奥维尔赶忙跑上前去。威伯尔已从堕落的飞机里跳了出来,兄弟俩赶紧观察飞机,飞机也未受损。

"是什么问题呢?"兄弟俩左思右想,逐一检查。发动机没毛病,螺旋桨转动很好,技术操作也完全正确。……"哥哥,我知道原因了!"奥维尔满面笑容地说道:"咱们是利用斜坡滑行的,距离只有3米飞机就起飞了。而这时螺旋桨的转动还没有达到高速,所以一会儿就栽了下来。""对呀!"威尔伯点头称是,接着说道:"咱们不能利用斜坡滑行起飞,而要靠螺旋桨的力量飞上去。这样吧,把铁轨装在平整的地方再试验一下。"

他们连续工作了三天,把铁轨又重新安置在一片平坦的地面上。

1903年12月17日上午10点钟,天空低云密布,寒风刺骨。被兄弟俩邀来观看飞行的农民冻得直打寒战,一再催促兄弟俩快点飞行。

这次由奥维尔试飞,只见他爬上飞机,伏卧在驾驶位上。一会儿,发动机开始轰鸣,螺旋桨也开始转动。

突然,飞机滑动起来,一下子升到3米多高,随即水平地向前飞去。

"飞起来啦!飞起来啦!"几个农民高兴地呼唤起来,并且随着威尔伯,在飞机后面追赶着。

飞机飞行了 30 米后,稳稳地着陆了。威尔伯冲上前去,激动地扑到刚从飞机里爬出来的弟弟身上,热泪盈眶地喊道:"我们成功了!我们成功了!"

45 分钟后,威尔伯又飞了一次,飞行距离达到 52 米,又过了一段时间,奥维尔又一次飞行,这次飞行了 59 秒,距离达到 255 米。

这是人类历史上第一次驾驶飞机飞行成功,莱特兄弟把这个消息告诉报社,可报社不相信有这种事,拒不发布消息。莱特兄弟并不在乎。继续改进他们的飞机。不久,兄弟俩又制造出能乘坐两个人的飞机,并且,在空中飞了一个多小时。

消息传开后,人们奔走相告,美国政府非常重视,决定让莱特做一次试飞表演。

1908 年 9 月 10 日这天,天气异常晴朗,飞机飞行的场地上围满了观看的人们。大家兴致勃勃,等待着莱特兄弟的飞行。

10 点左右,弟弟奥维尔驾驶着他们的飞机,在一片欢呼声中,自由自在地飞向天空,两支长长的机翼从空中划过,恰似一只展翅飞翔的雄鹰。

人们再也抑制不住他们的激动心情,昂首天空,呼唤着莱特兄弟的名字,多少人的梦想终于变为现实。

飞机在 76 米的高度飞行了 1 小时 14 分,并且运载了一名勇敢的乘客。当它着陆之后,人们从四面八方围了起来。过后不久,莱特兄弟在政府的支持下,创办了一家飞行公司,同时开办了飞行学校,从这以后,飞机成了人们又一项先进的运输工具。

"五一"国际劳动节

每年 5 月 1 日,全世界的劳动者都要纪念他们自己的节日——五一国际劳动节。

19 世纪 80 年代,欧美各资本主义国家经济高速发展,随之而来的是资本家的残酷剥削。在美国,工人们每天要工作 14~16 个小时,有的甚至达到 18 个小时。工人们在长时间、高强度的劳动下,仍然无法达到温饱水平。忍无可忍的工人们联合起来,同资本家展开了坚决的斗争。工人们提出缩短劳动时间,改善工作环境的合理要求,并希望政府能够以立法的形式明确 8 小时工作制。但他们的合理要求遭到了政府的蛮横拒绝。当时的美国总统说："我不认为 8 小时工作制符合宪法，世界上没有一种力量能使我做出违反宪法的事。"

工人们被激怒了。1886 年 5 月 1 日，芝加哥、纽约、波士顿、费城等城市的工人举行大罢工，纷纷走上街头抗议，大约有 35 万人参加了罢工示威活动。工人们举着红旗，高唱着《八小时之歌》：我们要把世界改变，我们厌倦了无休止的劳动，只能得到糊口的工资，没有时间让我们思考。我们要晒太阳，我们要闻花香。我们相信上帝也允许 8 小时工作制，我们从车间、农场和船坞，召集我们的队伍，争取 8 小时工作、8 小时休息、8 小时归我们自己。

"8 小时工作、8 小时休息、8 小时归我们自己"成了当时一句响亮的口号，工人们抽着"8 小时牌香烟"，购买"8 小时牌皮鞋"。这句口号从美国传到了全世界，得到了世界人民的广泛支持。

5 月 3 日，芝加哥麦考米克收割机厂的资本家雇佣了 300 多名替工者准备进入工厂工作，与守在门口的 1400 名打工者发生了激烈冲突。警察在没有发出任何警告的情况下悍然对工人开枪射击，打死了 4 名工人，多人受伤。

当天晚上，3000 多名工人聚集在芝加哥市的广场上举行大规模的示威，抗议警察的暴行，哀悼死难的工人兄弟。正在这时，一队全副武装的警察冲进会场，用武力驱赶工人，工人们奋起抗争，会场秩序一片混乱。就在这时，一个别有用心的人向人群中扔了一枚炸弹，炸死了 1 名警察、4 名工人，另外有多人受伤。警察立即向群众开枪，打死打伤了 200 多名群众，并逮捕了很多工人。

在没有任何证据的情况下，芝加哥法院起诉 8 名工人领袖，判处 7 人死刑，1 人 15 年徒刑。工人领袖斯庇斯在法庭上慷慨陈词："如果你们以为绞死了我们就可以扑灭工人运动，就可以平息那些在贫困和悲惨的劳动中千百万工人心中的怒火的话，那就绞死我们吧！你们可以扑灭一个火花，但在你们四周，会燃起更多的火花，这是来自地底的烈火，你们是无法将它们扑灭的！"

美国的很多知名人士和欧洲各国的很多要人都纷纷给伊利诺伊州州长写信和打电报。德国著名的工人运动领袖威廉·李卜克内西和马克思的女婿爱德华·爱威林都亲自到狱中探望被关押的工人领袖。世界各国的工人纷纷举行集会，向美国提出强烈抗议。在巨大的压力面前，州长被迫只判处其中 4

人死刑。

到了行刑的那天，工人领袖费希尔平静地说："今天你们让我们窒息，让我们的声音消失，但我们在坟墓中的沉默将会使更加雄辩的时刻即将到来。"几十万芝加哥工人参加了他们的隆重葬礼，他们高唱《马赛曲》，很多人留下了热泪。

这次事件之后，美国有十几万工人争取到了8小时工作制，其他工人的工作时间也大大缩短了。很多资本家被迫宣布星期天放假。

1889年7月14日，在巴黎召开的世界各国社会主义者代表大会上，有的代表提出要把1886年5月1日定为斗争日，号召全世界的工人们在每年的5月1日都要举行大规模的示威游行，要求政府实行8小时工作制。

1890年，在巴黎召开的第二国际成立大会上，通过了一项决议，规定从今以后每年5月1日各国工人都要举行示威游行活动。五一国际劳动节从此诞生，成为全世界劳动者的光辉节日。新中国成立后，我国政府规定，每年的5月1日庆祝国际劳动节。

"诺贝尔奖金"的由来

1901年12月10日下午4时30分，在瑞典王国首都斯德哥尔摩的音乐厅内，举行了一次世界性盛会。

在这次盛会中，由瑞典科学院等机构推荐的物理、化学、医药学、文学、和平等方面的杰出人才，接受"诺贝尔基金会"颁发的荣誉证书和巨额奖金，以表彰他们对社会和人类的杰出贡献。

在音乐声中，这些来自不同国别的优秀科学家、文学家和社会活动家由奖金基金会成员的陪同，迈步进入大厅。音乐厅内顿时爆发出雷鸣般掌声，人们不仅对这些优秀人才表示崇敬，更重要的是纪念瑞典著名的科学家阿尔弗列德·伯里哈德·诺贝尔。

授奖仪式开始先是由基金会主席用瑞典话介绍得奖者在科学或文学上的成就。紧接着，便是得奖者用本国语言致答词，然后是颁发荣誉证书和金质奖章。最后，由瑞典国王亲临致词，向得奖者祝福，授奖仪式到此结束。

第二天，得奖者领取一笔巨额奖金，作为对他杰出成就的奖励。这些奖金就是由诺贝尔的遗产，大约200万英镑作为基金，以每年的利息提供的。

从此，诺贝尔奖金就产生了。那么，为什么诺贝尔要把这些遗产捐献出来？他又是怎样积累这么多财富呢？事情还得从头说起。

1833年10月21日，诺贝尔生于瑞典首都斯德哥尔摩的一个知识分子家庭，他的祖父是名军医，父亲伊曼努厄·诺贝尔是一个科学家、发明家，致力炸药、水雷及其他爆破性化学的研究。并对外科器械设计和造船工程学也很感兴趣。他把科学研究的精神传给自己的儿子阿尔弗列德。

在父亲的影响下，阿尔弗列德·诺贝尔从小热爱化学、物理学和机械工程学。起初，诺贝尔对造船工程极感兴趣，十七岁时，到美国学习造船工程学。

在此期间，诺贝尔经常到郊外游玩，看到工人们在荒山野岭里用铁锤砸石头，为了开通一条铁路或公路，他们劈山斩岭，花费很大心血和劳动。这在他的心中留下很深印象，他经常想：能够发明一种东西，一下子就能把大山劈开，那该多节省力气呀！

回国后，他便同父兄合作，先后在瑞典和俄国从事硝化甘油和其他烈性炸药的实验和制造。

经过他们刻苦的试验和研究，1866年，诺贝尔终于制造成功了一种液体炸药。这种炸药爆炸力极强，人们把它称为"诺贝尔炸油"，被全世界普遍使用。

但是，这种炸药有一个极大的弱点，就是容易引起爆炸，尤其是在长途运输过程之中，受到震动和摩擦，往往会自动引爆。美国旧金山的一辆火车，就是在运送这种炸药时受到震动，整列火车车毁人亡。还有一次，一艘满载液体炸药的巨轮"欧罗巴号"在大西洋航行的时候，因为风浪颠簸，引起炸药爆炸，整条船沉没在大西洋中。

这种事件的不断发生，一下子使得人们非常紧张。一谈到这种"诺贝尔炸油"，便退避三舍，不敢接触。这样，许多政府不准它进口，许多运输公司也拒绝运送这种可怕的东西。诺贝尔并不气馁，他开始着手实验一种安全的炸药，从此以后，他少言寡语，整日躲在实验室，潜心于新炸药的研制。

炸药的研制要经过无数次试验，而每一次试验都是非常危险的，稍不注意，便会发生爆炸事件。

1864年9月3日，这一天，诺贝尔一大早便出外办事。等到晚上回来的时候，一下子惊呆了，他的实验室变成了平地，到处是碎砖破瓦，空中还弥漫着浓浓的硝烟。空荡荡的地面上，到处沾满了鲜血。更让诺贝尔痛心的是，他亲爱的弟弟和同甘共苦的5名工作人员因爆炸身亡，父亲也成了终身残疾。

诺贝尔从此陷入无限的悲痛之中，脑海里进行着强烈的斗争，怎么办？是放弃试验，还是继续？

但诺贝尔明白，科学实验不可能是一帆风顺的，如若从此放弃试验，弟弟和同事的鲜血不是白流了吗？

于是，在朋友的帮助下，诺贝尔租了一条大船。在瑞典首都附近的马拉伦湖上搞实验。这样，可以避免因爆炸引起其他人员和建筑物的伤亡或破坏。

诺贝尔在船上冒着生命危险，进行几百次的试验。4年以后，经过自己艰苦、认真的工作，他终于获得了成功。

他把液体炸药吸入一种硅土里面，这样，即使遇到一定的温度或摩擦、震动，这种固体的炸药也不容易爆炸。这样，能够安全运输的固体炸药——黄色炸药就问世了。

但这种必须经过引爆后才能爆炸。为此，诺贝尔又发明了人类历史上第一个引爆装置——雷管。这就给人们提供了很多方便，使人类有计划地利用炸药，进行开山辟路，钻隧打井，节省了很多力气。

后来，诺贝尔又着手发明更具爆炸力的炸药，投入了艰苦而又复杂，而且是更加危险的试验。

经过无数次试验，诺贝尔终于制成了这种炸药，但对炸药的爆炸力缺乏正确的判断，因而进行了一次冒险的试验。这一天，他把工作人员统统赶出实验室，自己一人留在那里，要亲自点燃导火线，大家不放心他的安全，多次劝说不让他点燃导火线，但诺贝尔执意不肯，他清楚记得1864年9月3日那天的爆炸事件，因此，他一定要让危险远离他人。大家见劝说无效，只好远远的离开，躲在实验室四周，静静地等待着试验的结果。

实验室，诺贝尔安装好炸药，又仔细地检查了一遍，便上前点燃了导

火线。

火星"兹兹"地冒着,导火线越来越短,诺贝尔为了仔细观察炸药的爆炸情况,一动不动地站在跟前,双眼死盯着燃烧的导火线。

"轰!"的一声,炸药爆炸了,浓烟从实验室里飞速地向外涌出。

附近的人们睁大眼睛看着,始终不见诺贝尔的身影,他们顾不得危险,纷纷向实验室奔去。

刚跑到门口,就见一个满身鲜血的中年人从实验里跑了出来,边跑边叫道:"我成功了!我成功了!"

大家看到诺贝尔还活着,便激动地跑上前去,一边替他检查伤势,一边热烈地祝贺他。

这是1875年的一天,诺贝尔终于成功发明了威力强大的胶质炸药。于是,诺贝尔在很多国家建造炸药厂,并申请专利,很快便成为巨富"炸药大王"。

后来,他移居巴黎,在实验中继续进行各种炸药的研究和实验。1887年,诺贝尔又发明了无烟炸药,这就是我们现在使用的炸药。

1896年12月10日,诺贝尔在他意大利的工厂里突然去世。在死前一年,即1895年11月27日,诺贝尔立下了一个独特的遗嘱,把自己一生的积蓄捐献出来当作基金,将其利息作为奖金,每年奖给世界上对物理、化学、医药学、文学和促进世界和平有特殊贡献的人。后来,又增加了经济奖,这就是现在很多科学家为之骄傲的"诺贝尔奖金"的由来。为了纪念这位伟大的科学家,在诺贝尔金质奖章的正面雕有诺贝尔的浮雕像,镌有他出生和亡故的年月日。基金会并决定,每年的诺贝尔奖金颁发的时间地点,是根据诺贝尔诞生时间和地点以及他逝世的时间,那就是1833年10月21日诞生在瑞典首都斯德哥尔摩和1896年12月10日下午4点半在意大利逝世。

日俄旅顺战没

1904年2月8日晚,天气非常寒冷,海风轻抚着海面,发出阵阵涛声。可停泊在旅顺港的俄国太平洋舰队却热闹非凡,舰上灯火通明,到处挂满了彩灯,充满了节日的喜庆气氛。岸上的俄军俱乐部里,一对对穿着华丽的男女，伴随着优美的舞曲，尽情地跳着舞。他们是在庆祝俄国太平洋舰队怀念斯达尔克将军夫人的命名日。

这时，一位身着考究的青年军官高举着酒杯，兴奋地对大家说道："女士们，先生们，为我们尊贵的夫人干杯！"众人纷纷举起酒杯，互相碰了一下，顿时全场响起悦耳的玻璃撞击声，紧接着，他们一饮而尽，兴高采烈地议论起他们的夫人。

午夜时分，这些男女正准备享受一下半夜的宁静，突然，轰隆隆的炮声从港口方向传来，紧接着便是震耳欲聋的爆炸声，窗外接连闪现出无数道光亮。顿时，舞池里乱作一团。人们惊惶失措地乱躲乱藏，女士们也失去平时的优雅，尖叫声接连不断。

这时，那位年轻的军官猛地一下跳到桌子上，高声向大家宣布："诸位！诸位！请不必惊慌，这是我们舰队为怀念阁下和夫人施放的礼炮！"

这下，四处乱躲的男女方恢复了原状，他们长长出了一口气，心中嘀咕着：这也太突然、太猛烈了！

虚惊一场的达官贵人们正准备继续欢庆时又一阵炮声传来，火光更加明亮。就在这时，一名士兵气喘吁吁地跑来报告："日本已向俄国不宣而战！"这下，大家才真的慌了手脚，惊恐万状地跑出俱乐部。

俄国人哪里知道，正在他们跳舞取乐之时，在浓浓夜色的掩护下，日本海军中将东乡平八郎率领的联合舰队已经偷偷地接近了停泊在港口的俄国军舰，等几个悠闲的值勤哨兵还没有明白过来之时，日军各舰突然一齐开火，密集的炮弹在俄国舰船周围爆炸，刚从梦乡中惊醒的俄国人急忙把舰船掉头，逃往旅顺港内，不想又遭到日本追雷舰的伏击，有两艘战斗舰和一艘巡洋舰当时就被击沉。

日本这次偷袭可以说是蓄谋已久的，它是日俄之间矛盾激化的必然结果。

19世纪末到20世纪初，日俄之间的矛盾越来越尖锐。他们为了独吞中国这块"肥肉"，早已争得面红耳赤。早在19世纪中期，俄国趁第二次鸦片战争的机会，强迫清政府签订不平等条约，强占了我国黑龙江以北、乌苏里江以东的大片领土。接着，又想把我国的东北三省霸占过去，变成它的"黄色俄罗斯"。而经过明治维新走上资本主义道路的日本，也在处心积虑地向外扩张，它发动了侵略中国和朝鲜的甲午战争，威逼清政府签订《马关条约》，夺占了中国的台湾，准备进一步把自己的势力渗入到辽东半岛和东北三省。

这下，俄国当然不会乐意。它已经强占了辽东半岛上的旅顺为"租界"，早已把东北看成是自己的"势力范围"。1890年后，日俄两国都发生严重的经济危机，国内阶级矛盾激化，两国统治阶级都企图用发动战争来转移本国人民的视线。俄国内政大臣普列维叫嚣道："为了避免国内的革命，我们需要一次小小的、但是胜利的战争。"

日俄战争前夕，两国一方面疯狂备战；另一方面，为了争取时间，迷惑对方，又进行了"和平"谈判。但随着双方备战工作接近完成，到1904年2月，谈判终于破裂。从此，日俄两国，为了争夺我国东北，在中国领土上进行了长达一年半的野蛮战争。他们到处烧杀抢掠，甚至驱使中国老百姓为他们的战争效力，可是腐败的清朝政府，不但不敢抗议，反而宣布"中立"，并且划定辽河以东为日俄战区，供他们厮杀。

战争一开始，日军为了保证陆军在朝鲜和辽东半岛登陆，消灭在南满的俄军主力，决定先夺取旅顺。

于是，在他们偷袭旅顺港的次日，又派大量军舰主动袭击，沙俄舰队不仅没有出击，反而把港外的舰队全部开进了旅顺港内，这正中日本人下怀，他们准备在旅顺口外设置层层封锁，下决心要将俄国舰队困死在旅顺口内。

一天深夜，天气极其寒冷。在旅顺口外的海面上，一支由八十多名日军组成的敢死队，驾驶着五艘装满巨石的破旧船只，迎着刺骨的海风，急急朝旅顺口疾驶。

守卫在海岸炮台上的俄军发现之后，便纷纷开炮射击。日军敢死队长高叫一声："点燃火药，准备跳船！"队员们不顾刺骨的海水，纷纷跳海而去。

随着阵阵"隆隆"的爆炸声，满载巨石的船只沉入海底。但这里并不是出航要道，日本人用沉船堵塞航道的阴谋，未能得逞。

日本联合舰队司令东乡平八郎见此计无效，就下令在旅顺口外海域存设大量水雷。又派军舰在港外巡逻，死死盯住困守港内的俄国舰只。

这个办法果然奏效，俄国海军胆战心惊，几次出航都被炮击回来，只好躲进港内不敢出来。这下，日军掌握了制海权，便大胆地运送陆军，在朝鲜和辽东半岛登陆作战。

不久，日军第二和第三军在海军舰船的护送下，先后在辽东半岛登陆，很快占领了大连，切断了旅顺和辽沈之间俄军的陆上联系，旅顺成了孤立的据点，守卫旅顺俄军司令施特塞尔被迫下令与日本决战。

旅顺要塞先后经过清朝北洋舰队和沙俄海军的修筑，防御工事非常坚固，大小堡垒、炮台星罗棋布，并配有各种火炮，交叉控制整个要塞。

俄军司令施特塞尔曾经参加过八国联军，带兵侵入中国北京，可以说是个侵华老手，他非常自信自己的防卫能力，尽管这时俄军孤立无援，仍然相信旅顺不会被日军攻破。

到8月中旬，日本海军和陆军完成了海上和陆上的包围，数万名日军已进逼到旅顺前沿，几百门大炮已停放完毕，炮口直向旅顺要塞。日军总指挥乃木希典得意洋洋，认为攻破旅顺指日可待。

双方谁也不服谁，但谁也不愿主动出击，暂形成对峙局面。过不多久，忍饥挨冻的俄军舰队沉不住气了，有二十多艘俄舰驶出旅顺港，准备向海参崴方向突围。

海面上风平浪静，也没发现日军军舰，舰队司令维特洛甫梯十分得意命令舰队缓缓前进。

中午时分，一队日舰突然出现在海平面上，他们早已盯上突围的俄军舰队，准备来个突然袭击。

俄舰冷不丁碰到对手，惊慌之中奋力炮击。日舰有备而来，早已开炮。霎时海面炮声隆隆，双方各有几只舰船着火，一场海战就这样开始了。

俄军舰队凭借数量优势，又抱有突围的决心，因而拼命炮击日舰，终于以惨重的代价冲出了包围，继续向前航行。下午五点左右，日舰又追了上来，这次他们又汇合其他巡逻舰队，一齐向俄舰包抄过来。维特洛甫梯只好下令，调转船头，再次迎击敌人。

这次，俄舰失去数量上的优势，并且很多舰只已在首战中负伤，炮弹也用得差不多了。因此，很快便被日军的一排排炮弹压得喘不过来气。

日军指挥官命令所有船只集中炮火轰击旗舰。一会儿，旗舰便中弹起火，维持洛甫梯也中弹身亡。俄舰失去指挥，顿时大乱，纷纷向旅顺港逃去。

就在这时，陆上日军也开始炮击旅顺要塞。乃木希典凶相毕露，命令三百多门大炮一齐轰击旅顺。

旅顺要塞顿时成了一片火海，很多堡垒和炮台被日军炮火摧毁。俄军奋起还击，凭借居高临下的优势和坚固的工事，把准备进攻的几万名日军压得抬不起头来。

乃木希典急红了眼睛，一面命令炮兵轰击，一面下令日军分三路进攻旅顺的几个制高点，日军硬着头皮，艰难地向前爬进，伤亡十分惨重。

战斗进行了六天，五万多名日军已伤亡过半，但旅顺仍然牢牢控制俄军

手中。俄军司令施特塞尔看着死伤累累的日军，不由得冷笑了起来。

乃木希典无计可施，决定用挖地道的办法突破俄军炮火控制的前沿阵地，但俄军发现日军的诡计，在前沿挖了一道横向的堑壕。结果，日军费了九牛二虎之力刚一挖通，就被俄军炮击而死。这样，日军又死亡几千人。

乃木希典急得"嗷嗷"乱叫，电告总司令部，速派援兵到来。不久，日军又抽调一个师，携带大批重型大炮和新式手榴弹，以及大批的物资和弹药，前来增援乃木希典。

这家伙顿时来了精神，他下令从各师抽出精干人员，组成三千多人的敢死队，并由自己亲自率领，准备夜袭旅顺要塞。

这一天，乃木希典首先命令各种炮火集中轰击一处，准备打开一个缺口。顿时，重型大炮把一发发重磅炸弹送了出去，炮弹呼啸着从空中划过，直飞俄军阵地。随着阵阵猛烈的爆炸声，俄军的一处防线被击溃，堑壕被填满，城墙被夷为平地，很多炮台也被炸毁。

夜幕刚刚降临，乃木希典头裹一条白毛巾，雪白的衬衣被闪亮的皮带勒在腰中，手持一把雪亮的东洋刀，带领敢死队员从缺口处猛冲进去。

这一招果然奏效，这些敢死队员冲进要塞，抢夺制高点。俄国人被这种气势吓得魂不附体，纷纷投降。随后，日军后续部队也涌了进来，占领了要塞的制高点203高地。紧接着，他们在高地上架设大炮，向旅顺市区和港口停泊的舰船进行轰击，俄军终于溃不成军。

施特塞尔看到大势已去，只好在1905年1月开城投降，旅顺终于落于日本人手中。

旅顺的得手，使日本人取得占领东北的根基，俄国无力再战，只好承认朝鲜为日本的"保护国"，还把中国的辽东半岛的权力转让给日本。从此，中国人民在日本帝国主义的铁蹄下，备受侵略者的欺凌。

震惊世界的"萨拉热窝枪声"

20世纪初，奥匈帝国称雄欧洲，侵占了南斯拉夫等一些国家，激起了南斯拉夫各民族人民的仇恨和反抗。

1914年春，有消息说奥匈帝国的王储弗兰茨·斐迪南大公将要偕夫人蒙非娅前来波斯尼亚首府萨拉热窝进行访问。

奥地利吞并了波斯尼亚后，又把矛头对准了塞尔维亚，并进一步想把势力范围扩展到整个南斯拉夫巴尔干半岛。斐迪南是这种军事扩张的决策人和指挥者。这次到达萨拉热窝就是要亲自指挥针对塞尔维亚的一次军事演习。

南斯拉夫中学的3名学生，对此十分关注。聚在贝尔格莱德一家咖啡馆商量这是一个绝好机会，可以杀掉王储大公。他们的谈话被塞尔维亚情报部军官听到，这3名十几岁的中学生很快就被抓获，被带到一个他们不认识的地方，推到一间幽暗的房间里。他们以为这次是大祸临头了，等待着审讯和拷问的到来。不料，审问他们的上校却要他们三人跟着他举手宣誓。誓词是："对着温暖我的太阳，对着抚育我的大地，对着上帝，对着我祖宗的英灵，以我的尊严和生命，我发誓忠于塞尔维亚民族主义事业，并愿为此而献身！"

原来这位上校竟是塞尔维亚的一个恐怖主义秘密组织的领导人。3个中学生见到自己的领导和同志别提有多开心了。这3名同学便是查布林诺维奇、格拉贝茨和普林希甫。他们都参加了塞尔维亚秘密的爱国组织。

上校在鼓励和赞赏他们一番后，给他们每人发了一支手枪和一颗炸弹，又给了一些毒药，如万一被捕，便可服毒自杀。还告诉他们，届时他将制造混乱局面，给他们的刺杀行动提供帮助。根据上校的命令，他们来到波斯尼亚国首府萨拉热窝，隐藏在秘密组织的一个成员家中。他们每天都在接受行刺活动的各种技术训练，等待着斐迪南大公的到来。

1914年6月28日，斐迪南大公到达萨拉热窝。

28日，斐迪南结束了波斯尼亚的军事演习活动后，驱车前往萨拉热窝市政厅，途中遭到伏击。

那天安排的刺客，除了查布林诺维奇三人，还有4名警察。他们混在欢迎的人群中和负责保安的警察里。由于对击中目标的训练和心理素质训练不够的原因，大公就在警察面前通过，身为警察的刺客反而感到靠得太近而不宜下手，等待别人动手。倒是中学生查布林诺维奇果断，悄悄地打开了炸弹起爆器，对着卫队猛甩过去，可惜只炸伤了一名警卫军官。混乱中，匆忙吞下毒药，竟没有当即死去，于是他赶紧往河边跑，跳到河里还是被抓到了。

普林希甫在几十米处听到爆炸声，便认为大功告成，跑到一家咖啡馆去饮酒庆贺。正喝到兴头上，听说大公并没有被炸着，他转身便到阿柏路。只见那个南斯拉夫各族人民最为痛恨的死敌斐迪南，怀着极端仇恨与蔑视的神情，照样耀武扬威地行进在阿柏大街上，这分明是向南斯拉夫人民示威和挑衅。普林希甫满腔怒火，拔出手枪径直朝斐迪南大公和夫人的座车奔去，

"啪啪啪"一连数枪，击中了大公的颈部，蒙菲娅的胸部，大公夫妇应声而倒，血流不止，相继一命呜呼。卫士们一拥而上，普林希甫不顾一切的吞下毒药，怎奈毒药并未管用，他到底被捕入狱了。普林希甫等3名学生均被判处20年徒刑，但不到4年就在狱中被相继折磨致死。

奥匈帝国统治者本来就急于向外进行军事扩张，如今有这么个最好的借口，便悍然发动了对塞尔维亚的进攻，决定要消灭塞尔维亚人。

当时欧洲有两对死敌：一是法国与德国对立；一是奥匈帝国与沙俄有深仇大恨。俄国政府觉得它必须承担拯救塞尔维亚的义务，于是决定对奥地利宣战。德国与奥匈帝国及意大利曾结成了三国同盟，简称同盟国。德国见俄国对奥国宣战，便立即宣布对俄宣战。俄国与英、法也曾签约，简称协约国，法国即向德国宣战。以后越来越多的国家卷入战争。到1918年共有33个国家参战，卷入战争的人口达15亿。这次历时4年零3个月的世界战争，战场遍及欧、亚、非三洲和大西洋、地中海、太平洋。在欧洲以法国为主战场，海上以北海为主战场。这次战争死伤约3000万人，还有1000万人死于饥饿、瘟疫和灾荒。战争造成的经济损失达2700亿美元。第一次世界大战加剧了资本主义固有的矛盾，促进了各国人民的普遍觉醒。1917年爆发了列宁领导的俄国十月社会主义革命，推翻了沙皇，建立了世界上第一个无产阶级专政的国家政权。以后，世界许多国家相继掀起了无产阶级的革命斗争和民族解放运动。从此，世界进入了无产阶级社会主义革命的新时代。

在今天南斯拉夫的萨拉热窝市阿柏路的一块石板上，还留着一双脚印，脚印旁的墙上刻着几行醒目的大字："1914年6月28日，普林希甫在这里用他的子弹表达了南斯拉夫人民对暴虐的反抗和对自由的向往。"

"史里芬计划"的破灭

虽然第一次世界大战是在1914年才爆发的，但德军在第一次大战的作战计划，则早在1905年就制定出来了，这就是臭名昭著的"史里芬计划"。由此可见，德国发动世界大战是蓄谋已久的。

"史里芬计划"是当时的参谋总长史里芬制定的，因而把它称为"史里芬计划"。这份计划设想德国的主要敌人在西方。因此把战略重点放到西欧，首先在西线采取先发制人的手段，集中优势兵力，采用"闪电战"术，在四至六星期内经比利时袭击法军后方，迅速打败法国，切断英国与欧洲大陆的联系，然后回过头来，向东对付俄国，在三个月最迟四个月内赢得战争。

这份计划问世以后，受到德皇的重视，后又经过反复论证、补充和修改，成为德国发动世界大战的基本蓝本，由继任的参谋总长毛奇来部署整个战争。

1914年8月4日早晨，德国第一、第二两个集团军，在埃米蒂将军的率领下，迅速越过从建立以来从未打过仗的比利时边境，直奔列日要塞，开始实施"史里芬计划"。

列日要塞地势险要，易守难攻，在它的周围，环布着12个坚固的炮台。每个炮台都由装着装甲炮塔的钢筋混凝土构成，其中设有从机枪到8英寸口径大炮等400件武器。并在每座炮台四周挖有30英尺深的壕沟，全配有探照灯。所有的灯和重炮都可以降到地下。由勒其将军率领比利时王国军队的4万余人在此坚守，等待法国援军一到，便向德军发起进攻。

与此同时，德军参谋总长毛奇按照"史里芬计划"，又在左翼的阿尔萨斯、洛林地区深壕高筑、按兵不动，只布置少数兵力以逸待劳，借以吸引法国部队，构成巧妙的"铁钻"态势，这就避免了东、西两线同时受敌，一虚一实，迷惑法军，这一计划，是"史里芬计划"中的关键步骤，因此，史里芬对此十分看重，到他临死时，再三嘱咐说："切莫削弱我右翼纵队！"

但他的后任毛奇将军虽然基本上保留了史里芬的设想，但却一再向东线和西线左翼分兵，原计划放在右翼的70个师的兵力削减很多，这无疑对以后战局带来很大的影响。

然而法军在其顽强却又固执的统帅霞飞将军的指挥下，一味地猛攻阿尔萨斯和洛林地区，对列日要塞置之不理，勒芒将军只好孤军迎敌。

埃米希将军率兵来到列日要塞，看到法国未来增援，心中暗暗高兴，庆幸"史里芬计划"成功，根本不把比利时军队放在眼里，自认为他们会不战而降，于是派了一名使者，前往要塞之内，要求勒芒将军投降。

这位使官一到要塞，便傲慢地对勒芒将军说："如若贵军放下武器，让我军顺利通过要塞，我以军人名誉保证你们的安全。"

"比利时是中立国家，你们竟置国际公法不顾，公然侵犯我国，反而劝我们投降！请阁下回复埃米希将军，尽早退兵回国。"勒芒将军的代表反唇相讥。

"如果你们拒绝投降，我军将对你们的城市进行炮击和空袭！"使官仍不甘心，以武力要挟对方。

"根据国王陛下的命令，我们将坚守要塞！"勒芒将军的代表掷地有声地答道。

使官见对方不肯屈服，只好灰溜溜地回去报告去了。埃米希一听汇报，气得他"嗷嗷"直叫，立刻下令用大炮轰击炮台。比利时军队严阵以待，用猛烈的炮火还击对方。双方在列日要塞展开了激烈的炮击。

炮击进行了一天，双方各有伤亡，日落时分，只好停了下来。

第二天，德军见炮击占不了便宜，便用飞机从上而下轮番轰炸列日炮台，炮台四周顿时浓烟滚滚，火光冲天，不大一会儿，便成了一片火海。

德军见空袭得势，呐喊着潮水般地涌向炮台。但几次冲锋皆被英勇的比利时军队用交叉火力击退。又激战一天，只见炮台前面的德军尸体堆积到齐腰高，但列日炮台却一个也未攻下。

这天夜里，德国第二集团军副参谋长鲁登道夫将军，亲自指挥一个步兵旅，采用穿插渗透的战术，从东西两个炮台之间的缺口攻入，并迅速占领了列日镇。但列日周围的炮台还在顽强战斗，阻碍德军的前进。

为了按照"史里芬计划"中的闪电战术，进攻法国，就必须尽快通过列日，德军从后方调来一门巨型攻城榴弹炮，一下子就摧毁了10多个炮台。到8月16日，列日指挥部所在的最后一座炮台，也被装有定时信管的穿甲弹命中，勒芒将军被炸弹震昏后被俘。

德军攻战列日后，便长驱直入，只用了四天时间，便占领比利时首都布鲁塞尔。接着，便根据"史里芬计划"，兵分五路，直向法国首都扑去。

消息传到准备进攻阿尔萨斯和格林的霞飞将军耳朵里，他拍手喊道：

"好！德军从北方进攻我们，我们则从东北出击，乘机收回阿尔萨斯和洛林。"

于是，他命令法国军队发起进攻，不到几天，便顺利地攻进了阿尔萨斯、洛林地区。当法国军队进入阔别40多年的地方时，个个感到十分欣慰，并通

过各种方式，来庆祝他们的胜利。

可他们万没想到，这正是"史里芬计划"中所特意设置的圈套，德军用有计划的退却，来引诱法军深入，以便拉开他们与进攻法国的德军的距离，在适当时候展开反攻。

果然，德军刚一反攻，霞飞将军便接到一个个失利的消息：

"德第一集团军击溃从蒙斯来援的英国远征军！"

"我军在阿登森林与德军遭遇，经过三天血战，我军不支，已经向南撤退！"

霞飞将军如梦初醒，赶快调整部署，重新配备兵力，把军队调到左翼，以便从另一面夹攻德军。

但德军参谋总长毛奇只看到自己的部队逼近巴黎，并迫使法国政府于9月3日迁往波尔多，便得意忘形，以为"史里芬计划"马上就能实现。于是，就抽调两个军到东线去对付俄国人。这样，就改变了"史里芬计划"中的规定，使德军右翼的进攻力量，从原来的16个军减少到8个军，在数量上少于法军。

法军虽然表面上溃不成军，但实力并未削弱，再加上霞飞的左翼力量，使德军转眼受到法军的两面夹击，被迫在马恩河与法军进行遭遇战。这是"史里芬计划"所没有的。这次大战于9月5日一直打到10日，双方总计投入了150多万人的兵力，在长达200公里的战线上，展开了激烈的阵地战，这就是一战时期，著名的"马恩河"大会战。

在近五天的战斗中，马恩河一线硝烟弥漫，战火纷飞，100多万人互相残杀，法军阵亡2万多人，受伤12万余人，德军损失更为惨重，共有4万多人阵亡，17万余人受伤。结果，德军支持不住，向北败退，双方从此形成相峙局面。

马恩河大会战粉碎了德军迅速征服法国的计划，使整个"史里芬计划"再也无法实现。此役刚一结束，毛奇哀叹道："我们输掉了整个战争！"9月14日，毛奇被德皇撤职。至此，"完美无缺"的"史里芬计划"彻底破灭了。

德俄"坦仑堡战役"

第一次世界大战初期,德国完全按照"史里芬计划"来布置整个战争,把绝大部分德军布置在西线,想借助优势兵力,通过闪电战术,一举攻克巴黎,打败法国。他们认为,俄国国内充满危机,不可能在战争一爆发,就立即进攻东普鲁士,因而,在东线只配备一个集团军——第八集团军,来抵御俄国的进攻。

但俄国的军事计划,是与英、法共同制定的。这份计划规定,一旦德国集中精力对付法国,俄国就在东线同时进军东普鲁士和奥地利的加利西亚,迫使德国东、西两线作战,以分散他们的兵力。

因而,战争刚刚开始,俄国参谋总长吉林斯基将军向法国保证,在两个星期内,将有80万俄军做好战斗准备。1914年8月中旬,吉林斯基将军率领两个集团军开辟东线战场,由莱宁堪普和萨松诺夫各率一个集团军,兵分两路,进攻东普鲁士。

守在东线的德国第八集团军毫无防备,一时措手不及,只得向西撤退。

俄军初战告捷,傲气顿生。两个集团军各行其是,互相之间毫不配合,长驱直入,突进普鲁士。但过了不久,因战线过长,后方供给不及,全军缺乏食物、弹药和运输工具,部队饥疲交加,士气低落,毫无斗志。尤其是两个集团军之间,很快出现一条100公里的空隙地带。

德军在向西撤退之中,了解到了俄军这些弱点,霍夫曼上校根据这种情况,拟了一份作战计划,建议对俄军进行各个击破,首先攻击萨松诺夫的第二集团军。

"本来我军数量就少,如若进攻萨松诺夫,莱宁堪普定会援助,到时我们将有被包围吃掉的危险,"参谋长看了作战计划,顾虑重重地说道。

"我认为不会!"霍夫曼上校坚决地说,"他们之间有100公里的间隔地带,到时恐怕来不及,即使来得及,莱宁堪普也不会援救萨松诺夫!"

参谋长看了上校那么胸有成竹,似乎想到了什么:"你有什么秘密情报?"

"这算什么秘密!"霍夫曼上校笑了笑说,"这两位将军是冤家对头,这已是十年前的事了。"接着,霍夫曼上校就讲起他十年前亲眼所见的一件事。

那是1905年初日俄战争期间,在中国沈阳的火车站月台上,萨松诺夫因为在一次战斗中得不到莱宁堪普支援,致使几乎全军覆没而破口大骂对方。莱宁堪普见对方在大庭广众之前当面侮辱他,一怒之下,两人大打出手!后经上司调解,才勉强分开。从此,两人结下不共戴天之仇,这次俄国派两名冤家共同战斗,怎能谈上配合。

众军官听了这个故事,禁不住大笑起来。正在这时,参谋人员送来一份报告:"这是我方通信兵刚刚截获的电报,上面有俄军兵力调动的情况。但是用明码拍发的。"

"什么?是用明码?!"参谋长感到惊奇,怀疑地说道:"难道这是俄军的阴谋?"

众军官也同时瞪大了眼睛。

"我认为这不是他们的阴谋,"霍夫曼上校说道,"据我所知,俄国野战军不搞密码,他们根本没有密码人员,指挥作战,用的就是这种明码电报。"

大家都知道霍夫曼是俄国问题专家,他在一战之前曾多次到过俄国,对他们的情况了解很多。因此,大家认为,还是根据电报所提供的情报,相应地采取行动。

经过一番讨论,德军决定按照霍夫曼的作战计划,首先向萨松诺夫发起进攻。

参谋长命令一个师,去牵制莱宁堪普的第一集团军,而将大部分兵力迅速调集到萨松诺夫的第二集团军两翼。

德军先派一股小部队去吸引萨松诺夫。双方刚一接触,德军便溃不成军,掉头向西就跑。萨松诺夫误认为这是德军的全线溃退,便根据明码电报的指令,不顾粮少弹缺,拼命向西追击。

追击一天后,全军疲惫不堪,那股德军也转眼不见踪迹。萨松诺夫正在迟疑,就接到骑兵侦察报告,说发现两翼出现大量的德军,很可能是冲我们来的。

萨松诺夫先是一惊,接着便明白过来,急忙给吉林斯将军发电,请求暂停追击,以免遭到德军夹攻。

吉林斯基这时正呆在离前线三四百公里的一个指挥部,喝酒庆贺自己的胜利,他一直认为,德军根本无暇东顾,认定这只是小股德军在做垂死挣扎,根本不把萨松诺夫的请求当作一回事儿,回电斥责萨松诺夫懦怯,命令他继续进攻。这份明码电报转到德军参谋长手里后,德国人放心大胆地对萨松诺

夫分割包围。

8月26日夜间，德军趁俄军休息之即，突然向萨松诺夫发起进攻。疲惫不堪的俄军连招架之功全无，仓皇后退，慌乱之中。有几个连的士兵掉进湖里淹死。

次日清晨，德军在坦伦堡附近包围了萨松诺夫的第二集团军十几万人。无奈之中，萨松诺夫发电求救，请求第一集团军迅速靠拢。

果不出霍夫曼所料，在东普鲁士境内的莱宁堪普根本不予理睬，甚至总参谋长吉林斯基还一口咬定，德军根本没有大规模作战的能力。萨松诺夫见一次次电报均无回音，只好硬着头皮布置了一下。

不久，德军便从四面八方向俄军阵地发起进攻，猛烈的炮火，在俄军阵地处处开花。阵地愈来愈小，每发炮弹都炸出一洼血来。

紧接着德军一阵冲锋，饥疲交加、士气低落的俄军，被德军像羊群般地兜捕起来。俄军官兵见大势已去，纷纷放下枪来，向德军投降。

结果，十几万俄军顷刻之间，土崩瓦解，除战死和失踪的三万多人外，近10万名俄军被俘，五百多门大炮被毁，第二集团军不复存在。

萨松诺夫在战火中，仰天长叹一声，独自慢慢地走进一片树林，绝望地举枪对准自己的脑袋，"呼!"地一声，结束了自己的生命。

吉林斯基当发现第二集团军失去联系，才意识到自己的判断失误，急忙命令莱宁堪普去寻找已经不存在的第二集团军。

当解决了第二集团军之后，德军掉头过来迎击莱宁堪普的第一集团军。

莱宁堪普还不知道自己已是孤军，仍傻乎乎的向前挺进。一头扎进德军猛掉过来的怀抱。一时不知所措，只好掉头就逃。

德军势头正旺，一鼓作气，包抄过来，经过一场激战，俄第一集团军伤亡14.5万余人。莱宁堪普见势不妙，飞快逃回俄国，但马上就被撤职。

霍夫曼上校因作战有功，晋升少将军衔，并担任德军东线总参谋长，由他提议，这次战役被命名为"坦伦堡战役"。

第一次毒气战

1914年9月的马恩河战役中，德军惨遭失败，被迫退守安讷河一带。这给英法联军一喘息机会，他们趁机北进，在比利时王国的依普尔运河一带构筑工事，准备随时与德军决战。

德军为避其锋芒，改变作战布置，把主要精力集中在东线战场，然后伺机与英法作战。这样，两线战场上的双方形成了对峙的局面。

1915年春，东线俄军战败，处于防守态势，德军便转而把注意力集中在西线，准备在依普尔运河一带与英法大战一场，以雪马恩河惨败之耻。

德皇对此战非常重视，连忙召见接替毛奇的参谋总长法尔根汉，问他有没有战胜英法联军的妙策。

法尔根汉诡秘的一笑，信心十足地说道："陛下尽管放心！这次我要把依普尔运河变成敌人的坟墓！"

德皇露出不相信的目光，冷冷地哼了一声。法尔根汉赶忙凑上前去在皇帝耳边轻声说了几句。

德皇先是冷笑一下，随即又露出疑虑的目光，道："这能行吗？"

"当然可以！我们准备让陛下检阅一下！"法尔根汉异常自信地说道。

"好！"德皇这才兴奋起来，下令让法尔根汉赶快布置，他要亲自到现场观看。

一天下午，处在一片山丘里的军事试验场戒备森严，一个个荷枪实弹的宪兵注视着四周。在远处的一些树林中，还隐约可见一些游动的哨卡，全神贯注地来回走动。

二点多钟,德皇和一些高级官员乘坐的车队驶进了实验场,一直开到山丘旁边的临时看台旁才停下。

一位年轻的军官上前拉开车门,等候在看台旁边的将军"刷"地一下立正,毕恭毕敬地注视德皇登上看台,然后纷纷就座。

德皇的身旁的法尔根汉示意一下,法尔根汉又对一位将军说了几声,那位将军挥动手中的红旗,实验场突然出现一群士兵,随后又拉出一门巨大的海军炮和一门3英寸口径的野战炮。

这时,在1.5公里外的山丘上,有两个士兵赶着一群绵羊,慢慢地走向山坡。很快,这两个士兵向后跑去,山坡上只剩下那群羊在慢慢地吃草。

随着一声口哨响过,士兵马上把两门炮围了起来,很快便作好了准备。

紧接着,那名指挥官右臂向下一放,口中叫道:"放!"野战炮震动了一下,射出一发炮弹,"嗖"的一声响过,炮弹落在离羊群很近的地方爆炸了。但爆炸的声音很轻,并不像实战中的炮声。

炮弹炸过以后,便见一团黄绿色的烟气徐徐升起,随风向羊群飘去,很快便覆盖了整个羊群。

烟消雾散之后,手拿望远镜的德皇急不可耐站起身来,架起望远镜向山坡上望去。

"好呀!这简直是魔鬼!"德皇看见一只只抽搐的绵羊,兴奋地惊呼道。紧接着他放下望远镜,对站在一旁正在得意的法尔根汉命令道:"赶快进攻依普尔!"

"是!陛下!"

1915年4月21日,德军开始进攻依普尔,沉寂多日的西线战场又重燃战火。德军首先用16英寸口径榴弹炮发射的高爆炸弹,对英法联军的阵地进行狂轰滥炸。

英法联军早有准备,他们凭借坚固的工事,向德军还击。双方对轰了一个多小时,黄昏时分,终于停了下来。

英法联军的战士们趁此间隙,有的在吃东西,有的走出工事,到外面吸几口新鲜空气。他们认为,这只是德军的常规作战方式,自己凭借坚固的工事,根本不把德军放在眼里。他们有说有笑,好像是在郊外野餐一样。

正在这时,空中响起了飞机的"嗡嗡"声,有十几架飞机从东北方飞来。有个英军战士大叫一声"德国飞机!"随后,便跳入战壕。正在说笑的其他英法战士,一时慌了神,连滚带爬跳到战壕之中。

转眼之间，机群飞近依普尔运河。英法联军一齐向飞机瞄准，轻重机枪纷纷开火。但德国飞机一掠而过，既未投弹，也未扫射，远远地绕了一个弧形，又飞远去了。

英法联军虚惊一场，大家不由得嘲笑自己，他们认为这不过是德军惯用的神经战，于是，阵地又恢复轻松的气氛。这批飞机是德军参谋总长法尔根汉派的侦察机。

侦察员去向他报告：英法联军阵地拉得很长，阵地上崎岖不平，掩体、碉堡参差错落，兵力无法估计。

法尔根汉并未责怪士兵，让他们回去休息。然后对前线指挥官说道："我们必须设法把敌军引到平旷之地，这样才能使用我们的秘密武器。"说完，他走向地图，认真看了一会儿，然后又说：

"我看这个地方很好，只等东北风微微吹起，就可实施我们的计划了"

说完，这家伙冷笑一声，认为这次英法联军可要倒霉了。于是，便高高兴兴地回去休息了。

可法尔根汉没想到，就在睡梦之时，法国间谍吕西托早已把他使用秘密武器的消息，告诉了法军总司令霞飞。霞飞获悉这个消息后吃了一惊，赶忙下令各军从速准备防毒面具，指示部下，如若敌军施放毒气，应赶快撤到上风处或高处去。但是，各军仓促之间，没法制办大批防毒面具，只有每人加发一条毛巾。

4月22日深夜，天空阴云密布，东北风微微吹起，德军各部接到参谋总长的命令：立即起身，饱食、戴好防毒面具，准备在黎明时分发动进攻。

天刚蒙蒙亮，随着一阵"隆隆"的车轮声，英法联军突然发现黑压压的100多辆德军军车向阵地开来，便立即用各种炮火还击。

打了一阵，德军似乎招架不住，便向后仓皇撤退。英法联军不知是计，便跃出战壕，向德军猛追过去。

几万名英法联军杀声震天，人如潮涌，直追到一处空旷地带。

忽然间德军大炮齐鸣，截断英法联军退路，前面逃跑的德军也停下脚步，转而向联军射击。几万名英法联军只好在这片平旷的地面上寻找小丘或树丛作隐蔽。

就在这时，空中传来螺旋桨的轰鸣，几十架德军飞机从东南方直飞过来，一到这片平旷的地带，便纷纷投下炸弹，这些炸弹坠落在地时，并没有多大的爆炸声，却个个腾起团团浓烟，迅速向四周弥漫。

英法联军顿时醒悟，知道这是敌人在施放毒气，纷纷系上毛巾。但这根本不起什么作用，靠近毒气弹的战士们纷纷倒下，头晕目眩，呼吸紧张，紧接着便口角流血，四肢抽搐起来。

飞机刚刚飞过，位于西北面高地上的德军又不断地发射毒气炮弹，大量毒气笼罩着大地，连乱草中的野兔也惊跳起来，一会儿，便伸直了腿。

这就是法尔根汉的秘密武器——氯气弹。这种气体比空气重1.5倍，人吸入这种气体，马上就会窒息而死。

很快，英法联军就有1万多人死亡，其余已丧失战斗能力。

这时，头上裹着防毒纱罩的德军，从四面八方冲向联军阵地，10公里长的防线已无人防守，德军轻松地占领了这段阵地。

这是人类战争中第一次大规模使用毒气，在依普尔运河河畔的草丛、树根下，成千上万的英法联军的战士蜷缩成一团，令人惨不忍睹。战争使这些青年丧失了他们的青春和生命，它是人类的天敌，我们诅咒战争！

英德海上大决战

自从"神秘之船"连败德国潜艇以后，德海军司令部决定，要根本解决海上问题，消灭英国海军主力，控制海上通道。于是，便派德国公海舰队司令舍尔海军上将，带领舰队到海上与英军决战。

1916年5月30日，以"留佐"号为首的战斗巡洋舰，沿着日德兰海岸向北海航行，并不时地在途中向德军军港报告，清晰地报出自己的航线和位置。

这些电报信号很快被英军截获，并马上送到英国海军司令杰立克手里。根据报告，杰立克知道"留佐"号是德国公海舰队所辖的一个舰队的旗舰，这艘排水量为2600吨的巡洋舰，由海军中将希佩尔指挥，舰上配有12英寸口径的大炮。杰立克笑了一笑，对部下说道："这些德国人明目张胆地驶入北海，很显然是向我们挑衅，可当我们强大的舰队一出现，它就会马上溜走，必须把它干掉！"他寻思了一会儿，果断地做出决定：让贝蒂中将率领一支较弱的舰队迎战德舰，自己则率主力舰队跟在后面，等到贝蒂接触敌舰，佯装败退，诱敌深入，然后一举歼灭德国舰队。

于是，贝蒂立即率领4艘战列舰和6艘巡洋舰，迅速驶向日德兰半岛西北部海面，迎击德舰。

紧接着，杰立克亲率由24艘战列舰、3艘战斗巡洋舰和许多辅助舰组成的强大舰队，离开军港，到海上与德军作战。杰立克满怀信心，认为这次定会给德国人一点厉害瞧瞧。于是，志在必得英军舰队缓缓驶向日德兰海域。

但这仅仅是一厢情愿。"留佐"号一路频繁发报，目的就是向英军报信，以便诱引他们主力向海面上驶来。

这是德军公海舰队司令舍尔苦心经营的一种方案，他一面派"留佐"号先行海上，诱引英军；一面则率领主力舰队，随后跟上。为了迷惑英军，还不断地在德国军港用舍尔旗舰的呼号广播，使对方认为公海舰队的主力仍在本土港内。这真是"不谋而合"，也可以说是英雄所见相同，英德各怀鬼胎，目的完全相同，那就是消灭对方。

5月31日下午2时许，两支舰队都驶到日德兰西北部的海面上，虽相距仅50公里，但谁也不知道对方就在眼前。过了一会儿，英军舰队的前锋船只终于发现了德国舰只，舰长赶快报告贝蒂中将"前方发现敌人舰只，我们正在监视！""好，终于露面了！马上前去查看一下！"贝蒂中将脸上露出得意的微笑，给这艘舰的舰长下达了命令。

舰长接到命令，马上离开编队，全速向前行驶，似乎唯恐对方发现不了自己。

德军舰队也有这种想法，当他们发现英军舰只后，也全速向前驶来，"留佐"号一马当先，希佩尔也喜出望外。不一会儿，双方便到了有效射程之内，贝蒂命令所有舰只处于全面待战状态，一旦对方靠近，便开炮轰击。

希佩尔见对方靠近，也命令舰只进入战斗状态，并掌握有利时机，随即下令，来一个先发制人。

"轰"的一声，贝蒂的旗舰"狮"号中了一弹，船体轻微晃动了一下，贝蒂笑了，原来德军使用的是12英寸口径的大炮，心中暗自想到：德国佬，让你尝尝老子15英寸大炮的厉害！随即下令开炮。

"轰隆"一声，15英寸口径的大炮发出一枚重型炮弹，但却在德舰旁边爆炸，只把一些海水掀到德国军舰之上。

希佩尔顿时也露出笑容，不由得嘲笑对方，口径大无非也是打打海水！

就这样，双方你一炮，我一炮，互相对轰起来。

"隆隆"的炮声震荡着日德兰海面，远处的德英大部队都可隐约听见。杰立克和舍尔都以为自己计谋得逞，下令所有舰只全速前进，去吃掉对方。

而这里,炮击仍然继续。贝蒂本想按照杰立克的布置,稍一接触便回转逃去。可这时德军舰只死死咬住不放,长了眼睛似的炮弹向自己舰队飞来,急得他大呼乱叫,命令舰只赶快退去。

希佩尔则不轻易放过,趁英军转弯之机,命令所有炮火轰击贝蒂的旗舰"狮"号。

"轰"的一声,"狮"号被一发炮弹击中,炮塔中部发生猛烈爆炸。炮塔上除了指挥官哈维少校外,所有人员当场炸死。更严重的是爆炸使火药袋着了火,眼看整条军舰要被炸毁,重伤的哈维在临死前通过传声管下令向弹药库放水,"狮"号才幸免于难。

而在这时,德军又集中炮火,对准"玛丽王后"号射击,不一会儿,这艘战斗巡洋舰便开始下沉。随后,"不屈"号也被德舰击中,舰上浓烟滚滚,迅即发出震耳的爆炸声,马上也开始下沉。

贝蒂怒不可遏,下令舰只向德国人冲去。

希佩尔见好就收,调转航向,全速向舍尔的主力舰队靠近。

正在追击的贝蒂,隐约发现大批的德国舰只,知道对方也有准备,心中不觉有些胆怯,急忙下令转向,全速向后退去。

"留佐"号趁机想占点便宜,紧追英舰不放,英国人气愤已极,瞄准"留佐"号射了一弹,"留佐"号中弹起火,在水面上飘荡起来。

这时,英国主力舰队已经赶到。杰立克以为贝蒂真的把德舰诱引过来,便兴奋地下令:

"全部战列舰向左排成舷侧单行,进入战斗状况,准备迎击敌人!"

很快,他的24艘战列舰,排成一条长长的作战单行。而舍尔只顾猛追,猛然发现英国舰队时,双方已形成"T"字作战阵势。这下德国慌了手脚,因为英国能够使用所有大炮轰击,而舰只能用舰首炮,并且后面的舰队因距离太远,不能射击。

英国人抓住时机,所有炮火齐发,一阵"隆隆"声响过,德国3艘军舰遭到重创,眼睁睁看着沉下海底。

"留佐"号本来已经不行了,这时雪上加霜又挨了一炮。结果希佩尔只得换乘另一艘军舰,一会儿便找不到"留佐"的影子。

舍尔兴冲冲而来,本想占对方便宜,没想到立脚未稳,劈头盖脸挨了一顿炮弹,急得他"嗷嗷"直叫,下令舰队调转船头,在薄雾中仓皇逃去。

夜幕降临了,海面恢复了平静,只剩下浓浓的硝烟在空中游荡。

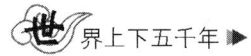

舍尔决定撤回本土，但因夜色黑暗，偏离航线，深夜时分，又与英舰相遇。双方在照明弹、探照灯的照射下，进行一场混战。各有一些小舰中弹沉没。

到黎明时分，双方终于分开，各向自己本土驶去。

在这次大决战中，德军被击沉1艘大舰、10艘小舰，死亡二千五百余人；英军则被击沉3艘大舰、11艘小舰，六千多人丧生。但双方主力均在，德国人想控制海上通道的愿望终于实现。

凡尔登战役

1916年初，第一次世界大战进入了第三个年头，随着"史里芬"计划的破产，德军指挥部改变了作战布置，计划在东线进行防御，而在西线重点对法军右翼部队所依托的"凡尔登突出部"实施突击。

这是继任毛奇的德军新任参谋总长法尔根汉提出的。他把这次行动计划称为"处决地"，目的是进攻一个法国不愿放弃的军事要地，让法国在那里投入全部兵力，然后加以歼灭，使法国在军事上崩溃，从而逼其投降，法尔根汉公开叫嚣："要让法国把血流尽！"

这时，法军总司令霞飞正忙于准备索姆战役，无暇顾及离巴黎200多公里的凡尔登要塞，再说凡尔登要塞异常坚固，它筑垒地域正面宽达112公里，由四道防御阵地组成，而第四道防御阵地则由凡尔登要塞的永备工事和两个堡垒地带构成，当时的驻军有4个师10万多人。

德军为了在军队的数量和力量上压倒对方，法尔根汉下令把俄国、巴尔干半岛前线以及克虏伯兵工厂的大炮，全部集中到进攻现场周围。在12公里长的战线上，排列着近千门大炮，前沿阵地还配有5千多个掷雷器。进攻的兵力有10个师27万人，是防守凡尔登的法军的三倍。

2月21日早晨，德军开始猛烈的进攻。近千门大炮随着一串闪光的信号弹在高空爆炸，一齐怒吼起来，以每小时10万发的发射速度，把铺天盖地的炮弹倾泻在凡尔登的野战防御阵地上，顷刻之间，法军阵地一片火海。

紧接着，德军又用13门16.5英寸口径的攻城榴弹炮，把一颗颗重磅炮弹，射向要塞最坚固的第四道永备工事上，伴随着掷雷器发射着装有100多磅高爆炸药和金属碎片的榴散弹，在一阵阵震耳欲聋的爆炸声中，法军整段整段的堑壕变成了平地。

经过12小时的猛烈轰炸之后，德军又用5.2英寸的小口径高速炮，以步枪子弹的速度发射霰弹，对惊惶失措，乱跑乱叫的法军进行扫射，并用喷火器把法军前沿阵地变成火海。

这样反复轰炸和扫射之后，凡尔登要塞附近的狭窄的三角地带的战壕完全被摧毁，森林也被烧光，山头被大炮削

平，整个法军完全暴露出来，战场上空笼罩在一片浓烟烈火之中。炮火刚刚停息，随着一阵阵呐喊声，德军六个步兵师从宽10公里的战线上，向法军防线冲击。

法军阵地上虽然是一片火海，但士兵们仍然凭借剩余的工事，奋勇进行抵抗。军官身先士卒，带头冲出战壕，同敌人展开白刃近搏。法军斗志高昂，不畏强暴，勇猛异常，把敌人冲锋一次次压了回去。

经过两天激战，终因寡不敌众。有一万多人被德军俘虏，前沿的野战防御阵地基本上被德军占领。

法军在凡尔登失利的消息，很快传到法军总司令部。霞飞总司令大吃一惊，赶忙召开军事会议，命令参谋总长立即赶到凡尔登，要不惜一切代价死守阵地，等待后续部队的增援。随后，又委任贝当将军为凡尔登地区司令官，并集结兵力，准备增援。

贝当来到凡尔登后，先巡视了一下整个防御体系，看着堆满尸体的前沿阵地，贝当感到情况危急，凡尔登面临着被包围的危险。

正在这时，要塞东北部的都慕炮台被德军占领。这个炮台原有一个轻步兵师固守，经过德军12万发炮弹的狂轰滥炸，德军一支只有9人的巡逻队，未发一弹就占领了炮台，因为上边的将士全部阵亡。

贝当愈感觉情况不妙，立即在前线划定了一条督战线，严令士兵顶住德军进攻，有谁胆敢退过此线，格杀勿论。

紧接着，便召开前线军事会议，讨论怎样保证后方援军和军火物资的迅

速到达,贝当说道:

"当前情况十分危机,我已和霞飞司令联系过了,让他赶快派大部队增援,在一星期内调集大约20万人和两万多吨军火物资,这样才能保证凡尔登不落入德国之手。诸位议论一下,看哪条交通线可以完成这么多人员和物资运送?"

"除了通向西南的一条巴勒杜克——凡尔登公路还没彻底破坏,其他已全部被德国人的大炮切断了。"负责后勤的一名指挥官皱着眉头说道。

"公路的宽度有多少?"贝当紧忙问。

"6米。"

"路面怎样、能经得起大量载重车通行吗?"

"路面不太好,那要看有多少车辆通行?"

贝当计算了一下,说:"要运输这么多兵力和军火物资,得需要6千辆汽车昼夜行驶。"

指挥官们听了都面面相觑,不出一声。那名负责后勤的指挥官说道:"这恐怕不行!必须修复一下,否则,这么多汽车来往穿行,会造成很多车祸。"

贝当当即命令道:"立即组织一支抢修队,在沿途平民协助下,铺砌和拓宽公路路面,要保证车辆安全通行,凡尔登的得失在此一举!"

接着,他委托这名指挥官,前往督促修路,保证27日起,开始通车运行。这位指挥官受命而去。

过了两天,6千辆汽车通过这条路,源源不断地把19万援军和2万多吨军火物资运到凡尔登要塞。由于这条公路出色完成了凡尔登战役的运输任务,因而被法国人称为"圣路"。

这下,敌对双方军事力量逐步趋向平衡,德军虽然第一次进攻得到一些好处,可大量援军和大炮的到来,使德军寸步难行,双方暂时对峙起来。

法尔根汉做梦也想不到,短短的一周时间,法军竟派出这么多援军赶来。一方面是吃惊,再一方面心中暗暗高兴。这与他事先估计的一样,脸上露出狰狞的笑容:"好吧?我要法国人在这里把鲜血流尽!"

于是,他重新布置一番,让德军休整一下,准备更大规模的冲杀。

贝当将军这方也在紧张的布置,他命令增援部队马上开赴前线,修补战壕,安放大炮,准备迎击德军。

3月5日，大规模的战斗开始了。德国步兵在猛烈炮火的掩护下，从30公里的战线上一齐向法军阵地发起进攻。贝当将军命令所有的法国大炮一齐开火，还击德军，20多万军队用各种炮火向德军扫射。

德军死伤严重，退了回去。法尔根汉命令德军停止全面战斗，集中兵力，主要突击马斯河左岸，并由急促的冲击改为稳步进攻，虽然又占领了沃堡垒，可只推进了不到两公里。到四月份，德军经过70个昼夜的苦战，仍未突破法军防线。到七月份，双方来回拉锯，死伤非常惨重，仍然相持不下，德军仅前进了7~8公里。

1916年10月24日，法军转入反攻，迅速收复丢失的炮台，德军溃退，退出了凡尔登战役。

在这次空前规模战役中，双方投入100多个师的兵力，伤亡人数70多万，因此，被称为"凡尔登绞肉机"。法尔根汉不仅使法国人流尽了血，而且也使德国把血流尽了，回国后便辞去参谋总长的职务。

攻占冬宫

1917年3月12日（俄历2月27日）在布尔什维克的领导下，俄国工人和革命士兵举行起义，打倒了沙皇，结束了长达三百年的罗曼诺夫王朝的统治。

可是，"十月革命"之后，政权却被代表着资产阶级的临时政府把持。它对外继续进行帝国主义战争，维护英美法帝国主义的利益；对内则竭力维护旧统治机器，压制人民群众，企图解散工人武装，进而消灭苏维埃。他们四处调集军队，抽出闪亮的屠刀，准备屠杀人民群众。

在这种严峻的形势下，被迫流亡在芬兰的列宁，不顾个人的安危，毅然于10月20日（俄历10月7日）秘密回到彼得堡。

这天夜里，一位个头不高、工人打扮的人匆匆来到斯莫尔尼宫，已经等候在那里的布尔什维克党中央委员会成员激动地站了起来。这位工人打扮的人摘去了假发，微笑着和大家握手。一位老布尔什维克流着激动的热泪，充满感情地叫道："列宁同志，您身体好吧！"

"好！好！同志们也好！"列宁也异常激动地问候大家。随后，紧急会议便在这种热烈气氛中召开了。

列宁严肃地讲道:"目前形势极为严峻,我们必须及时地进行一次新的革命,把国家权力从临时政府手中夺过来,全部权力应归工人代表苏维埃!……"

接着,大家进行了热烈的讨论,一致同意列宁关于准备举行新的武装起义的提议。

不料,就在他们秘密召开会议的时候,有个奸细混进了斯莫尔尼宫,杀害了放哨的苏维埃战士,偷听了他们讨论的内容。

资产阶级临时政府立刻警觉起来,加紧调集军队,并下令逮捕列宁。

在这种情况下,布尔什维党中央委员会按照列宁的布置,准备提前举行武装起义。为了把列宁的讲话内容传达给彼得堡的布尔什维党人,以便号召大家行动起来,便决定在11月6日的《工人之路报》上刊登出来。

但临时军队早有察觉,这天清晨,一伙临时政府军队突然闯进《工人之路报》编辑部,当即查封了这份报纸。

这个消息传开之后,赤卫队员和革命士兵们立即赶到,把临时政府的军队轰了出去。工人们加班加点,很快便把《工人之路报》印了出来,并散发出去。

于是,彼得堡到处传扬着列宁的讲话,大家高声读着:"政权应该交给工兵代表苏维埃!"

人们奔走相告,几个小时以后,二十多万人组成的革命队伍集合起来,在布尔什维克党的领导下,迅即进入战斗状态。在列宁的亲自指挥下,一队队战士出发了,很快便占领了大车站、邮电局、电话局和银行某重要设施和部门。他们所到之处,受到群众支援,很多临时政府军队官兵也转到人民这边,临时政府完全孤立了。

第二天,也就是11月7日(俄历10月25日),除了临时政府所在地冬宫和少数几个据点以外,彼得堡实际上都掌握在革命军队的手里。列宁当即作出决定:占领冬宫!于是,革命军队从四面八方团团包围了冬宫。

冬宫,是历代沙皇专制统治的象征,这座宏伟华丽的宫殿,位于彼得堡市中心的涅瓦河畔。"十月革命"后,沙皇被永远赶出了冬宫,但"七月事变"后,一个新"沙皇"——临时政府又搬了进来,沙皇的办公室随即变成临时政府头目克伦斯基的办公室。

冬宫是座堡垒式建筑,要攻占它相当困难。它西北面紧靠涅瓦河,东南方是一条水渠,正前方则是一个开阔的广场。从11月7日清晨起,临时政府就命令士官生用成垛成垛的木头，把它排成深厚的街垒，堵住了冬宫的全部出入口。在街垒里面，架设有机枪和各种小型火炮，守卫在这里二千多名士官生，昼夜注视着冬宫四周。

克伦斯基一面给自己部下打气，鼓动他们坚决抵抗，而自己则借口迎接援军，乘上美国大使馆的汽车，逃之夭夭了。起义部队领导人安东诺夫，按照列宁的指示，派人给临时政府发出最后通牒。可临时政府认为冬宫牢不可摧，且有克伦斯基请求的援军将到，因而毫不迟疑地拒绝了起义部队的要求，欲做顽抗。

列宁当即向安东诺夫下达命令：必须在今天夜里占领冬宫，逮捕临时政府的全部成员！

这天夜里，夜幕刚刚降临，一只小船划向停泊在涅瓦河里"阿英乐尔"号巡洋舰，一个年轻的小伙子从小船上跳到舰上。

一个放哨的士兵走上前来，厉声喝道："干什么的？""我马上要见别雷舍夫！"年轻小伙子气喘吁吁地说道。那哨兵又端详了一下对方，才勉强说道："请跟我来！"于是，两人一起走进舱内。一个中年汉子正对围在自己身边的几个人说着什么，见进来两个人，便急忙问道：

"有什么事吗？"

年轻小伙子急忙上前，迫不及待地问道："您就是别雷舍夫同志吗？"

"是的，我就是！"

"这是革命军事委员会给您的命令！"说完，从怀中掏出一封信来。

别雷舍夫接过一看，转身对大家说道："同志们，军事委员会命令我们，今晚9时40分向冬宫开炮！"

众人一听，兴奋地轻轻叫了出来。别雷舍夫急忙让大家静下来，认真地向各位布置了一番。然后，对那位年轻的小伙子说：

"请你转告军事委员会，9时40分，我们准时开炮！"那位年轻小伙子满意地点了点头，告别了众人，走出船舱，上了小船，又慢慢的向岸上划去。

别雷舍夫是巡洋舰上的政治委员，因而今晚由他指挥。他一会儿看表，一会儿看表，按捺不住心中的兴奋之情，炯炯的双眼直视前方。

9时40分，别雷舍夫果断地发出命令："舰首炮，准备——"

炮手们"喀嚓"一声把炮弹推上膛。

接着，他毫不迟疑地将高举的右臂向下一劈，喊道："放！""轰！"地一声巨响，炮弹带着硝烟从炮口直冲冬宫。紧接着，其它大炮也一齐轰鸣，颗颗炮弹向冬宫落去。

巨大的宫殿颤动起来,顷刻之间,宫内便是一片火海。随着"阿芙乐尔"巡洋舰的炮声响起,起义部队在安东诺夫亲自率领下,冲向冬宫,与街垒的士官生展开激烈的枪战。

起义战士前赴后继,英勇无畏,不顾敌人疯狂的扫射,勇敢向前冲去。

街垒的士官生那见过这种气概,吓得纷纷逃跑,有的干脆扔下枪支,举手投降。

"冲呀!"战士们边喊边跑边射击,很快穿过空地,奔上宫门前的阶梯。

但是,巨大的铅制宫门拦住了他们的去路,很多战士从未见过这威严坚固的门槛,一时不知所措。

这时,一名指挥官高声叫道:"爬过去打开大门!"于是,几十名战士同时攀着铜杆爬了上去。一会儿,沉重的大门缓缓打开,上千名战士呐喊着涌了进去。这呐喊声,代表着他们几辈子的怨愤,带着无数个被沙皇残害过的人的仇怨,因而,格外响亮,可以说是惊天动地。

几千人涌进冬宫,便四处搜索敌人。但冬宫很大,建筑物又多,战士们东找西寻,并未发现临时政府的要员,并不时被隐藏在阴暗的楼梯和栏杆后面的士官生射中。

安东诺夫见状,急忙找到一些倾向革命的冬宫仆役,让他们带路,有组织地袭击敌人。这样,士官生失去地理优势,很快便成了丧家之犬,纷纷被战士们击毙。

经过一段激战,敌人基本上被消灭,可临时政府的要员还未抓到,战士们把一楼和二楼弄了个底朝天,仍一无所获。安东诺夫身先士卒,带着一支队伍,直向三楼冲击,有几个守卫敌人刚开了枪,就被起义战士俘获或击毙。他们冲到一个大房间,看到几个人影在东躲西藏,安东诺夫举枪喝道:"缴枪不杀!"

这群衣着讲究,脸色苍白的家伙,颤抖着举起了双手。他们正是临时政府的副总理和诸位部长们。

"我们以革命军事委员会的名义宣布:你们被逮捕了!"安东诺夫严厉地说道。

这些平时专横跋扈,不可一世的达官贵人终于低下他们高傲的头颅。

攻占冬宫的消息马上传开了。已经两夜没合眼的列宁顾不得休息,马上起草了《和平法令》和《土地法令》,并在第二天召开的苏维埃代表大会第

二次会议通过。

在这次大会上,成立了苏维埃政府,列宁当选为人民委员会主席。

这样,人类历史上第一个由人民当家作主的政权诞生了,工农革命的曙光照亮了整个世界!

兰斯保卫战

1918年7月,德军为了迅速攻占法国首都巴黎,在统帅鲁登道夫的布置下,从两面包围巴黎的"门户"——兰斯城,想一举攻克兰斯,长驱直入巴黎。为了实现这个计划,德军在皇储威廉率领下,庞大的集团军群秘密地进入阵地,为了高度保密,在行军过程中,连车轮也用布包裹起来,以避开法国侦察兵的耳目。

法国第四集团军司令古罗将军根据战争的态势,果断地做出判断。认为德军即将对兰斯发动进攻,下令情报部不惜一切代价猎取德军情报。情报部门派出一股精干的小分队,连夜闯入敌营,活捉一名俘虏,获悉德军将于零点十分发起炮击。古罗将军马上做出反应,命令炮兵部队提前开火。

零点十分,一声令下,两千多门各种口径的大炮同时向德军开火,刹那间,炮声隆隆,火光冲天,德军毫无防备,仓促应战,但为时已晚,只见铺天盖地的炮弹划出道道光亮呼啸着射入德军阵地,顿时是火光一片。空前规模的兰斯之战,在隆隆炮声中拉开帷幕。

四点三十分,从炮声中惊醒的德军,在总司令鲁登道夫的率领下,企图强渡马恩河。守卫在河对岸的美军三十八步兵团等个正着,立即朝那些船只进行猛烈射击。德军正渡中流,猝不及手,有几十艘小艇被击沉,损失惨重,但仍奋战渡河,终于以惨重的代价渡过对岸,并迅速占领了一个制高点,向美军进行反击。美军三十八步兵团越战越勇,坚守阵地,与德军抗衡,整个战场一片硝烟弥漫。

与此同时,在兰斯城的其他方向,双方也进行着激战。在东西大约50英里处,德军不顾对方的炮火,继续进攻,只见一片片尸体倒下,顿时尸积如山。德军一度也突破了几道防线,但都被英勇的法、美联军打退。双方你进我退、你退我进,展开了拉锯战。只听战场上枪炮声不绝,只见双方士兵的尸体不断增多,简直成了一个杀人的乐园。

而在兰斯的西面，德国军聚集了六个师，以强大的优势兵力，突破了意大利第八师的防线，并迅速把他们逼到第二道防线去，进展较为顺利。

上午九点三十分，情况发生了变化。德军以人海战术，把从马恩河畔的多尔芒到兰斯高地的协约国防线，往后挤压成一个十分危险的楔子形。但这仅仅是暂时的，就连皇储威廉也忧心忡忡，赶快去见他的父亲。正在吃早餐的德皇听了汇报以后，告诫儿子说，战争局势不容乐观，果不其然，不大一会儿，有军官报告说，他们的部队在第二道防线前面受到协约国军队的猛烈阻击。皇储威廉马上又赶回战场。

到了下午战斗异常激烈，整条马恩河都被鲜血染红了。德军总司令鲁登道夫仍督促将士发起进攻，为占领兰斯，投下最后一注。

德军发疯了，似乎都不怕死，前边一批批倒下，后面又涌了上来，靠这样的人海战术，到傍晚时分才前进了三英里。而协约国的炮兵则以逸待劳，整整一天都在接连不断地炮击河对面的德军后备部队。这样前击后炸，处处开花，眼见德军攻击渐渐削弱。

到了这种地步，鲁登道夫只得下令皇储的第六集团军补充战斗力，准备把这支后备力量投到前线。

但是皇储没有接到命令，眼见大势将去只得于当晚停止了冲过马恩河的行动，并且还停止了兰斯东西的攻击。这下，鲁登道夫只得靠马恩河和兰斯之间的两个军准备第二天重新发起攻击。

就在这时，在兰斯附近的茫茫森林中，二十四个整编师的协约国部队正集结待命，准备来日向德军发起全面进攻，而此时的德军，不仅在数量上少于对方，士气更是低沉，而且这些后备力量多数是从东线调过来的，疲军西进早已力竭，更是不堪一击。

而协约国则让英勇善战的硬骨头摩洛哥师担任主攻，右侧是美国第一

师,右侧是第二师,可谓是精兵强将,装备精良。第二天,天刚亮,只听坦克轰隆而至,喊杀声震耳欲聋,双方刚一接触,德军就乱了方寸,纷纷退却,摩洛哥师犹如一把尖刀,扎向德军心脏,第一道防线上的德国军毫无还手之力,乖乖地举手投降,片刻之间,协约国就俘获1.5万名德军。

处在第二道防线的德军还未明白过来,美军上尉加诺率领的三营就发动了第二次攻击。他们呼喊着刚冲过一块麦地,就听见有人叫道:"他们来啦!"加诺朝前一看,只见在平坦的田野上,大大小小的坦克隆隆的向前推进,后面紧跟着海军陆战队、美国步兵、塞内加尔人、外籍军团和法国士兵。面对强大的攻势,德军大部分纷纷投降,只有少数部队坚守阵地在继续抵抗,但很快就被打退。德军见大势已去只好扔下长枪,不断地喊道:"结束战争!"

虽然地面部队抵敌不住,但在战场上空,一批批德国飞机仍不断地向地面的协约军部队进行一次次俯冲扫射,给协约国军队造成很大伤亡。为了减轻伤亡,协约国空军驾机升空,迎击敌机,双方在浓烟滚滚的兰斯上空,进行激烈的空战,这样使整个兰斯之战变成第一次世界大战的核心战场。战斗进行到上午十点五十四分,皇储威廉和鲁登道夫意识到局势严峻,所有的后备力量全已用上,占领兰斯长驱直入巴黎的希望化做泡影。当时气势汹汹的德军已乱做一团,只剩下招架之功,而无还手之力。

为了收拾残局,鲁登道夫中午时分命令德国残余部队,从树林茂密、地势险峻的维埃齐峡谷,向两边包抄过来的美军进行反击。猛烈炮火压得美军一步也动弹不得,做困兽斗的德军个个瞪着发红的眼睛,嚎叫着向美军阵地反扑过来。危急时分,只见从一片树林中冲出一队骑兵,个个身着红军衣,戴着高高的头盔,披甲带刀,冒着密如阵雨的枪弹,呐喊着冲了过来。

美军犹如见到了当年拿破仑的军队,顿时来了勇气,纷纷直起身来,拿起长枪跟在这些法国龙骑兵的身后,一齐向德军进攻。

这些龙骑兵犹如一股旋风,对迎面而来的弹雨似乎没有看见,一批批中弹落马,又一批批向前冲去。

这场精神战显然奏效,唬得德国兵胆战心惊,惊叫着向后面退去。

在战场的另一面,德军躲在山腰的一个山洞之内,洞口用四挺机关枪疯狂地扫射,美国步兵和外籍军团的步兵毫不畏惧,冒着猛烈的炮火奋不顾身地猛冲上去。前边一批倒下了,后面又冲上去一批。山坡上堆满了协约国士兵的尸体,草地上流淌着他们的鲜血,整个战场笼罩在一片血腥的气氛之中。

终于,他们靠近了洞口,纷纷向洞内投掷手榴弹。"轰、轰"一阵巨响,德军的机枪成了"哑巴",一股股美军步兵和外籍军团的步兵冲向洞口,不到十分钟时间,就从洞中俘虏了1200名德军。

在另外一处山洞,密集的火力阻挡住了美军第二师的前进。这时,一辆法军坦克像一只巨型海龟一样,摇晃着向洞口驶去。坦克上的巨型大炮吐着火舌,准确无误地把炮弹送到洞内,随着阵阵爆炸声,一名德军上校命令挂出白旗,大约近千名德军从洞口走出投降。

经过一个下午的激战,强大而英勇的协约国军队终于占领了这座险要的峡谷,德军已失去战斗的信心,一批批撤出战场,仓皇地向后退去,夕阳照射下,站在雷斯森林里60英尺瞭望塔上的协约国前线总指挥芒让将军,终于露出了微笑。兰斯保卫战,虽然协约国付出惨重的代价,总计伤亡达5000人,但这是协约国从防御转入反攻的转折点,是结束第一次世界大战的关键战役。

现代卷

联邦共和国

1918年下半年，德国在第一次世界大战中的败局眼看就要来到。然而，德帝国主义并不甘心就此认输，还想做最后的挣扎。

10月，德国军队首脑命令基尔港的舰队出海同强大的英国舰队决战，并且声称，如果战败，舰队就不要回来了。这无疑就是把海军官兵作为炮灰，并断绝了他们的生还之路。

水兵们愤怒了！11月3日，八万名水兵在基尔工人的支持下发动了起义。他们熄灭了军舰的炉火，拒绝再出海作战送死。反动军官拘捕枪杀水兵，激起了水兵们的无比义愤，他们拿起了武器，镇压了反动军官，夺取了舰艇。消息传开，基尔工人也发动了总罢工，支持水兵的行动。起义的人们占领了政府机关，很快控制了基尔港地区，宣布成立工人和士兵代表苏维埃。

德国11月革命开始了！

从11月5日到8日，汉堡、不来梅、莱比锡、慕尼黑等地都发生了武装暴动。11月9日，在德国社会民主党的左派组织斯巴达克团的领导下，柏林的工人、士兵举行总罢工和武装起义，占领了警察局、邮局、火车站和国会，成千上万的武装群众涌向了德皇的老窝皇宫。

魂飞胆破的德皇威廉二世赶忙宣布退位，然后仓皇逃往了荷皇宫广场上，万众欢腾，群情振奋。一面鲜艳的红旗在皇宫阳台上升起。红旗下站着起义的组织领导者。

"从今天起，德国将是自由社会主义共和国！"站在皇宫阳台上的著名革命家卡尔——李卜克内西庄严地宣布。他强烈谴责德国反动政府的战争政策，号召人民以十月革命为榜样，立即建立苏维埃政权，并大声疾呼："德国必须由人民自己来管理！"

接着，另一位起义组织者罗莎·卢森堡发表了激动人心的演说。人们被她的话语激励着，广场上不停地爆发出口号声和欢呼声。

随后，李卜克内西和卢森堡带领着群众，走上大街，开始了声势浩大的游行。

这时，德国反动分子也在积极地活动着，德国社会民主党右派头子艾伯特勾结资产阶级，从皇室巴登亲王的手里接过权力，宣布成立"自由德意志共和国"，并组成了资产阶级临时政府。

在革命的紧急关头，李卜克内西和卢森堡等人领导的社会民主党左派斯巴达克团，成立了德国共产党。他们二人担任了党的领导工作，并创办了《红旗报》，同艾伯特为首的反动派展开了针锋相对的斗争。

德国共产党向人民发出了战斗的口号："全部政权归苏维埃！"

1919年1月，李卜克内西和卢森堡领导了柏林工人武装起义。艾伯特政府调集来大批军队冲向柏林，进行血腥镇压。由于起义准备不够充分，敌我力量过于悬殊，反动军队攻进了柏林，工人武装英勇奋战，血洒街头，起义最后失败了。反动政府开始了大屠杀。特务机关悬赏十万马克，高价索购李卜克内西和卢森堡的首级。白匪军警在全城展开搜捕。由于叛徒告密，1月15日，李卜克内西和卢森堡在避居的地下室里被捕。

艾伯特之流高兴至极，但又不敢公开杀害两位革命领袖，于是，便策划了一场卑鄙的谋杀事件。

当晚，被打得遍体鳞伤的李卜克内西被押赴监狱。半路上，白匪军官把他推下车，从背后向他开了枪，之后造谣说他是在逃跑中被打死了。与此同时，反动分子又杀害卢森堡，并将她的尸体投入了兰德维尔运河。直到5月31日，才被人们找到。6月13日，德国工人将卢森堡安葬在埋葬着李卜克内西和另外32名被害工人的柏林弗里德里希墓地。

艾伯特临时政府的血腥屠杀，更激起了全国工人的反抗。3月间，柏林工人再次举行总罢工。4月13日，德国共产党又在巴伐利亚建立了苏维埃共和国。由于工人阶级的英勇斗争，巴伐利亚共和国直到4月下旬才被镇压下去。

1918年11月开始的德国革命虽然失败了，但它推翻了封建君主专制制度，揭露了社会民主党的反革命面目，诞生了德国共产党，仍具有重大的历史意义。

镇压了革命的艾伯特政府宣布德国为联邦共和国，艾伯特出任总统。艾伯特死后，兴登堡又登上总统宝座。德国更加快了扩军备战步伐，并扶植了希特勒上台，使德国走上了法西斯道路。

巴黎和会

1918年11月11日凌晨5时，巴黎东北贡比涅森林的雷通车站。德国以外交大臣为首的代表团走上联军总司令、法国元帅福煦乘坐的火车，签订了第一次世界大战停战的条约。停战的条约是十分苛刻的，它包括：

14天内德军撤出在这次战争中占领的法国、比利时、卢森堡的领土，还有在普法战争中所占领的阿尔萨斯-洛林地区；

一个月内将莱茵河以西的德国领土，以及莱茵河以东30公里的德国领土交给联军；

交出巡洋舰、战斗舰、驱逐舰、潜水艇234舰，空军全部飞机，500门大炮和大量枪支弹药；

德国交出316.8亿美元的战争赔款（德国拿不出这么多，后一再削减，成为7.14亿美元）；

德国要交出性能完好的火车头5000个，车厢15万个，卡车5000辆……

战争结束了，如何分享这些胜利果实呢？

1919年1月18日，在法国巴黎的凡尔赛宫召开了分赃的丑剧——巴黎和会。

参加巴黎和会的各国代表有1000多人，其中全权代表70人，后改为"四人会议"，即美国总统威尔逊、英国首相劳合·乔治、法国总理克列孟梭和意大利首相奥兰多。后因意大利在大战中作用不大，本国底子又薄，被英法冷落一边。所以实际上又变为"三人会议"，他们是巴黎和会的三巨头，也是主宰者。

为了索取战败国的赔款，英国首相劳合·乔治和法国总理克列孟梭吵得不可开交。

"你们法国拿百分之五十，我们英国得百分之三十，怎么样？""不行，绝对不行！这次大战，法国损失最大，我们应该得百分之五十八。"

"太过分了，我们不同意。"

"那我们也不同意。"已经七十八岁的克列孟梭，虽已满头白发，但仍像只野兽般凶猛，真不愧他的"老虎总理"

的外号。而劳合·乔治也百般纠缠，一点儿都不愿牺牲自己的利益。

美国总统威尔逊只好在英法之间周旋，忙着打圆场："我们美国一分钱都不要。你们两国都牺牲些，让别的国家也得点好处，法国得百分之五十六，英国得百分之二十八，这样可以吗？"

克列孟梭厉声喊着："可以。但法德边界得以莱茵河为界；除阿尔萨斯—洛林归还法国外，德国的萨尔区也归我们！"如果法国得到萨尔区，就意味着他控制了欧洲最重要的军事工业区，将来可以在欧洲大陆称王称霸。对这点，英国和美国当然不同意。他们从1月吵到4月，谁也不肯让步。威尔逊和克列孟梭都以退出和会来要挟对方。

三个人经过无数次的争执和讨价还价后，终于有了结果：英国得到了国际联盟所规定的委任统治制度下拥有1000万人口的领土，法国得到750万人口的地区，日本也得到了德国在太平洋上的属地，而美国的"门户开放"原则也得以通过，美国的商品与资本可以进入这些地区，实行机会均沾，大家都有好处分享。

除分赃外，巴黎和会还有别的议程。主要是：

密谋扼杀新生的苏维埃俄国，决定对苏俄实行经济封锁；筹组国际联盟来反对列宁创建的共产国际；国际联盟指挥各国反动派向革命人民进行血腥镇压，同时重新瓜分德国原有的殖民地。

6月28日是巴黎和会的最后一天，也是全体战胜国在和约上签字的一天。但作为战胜国的中国代表没有出席会议，拒绝签字。

原因何在呢？

原来,巴黎和约里有三条是关于中国的。即战前德国侵占的山东胶州湾的领土以及那里的铁路、矿产、海底电缆等,统统归日本所有。

本来中国当时参加了协约国,对同盟国作战,曾支援协约国大量粮食,还派出17.5万名劳工,牺牲了2000多人。作为战胜国的中国,索回德国强占的山东半岛的主权,这是顺理成章的事。但英美法却做主要送给日本。而卖国求荣的中国北洋军阀政府却准备签字承认这个丧权辱国的条约。

中国人民忍无可忍,终于爆发了轰轰烈烈的"五·四"运动。

在全国人民的支援和影响下,中国代表团向和会提出两项提案:取消帝国主义在中国的特权;取消日本强迫中国承认的《二十一条》,收回山东的权益。

但提案被否决了,而卖国的北洋军阀却命令中国代表团在和约上签字。6月27日清晨,在巴黎的华工和中国留学生举行了声势浩大的抗议活动。6月28日,三万多华人齐集在中国代表团的住所外面。

"不能签字!"三万人发出了一个共同的呼声。

"谁签字,就打死谁!"十五名敢死军的青年准备以自己的鲜血和头颅去捍卫中国的尊严和权利。

中国代表团终于发表了一项声明:"山东问题不解决,我们决不在和约上签字!"

所谓的巴黎和会并没有解决帝国主义之间争夺殖民地的矛盾,对战败国德国的苛刻的勒索,也埋下了复仇的种子,法国元帅福煦事后说:"这不是和平,这是二十年休战。"历史无情地嘲笑着巴黎和会。1939年9月,希特勒再次在欧洲掀起大战,距巴黎和会正好是二十年零两个月!世界人民再次陷入灾难和痛苦中。

纳粹党的建立

"纳粹"是音译,它的全称是"德国民族社会主义工人党"。其前身是1919年1月5日由慕尼黑铁路工人安东·德莱克斯勒创建的"德意志工人党"。它最初只有几十名党员,希特勒是第55名党员,他扮演的角色是宣传鼓动,也正是这个角色,使他在政治舞台上崭露头角。演说时,他大量使用民间语言和战壕中士兵们的行话，单刀直入，通俗易懂，具有很大的蛊惑性。1919年10月该党举行群众集会，到会的70人没有一人不被希特勒的演说所感动，他们纷纷自愿捐出300马克来支持这个组织。

1920年初，德莱克斯勒正式任命希特勒为宣传部长。权力欲极强的希特勒开始按照自己的目标和观点来改造"德意志工人党"。为此，希特勒建议组织大规模的集会，会场设在可容二千人的霍夫勃劳豪斯啤酒馆的宴会厅，虽然遭到其他委员们的反对，甚至以辞职表示抗议，但是希特勒仍然我行我素，会议于1920年2月24日正式召开。

希特勒在会上具体阐述了1919年底所制定的《二十五点纲领》，并宣布纲领作为纳粹党党纲。该纲领从民族主义出发，要求德国人在一个"大德意志帝国"内统一起来，要求废除凡尔赛和约和圣日尔曼和约。纲领从种族主义出发，主张只有日尔曼血统的人才能成为本民族的同志，规定犹太人不能担任公职，不能享有公民的权利，不能参加新闻工作，而那些1914年8月2日以后移居入境的犹太人，应该吊销其户口，离开德国。纲领还提出"取缔不劳而获的收入""没收一切战争利润""企业实行国有化""要求废除地租，要求制止一切土地投机倒把活动""要求建立和维护一个健康的中产阶层"等冠冕堂皇地许诺。这些激进的"社会主义"口号，非常容易地打动了那些生活于社会底层、处境十分困难的群众。

1920年3月31日，希特勒被革除军职，于是他将全部精力投入到党的工作中。二十世纪初叶，在德国盛行着民族主义和社会主义两股潮流，《二十五点纲领》正是把便于煽动民族情绪的反犹主义和欺骗工农、下层中产阶级的"社会主义"口号拼凑起来的大杂烩。

为了把群众的情绪煽动起来，在党的名称问题上希特勒颇费了一番心思，最后他把民族主义和社会主义捏合在一起，杜撰出"民族社会主义"，即纳粹主义。1920年4月1日，德意志工人党改名为"民族社会主义德意志工人党"。民族主义和反犹主义

在希特勒的言论中占有突出的地位，在纳粹运动中起了很大作用。

希特勒极其重视党的外在形象，精心设计了党徽和党旗，并出版了纳粹党的机关报。1920年12月，在国防军的资助下，希特勒买下"慕尼黑观察家报"，改名为"人民观察家报"，来宣传纳粹党的主张，每周两期，后改为日刊。

1921年夏天，他以自己擅长演讲和为党募集资金为资本，开始排除异己，迫使政敌听命于他，主席一职轻松到手，从此希特勒独揽了纳粹党的一切权利。

1921年7月29日，希特勒在纳粹党内确立了"领袖原则"，纳粹党的各级领袖从此不再由党员群众选举产生，而由党的领袖直接任命。

新经济政策

一个美国青年来到克里姆林宫前，路上的人们以惊异的眼光注视着他。很快人们就得知他就是受列宁热情邀请而来的美国商人阿曼德·哈默。

当时23岁的哈默已是在哥伦比亚医学院就读的、独一无二、白手起家的百万富翁。1921年6月，他克服种种困难来到苏俄，原本想帮助医治当时流行的斑疹伤寒，但大规模的饥荒所引起的灾难却使他大为震惊。他立刻用100万美元购买了100万普特小麦，用船运到苏俄销售。

列宁知道这件事后，热情邀请哈默前来。在办公室里，列宁用英语和哈默交谈着，他问起哈默在苏俄旅行的印象。哈默告诉他说自己刚在饥荒地区和乌拉尔地区呆了一个月。列宁听到这里，脸色露出忧郁的神情，缓慢地说："是的，饥荒。我听说你本来想做些医务救济工作，当然这种工作很需要，不过，我们最需要的是美国商人，需要的是美国的资本和技术。"列宁顺手从桌上拿起一本《科学的美国人》杂志，一边翻，一边说："瞧！这是你们人民做出的成绩。这就是进步的含义，高楼大厦，发明，发展机械来代替人的双手。"他放下杂志，"我们是个落后的国家，资源丰富而未经开发。你们和我们可以取长补短。美国可以在这里找到原料和销售机器的市场，以后还可以在这里推销工业产品，而我们需要美国的技术和方法，以及美国的工程技术人员。"

哈默谈起访问乌拉尔区的印象，认为俄国的物资人力都很充足，许多工厂的状况比他预计得要好。列宁点点头。"不错，内战使一切陷于停顿，现在我们必须从头做起。我们刚刚制定出的新经济政策就是要求重新发掘我们的经济潜能。我们希望建立一种给外国人的工商业承租权的制度，来加速我们的经济发展。它将为你提供很好的机会。"

哈默怀着极大的兴趣听列宁谈新经济政策。

十月革命胜利后的苏维埃俄国成为世界上第一个社会主义国家。帝国主义列强惊恐万分，正在进行第一次世界大战的英、法、美、日各国以及德国，都派出军队入侵苏俄，进行直接的武装干涉；国内的反动势力也纷纷叛乱，企图一举颠覆新生的社会主义政权。在这种极端困难的条件下，布尔什维克和苏维埃政府带领着人民，经过近三年的浴血奋斗，到1920年10月，终于打败了国内外的武装，粉碎了敌人的阴谋，取得了决定性胜利。

但是，新的政权面临着更为艰巨的任务，那就是治理战争留下的巨大创伤。饥荒成为广大农村地区的灾难，农民迫切需要苏维埃政府经济上帮助他们，要求城市供给他们布匹、靴子、钉子、犁和其他工业品，要求改善生活。而连年的战祸同样使工业衰败不堪，千百个工厂处于半毁坏状态，多数设备破旧得如同废钢烂铁；铁路运输几乎停顿，几百座铁路桥被炸毁，几千公里长的铁轨报废，大部分机车和车厢已经超期限使用；一部分工人失业，跑到了农村。

在国际上，资本主义国家联合起来，对苏俄实行经济封锁，还在暗地里组织匪帮和富农暴动，时刻准备进行颠覆活动。

面对严峻的形势，列宁认识到，党和政府必须来个重大转变。斗争的重心要逐渐转到经济方面，在改进农业的基础上，恢复工业，必须把机器和货物供应到农村，从经济上加强工农联盟；在国家电气化的基础上恢复工业。

1921年3月，布尔什维克第四次代表大会通过了新经济政策的决议。新经济政策以粮食税代替征收，允许农民自由出卖余粮，允许私商自由贸易，并且将一部分小工厂还给私人，还准备把一些企业租给外国资本家等等。

尽管这些政策遭到一些人的反对，但它明显对恢复经济起到了巨大作用。

哈默从同列宁的谈话中，得到了很多的启发。不久后，哈默就成了第一个在苏俄经营租赁企业的美国人。他还劝说坚决反共的大资本家亨利·福特到俄国开办企业，经销汽车和拖拉机，于是其他一些公司也蜂拥而来。后来，福特还在俄国修建了一个汽车厂。虽然福特一向与布尔什维克主义为敌，但对这笔生意却颇为满意。因为苏维埃政府的新经济政策，保证了外国商人有

利可图，有钱可赚，也使苏俄冲破了资本主义国家的经济封锁。

新经济政策使苏维埃国家的经济顺利恢复起来，进入了社会主义建设时期。1922年12月，第一届苏维埃代表大会召开，宣布成立苏维埃社会主义共和国联盟（简称苏联），制定了第一部宪法。第一个社会主义国家终于在世界上站稳了脚跟。

"星期六义务劳动"

1919年4月12日，星期六。下午，所有上班工作的人都回家了。一股股炊烟伴随着一阵阵诱人的香味从城里各处飘起来，似乎在劝诱着人们，赶紧回家吧！然而，就在此时，莫斯科-喀山铁路分局一个机车库里，却活动着一些忙碌的人影。只听见两台机车旁不时发出"叮叮当当"的敲击声，偶尔还有低声的谈话声。

原来，这是喀山铁路分局一个机车库的党支部成员和积极分子在进行义务劳动，抢修两台坏损的机车。这一年，年轻的苏维埃政权面临着严峻的考验，外国帝国主义的武装干涉和国内白匪军的叛乱，内外夹击着这个新生的红色政权。在这危急关头，布尔什维克党中央发出号召，倡议全体苏维埃公民担负起责任和义务，以革命精神从事每一项工作，共同渡过眼前的难关。这个机车库的党支部经过讨论，决定在星期六下了班也不回家，继续工作，以响应党中央的号召。

经过了一天的工作，大家本已很疲劳了，半磅定量供应的面包，早已随着汗水蒸发了出去。肚子饿得"咕咕"叫着，表示"抗议"。然而，眼见两列军车因没有机车而停在车站，车上的红军眼巴巴地盼着到前线去，人们又怎么能去理会肚子的"抗议"呢？

深夜12点，两台机车修好了，军车在雄浑的《国际歌》声中缓缓驶出，工人们挥动着帽子，眼里流下了热泪。

这件事情很快在喀山铁路分局传开了。分局党委敏感地意识到，这是工人们为了支援前线而作出的又一个重大牺牲，也是人民群众积极性和主动性的一次体现。他们决定在全分局推广这一做法，每星期六下班后继续进行六小时义务劳动，称为"星期六义务劳动"。

当时，苏维埃共和国内忧外患，生产严重不足。喀山铁路分局这一决定

无形中大大增加了劳动时间，提高了生产效率，为前线赢得了宝贵时间，这一由几个名不见经传的"小人物"首创发起的、带有真正共产主义精神的"星期六义务劳动"立刻引起了全社会广泛的注意。《真理报》《消息报》等各大报刊进行了大量报道。

年轻苏维埃共和国的缔造者，苏维埃的最高领导人列宁从报上看到了这一消息，立刻肯定了这一做法，称之为"伟大的创举"。他号召全体青年团员都向喀山铁路分局的工人们学习，广泛开展"星期六义务劳动"。并于1920年五一国际劳动节这一天，亲自参加了清理克里姆林宫广场的义务劳动。于是，一个由人民群众首创发起、由共和国领袖倡导和号召的带有共产主义奉献精神的"星期六义务劳动"活动在苏维埃共和国的广袤大地上开展起来了。

列宁逝世

弗拉基米尔·伊里奇·列宁是一个精力充沛的人。他每天工作十几个小时。在十月革命前后那些最艰苦和繁忙的日子里，他甚至一天要工作二十个小时以上。

这位身材不高、有着钢铁般意志和锐敏头脑的思想巨人，正在创造着人类历史上的奇迹：他在历史上第一次实现了由社会成员中的大多数，即广大工农群众来管理和建设国家；他领导着第一个社会主义国家，独自与整个资本主义世界相抗衡，并成功地粉碎了他们的一切武装干涉；他使人们相信，人类从前只是作为理想的公平和正义正在变成现实，从而鼓舞起人们对生活的巨大勇气……

然而，奇迹的创造是要付出超人代价的。由于长期超负荷、超强度工作，列宁的身体状况开始衰弱。头疼、失眠这些脑力劳动过度的症状无情地折磨着他。他以坚韧的意志力顽强地坚持工作，指导着苏维埃布尔什维克党的工作。1922年，他带病参加了党的第十一次代表大会，并在会上作了报告。从1922年5月起，在医生和布尔什维克党中央的坚持下，列宁到了莫斯科郊外哥尔克村去疗养。在这里，他的动脉硬化症第一次严重发作，连语言功能也发生了障碍，经过治疗，两个月后病情有所好转。

病中的列宁仍然保持着读书看报的习惯，并不时和前来探望他的政治局

成员们讨论工作。医生不得不采取强硬措施,严格禁止他的这一切活动。

11月20日,在列宁的强烈要求下,他参加了莫斯科苏维埃全体会议,并发表了演说。然而这却是他最后一次发表公开演说了。

十几天后,病魔再次袭击了列宁。他的右半身彻底瘫痪了。

列宁神志始终很清醒。他知道自己的时间不多了。必须抓紧每一分钟。他半身麻木,无法执笔写作,便口授文件,让别人帮着记录。严重的头疼时常折磨他。为了保持思维的连贯性,他一边冷敷额头,一边口授,列宁后来的多篇文章就是以这种方式写下来的。

1923年春天,病魔第三次袭击列宁。他连话都无法说了。随后的日子,是列宁与疾病进行顽强斗争的日子。惊人的意志和毅力,使他身上似乎出现了奇迹:夏天,他不再失眠,在别人的挽扶下,他可以下床走路了。而到了秋天,他居然又能说话了。这位年轻共和国的缔造者以他与敌人进行斗争的毅力与疾病进行着顽强斗争。人们期待着奇迹真的出现,盼望他们的领袖再次回到克里姆林宫,主持苏维埃共和国的工作,领导他们走向光明的未来。

然而,事与愿违。1924年1月21日傍晚,这位巨人溘然长眠,永远离开了他眷恋着的土地和人民。

苏维埃共和国举国致哀。钟声长鸣,礼炮轰响,哀悼这位20世纪的巨人。

七十年后,历史翻开了新的一页。世界政治的变化,苏维埃国家内部的风风雨雨、坎坎坷坷,终于使这个世界上的第一个社会主义国家解体了。然而,人们对列宁的尊敬并不因此而消逝。列宁为了消灭人类的一切剥削和压迫、为了实现人类的公平和正义理想而不懈努力、顽强斗争的精神,将永远激励和鼓舞人们,成为人们追求光明与幸福的一盏明灯。

英国的衰落

为了独得海外殖民地,坐稳世界霸主的位子,英国走过了一条血与火的道路。从15世纪到19世纪的400年里,英国对外发动了近200场战争,这还不算局部的小规模军事冲突。可以说,英国人无时无刻不在打仗。他们用数量越来越多的舰队和口径越来越大的火炮,打出了经济的繁荣,政治的优势。他们在海外称霸之时,也正是发财最多的时候。

在美洲，英国于1733年就在东起大西洋沿岸西至阿巴拉契山脉的整个狭长地带，建立了十三个殖民地。在英法七年战争后，法属加拿大以及阿巴拉契山脉以西到密西西比河的辽阔地区都升起了英国的米字旗。

他们强迫印第安人从事最繁重的劳动，随意杀戮。在印第安人的累累白骨上，英国殖民者建起了一个个城市和工业中心。他们利用美洲廉价原料和劳动力，大力发展造船业。18世纪中期，英国的船只有三分之一是在美洲殖民地建造的。利用这些船只，英国殖民者从北美运走了数百万公斤黄金和上亿公斤白银，以及无以计数的木材、皮革、粮食等等物品。

在印第安人大量死亡，英国殖民者感到劳动力缺乏时，他们做开了罪恶的奴隶贸易，从非洲往美洲贩卖黑人奴隶。在欧洲装运价值十英镑的一百加仑甜酒，在西非就可换一个奴隶，而这个奴隶在美洲奴隶市场上，卖价却高达五百英镑。

英国还对非洲的领土蚕食鲸吞，先后占领了纳塔尔、贝专纳、南非、苏丹、桑给巴尔、肯尼亚、乌干达、尼亚萨兰黄金海岸，尼日利亚等地。

英国殖民者还将印度作为侵略亚洲的基地，英国东印度公司占领孟加拉后，从那里抢走了3700万英镑的财富，还有2100万英镑落入公司高级职员的腰包。

19世纪初，英国继续加强税收掠夺的同时，又开始将印度变成英国商品倾销的市场。在英国商品的冲击下，印度社会生产力遭到了严重的破坏，大批工人失业，大批田园荒芜。连英国总督都说，"这种悲惨的情况在商业史上是无与伦比的，印度人的白骨使印度平原都白成一片了"。

他们还强迫印度人种植鸦片。鸦片战争期间，中国大部分的鸦片是英国东印度公司运来的，在毒害中国人民的同时，他们也掠走了大量的白银。

鸦片战争后，英国侵略军在亚洲又先后侵占了克什米尔、亚丁港、阿富汗、缅甸等地。

18世纪末，英国殖民者还把大批苦役运到澳大利亚殖民地去发展养羊业。1840年又迫使新西兰承认英国为宗主国。这样，英国殖民者就把整个地球都包起来了。

对殖民地人民的掠夺和剥削，大大刺激了英国经济的膨胀。英国工业的棉花用量差不多增长了一倍，棉织厂由一千九百家增加到二千四百家。煤的产量由六千万吨增加到九千万吨。铁的产量由二百万吨增加到六百万吨。煤、铁的产量都占世界总数的一半左右。英国为了改进它的舰队，还第一个

由用木材造船改用金属造船。

一个英国大资本家说过:"我们应当占领新领土,来安置过剩人口,为工厂和矿山生产的商品找到新的销售地区……要是你不希望发生内战,你就应当成为帝国主义者。"

到1914年时,英国殖民地的面积已经达到2250多平方公里,人口达3.9亿,分别为其本土面积和人口总数的110倍和9倍,超过了其他帝国主义殖民地的总和,建立了一个地跨五大洲的殖民大帝国。所以,得意忘形的英国人宣称自己是"日不落帝国"。因为大英帝国的领地布满全世界,无论地球怎样旋转,总有一部分能见到太阳。

当英国陶醉于日不落帝国的荣耀时,潜在的威胁已在悄悄地降临。

首先是在第一次世界大战中,英国的海上霸权受到了沉重的打击。

由于英国等老牌的殖民国家已把世界分割完毕,美国和德国等后起的帝国主义国家就强烈要求重新瓜分世界。特别是德国,它拥有的殖民地还不到英国的十分之一,殖民地人口仅及英国的百分之三,因此,急切地想得到新的市场和原料基地。德国首相皮洛夫气急败坏地叫嚷:"让别的民族去分割大陆和海洋而我们德国人只满足于蓝色天空的时代已经过去了,我们也要求日光下的地盘。"为了战胜英国,德国拼命扩充海军。德皇威廉二世露骨地宣称:"德国的殖民目的,只有德国已经成为海上霸主的时候,方能达到。"1898年,德国制定了一个为期二十年的海军建设计划,一年后又把这个计划扩大了一倍,大大加快了发展海军的步伐。德国发展海军的计划和速度使英国大为震惊。英国建造了新型的号称"无畏舰"的主力舰,认为这是自己海军力量的一个飞跃,德国在几年之内是无法建造的,可以粉碎德国争霸海洋的梦想。但是,德国毫不示弱,也马上建造了"无畏舰"。到1908年,英国建成12艘,德国建成9艘。德国的海军力量迅速赶了上来。

在疯狂扩军的同时,英国又企图用谈判的办法来逼德国就范,维持自己的海上优势。在1907年海牙召开的世界和平会议上和1908年英王爱德华七世和德王威廉二世的谈判中,英国都提出了有利于自己的所谓限制海上军备的建议,但是,德国根本不买帐。双方的军备竞赛更加剧烈了。

为了加强各自的争霸地位,德国和奥、匈、意等国结成同盟,形成了"同盟国集团";英国和法、俄等国缔结协约,形成了"协约国集团"。两个集团尖锐对峙,愈演愈烈,终于在1914年夏季爆发了第一次世界大战。先后参加这次大战的国家有三十多个,卷入的人口达十几亿,占当时世界总人口的四分之三。

战争开始时，以英国为首的协约国在海军方面占有绝对的优势。1914年8月28日，英国海军在北海击沉德国三艘巡洋舰，一艘驱逐舰。12月8日，又在马尔维纳斯群岛全歼了德国的一支舰队。1916年5月~6月，想突破封锁的德军舰队发动了日德兰海战，出动了101艘军舰，英国以151艘截击。激战中，英国被击沉14艘，德国被击沉11艘，但德国舰队未能突破协约国的封锁。

1918年11月，当第一次世界大战以协约国的胜利而结束时，英国外交大臣吹嘘道："不列颠的旗帜已经飘扬在一个强大而统一的帝国领土之上，我们的意见，对于各国人民的意志或是对于决定人类的命运，有着极大的影响，这都是前所未有的。"

但这位傲慢的外交大臣的海口，并不能掩盖问题的实质，那就是英国赢得了战争，但失去了优势。战争严重地削弱了英国的经济和军事力量，而美国和日本在这期间却有了巨大的增长。英国的霸权没有被德国夺去，却被后起的美国抢去了。

第一次世界大战后，英国由原先的债权国变成了债务国，不得不变卖四分之一的海外投资还债。由于炮舰政策掠夺来的财富越来越少，战后不久，英国发生了严重的经济危机，工业生产下降了百分之四十六，由这次危机开始，英国经济陷入长期的萧条之中。

到1924年，英国在世界资本工业中所占的比重，由第一次世界大战前的百分之十四点五，下降到百分之九，而美国却从百分之三十六上升到百分之四十八，一下跃居到首位。

第二次世界大战对英国的打击更大，战争期间，国内资产减损40亿英镑，还变卖了数十亿的资产，积下30亿英镑的外债，不仅不敌美国，连西德、日本都赶在了它的前头。

军事上，美国、苏联已完全不把英国放在眼里，它们到处挖它的墙角，攫取它的利益。

两次世界大战还促进了民族解放运动的蓬勃发展，英国在世界各地的殖民地纷纷独立，"日不落"帝国的统治土崩瓦解，少数依然存于"英联邦"之下的国家也仅仅是个形式，根本谈不上对这些地区的控制。

"我的是我的，你的也是我的"的"日不落帝国"终于看到了日落。

日军间谍与"九·一八"事变

　　1927年6月27日,日本关东军司令部高级参谋河本大作、板垣征四郎、石原莞尔和奉天特务机关长土肥原贤二这四个好战分子得到了一个令他们欣喜若狂的消息:日本首相田中义一主持召开了"东方会议",抛出了臭名昭著的"对华政策纲领",确定了武装侵占中国东北的方针。

　　这四人是日本侵略军的马前卒,长期在中国活动,是关东军中有名的"中国通"。除河本大作外,板垣、土肥原和石原这三个总是聚在一起搞阴谋活动。关东军在中国所干的罪恶勾当,几乎都是由他们三个策划发动的。

　　日本人当然不傻,他们不但要霸占东北,而且还要找到一些借口,以显得其侵略有"理"。找什么借口呢?河本亲手策划的第一个"高招"就是除掉越来越不肯听命的"东北王"张作霖,以期奉军内出现混乱甚至武装冲突,以便浑水摸鱼,但在1928年6月3日他们发动"皇姑屯事件",炸死张作霖后,他们预料中的混乱并没有出现。

　　为了更全面地了解情况,在石原的倡议下,板垣决定以"北满参观旅行团"的名义组织特工展开大规模的情报侦察活动。同时,日本参谋部也向中国东北派出了大批军事间谍,"日本帝国参谋省情报科情报员陆军大尉"中村震太郎就是这些化装成"旅行者"的间谍中的一员。而这个冒充旅行者的间谍之死就成了板垣和石原武力解决"满蒙"问题的借口。中村震太郎是被我边防军发现其间谍身份之后秘密处死的。

　　1931年6月,身负重命的中村震太郎和退伍骑兵曹长井杉延太郎进入了中国东北。他们找了一名蒙古人和一名白俄作向导,从海拉尔出发,沿大兴安岭、索伦山一路侦察,记录下许多情况。但是,就在中村等人的侦察行动快要结束的时候,他们被机警的中国军人抓获了,中国军人从中村的棉裤和行囊中,搜出了几张中日文的军用地图,几份关于兴安区屯垦军的兵力驻扎及当地人口、物产、风土人情的表册和笔记。中国军队团长关玉衡觉得事关重大,立即对中村等人进行审讯。不料,中村是一个死心塌地的军国主义分子。他自以为是"大日本帝国"的公民,对中国人向来是不放在眼里。一个小小的屯垦军团长能把他怎样?因此,这个顽固的间谍有恃无恐,态度强横。不但拒不承认他的间谍身份,而且大叫大嚷地说:

"你们把一个有合法证件的日本公民无故关起来加以审讯,这是违反国际有关法律的。我要见你们的司令长官,向他提出严重抗议!"

另一名日本人井杉延太郎也声称:"不错,我们曾经是军人,中村是陆军大佐,我是营长,但我们都已退役。现在我们是大日本伐木公司的职员。快放了我们!"

审讯没有任何结果。第二天,继续审讯,这次,中村态度更加蛮横。当审讯人员一一列出从他身上搜出的东西,指出他的间谍身份,要他交代他的具体使命和委派他的人的名字时,他竟然恼羞成怒,跳起来对着主审讯人就是一记重拳。接着他像条疯狗似的一边咆哮,一边乱打一气,最后几个战士上去,才制服了这头凶猛的野兽。

更为棘手的是如何处置他们。关团长为这件事思考了好几天,始终拿不定主意,最后他采纳了部下的建议,秘密地处死了这几个人。

然而,这个秘密没过多久就让日本人知道了。正苦于找不到武装侵占东北借口的日本人认为这是一个难得的好机会,立即利用这件事大做文章。板垣、石原和土肥原认为,盼望已久的时刻就要到来。这三个恶毒的人还炮制了一个火上浇油的阴谋,再演一场贼喊捉贼的惯技。他们决定炸毁奉天北郊柳条湖附近的一段铁路,然后栽赃陷害给中国军队,以此为借口出兵奉天。

1931年9月18日深夜,寂静的东北大地上出现了一队鬼鬼祟祟的人影,一个叫河本末守的日本中尉奉土肥原之命带领一队人马以巡视铁路为名正向柳条湖方向奔去,不一会儿,传来一声惊天动地的巨响,铁路被炸毁了很长一截。紧接着,花谷正以土肥原的名义连续两次拍电报报告关东军参谋长和陆相南次郎,颠倒黑白地说中国军队破坏日本方面的南满铁路,袭击其守备队,板垣和石原则不停地催促关东军司令本庄繁下令出兵攻击中国军队。刹那间,穷凶极恶的关东军疯狂地扑向北大营,扑向奉天城,由于东北军毫无防范,仅一夜工夫,奉天陷落。

给中国人民带来深重灾难的"九·一八"事变,就在板垣等几个人的"导演"下"上演"了。

埃塞俄比亚的抗战

非洲东北部有一个封建王国，名叫埃塞俄比亚。它地处沙漠地带，经济十分落后，人民过着贫困的生活。但埃塞俄比亚的地下资源十分丰富，埋藏着大量黄金、白金和其他金属。另外，它的战略位置也非常重要。

意大利法西斯主义头子墨索里尼对这块土地垂涎已久，于1935年10月悍然发动了侵略战争，希望迅速占领埃塞俄比亚全国，控制红海，并以此为据点吞并整个非洲。埃塞俄比亚人民奋起反抗，但他们的武器主要是原始的长矛、弓箭、棍棒，无法跟意大利的飞机、坦克和装甲车抗衡。可是，埃塞俄比亚人民并没有被强大的敌人吓倒，他们决心为保卫自己的祖国而战。10月17日，埃塞俄比亚皇帝塞拉西在首都亚的斯亚贝巴举行阅兵仪式，随后亲临前线指挥作战。

战争中，埃塞俄比亚人民表现出了英勇无畏的品质和崇高的自我牺牲精神。由于地处沙漠，水源奇缺，牧民们就把水装在皮袋里，穿过干旱的沙漠把水运到兵营里，他们自己却常常因干渴而晕倒在路上。青年学生们天天走上街头宣传、动员。妇女们也组织了红十字协会和妇女协会，运送伤员，组织后方供给。甚至一些封建庄园主也拿出钱来向国外购买武器弹药和粮食，支援前线抗战。

那些以前被意大利军队所占领土地上的人民也不断地给意大利军队制造麻烦：他们藏起粮食，填平了水井，牵走了骆驼和毛驴。意军每到一地，占领的只是一座空城。在非洲沙漠炎炎的烈日烘烤下，找不到水源或只能找到撒了盐的水井，意大利士兵饥渴交加，战斗力大大减小。意大利军队损失惨重，墨索里尼的如意算盘落空了。

墨索里尼一怒之下撤换了意军驻非洲总司令，派遣由纳粹分子组成的"黑衫军"开赴埃塞俄比亚，并增派了空军，且使用起毒气！埃塞俄比亚人民很快居于劣势。1936年5月5日，意军进占埃塞俄比亚首都亚的斯亚贝巴，塞拉西皇帝被迫出走英国。5月份，墨索里尼宣布吞并埃塞俄比亚，由意大利国王兼任埃塞俄比亚皇帝。

埃塞俄比亚沦陷了，人民的生活陷入了更加痛苦的境地。然而，他们并没有屈服。更多的人拿起了武器，高喊："打到最后一个人，流尽最后一滴血。"他们与侵略者展开了英勇而巧妙的斗争,不断破坏铁路,炸毁桥梁,劫持意军的运输车,炸掉他们的军火库,甚至还刺伤了意大利总督。他们常常采用巧妙的方式从敌人那里搞到武器。据说有一次,在一个意军兵营里,熟睡的士兵们突然被一种刺痛感弄醒了。他们睁开眼睛一看,屋子里"嗡嗡"地飞舞着许多蜜蜂。士兵们一时弄不清是怎么回事,慌慌张张地跳下床就往外面跑。等这些士兵赶走待在身上的蜜蜂、头红脸胀地回来时,发现他们的武器都不见了。有人在床头发现一张纸条,上面有几行字:"武器弹药,暂借不妨;蜜蜂成箱,送君品尝;小小礼品,希望笑纳。"落款是:"笑容可掬的小飞人"。意大利侵略者十分恼火,但对这种"战术"又无可奈何。

经过长期艰苦的斗争,埃塞俄比亚人民终于于1941年赶跑了意大利侵略军,取得了独立。

日本法西斯的开端

1936年2月26日拂晓,一群狂热的青年军官率领1473名官兵分几路,突然袭击了东京市内所有的政府官邸。冈田启介首相侥幸从官邸逃出,他的妹夫、私人秘书等人被杀;内务大臣斋藤腾实、教育总监渡边锭太郎、大藏相高桥星清等人,当场被杀;天皇的侍从长铃木贯太郎身负重伤……一场血腥的暴乱就这样开始了。

这就是日本历史上,影响深远的"二二六事件"。它的发生,有着深刻的历史背景。

20世纪30年代初,日本陷入严重的经济危机,国内阶级矛盾随之尖锐化,日本一些右翼势力妄图用侵略战争的手段来解决这些问题。

随着国际战争危机的加深,特别是日军侵略中国华北的步步得逞,日本法西斯的气焰更加嚣张。

1934年10月,陆军省发表了一本题为《国防的根本意义和提倡强化国防》的小册子,其基本内容是阐述国防的概念、国防力的构成以及把物质和精神力量集中于国防的必要性。它叫嚣:"战争是创造之父,文化之母"。鼓吹法西斯独裁政治。

在如何建立军部法西斯独裁的问题上,日本法西斯军人内部分成两大派,即皇道派和统制派。双方都要建立军部法西斯独裁统治,但皇道派以

"新兴财阀"为靠山,强调以天皇为中心的绝对精神主义,认为对政党、重臣的势力必须给予坚决的打击。他们主张用政变、暴力以至暗杀手段来实现这一目标。这一派在军队青年军官中颇有影响,其成员主要是少壮军人。与之对立的统制派同旧财阀合作,以树立国家"总体战体制"为其特点。他们主张用合法手段,在陆军中央机关将校的统制下,注意策略,实行"断然改革"。他们强调加强现有国家机关,使天皇制法西斯化。这一派以东条英机等人为中心。皇道派攻击统制派是财阀的走狗,应予打倒;统制派企图镇压皇道派,加强以它为核心的军队的统一。

1934年11月,皇道派军官策划军事政变未遂。虽因证据不足未予起诉,但第二年,参予策划政变的村中孝次、矶部浅一等仍以乱发怪文之罪被免职。这在皇道派少壮军官中种下了仇恨的种子。1935年7月,荒木贞夫辞去陆相职务,代表统制派的新任陆相林铣十郎又罢免了皇道派军官中享有很高威望的真崎甚三郎的陆军教育总监的职务,由渡边锭太郎接任。皇道派认为,这是陆军省军务局局长永田铁山策划的,便散发了攻击永田铁山的秘密文件,使两派的对立更加激化。1935年8月12日,皇道派军官相泽三郎中佐闯入军务局局长办公室,杀死了统制派的核心人物永田铁山少将。

正当两派斗争白热化的时候,1936年1月,日俄战争后常驻东京的第一师团接到秘密派往中国东北的命令。这个师团是皇道派军官的巢窟。他们认为,正当审判相泽三郎之际调走该师团,是调虎离山。当时国内形势对法西斯军人集团也极为不利。1936年2月,在冈田内阁之下举行了大选,这次大选中所有的法西斯组织都遭到惨败。这表明:法西斯军人冒险政策遭到广大群众和社会各阶层越来越强烈的反对。面对如此严重的形势,加上相泽三郎事件的刺激和派往"满洲"的行期将近,皇道派军官决定立即起事,建立以真崎甚三郎为首的法西斯独裁政权。于是,出现了本文开头的那一幕。

26日凌晨6时,叛乱部队向陆相川岛义之宣读了他们的纲领性文件《奋起趣意书》,让其迅速奏闻天皇,同时要其对统制派、皇道派的将军们给予"保护性"拘留。

当时任军事参议官的真崎甚三郎和荒木贞夫大将都站在叛军一边,称颂他们是"维新部队"。统率第一师团的东京警备司令对叛乱者也表示同情。所以,陆军统帅部在26日午后公布了《陆军大臣告示》,承认叛乱者的行动。

此时,日本内阁处于一片混乱状态。后藤新平内相被任命为临时代理首

相,因为传说冈田启介首相已经被杀死了。27日凌晨,内阁与陆军统帅部终于做出最后决定,对叛乱部队进行坚决讨伐。

27日上午9时,天皇发布敕令,要求戒严司令官迅速平息这场叛乱。天皇敕令发挥了效力,叛乱军官们立刻陷入混乱状态。

28日下午5时30分,戒严司令官香椎浩平向第一师团和近卫师团下达了如下命令:"叛乱部队终于不服圣上之命,故坚决采取武力,以恢复治安"。为执行此项命令,调集仙台的第二师团和宇都宫的第十五师团来东京。29日晨,戒严司令部出动大约两万四千多官兵,包围了武装叛乱部队的驻地。在战斗的态势下,从飞机、战车和"无线电"广播里,发出了《告下级官兵书》,要求叛乱部队立刻放下武器投降,并警告说:"凡抵抗者全部视为逆贼,格杀勿论"。本来就不理解这场起事意图、也没有战意的士兵们,在天皇敕令的"召唤"下,很快就"归顺"了。29日下午2时,领导这次武装叛乱的军官们,聚集在陆相官邸。结果,除野中四郎大尉自杀外,其他均被逮捕。这样,经历了四天的武装叛乱,未经任何抵抗就被镇压下去了。

武装叛乱失败后,皇道派军官们曾期待法庭公开进行审判,以便把法庭变成攻击统制派和宣传法西斯主义的讲坛。但是,由统制派控制的陆军首脑部,却策划借机打击皇道派势力。为避开非难,根据天皇的紧急敕令,由非公开的特设军法会议对叛乱的头头们实行强行审判,且实行一审制,不设辩护人。审判从4月28日开始,进行到7月5日才结束。17名武装叛乱的"首犯"被处死刑。另有70名"少壮军人"被判处不同期限的徒刑,很多军人被调充后备役,或被派往边远地区。这次事件后,皇道派亦随之瓦解。

保卫马德里

1936年11月,一队奇异的人马在《国际歌》悲壮的旋律声中来到了战火纷飞的西班牙。他们操着不同的语言,穿着不同的制服,他们的头发、眼睛和皮肤颜色各不相同,他们是由来自苏联、中国、法国、美国、加拿大、意大利、德国、波兰、捷克斯洛伐克等54个国家的反法西斯志士组成的国际纵队,为了支援西班牙人民的正义斗争,志愿来到了西班牙。

此时,西班牙国内已是硝烟弥漫,战火纷飞。反动军官拂朗哥在德国和意大利法西斯主义者的支持下,于1936年7月发动了叛乱。此前,在2月份的西班牙国会进举中,由共产党、社会党和左派进步力量组成的人民阵线取得了胜利;接着,成立了以左翼共和党人为首的共和国政府。新政府采取了一系列进步政策,如释放政治犯,恢复因政治原因而失业的工人的工作,实行养老保险和工人休假制,并开始进行土地改革。这些措施受到人民群众的广泛欢迎,却引起了反动势力的恐惧和憎恨。于是,以佛朗哥为首的法西斯分子勾结德意法西斯势力,发动叛乱。

佛朗哥的叛军装备精良,给养充足,他们很快占领了南部的大片土地,与此同时,德意军队登陆西班牙。他们南北夹击,直逼首都马德里。

新生的人民共和国已处在危险的境地。"保卫马德里!""保卫人民共和国!"成了首都马德里人民的普遍心愿。马德里行动起来了。无论男女老幼,都动员起来。他们组织担架队、运输队、护城队,积极配合前线的战斗,妇女们在她们的旗帜上写着:"宁做英雄的寡妇,不当奴隶的妻子!"她们与男子汉们一样,挖战壕,修工事,扛大包,有的还直接上了前线。从1936年11月到1937年1月,佛朗哥对马德里先后发动了四次大规模进攻。第四次进攻时,墨索里尼还派了他的亲信罗阿塔前往指挥,并增调大量军队和重武器,却被英勇的西班牙人民打得全线溃退。

这场战争震动了世界。全世界进步人士进步力量都纷纷支援西班牙人民共和国。于是,一支由各国志士组成的支援西班牙人民革命的国际纵队组成了。这支国际纵队总共约35万人,分为十二个分队。各国志士都以他们自己国家最为骄傲和光荣的名字命名自己的营队。有"林肯营""加里波第营"

"巴黎公社营"等等。当时的中华苏维埃政府发表了《致西班牙人民书》,声援西班牙人民。中国旅美华侨组织了国际纵队中国支队。

在这些无私的国际志士中,有一位中国人民很熟悉的加拿大人,他就是后来到了中国抗日战争前线、为中国的抗战献出了生命的白求恩大夫。这位伟大的国际主义战士,这位高尚的、真正具有了"毫不利己、专门利人"的无私品德的加拿大共产党员,把自己的一生都献给了世界人民的进步事业。在西班牙战场上,他同样也是废寝忘食,挽救的生命不计其数。在西班牙这场正义与反动的较量中,国际纵队的战士始终冲在最前线。哪里最危险、最艰苦,哪里就能看到他们的身影。当第十一、第十二纵队进入马德里时,正是佛朗哥进攻最猖狂、战争最激烈的时候,他们顾不上稍事休整直接投入了战斗。连续一个多月,他们只能在掩体里睡觉,在风地里就餐。当敌人被打退,他们走出战壕里,已是"面目全非":浑身衣衫褴褛,脸上污黑,许多人头发胡子都被战火烧焦了。

最危险、最令人激动的可能要算雅拉玛山谷的战斗了。雅拉玛位于马德里东南边,是一个狭长形的山谷,是马德里南部的屏障,也是佛朗哥军队进攻马德里的必经之地。因此,佛朗哥在此集结了大量兵力,配备了坦克、大炮和飞机。国际纵队的战士们和西班牙共产党第五军团共同守卫这个山口。

1937年2月6日拂晓,寂静的雅拉玛山谷被"隆隆"的炮声和"轰轰"的飞机马达声惊醒。大群的飞机乌鸦一般俯冲下来,一颗颗罪恶的炸弹从飞机肚子里滚下来。在飞机大炮的掩护下,杀气腾腾的叛军直扑山口,佛朗哥军队第三次进攻开始了。

共和国的卫士们愤怒了。他们决定给这群法西斯匪徒一点颜色。机枪吼叫着;手榴弹像长了眼睛似的直扑敌人,有的战士甚至用步枪打下了飞机。在猛烈炮火的掩护下,蝗虫般的敌人冲了上来。守卫山口的战士只有几千人,进攻的敌人却有数万人。但是,英勇的战士没有一个后退。几天之中他们打退了敌人数十次冲锋。子弹打光了,就用石头和滚木;给养完了,就用野草和树皮代替。

当战士们把最后一块石头推到山下去时,援军赶到了。第一批坚守阵地的勇士们这时只剩下几百人。他们疲倦得连走路都要睡着了。他们被送回基地休养。

这场战役持续了将近一个月。佛朗哥丢了两万具尸体。而共和国方面也伤亡一万多人。许多国际纵队的战士在这次战斗中牺牲了。这是第一次世界

大战以来最为激烈的一场战役。后来，有一首歌在国际纵队的战士中广泛流传，歌中唱到：

西班牙有个山谷叫雅拉玛，
人们都在怀念它。
多少个同志倒在山下，
雅拉玛开遍鲜花。
国际纵队留在雅拉玛，
保卫自由的西班牙。
他们宣誓要死守在山旁，
打败法西斯狗豺狼！

国际纵队的战士们就这样为了保卫这片他们非亲非故的土地，献出了他们满腔的热血和宝贵的生命。他们为正义而战，为进步而战，为和平而战。马德里最后终于失陷了，佛朗哥在那里建立了他的独裁统治。但是，马德里保卫战中所体现出来的国际主义精神，却给后来的世界反法西斯战争树立了光辉的榜样。在这场战争中经受战火洗礼的许多国际纵队成员也是后来反法西斯战争的中坚力量。

慕尼黑阴谋

20世纪30年代，在国际外交政治舞台上，帝国主义列强们刮起了一股绥靖主义风潮，它们以牺牲小国、弱国利益为手段，保护和维持它们在帝国主义的凡尔赛－华盛顿体系中所取得的既得利益，满足法西斯国家的侵略欲，并企图把这股祸水东引，让法西斯国家成为消灭新生的社会主义苏联的急先锋，帝国主义国家则从中渔利。

英法是推行绥靖政策的主要干将，美国则采取了比较隐讳的形式。中国、埃塞俄比亚、西班牙等国都先后成为这种政策的受害者。最后，英法把捷克的苏台德地区出卖给德国，继而又把整个捷克奉送给希特勒，这使他们的绥靖政策达到顶峰，英法主演的把捷克出卖给德国的丑剧，就是历史上著名的"慕尼黑协定"。

捷克位于欧洲中心，具有重大的战略意义，它西邻德国，东近苏联，北接波兰，南通巴尔干，是德国东侵的严重阻碍。此外，捷克军事工业发达，有著名的斯科达工厂，资源也较丰富，它是德国垂涎已久的对象。德国侵占捷克，不仅可以加强自己的力量，还可以进一步消灭波兰，从而消除将来在对西方作战中的来自侧翼的威胁。

为了吞并捷克，希特勒采取了比吞并奥地利更为狡猾的手段。他首先在苏台德地区寻找借口。捷克的苏台德地区在捷、德边境上，是捷克防御德国的天然屏障。在这里居住着三百万日耳曼人，在希特勒的扶植下，成立了以汉莱茵为首的苏台德日耳曼人党，这个党逐月从德国外交部领取活动经费，并在德驻捷克使馆指挥和唆使下，寻衅闹事，制造民族纷争。他们提出一个广泛的"民族自治"的要求，实际是要把苏台德区从捷克分裂出去。在英法的压力下，捷政府在力图保持国家独立统一的前提下，尽可能地满足了汉莱茵分子的要求。

1938年3月，英国首相张伯伦表示，"我放弃了对捷克斯洛伐克给予保证的念头"，并拒绝了苏联关于英法苏举行三国会谈，讨论如何履行苏捷、苏法条约，共同对付德国威胁的建议。

4月底，张伯伦邀请法国总理达拉第到伦敦商谈，劝达拉第向德国屈服，并明确告之英国不会为捷克斯洛伐克作战。

5月，希特勒在德捷边境集结兵力，以战争相威胁，酿成所谓"五月危机"。在"五月危机"以后，纳粹德国加强军事力量，进行战争恫吓，加紧对英法讹诈。同时希特勒又伪善地对张伯伦宣称，如果英国政府满足德国对捷克的要求，德国将准备同英国达成广泛的协议。

1938年9月15日，年已六十九岁高龄的张伯伦，平生第一次坐上飞机，颠簸了四个小时，才从伦敦飞到慕尼黑，再改乘火车去朝见希特勒。

途中他看到希特勒巧妙地安排大批德国兵从他眼前开过，本来就不敢惹希特勒动怒的张伯伦这时更胆怯了。在侮慢和冷遇中，张伯伦终于熬到了柏希特斯加登。

这天深夜，张伯伦和希特勒进行了几个小时的密谈，希特勒大放厥词，他说为了解决捷克问题，他准备迎接任何战争，甚至世界大战。最后，他才把核心问题端出来：英国是否同意割让苏台德区。

疲惫不堪的张伯伦经过希特勒这顿抢白，连忙表示："这是和平解决的惟一希望"。只不过要希特勒宽限几天时间，将他的意见提交英国政府批准，

并同法国政府商量，在此以前，他央求希特勒千万别用兵。

9月18日，英法两国首脑及外长在伦敦商定，"凡是苏台德日耳曼族居民占百分之五十以上的全部领土，都直接转让给德意志帝国"。英德会谈后，张伯伦对记者说："不论英国还是法国，都不会出兵支援，捷克斯洛伐克国家不能按目前的样子存在下去，为了和平的利益，英国赞同让苏台德区'自治'。"张伯伦根本无视捷克斯洛伐克人民的强烈反对，他带着英法方案于9月22日。再次飞抵德国戈德斯堡同希特勒会晤。

然而，这次会晤，希特勒又有了新胃口，提出了新的要求，即几天内由德国对苏台德区实行军事占领，捷克斯洛伐克其他所有操德语的地区统治归并德国，把波兰和匈牙利两个少数民族居住的地区割让给波兰和匈牙利。希特勒限定张伯伦在10月1日以前彻底解决这些问题。

经过两天的讨价还价，张伯伦带着一份开列德国各项要求的"备忘录"和一张标有捷克斯洛伐克"新国界"的地图飞回伦敦。这时英国国内广泛开展要求张伯伦下台，反对出卖捷克斯洛伐克利益的抗议活动，9月25日，捷克斯洛伐克政府也拒绝了戈德斯堡备忘录。于是，英、法两国只得再次密商对策。

9月26日，希特勒在柏林体育馆里，凶相毕露地叫嚣："如果10月1日苏德台区还没有交给德国，我希特勒就是打进捷克去的第一个士兵"，同时他命令德国军队必须在9月30日做好"绿色方案"计划的行动准备。

27日晚，希特勒用急电拍给张伯伦一封信，吁请他继续努力，"使布拉格政府在这个最后时刻恢复理智"，提出与捷克斯洛伐克政府进行"谈判"。热衷于绥靖政策的张伯伦把希特勒的这封信视为救命稻草，立即给希特勒复信并建议邀请法、意代表参加拟议的国际会议。

美国总统罗斯福为了搭救张伯伦、达拉第，分别给希特勒和捷克斯洛伐克总统贝奈斯写了两封内容相同的信，呼吁他们继续进行谈判，以使"和平地、公正地和建设性地解决争论问题"，同时美国总统罗斯福在给意大利墨索里尼的一封秘件中，请他"帮助继续努力，以求用谈判或其他和平手段就争论问题得以和平解决"。

9月28日，希特勒表示同意召开国际会议，并向英、法、意三国首脑发出了邀请书。

1938年9月29日，英法德意四国政府首脑：张伯伦、达拉第、希特勒、墨索里尼在德国南部的慕尼黑开会，完成了出卖捷克斯洛伐克的手续。

9月30日凌晨一时许，在摄影记者镁光灯的闪光中和电影摄影机的转动声中，四国代表签署了臭名昭著的《慕尼黑协定》。

《慕尼黑协定》名曰转让苏台德区，实为出卖捷克。协定的基本内容是：捷必须在十月一日开始从苏台德区撤退，十月十日完成。目前存在的任何设备不得破坏，无偿交德。协定附件还规定，捷境内波兰人和匈牙利人少数民族问题得到"解决后"，四国将保障捷克的新国界。德国通过这个协定获得一万一千平方公里土地和三百六十万人口。捷政府被拒之于会外，虽然派有两名代表，却始终被安置在会议厅隔壁的房间里，像个囚徒似的等待判决。

会议结束后，两名捷克代表才被召见，听取这个协定，捷政府在德限定的六小时内，接受了《慕尼黑协定》。

英法把一个小国奉送给法西斯，从而换来了与德国的一纸宣言。张伯伦、达拉第之流满以为"获得了一代人的和平"。岂料，未及半载，慕尼黑的协定就成为泡影。

1939年3月，德军占领了捷克全境，将捷克地区改为"波希米亚和摩拉维亚保护区"，划入德意志帝国版图。斯洛伐克变成德国的附庸国。

和绥靖主义者的愿望相反，《慕尼黑协定》后，德国不但没有东进，反而与英法争夺欧洲霸权的矛盾更加激化了，战争的危险不但没有消除，战火反而首先烧到英法头上。

电视的发明

1925年的一天，伦敦一家最大的百货店顾客盈门。一批又一批的顾客涌向店内两间相连的小室。据说有人发明了一种机器，能把接收到的图像再现出来。

观众们乘兴而来，但扫兴而归。因为他们看到的仅仅是模糊不清的影子和闪烁不定的轮廓。

"这不是吹牛吗？这叫什么图像。"

"追求广告效应，不讲真话，应该告这个所谓的发明者。""不是他的错，是百货商店老板的馊主意"。

人们议论纷纷，有一些热心者则不断地向发明者追问："你怎么不把图像弄清楚些呢？""你能不能传一只动物什么的给我们看看？"

"对不起、对不起。目前的技术还没有办法。"发明家贝尔德在一边无奈而又尴尬地回答着人们的追问。

贝尔德是个不到 20 岁的英国青年,当时无线电技术已经广泛运用于通讯、广播了。世界上许多发明家,其中有最伟大的科学家和工程技术大师,都想发明能传播现场实况的电视机。但都没有成功。贝尔德却立志要发明电视机。

贝尔德在英格兰西南部的黑斯廷斯,建造了一个简陋的实验室。但他没有实验经费,只好用一只盥洗盆作框架,把它和一只破茶叶箱相连,箱上安装了一只从废物堆里捡来的电动机,它可转动用马粪纸做成的四周戳有小洞洞的"扫描圆盆",还有装在旧饼干箱里的投影灯,几块透镜及从报废的军用电视机上拆下来的部件等等。这一切凌乱的东西被贝尔德用胶水、细绳及电线串联在一起,成了他发明机的实验装置。贝尔德知道电视机的原理:应该把要发送的场景分成许多小点儿,暗的或明的,再以电信号的形式发送出去,最后在接收的一端让它重现出来。

贝尔德在他简陋的实验室里年复一年地实验,他实验装置被装了又拆,拆了又装。经过十八年的努力,1924 年春天,贝尔德成功地发射了一朵十字花。但发射的距离只有 3 米,图像也忽有忽无,只是一个轮廓。

为了找明图像不清晰的原因,贝尔德又开始了新一番试验。他想原因也许是电压不足?于是他把好几百个干电池连接起来。他接通了电路,可是不小心左手触到了一根裸露的连接线,高达 2000 伏的电压立即把他击倒在地,他昏迷了过去。第二天的伦敦《每日快报》马

上用大字标题报道了贝尔德触电的消息。贝尔德一时成了英国的新闻人物。

贝尔德灵机一动,就利用报纸来为他筹集资金。他设法为记者们做了一次实物表演。一家小报做了通讯。伦敦的一家无线电老板闻讯赶来。表示愿

意提供经费。但要收取发明的收益的一半份额。

贝尔德同意了这样苛刻的要求。他的实验装置从黑斯廷斯运到了伦敦。

但经费很快又用尽了。他的试验似无重大突破。

一家百货店的老板又来同他订了合同。每周付他 25 英镑。免费提供一切材料。但贝尔德必须在他商店门前操作表演。

现场表演又是失败。贝尔德生活日见艰难。没钱吃饭,没钱付房租。他只好忍痛把设备的零件卖掉,以此维持生活。他家乡的两个堂兄弟得知贝尔德陷入绝境后,给他寄来了 500 英镑。贝尔德得救了,他立即又投入试验。

成功的日子终于来到了。终日陪伴他的木偶头像"比尔"的脸部特征被清晰地显现在接收机上了。这一天是 1925 年 10 月 2 日清晨。

"成功了、成功了"贝尔德兴奋地喊叫着冲下楼。一把抓住一个店堂里的小伙子,拽他上楼,把他按在"比尔"的位置上。小伙子吓得直打哆嗦,但几秒钟后,他也吃惊地喊叫起来:"真是奇迹,真是奇迹。"因为贝尔德的"魔镜"里映出了他的脸。

贝尔德终于震惊英国,资助他的人纷纷涌来。贝尔德更新了设备。开始更大规模的试验。

1928 年,贝尔德把伦敦传播室的人像传送到纽约的一部接收机上。

不久,又出现了新的奇迹。贝尔德把伦敦一位姑娘的图像传送给她正在远洋航行的未婚夫。

贝尔德的名字在全世界传开了。他申请在英国开创电视广播事业,但没有得到批准。但要求电视广播的人越来越多。这个问题提交给议会,经过激烈的长时间的辩论。议会决定了开展电视广播。

1936 年秋,英国广播公司正式从伦敦播送电视节目。此时的贝尔德又开始埋头研究彩色电视。

1941 年 12 月,贝尔德传送的首批完美的彩色图像获得成功。可惜的是贝尔德的实验室被希特勒的飞弹击毁了。但贝尔德重新开始研究。1946 年 6 月的一天,英国广播公司开始播送彩色电视节目,但劳累过度的贝尔德却在这一天病倒了,没有收看他的研究结果。六天后,他离开了人世,终年五十八岁。

在英国南肯辛顿科学博物馆里,游人能看到贝尔德发明的第一架电视机,还有陪伴他多年的木偶比尔。比尔咧嘴笑着,仿佛在向游人诉说贝尔德的艰苦发明的故事,也好像在为贝尔德成功而欢欣……

"圣雄"甘地

印度的民族解放运动是由印度民族资产阶级的政党——国大党领导的。国大党全称为"国民大会党",领导人是莫汉达斯·卡拉姆昌德·甘地。甘地出身于印度一个土邦大臣家庭,从小受到印度教、者那教非暴力和仁爱思想的深刻影响,后来在伦敦学习西方文化,接受了基督教、托尔斯泰的思想。甘地在1893年~1914年侨居南非期间,致力于领导印侨开展反种族歧视的斗争,主要采取请愿、集会、抗议和罢工等非暴力方式,初步形成了非暴力抵抗的思想体系。1915年,甘地回国,受到印度民族资产阶级的热烈欢迎,被称为"圣雄甘地"。他的非暴力主张,也深得资产阶级和国大党稳健派的支持。甘地后来成为国大党的领袖。

1919年4月6日,国大党根据甘地的建议,决定举行全国总罢工,和平抵制《罗拉特法案》。在印度全国人民反英斗争的推动下,为了将斗争推上非暴力的轨道,1920年12月,国大党在那格普尔召开年会,通过了甘地拟定的"非暴力不合作计划"。

国大党的"非暴力不合作计划"得到了各阶层人民的广泛响应,非暴力不合作运动在印度各地轰轰烈烈地开展起来。1921年,群众运动达到了高潮,工人运动与农民运动相结合,伊斯兰教徒也抛弃了宗教信仰的分歧,同印度教徒并肩战斗。在斗争过程中,许多地方的群众冲破了国大党非暴力的限制,袭击并烧毁了警察所,烧死了警察,结果遭到殖民当局的残酷报复。暴力事件发生后,甘地认为这是自己的"最惨痛的耻辱"。1922年2月12日,国大党在巴多利召开紧急会议,决定停止非暴力不合作运动。第一次非暴力不合作运动至此宣告失败。

1929年~1933年的资本主义世界发生经济危机,印度经济也受到了冲击,工农业生产严重萎缩。而英国为了转嫁危机,加强了对印度的剥削,致使印度的民族矛盾再度激化,导致了民族解放运动的再次高涨。

在日益高涨的工农运动的推动下,国大党激进派代表贾瓦哈拉瓦·尼赫鲁积极主张争取印度独立,并于1928年当选为国大党主席。1929年12月,国大党在拉合尔召开年会,通过了"争取印度完全独立"和"发动和平抵抗运动"的决议,并将1930年1月26日定为印度独立日。

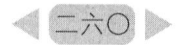

1930年2月,国大党授权甘地领导第二次非暴力不合作运动。这次运动是从甘地的"食盐进军"开始的。3月12日,甘地率领78名信徒从阿麦达巴德出发,步行去往丹地海滨。甘地的行动得到了沿途广大群众的拥护和支持,抗英斗争迅速在全国开展起来。尽管甘地力图把运动限制在和平抵抗的范围内,但许多地方的斗争发展成了暴力行动。1930年4月爆发了白沙瓦起义;5月爆发了绍拉普尔起义。这两次起义虽然都遭到了血腥镇压,但却将第二次非暴力不合作运动推向了高潮。

甘地领导的两次非暴力不合作运动,唤起了印度人民的民族觉悟,沉重打击了英国的殖民统治,奠定了印度独立的基础。作为印度民族资产阶级的代表人物,甘地自始至终参与并领导了这两次运动,为印度民族独立运动作出了卓越贡献,被印度人民誉为"圣雄"和"国父"。

土耳其之父

第一次世界大战结束后,追随德国的土耳其成了战败国,领土被英、法、意和希腊等国瓜分。土耳其面临着亡国的危机。"不独立,毋宁死!"土耳其人民为实现民族独立,展开了规模浩大的抵抗运动。这时,一位将军毅然辞去了卖国的素丹政府授予的军职,以平民身份参加了抵抗运动,他叫穆斯塔法·基马尔。

他呼吁人民不惜一切代价来捍卫民族尊严,他说:"如果我们没有武器战斗,我们就要用牙齿和指甲来战斗。"很快,他就成为各民族主义组织的

领导人。人们不叫他的本名穆斯塔法，而亲切地称他"基马尔"。在土耳其语中，基马尔是"正义"的意思。

1920年4月，基马尔党人在安卡拉召开大国民议会，反对帝国主义的侵略和素丹政府的卖国行径。他们成立了临时政府，并着手组织正规军。

临时政府得到了国际无产阶级的同情和支持。列宁领导的苏维埃俄国与他们签订了友好条约，并给予各种支援。1921年8月，希腊的十万大军在英国支持下，向安卡拉的基马尔临时政府发起了进攻。

刚刚建立起来的土耳其国民军，数量不及希腊军一半，装备更是落后简陋，无法相比。但全体国民军将士同仇敌忾，英勇善战，不畏牺牲，十多天里打退了敌军一百余次进攻，坚守阵地，毫不退却。许多的农村妇女赶着自己的牛车为国民军运送弹药。接近火线时，老牛听着隆隆的枪炮声，吓得止步不进；遍地弹坑的道路，车辆也无法通行。只见妇女们果断地把一发发炮弹扛在肩上，冒着枪林弹雨，送到了阵地前沿。还有的妇女勇敢地端起枪和士兵们并肩战斗。

基马尔日夜在前沿阵地巡察，指挥战斗。一发炮弹呼啸而来，"轰"的一声爆炸，气浪扑来，战马受惊，基马尔从马上摔了下来，肋骨折断了。士兵们围上来，把他扶起。

"将军，您受伤了，应该回后方休息。"基马尔忍着疼痛摆了摆手，"别声张，没关系，这种时候我无权休息。"

说着，他挣扎着爬上马背，用手支撑着腰，继续指挥作战。一个月过去，土耳其国民军顶住了希腊军的进攻，以少胜多，并开始反攻，把希腊军队赶出了爱琴海，还俘虏了希腊军总司令。接着国民军浩浩荡荡开进了伊斯坦布尔。土耳其皇帝素丹穆罕默德六世一看大势不妙，慌忙带着妻儿，从宫廷后门溜到了英国战舰上逃跑了。

欢庆胜利的晚会在伊斯坦布尔巨大的广场上举行。人们欢呼着、跳跃着，灯火映红了整个天空，直到深夜。晚会的最后一个节目是土耳其民族传统的摔跤比赛。基马尔酷爱摔跤运动。这天晚上他向军中的一位摔跤大王挑战，一定要同他比个高低。

比赛开始了，人们兴致勃勃地围拢过来，摔跤大王紧紧抱住了基马尔的两腿，一使劲，把他高高举了起来，眼看就要把他摔倒在地了，但这个士兵却轻轻把他放在地上。

"你怎么不摔倒我？因为我是指挥官吗？"基马尔从地上站起身，笑着

问道。

"您是土耳其民族的首脑,七个国家都没能把您打倒,我怎么打得倒您呢?"

摔跤大王的回答,博得了全场热烈的掌声,表达出人们对自己领袖的热爱和尊敬。

1922年10月,基马尔在安卡拉再次召开大国民议会,宣布废黜公开投敌的素丹,宣告土耳其共和国成立。基马尔当选为共和国第一任总统,安卡拉为共和国首都。

大国民议会一致决定,土耳其实行姓氏改革,授予基马尔姓阿塔图尔克。"阿塔"在土耳其语中就是"父亲"的意思,"阿塔图尔克"就是"土耳其国父""土耳其之父"。

基马尔宣誓就任总统的那天,一位记者问他:"你已经拯救了祖国的命运,现在你准备干些什么呢?"基马尔回答道:"战争结束了人们以为我们已经达到目的。其实,这才是开始。现在,我们真正的工作开始了!"

基马尔又积极投身到了进行改革、振兴土耳其的浩大而艰巨的工作之中。他利用一切场合宣传教育的意义。针对当时土耳其使用的,难读难写又不适合记录土耳其语言的阿拉伯文字造成文盲很多的情况,基马尔和学者、教师一起研究制定了文字改革方案,采用拉丁化新字母。他召开会议宣传新文字,号召每个土耳其人把学习新文字当作爱国的民族义务。基马尔还亲自教议员、部长们学习新字母。他甚至在巡视全国时,也随身带着黑板,在公园、在广场、在田间、在牧场,随时随地教人们识读新字母。人们亲切地称基马尔是"首席教师"。土耳其共和国大国民议会还通过了妇女界请愿委员会提出的一个革新家庭生活的方案,正式废除一夫多妻制,男女结婚必须登记;废除面幕,举行新式婚礼;电车轮船男女不分坐;还规定了妇女与男子一样有继承权,有接受教育的权利等等,保证了妇女的平等地位。不久,伊斯坦布尔大学就分别授予三名妇女文学、法学和地理学学位。在法院法庭,也有妇女担任法官和其他职务了。

然而,基马尔革命毕竟是资产阶级性质的革命。基马尔党人一方面依靠工农,一方面又限制和镇压工农,对土耳其共产党人进行了镇压。1939年,基马尔死后,土耳其政府又与英、法两国签订了互助条约,投入了英法帝国主义的怀抱。

巴基斯坦国的创建者

印度河三角洲西部、面临阿拉伯海的渔港卡拉奇，在夜色的笼罩中，进入了梦乡。一个皮革商人的家中，一位少年用纸板遮住油灯，独自静静地读着书。母亲披着衣服，推开门。"孩子，时间很晚了，像你这样用功，会把身体弄坏的。"少年一边继续看书，一边回答说："妈妈，没关系，如果我现在不用功，将来就会一事无成啊。"

这位勤奋刻苦、胸怀大志的少年就是后来任巴基斯坦自治领首任总督，以毕生精力创建了巴基斯坦国的民族独立运动领袖穆罕默德·阿里·真纳。

16岁那年，真纳中学毕业。经一个在卡拉奇当经纪人的英国人的帮助，真纳进入英国伦敦林肯律师学院攻读法律。天资聪颖，刻苦用功的真纳，两年时间就学完了全部课程。林肯律师学院是伦敦有授予律师资格的四所大学之一。但按规定，只能给在伦敦住满四年的人授予律师资格。真纳只得又在伦敦呆了两年。

1896年，二十岁的真纳取得高级律师资格回到故乡。不久后，又去孟买创办了律师事务所。

非凡的辨才和渊博的学识使真纳很快声名鹊起。一旦掌握案情，在法庭上谁也辩不过他。有时甚至对法官，他也尖锐地反驳。一次，一位法官轻蔑地对他说："真纳先生，说话大声些，我们听不见你说的话。"真纳回答说："我是律师不是演员！"过了一会，那法官又对他提出了同样的问题，他不客气地回敬到："您把前面的那堆书挪开，就会听见我说的话了。"1906年，真纳参加印度国民大会党，开始了他的政治生涯。三年后，被孟买伊斯兰教徒选为印度立法议会议员。1913年，他加入了代表印度穆斯林上层官僚、地主和资产阶级利益的政党——全印穆斯林联盟（下简称"穆盟"）。

当时的印度社会还是在英国的殖民统治之下，宗教情况非常复杂，东孟加拉居民主要是伊斯兰教徒，西孟加拉则多是印度教徒。长期以来，他们之间经常发生大规模的宗教纷争和相互仇杀。

为反对英国殖民统治者，"穆盟"领导人感到新的政治斗争需要伊斯兰教徒和印度教徒合作。第一次世界大战期间，真纳向伊斯兰教徒发出呼吁书说："难道我们不能埋葬我们的分歧，组成联合阵线吗？那样，印度教的朋友将会更尊重我们，觉得我们更有资格和他们并肩站在一起！"

1924年，真纳被选为"穆盟"主席。他在集会上再次苦口婆心地说：外国统治印度，并且继续维持统治，主要因为印度人民尤其是印度教徒与伊斯兰教徒不能团结一致，缺乏相互信任。我可以说，印度教徒与伊斯兰教徒团结之日，就是印度实现自治领责任政府之时。

然而，他的呼吁并没有得到积极响应，真纳失望之余，到了伦敦，重操律师职业。后来，"穆盟"派人到伦敦劝说真纳返回印度领导"穆盟"，并对他说："你必须回去，人民需要你。只有你才能挽救穆斯林联盟，使它获得新生！"此后，真纳往返于英国和印度之间。第二年，他被选为"穆盟"终身主席。1935年，英国国王批准印度政府法，印度有十一个省开始享有自治权。真纳高兴地结束了他在伦敦的生活，返回印度，领导"穆盟"。接着，印度进行大选，国大党获得多数票。国大党领导人坚持一党组织内阁，拒绝与"穆盟"合作。在这种情况下，真纳感到必须建立独立的伊斯兰国家。

1940年3月，真纳主持召开"穆盟"年会，通过了著名的《巴基斯坦决议》，要求伊斯兰教徒聚居的省份脱离印度，建立一个伊斯兰国家。这个决议得到大多数伊斯兰教徒的拥护。真纳也成为他们公认的领袖。

而一些反对他的组织，则向他发出了死亡威胁。几天之内，向他发出电报信件五十余封，扬言要除掉他。真纳一笑置之，不予理会。

1943年7月的一天，孟买真纳住处附近出现了一个鬼鬼祟祟的青年，这是反对组织派来的刺杀真纳的杀手。他仔细观察了四周环境，选择了最佳行动时间，藏好了利刃，向真纳住所大门走去。

他向守门人行过礼，提出要见见真纳。秘书告诉他真纳现在很忙。他没有说话，径直向真纳房间走去。

房门一开，正要外出的真纳与刺客打了个照面。刺客挥拳击向真纳左颊，真纳不由自主向后一仰。就在这一刹那间，刺客从腰间拔出刀子，向真纳刺去。

受到突然一击的真纳并没有失去控制，他见刀光一闪，马上扬手抓向刺客手腕。受到阻挡的刀锋只划伤了真纳的下颌。刺客继续挥刀刺来，真纳手臂又挨了数刀。闻声而动的人们，蜂拥上前夺下了刺客的刀子，把他扭送到了警方。

尽管受到这样的威胁，真纳争取建立巴基斯坦国的信念并没有动摇。他继续竭尽全力，为此奋斗。

1942年2月，英国政府宣布给予印度完全独立，不久，新任印度总督蒙巴顿宣布了《印度独立法》，实行印、巴分治。这样，才解决了国大党与"穆盟"争执多年未能解决的问题。在真纳的领导下，"穆盟"很快批准了分治方案，开始组织政府，同年8月7日，巴基斯坦制宪会议召开，真纳以主席身份，向到会代表宣布道："你们自由了！你们可以自由地到庙宇去，到清真寺去，或者到这个巴基斯坦国家任何其他做礼拜的地方去！不论你们属于什么宗教、种姓或信仰，都毫不妨碍，我们都是同一国家的公民，而且是平等公平的！"8月14日，真纳在他诞生的故乡卡拉奇宣誓就任巴基斯坦自治领首任总督。他的头上飘扬着他和总理制定的巴基斯坦国旗。旗上四分之三是绿色，代表着穆斯林；四分之一是白色，代表着少数民族。

巴基斯坦国建立后，真纳更加辛勤地工作，处理着国内外各种事务。终于积劳成疾，不幸染上了肺结核，1948年9月的一天夜晚，真纳告别了人世。

1956年，巴基斯坦国改称巴基斯坦伊斯兰共和国，1971年，印度与巴基斯坦发生战争，东巴基斯坦分裂成立孟加拉国。第二年，西巴基斯坦最终脱离英联邦。

朝鲜"三·一"运动

气势汹汹的日本宪兵，冲进了朝鲜百姓的家中，翻箱倒柜地搜寻着。
"怎么，连菜刀都要拿走吗"
"这是武器，要没收。以后你们几家合用一把菜刀，菜刀要用铁链钉在厨房的桌子上，听到了吗？"
将村庄抢劫一空的日本兵呼啸而去，愤怒的朝鲜百姓怒视着他们，咬牙切齿咒骂着。

1905年，日本宣布朝鲜为"保护国"，把朝鲜划入自己的势力范围。1907年，朝鲜国王李熙派出使者参加在荷兰海牙举行的"第二届万国和平会议"，要求各国承认朝鲜独立，废除日本"保护"。一心要灭亡朝鲜的日本，得知这一情况，干脆派兵扣押李熙，逼他退位。1910年8月，日本正式吞并朝鲜，开始了它残暴黑暗的统治。朝鲜的资源遭到疯狂掠夺，工厂企业纷纷倒闭，工人大批失业，农田大量被侵占，许多农民被迫背井离乡，逃往荒僻的山林。人们不断起来反抗，日本统治者感到十分害怕，甚至对各家厨房用的菜刀也开始进行"管制"。残酷的压迫激起了更强烈反抗，一场巨大的风暴正在酝酿着。

1919年1月22日，被日本侵略者废黜的朝鲜国王李熙突然死去。

事情的真相是：李熙虽然被逼退位，朝鲜百姓仍然十分怀念自己国家的这位国君，日本统治者对此视为一块"心病"，必欲除之而后快，最后他们派人在红茶中放上砒霜，将李熙毒死。

做"贼"心虚的日本驻朝鲜总督假惺惺地发出讣告，称李熙是患脑溢血病逝，并宣布将在3月3日为他举行"国葬"。李熙之死，犹如一石投水，在朝鲜人民中激起了巨大反响。全国上下群情激愤。这时，一个名叫孙秉熙的串联了朝鲜工商企业界等三十三人，自称为"朝鲜民族的代表"，起草了一份《独立宣言书》，向巴黎和会、美国总统威尔逊和日本帝国政府发出呼吁，要求给予朝鲜独立。并且决定，3月1日在汉城举行大规模和平示威游行。

3月1日，当朝霞映红了天空，激昂雄壮的歌声在汉城响起来：

"起来，两千万同胞，

起来，拿起枪和刀，

用鲜血与敌人战斗，

还我自由，光复祖国……"

数千名学生高唱着《光复歌》走上街头。成千上万的朝鲜民众潮水般涌向汉城塔洞公园，举行反对日本帝国主义霸占朝鲜的盛大集会。人们情绪激昂，吼声震天，呼吁驱逐日本统治者，恢复祖国独立。

而这时，孙秉熙等所谓"朝鲜民族的代表"，却害怕起来。他们没敢到群众集会现场，躲进了一家饭店，宣读了他们的《独立宣言书》。然后，打电话给日本驻朝鲜总督衙门的警务总监部，说：我们的请愿是"和平请愿"，并报告了"独立代表团"所在的饭店。挂上电话不久，日本警察便蜂拥而至，把他们全部逮捕了。

塔洞公园的人民集会仍在继续着。在宣读了《独立宣言》后，三十万群众和学生开始了声势浩大的游行。

"日本总督、日本军队滚出去！"

"朝鲜独立万岁！"

洪亮的口号声在汉城上空回荡，游行队伍的洪流冲向日本警察署和宪兵队。

日本总督慌了手脚,恶狠狠地下令:

"全体出动!把闹事者给我抓起来,统统杀掉。"

一队队日本警察和宪兵,冲向了游行队伍。刺刀闪着寒光。

"统统地散开!不许喊口号,扔掉旗子!"日本军官挥舞着指挥刀咆哮着。

"日本军滚出去!"走在队伍前列的一个女学生高举着国旗继续呼喊。

"八嘎",日本军官叫骂着挥起了军刀。

寒光一闪,只听"嚓"的一声,女学生的手臂被砍下来。她一个踉跄,马上又挺直身,向前冲去,口中仍在喊着,"日本军滚……"突然,她的声音顿住了。一柄刺刀插进了她的胸膛,鲜血喷射而出。

人们愤怒了,勇敢地扑上去,同日本警察、宪兵展开了肉搏。

棍棒落下来,军刀枪刺飞舞,子弹划出了尖厉的啸声。许多人倒下了。鲜血染红了汉城的大街小巷。

鲜血也点燃了整个朝鲜半岛爱国起义的熊熊烈火。

平壤人民用石块作武器,同手执利刃的日本军警英勇搏斗。一些小城市和广大农村,也纷纷行动起来。不到两个月,全国爆发了三千多次示威和暴动,参加人数达二百多万。人们用棍棒、镰刀为武器,袭击日本官厅公署,杀死日本官吏和走狗,惩处通敌的恶霸地主。

朝鲜人民的斗争也引起了全世界的关注,中国和许多国家纷纷声援他们的反帝爱国独立运动。

日本统治者用残酷的手段镇压起义,下令朝鲜全境实行戒严,调动驻朝的日军配合警察宪兵,对朝鲜人民开始了惨绝人寰的杀戮。他们把抓来的群众绑在十字架上,刀劈枪刺,甚至举行灭绝人性的杀人"竞赛"!据日本官方缩小了的数字,在"三·一"起义中被杀害的就有近八千人,受伤的一万六千多人,还有大批人被投入监狱,活活折磨致死。

日本侵略者还采取种种卑劣手段,收买亲日派、卖国贼,从内部分化瓦解朝鲜人民的民族独立运动。到1919年底,因资产阶级的动摇妥协和日本帝国主义的残酷镇压,"三·一"运动遭到了失败。

逃到中国上海英美"租界"的朝鲜资产阶级中的一些人,组织起了一个以李承晚为"临时大总统"的"流亡政府",投向了美国的怀抱,最终成为美帝国主义侵略朝鲜的代理人。而朝鲜广大无产阶级人民群众,则在朝鲜共产主义战士金日成领导下走上了武装斗争,争取民族独立的道路。

揭开原子秘密的人

1871年，卢瑟福诞生在新西兰的一个农村。他家人口很多，卢瑟福从小一边上学一边帮着家里干农活。

少年时的卢瑟福是个很爱动脑筋的孩子，尤其喜欢自己动手做些小玩意。他曾经"发明"了一种可以发射"远射程炮弹"的玩具火炮，还巧妙地设计出增加炮击距离的方法。有一次，家里的大钟坏了，卢瑟福便动手把钟拆开来，他的兄弟姐妹都认为一定会受到父母的责罚，但卢瑟福竟把钟修好了，而且以后还走得很准。后来，他还自制了一架照相机，自己拍摄，自己冲洗，成了个摄影迷。

十十四岁时，卢瑟福获得一笔奖学金，来到英国剑桥大学凯文迪许实验室进行深造。从此，他开始了在英国的科学研究生活。三十七岁那年，由于他对于放射性现象研究的杰出成就，他获得了诺贝尔化学奖。但他并没有满足，决心对原子进行更深入的探索。

早在古希腊时代，就有人提出，自然界天地万物是由原子构成的。长期以来，人们一直认为原子是物质最小的单位，是不可分割的，它的形状像个实心小球。而此时随着科学的发展，一些科学家认识到原子内部还有着更小的单位，卢瑟福的老师汤姆逊就持这一种观点。他们认为，原子的模样像西瓜，瓜瓣就像是原子内均匀分布的正电荷，而瓜子就是电子。"原子果真像老师所说的那样吗？"卢瑟福想通过实验来探究一下自己一直思索的这个问题。

他想，如果原子果真像个西瓜，那么，如果用比原子更小的粒子作"炮弹"来轰击它，就一定很容易地穿过它而笔直地前进。于是，他决定用一种叫做"a"的粒子做"炮弹"，来轰击原子，看看会发生什么情况。

然而，要做这个实验并不是一件容易的事。除了要设计一套专门仪器外，实验本身就像是用机关枪扫射几个散落在茫茫草原中的小核桃一样的困难。

在年轻的助手和几个学生的帮助下，卢瑟福终于设计出了一个试验装置：一个"a"射线的放射源，就像一挺机关枪，一个金属箔作靶子，就像放核桃的草地，在它的旁边放一个硫化锌的荧光屏，屏后安装一架显微镜，

来观察实验的情况。

实验开始了,发射源发射出的"a"粒子"炮弹",以每秒2000米的速度穿过金属箔,在漆黑的实验室里,荧光屏上出现了点点闪光。

"这是怎么回事呢?"学生们问道。

"这说明绝大多数a粒子穿过金属靶子飞走了,只有个别a粒子被弹了回来。"卢瑟福说。

可这意味着什么呢?卢瑟福陷入了沉思。

实验使卢瑟福感到惊叹,他开始了连续不停的实验和思考,像着了魔一样整日整夜地呆在实验室里。管理实验大楼的工友搞不清他是否离开过,他的妻子儿女也难得见他一面。一天清晨,卢瑟福兴冲冲地冲进了办公室,对着正在整理东西的助手,大声地说道:

"我知道了,我知道了。原子到底是什么样子我知道了。"略一停顿,他又说:"它大致可以设想为一个小的太阳系。"助手怔怔地看着他,耸了耸肩说:

"什么?您是说我们在一个看不见的世界里当了普罗米修斯吗?"——普罗米修斯是希腊神话中为人类送来火种的神。"是的,就像是太阳系。"卢瑟福继续解释到,"原子既不像小实心球,也不像西瓜,它的中心有个小的、带阳电的核,而带阴电的电子在围绕着这个核飞转。这就如同:原子核是太阳,电子就像行星,绕着太阳转……"

"那么,a粒子被弹回来的现象怎么解释呢?"助手问他。"这是因为原子内部大部分是空隙,所以比原子更小的粒子能很容易穿过;又因为当中有个核,a粒子碰上这个坚硬的核就会被弹了回来。"

卢瑟福终于打开了原子神秘之宫的大门!他的这一崭新的原子结构理

论，具有划时代的意义。从此，原子学和原子核物理学便诞生并发展起来。

1919年，卢瑟福用人为的方法第一次分裂了原子，他用a粒子轰击氮原子，使它变成了一个氧原子和一个氢原子。1926年，在他的指导下，两个年轻研究人员瓦耳顺和科克拉夫特设计出了一架巨型原子捣碎机，用这架仪器，他们把轻金属锂转变为氦。

一时间，报纸新闻把这一消息迅速传遍了全球。

一些人们惊慌地说："原子分裂了，世界是否已经到了末日？""人工可以制造黄金了，货币就要贬值！"

但是，科学家们清醒地预感到：世界迎来了一个新的时代——原子时代。

1933年，六十二岁的卢瑟福仍在不知疲倦地进行着研究工作。就在这一年，他又发现和命名了质子——氢原子核，并预言核内存在着中子。

由于他卓越的成就和影响，多种荣誉和奖赏不断向他涌来。英国皇家学会授予他最高奖章——科柏莱奖章。几十所大学和科学团体争相授予他荣誉学位和学籍。在巨大的荣誉面前，卢瑟福仍然保持着谦虚的态度，从不夸耀自己的成绩。1937年10月，卢瑟福由于长期紧张地工作，积劳成疾，在英国剑桥医院与世长辞。

为纪念这位杰出的科学家，英国皇家学会在一所实验室门前，为他雕塑了一座半身铜像。每年都有很多人来到他的墓碑前，向这位揭开原子秘密的先驱者表示深深的怀念与敬意。

火箭发明家

美国马萨诸塞州的一个果园里，一个小男孩正给樱桃树修剪枯枝。

他爬上了一棵高大的樱桃树，眺望着远方的田野。突然，他头脑中冒出一个念头：人要是能飞到星星上多好啊！怎样才能制造出飞上火星的装置呢？

小男孩从樱桃树上爬下来，坐在树下沉思起来。他想象着有种机器在草地上飞快地旋转着，急速上升，飞向太空，飞向那遥远的未知的世界。

从果园回来后，小男孩似乎变成了另外一个人。父母发现他整天在学习数学和做科学小实验，即使卧病在床的时候，他也不放过一点儿时间。看着瘦弱的常患病的孩子，父母总是心疼地劝说他休息。

他就是美国物理学家和火箭技术的先驱者——罗伯特·戈达德。

童年在果园的美丽梦想成了戈达德所有生活的支柱。在随后的日子里,他不断地攻读数学,坚持做实验,到长大些的时候,他居然攻读起物理学家牛顿的著作来。

上大学时,戈达德考入伍斯特工学院。

1911年,二十九岁的戈达德在克拉克大学获理学博士学位,并在这所大学开始了火箭研制工作。

刚开始时,戈达德做理论研究工作,探讨火箭作高空大气研究的价值和达到月球的可能性。1919年,他发表了题为《达到超高空的方法》,全文只有69页,是他理论研究的结果。小册子发表了,但没有引起人们的丝毫注意。其实,十年前俄国物理学家齐奥尔可夫斯基也曾做过类似的研究,写过相似的论文,但也没有引起世人的注意。

戈达德在理论研究后,决定进行实践操作,想用成功的事实来证明他的理论的正确性和可行性。

1922年,戈达德开始了用汽油和液氧做燃料的火箭引擎试验。

1926年冬天,在马萨诸塞州的田野上,戈达德发射了自己制作的第一枚火箭。这枚火箭高约1.2米,直径约15厘米。火箭里的汽油和液氧混合燃料耗尽后,它仍在继续上升,上升高度是60米,时速100公里左右。

火箭技术的研究可以追溯到中国。发明火药的中国人在13世纪就发明了"飞火箭",并运用于战争。还有印度人、阿拉伯人、波兰人等也曾研究过火箭技术。但戈达德是第一位设想用火箭或许能载人飞向天外的人。

1929年7月,又一枚火箭在戈达德的家乡飞向天空。它飞得更高,而且载有气压表、温度计、拍摄气压表和温度计的小型照相机。

试验刚刚结束,警察居然找到戈达德,命令他以后不许在马萨诸塞州做试验。

戈达德只好到新墨西哥州一块荒凉的土地上开始新的试验。经过许多努力,他得到一位慈善家馈赠的一笔钱,他的试验才得以维持。

在这里,戈达德制作更大型更成功的火箭。他的火箭有燃烧室,因用汽油和超高压的液氧作燃料,燃烧室的壁能保持冷却。戈达德还发明了控制火箭飞行方向的转向装置,使火箭沿正确方向飞行的陀螺仪等。

1930年到1935年的时间里,戈达德发射了数枚火箭,火箭的速度最高达到超音速,飞行高度达到2.5公里。

但遗憾的是戈达德的研究没有得到美国政府的关注和支持。只给过他一小笔预算，让他设计飞机在航空母舰起飞时用的一种小型火箭。

戈达德在默默无闻中，靠自己的毅力和勤奋发明创造了火箭，是美国第一枚火箭的宇宙时代的开创者。

戈达德虽在美国没有受到重视，在德国却有一批推崇者。他们用戈达德的原理制成了 V2 火箭，并在第二次世界大战中发挥了威力。

二战结束后，美国科学家向德国科学家请教火箭制造的技术，德国科学家目瞪口呆，"你们不知道戈达德吗？我们是用他的原理研究和制造火箭。他是我们的老师。"

美国科学家震惊后再去寻找戈达德时，一切都晚了。1945 年 8 月 10 日，戈达德已经离开了人世。

青霉素的发现

1928 年 9 月的一天早晨，英国伦敦圣玛丽医院的细菌学家弗莱明像往常一样，来到了实验室。

在实验室里一排排的架子上，整整齐齐排列着很多玻璃培养器皿，上面分别贴着标签写着：链状球菌、葡萄状球菌、炭疽菌、大肠杆菌等。这些都是有毒的细菌，弗莱明收集了它们，是在寻找一种能够制服它们，把它们培养成无毒细菌的方法。尤其是其中的一种在显微镜下看起来像葡萄球状的细菌，存在很广泛，危害也很大，伤口感染化脓，就是它在"作怪"。弗莱明试验了各种药剂，力图找到一种能杀它的理想药品，但是一直没有成功。

弗莱明来到架子前，逐个检查着培养器皿中细菌的变化。当他来到靠近窗户的一只培养器前的时候，他皱起了眉头，自言自语道："唉，怎么搞的，竟然变成了这个样子！"原来，这只贴有葡萄状球菌的标签的培养器里，所盛放的培养基发了霉，长出一团青色的霉花。

他的助手赶紧过来说："这是被杂菌污染了，别再用它了，让我倒掉它吧。"弗莱明没有马上把这培养器交给助手，而是仔细观察了一会儿。使他感到惊奇的是：在青色霉菌的周围，有一小圈空白的区域，原来生长的葡萄状球菌消失了。难道是这种青霉菌的分泌物把葡萄状球菌杀灭了吗？

想到这里，弗莱明兴奋地把它放到了显微镜下进行观察。结果发现，青霉菌附近的葡萄状球菌已经全部死去，只留下一点枯影。他立即决定，把青霉菌放进培养基中培养。

几天后,青霉菌明显繁殖起来。于是,弗莱明进行了试验:用一根线蘸上溶了水的葡萄状球菌,放到青霉菌的培养器中,几小时后,葡萄状球菌全部死亡。接着,他分别把带有白喉菌、肺炎菌、链状球菌、炭疽菌的线放进去,这些细菌也很快死亡。但是放入带有伤寒菌和大肠杆菌等的线,这几种细菌照样繁殖。

为了试验青霉菌对葡萄状球菌的杀灭能力有多大,弗莱明把青霉菌培养液加水稀释,先是一倍、两倍……最后以八百倍水稀释,结果它对葡萄状球菌和肺炎菌的杀灭能力仍然存在。这是当时人类发现的最强有力的一种杀菌物质了。

可是,这种青霉菌液体对动物是否有害呢?弗莱明小心地把它注射进了兔子的血管,然后紧张地观察它们的反应,结果发现兔子安然无恙,没有任何异常反应。这证明这种青霉菌液体没有毒性。

1929年6月,弗莱明把他的发现写成论文发表。他把这种青霉菌分泌的杀菌物质称为青霉素。

人们向他祝贺。英国一位显贵建议他申请制造青霉素的专利权,那样将来就会发大财。弗莱明经过考虑,写信婉言拒绝了那位显贵的建议。他说:"为了我自己和我一家的尊荣富贵而无形中危害无数人的生命,我不忍心。"

弗莱明发现青霉素,似乎是偶然的,但却是他细心观察的必然结果。让人又感到遗憾的是,当时青霉素还无法马上用于临床治疗,因为青霉素培养液中所含的青霉素太少了,很难从中提取足够的数量供治疗使用。如果直接用它的培养液来治病,那一次就要注射几千甚至上万毫升,这在实际上无法办到。因此,弗莱明只好暂时停止了对青霉素的培养和研究工作。但是他的发现,为后来的科学家开辟了道路。

时间到了1940年，在牛津大学主持病理研究工作的澳大利亚病理学家佛罗理仔细阅读了弗莱明关于青霉素的论文，对这种能杀灭多种病菌的物质产生了浓厚的兴趣。但是他知道，要提取出这种物质，需要各方面科学家的共同努力。他邀请了一些生物学家、生物化学家和病理学家，组成了一个联合实验组。这之中，德国生物化学家钱恩是他最主要和得力的助手。

在佛罗理的领导下，联合实验组紧张地开展了研制工作。细菌学家们每天要配制几十吨培养液，把它们灌入一个个培养瓶中，在里面接种青霉菌菌种，等它充分繁殖后，再装进大罐里，然后送到钱恩那里进行提炼。

提炼工作繁重而艰难，一大罐培养液只能提炼出针尖大小的一点点青霉素。经过几个月的辛勤工作，钱恩提取出了一小匙青霉素。把它溶解在水中，用来杀灭葡萄状球菌，效果很好。即使把它稀释二百万倍，仍然具有杀灭能力。

联合实验组选择了50只小白鼠来进行试验；把每只都注射了同样数量、足以致死的链状球菌，然后给其中25只注射青霉素，另外25只不注射。实验结果，不注射青霉素的白鼠全部死亡，而注射的只有一只死去。

随后，他们开始了更努力的提取工作，终于获得了能救活一个病人所需的青霉素，并救活了一名病人。证明了这种药物的无比效能。

佛罗理清醒地意识到，为青霉素能广泛地用于临床治疗，必须改进设备，进行大规模生产。但这对联合实验组来说，还是无法办到的事。而且，当时的伦敦正遭受德国飞机的频繁轰炸，要进行大规模生产也很不安全。

1941年6月，佛罗理不顾钱恩的反对，带着青霉素样品来到不受战火影响的美国。他马上与美国的科学家们开始合作。经过共同努力，终于制成了以玉米汁为培养基，在24℃的温度下进行生产的设备。用它提炼出的青霉素，纯度高，产量大，从而很快开始了在临床上的广泛应用，一些传染病的死亡率大大下降，无数人的生命得到了拯救。

1845年，弗莱明、佛罗理和钱恩三人，因在青霉素发现利用方面做出的杰出贡献，共同获得了诺贝尔生理学及医学奖金。

第一颗原子弹

　　1939 年 8 月的一天，一封由著名科学家爱因斯坦签名的信放在了美国总统罗斯福的办公室桌上。
　　"总统阁下：
　　我读到了费米和西拉德近来的研究工作手稿。这使我预计到，元素铀在最近的将来，将成为一种新的、重要的能源……
　　为此，我建议……和有关人士及企业界实验室建立接触，来促使实验工作加速进行……
　　据我所知，目前德国已停止出售它侵占的捷克铀矿的矿石。如果注意到德国外交部次长的儿子在柏林威廉皇帝研究所工作，该所目前正在进行和美国相同的对铀的研究，就不难理解德国何以会有此举了。"
　　罗斯福坐在轮椅上，默默地读完了这封信，开始了激烈的思想斗争：爱因斯坦是个正直的科学家，由于纳粹的迫害，爱因斯坦和一批科学家逃离德国迁居美国。1939 年夏，有消息称德国正在进行一项秘密工程，即试图利用原子科学的成果，制造一种毁灭性很强的新式武器，万一德国法西斯抢先制造出原子弹，人类的命运将不堪设想。但是，这种谁也没有见过的原子弹，是否真的能制造出来呢？如果美国要赶在德国之前制造出这种武器，那经费从哪里来呢？如果不慎爆炸怎么办？
　　罗斯福想了许久，还是理不出头绪来。
　　"您是否还记得，拿破仑就是因为没有采用富尔顿利用蒸汽船的建议而未能横渡英吉利海峡的。而一旦德国的研制成功，美国将会是第一批受害者。"罗斯福的科学顾问萨克斯及时提醒了他。
　　为了慎重起见，罗斯福与美国一些官员进行了反复地研究。
　　10 月 19 日，罗斯福终于对爱因斯坦的信做了肯定的回答。按照罗斯福的指令，一个以"S-11"为代号的特别委员会成立了，这个委员会将负责核试验的研究。
　　1941 年 12 月 6 日，美国成立了一个庞大的工程机构——曼哈顿工程管理处，它的使命就是负责设计制造原子弹。与此同时，纳粹德国也在加紧研究制造原子弹。为了不让德国制成原子弹，英美两国想尽了一切办法来炸毁挪威的重水工厂，以切断德国的重水来源。第一次突击失败以后，英国突击队又在1943年2月17日进行了第二次突击，这就是著名的"重水之战"。这次爆破的胜利，使纳粹德国丧失了建立原子反应堆必不可少的重水，制造原子弹的计划不得不向后推迟。

1942年8月，美国陆军工程兵团建筑部副主任格罗夫斯将军主持了"S-11"委员会专家、高级管理人员会议，制定了一个名为"曼哈顿"的新计划。"曼哈顿"计划规定，研究工作所有指挥权都集中在曼哈顿工程管理处，设在新墨西哥州荒原上的原子实验室由著名科学家罗伯特·奥本海姆主持，奥本海姆则每天都与坐镇华盛顿"曼哈顿"总部的格罗夫斯将军汇报情况。这项工作具有高度保密性，就连副总统杜鲁门也是在1945年4月，罗斯福去世后接任总统时才知道这一机密的。

为了能抢在德国人之前造出第一颗原子弹，美国还向欧洲战场派出了名叫"阿尔索斯"的行动小组，专门搜捕德国科学家和收集德国制造原子弹的情报。

1945年7月16日凌晨，美国新墨西哥州阿拉英戈多沙漠里正在进行着试验原子弹的准备工作。5点30分，随着一声巨响，一团巨大的火球从地面升腾而起，窜上8000米的高空。火球升起的一刹那，沙漠上尘土飞扬，大地被震得颤动起来。美国政府集资25亿美元，动用4071名科技人员和工人，经过三年研制出来的世界上第一颗原子弹终于爆炸成功了。

第一批原子弹共有三颗，被试验爆炸的一颗命名为"瘦子"，另外两颗被命名为"胖子"和"小男孩"。

第一颗原子弹爆炸成功的时候，杜鲁门正在德国渡茨坦参加会议。为了对付日本和抑制苏联，杜鲁门在8月2日的回国途中决定对日本投掷原子弹。

"白色方案"和"海狮计划"

1939年8月31日，德国东部边境的格雷威茨市。闷热的天气压得人喘不过气来。

德国150万大军逼近波兰边境的前沿阵地，一群"波兰"士兵在夜色的掩护下，突然向靠近波兰边境的格雷威茨市发起"进攻"。他们还"占领"了该市的电台，并用波兰语广播了向德国"挑战"的声明。

　　一名德国士兵是这次攻击的牺牲品。

　　第二天,柏林电台广播了波兰"进攻"德国的消息。希特勒向德国发表广播演说,他声嘶力竭地叫嚷:"无数的波兰人侵入德国境内,许多波兰的正规军攻击格雷威茨电台,我们只能决定用武力来解决。"

　　9月1日早晨4时45分,德国以6000门大炮,2000架飞机,2800辆坦克为先导,对波兰发动了"闪电战"。当天10点钟,希特勒胜利而归,从总理府坐车到国会发表演说。一路上,无人向他欢呼。当他发表胜利演说时,台下只有稀稀拉拉的掌声。

　　为什么会出现这种情况呢?原来,这只不过是希特勒要的一个花招,连德国人自己都不明白其中的由来。

　　波兰位于欧洲大陆的东部,东接苏联、南靠捷克、北临波罗的海。波兰的煤矿很丰富,冶金、化学、机器、造船等工业也相当发达。

　　希特勒想把波兰当作进攻苏联的基地,掠夺波兰的人力、物力和资源,来加强德国法西斯的战争能力,同时消除自己进攻西欧的后顾之忧。

　　开始,希特勒还想用软硬兼施、威胁讹诈的手段吞并波兰,但没有成功,于是就决定采取武力了。

　　但希特勒又想蒙蔽世界,不想担当侵略的恶名,于是就导演了一场波兰进攻德国的闹剧。"侵略"德国的"波兰人"实是德国的党卫军,"战死"的德国人则是德国集中营的一个死囚。这是希特勒要"永远消灭波兰"的"白色方案"的序幕,也是他一系列侵略战争的一个步骤。

　　9月3日,英、法根据法波盟约和英法互助条约,被迫对德宣战,第二次世界大战终于爆发了。

　　战争开始了,但英、法却宣而不战,按兵不动,坐在阵地上静静观望。这就是后来为人耻笑的"静坐战"。

　　英、法为什么要"静坐"呢?原来他们对德宣战完全是出于被迫。他们一面宣战,一边还想美国政府"调停",实行停战。法国认为他们的"马其诺防线"固若金汤,再加上和德国毗邻,法国怕德国进攻自己,哪敢主动进攻德国呢?当时德国在西线的只有23个师、而在对面的法国就有100多个师,可是他们却躲在现代化防御工事里无所事事,不援助呼救声不断的波兰。

　　波兰在英法的"静观"中,两个星期之内就被德军占领。英法以为德国占领了波兰,一定会去攻击苏联。希特勒利用这点,宣称只要英、法承认德国吞并波兰,德国就不和英、法打仗。但在这种谣言的掩护下,希特勒又扩军备战,准备入侵英、法。

1940年4月,希特勒突然进攻丹麦和挪威,之后又侵占了中立国荷兰、卢森堡和比利时。1940年5月,德军绕过马其诺防线攻入了法国。1940年6月20日,法国贝当政府宣布投降,将法国送给了希特勒。

法国投降了,英国怎么办呢?

德国占领法国后,立即又实施进攻英国的"海狮计划"。英国被迫与德国孤军奋战。

一贯执行妥协政策的英国首相张伯伦在民众的猛烈冲击下,立即倒台了。一贯主张对德采取强硬政策的原海军大臣丘吉尔出任首相。

在危急中,丘吉尔发表了一篇著名的演说:

"我没有别的,我只有热血、辛劳、眼泪和汗水贡献给大家。……我们的政策就是全力在海上、陆地和空中进行战争……我们的目的,就是胜利——不惜一切代价去争取胜利!"英国的海军比德国的海军强大,希特勒决定发动空中的闪电战,夺取制空权,为德军登陆扫清道路。

8月13日,德国出动1485驾飞机,频繁轰炸英国的机场、雷达站及其他军事设施。英勇的英国空军奋力迎击,在激烈的空战中,双方损失惨重。

阴险毒辣的希特勒又采用野蛮残酷的"恐怖空袭"。从9月初到11月初,平均每晚有200架德国轰炸机猛烈轰炸伦敦。

轰炸持续了三个月,德国空军一共投下了1万多吨炸弹,炸死1.26万居民,受伤的人则不计其数。但英勇的英国人民并没有被吓退,他们沉着应战。英国有200万人拿起了枪刀,随时为保卫英国而战斗。

希特勒的空军遭受了重大的损伤,但他们没有打垮英国空军。希特勒的"海狮"计划一次又一次被粉碎,最终走向失败,这是希特勒发动的世界大战中第一个未达到目的的入侵计划。

英勇的英国人民胜利了,英国得救了。

敦刻尔克大撤退

敦刻尔克是一个有1000多年悠久历史的古城堡,位于多佛尔海峡、法国一侧,是个优良港口,也是历来兵家必争之地。

1940年5月,德国以迅猛的攻势分别用5天和18天征服了荷兰和比利

时，然后绕过法德边境上的马其诺防线，从防御薄弱的法比边境攻入法国。

法国总理雷诺打电话给英国首相丘吉尔，要求援助。丘吉尔飞抵巴黎和其会谈。然而，两国各有打算，互不信任。丘吉尔认为法国做出的走投无路的样子是假象，是想放弃比利时和沿海地区，以便撤走部队保卫巴黎，把德国的进攻目标导向英国。法国人则认为英国只想保存实力，准备将法国出卖给希特勒。因此，这次会谈不仅没起到应有的作用，反而起了反作用。英国认为应赶快从欧洲大陆撤军，避免陷入被动；法国则坚信，英国人真的要出卖自己了。

英法两国的矛盾愈演愈烈的时候，德军的攻势也愈来愈猛，前锋已逼近海岸，在索姆河以北截断南北交通线，英军一下子处于进退维谷的境地。

5月18日，英军向伦敦呼救，英国政府马上命令海军部拟订一个紧急撤退的计划，这个计划后来被定名为"发电机"。

5月19日，希特勒发出"只许进行大规模侦察"的命令后，由七个坦克师组成的强大的楔形队伍以轰炸机为先锋，伴随着大炮的轰鸣，直冲海岸。

英法集团军被分割为南北两段。陷入三面包围的北方盟军，唯一的希望是转向西南，突破海峡沿岸的德军战线与索姆河北面的法军汇

合。但是，由于指挥人员无能，错过良机，再想汇合就不可能了。

德军的胜利使希特勒大喜过望，他调集重兵投入战斗，德军经过的市镇村庄，如入无人之境。大量法军成了战俘，他们乖乖地把武器交给德国人，眼看着成批的枪支被放在坦克下面压得粉碎，他们自己却不能做些什么。

5月22日，德军向海峡挺进，彻底切断了英国远征军与法军之间的防线，盟军处境更加险恶。5月24日，沿英吉利海峡向北多佛尔海峡一岸方向

推进的德国部队攻占布伦,包围了加莱,兵临距敦刻尔克仅30多公里的格拉夫林。被逼到敦刻尔克周围的几十万盟军,挤在一块很小的三角形地带。这个三角形底部是沿多佛尔海峡从格拉夫林到敦刻尔克以北的尼乌波特,顶端在发隆西纳,距离海岸110多公里。英法大军前临强敌,背靠大海;欲战不敢,欲逃无路,面临绝境,眼看成了"瓮中之鳖"。他们惟一的生路就是经敦刻尔克港横渡多佛尔海峡撤退到对面的英伦三岛上去。

敦刻尔克距英国最近处为一百公里左右。被围困在这里的英军有22万人,法军20万人。在短时间内要把这样多的部队运过海峡并非易事,英国政府为此伤透了脑筋。最初拼凑起来的可以用于运载部队的船只仅有36艘,难解燃眉之急。最后丘吉尔只好叫海运官员将英国各港口凡是可以适用的船只,即便是游艇也要登记下来,以应"特殊的需要"。

这时,德军的坦克已经望见敦刻尔克,并在盟军前沿阵地摆开架式准备实施最后打击。英国远征军和法国第一军团被围在15里宽,距海岸50多里长的袋形阵地上。如果德军实行左右夹攻,便可一举歼灭盟军。战局的发展使英法军队的命运危在旦夕,在这紧要关头,希特勒突然命令坦克部队停止追击,盟军得到一个喘息之机,从而加强了敦刻尔克外围的防线。两天后希特勒发现海岸附近运输船只活动频繁,暗叹失策,急忙下令部队从西面和南面恢复进攻,但为时已晚,德军受阻于加莱港,盟军利用洪水泛滥暂时挡住了敌人的坦克。

就在德军恢复进攻的这天,敦刻尔克也忙成一团。26日晚6时57分,英国海军部下令开始执行"发电机"撤退计划。850多艘船只组成的船队陆续涌到敦刻尔克,从巡洋舰、驱逐舰到内河用的拖船、渔船、驳船和客轮,甚至伦敦码头上的救生艇、汽艇和各种各样的游艇都被搜罗在一起。为了撤退,英国政府也顾不得什么脸面,海军部通过广播呼吁周末业余水手和游艇主人驾船,加入他们撤退的"舰队"行列。在德国飞机和大炮的轰炸下,运载部队的船只艰难地渡过波涛汹涌、水面宽阔的多佛尔海峡,5月27日撤走了非战斗人员和后勤人员7669人。

5月28日,全部英军和大部分法军乘夜色逃出了德军的合围,大批运输车辆和部队涌进了滩头阵地。当他们正庆幸自己虎口脱险时,一支比利时军队投降了,英法联军骤然失去后卫掩护部队,在原比军防守的伊普尔到大海之间一侧露出三十多公里宽的空白地带,德军经此可直抵敦刻尔克。在这关键时刻,刚撤下来的英军重新填补了空隙,组成一条"逃避走廊",与德军展开激战，迫使敌人暂时退却。29日，盟军紧缩防线，并造成一个5公里宽的洪水区，水淹德军，挡住了他们的进攻，减缓了阵地的压力。但是，德国空军的飞机整天在敦刻尔克上空俯冲轰炸，严重地威胁着撤退。于是，英国皇家空军把凡是可以动用的战斗机都投入了敦刻尔克上空的战斗，控制了制空权，使德国飞机不敢毫无顾忌地轰炸渡海的船只。

敦刻尔克本来拥有可供巨型轮船停泊的8公里长的码头，现在已经被德军炸坏，惟一可利用的是一道木桩搭建的防波堤。士兵们排着队，惊恐地等待着上船。前面的人站在齐下巴深的海水里，飘浮过来的尸体不时撞在他们身上。

为了尽快撤退，英国海军又拼凑了30多艘舰船，而且全部超载，狭小的驱逐舰也要装上800人。空间不够，士兵们被安排在甲板上，舰艇摇摇晃晃地作"之"字形航行，以保持平衡，冒着风浪和轰炸驶过海面，有时还会遭到德国鱼雷艇的攻击。即使这样，到30日，英军才只撤退12.6万多人，尚有一半多士兵等在那里。

6月1日，德国空军全面出动，狂轰滥炸，海面上到处是沉船和油污以及英军的尸体。

6月2日，盟军防线越来越小，德军大炮已经能打到敦刻尔克，白天的撤退工作被迫停止，全部改在夜间进行。德军的轰炸造成大量重伤员的滞留，英军指挥部发出命令，每100名伤员留一名医官和10名医务人员，其余全部撤走。谁走谁留，只能听天由命。于是，英国陆军史上出现了一次空前绝后的抽签活动。这对曾经在世界上炫耀一时的英军不能不说是一个天大的讽刺。

6月3日晚，剩下的英军和6万多名法军仓皇撤出阵地，逃离欧洲大陆。

6月4日，最后一批法军撤离海岸。后卫部队眼巴巴地看着再也不会回来的船只起航，伤心不已。

经过8天8夜的苦斗，总共有338226名英法士兵撤到英伦三岛，而在敦刻尔克被抛弃的4万多名法军全部被俘；700辆坦克、2400门大炮、7000吨火器弹药全部成了德军的战利品。整个过程中，英国7艘驱逐舰被击沉，20艘受到重创，8艘客轮被毁，另外8艘陷入瘫痪。

虽然损失惨重，但这次大撤退依然作为成功的范例被记载在军事史上。因为它保存了实力，撤出的这些英军和法军在接下去的战争中，起到了难以估量的作用。

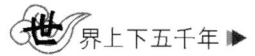

斯大林格勒保卫战

1941年，德军在莫斯科会战失败后，被迫放弃全面进攻计划，但是仍然保持着优势兵力。1942年4月5日，希特勒签发了第41号作战指令，处心积虑地布置了进攻斯大林格勒的军事计划，德军意在通过占领斯大林格勒，切断苏联北部重镇同南部的联系，占领高加索石油区、顿河和库班地区包抄莫斯科。希特勒知道两线作战必然会以失败告终，为了能够专心对付英美、夺取中近东和印度，就必须尽快消灭苏军主力、移师西线。正是出于这样的考虑，希特勒决定孤注一掷，在六七百公里的苏德战场南线部署了150万左右的兵力。

在夏季战局中苏军失利，7月17日，德军第六集团军进抵顿河大弯曲部，威逼伏尔加河和高加索地区。针对德军企图，苏军最高统帅部组建了斯大林格勒方面军与之对峙，举世闻名的斯大林格勒会战开始了。

从7月17日起，苏军第六十二、六十四集团军与德军第六集团军进行激烈战斗，开始了方面军主要防御地带的争夺。激战一直持续到9月12日，德军统帅部以第六集团军和坦克第四集团军同时出击，行进间夺取斯大林格勒的计划破产了。

当德军从西面和西南面逼临城区时，固守斯大林格勒的苏军第六十二、六十四集团军与德军展开了激烈的战斗。从9月13日起，德军攻入斯大林格勒市区，向市中心的第六十二集团军各兵团反复发动冲击，切断了苏军第六十二集团军与第六十四集团军的联系，并占领了斯大林格勒第一火车站。27日德军又发动了第二次强攻，开始了争夺红十月村的战斗和巷战。在这种危急形势下，斯大林把近卫第十三师调过伏尔加河，与侵略者展开殊死搏斗。第一火车站争夺战进行了一周之久，车站十三度易手。9月中旬起，双方把全市的广场、街道变成了战场。到了9月底，战斗重心转移到北部工厂区。11月11日，苏军做好了反攻准备时，德军虽已突入市七个区中的六个区，但最后一次强攻，仍未能占领整个城市。在苏军的不断打击下，德军的进攻力已消耗殆尽，被迫转入防御。

斯大林格勒军民的英勇战斗，为苏军的全面反攻赢得了时间。1942年11月19日，经过猛烈的炮火准备，集结在斯大林格勒西北面和南面的苏联红军

揭开了反攻的序幕。经过两天战斗，突破了德军防线。23日，南北两面的苏军会师于卡拉奇，把德军第六集团军及坦克第四集团军一部共三十三万人，包围在斯大林格勒城下。希特勒急令鲍罗斯死守阵地，并答应派援军前去解围，空运作战物资，然而这已为时太晚了。1943年1月10日，苏军开始了旨在分割并各个消灭被围德军的进攻。到31日被围南部德军被消灭，以第六集团军司令为首的残部投降。2月2日北部德军投降，坚持了六个月的斯大林格勒大会战终于结束了。苏军消灭了德军在苏德战场总兵力的四分之一，约一百五十万人。由德军及仆从军所组成的最大军队集团彻底遭到覆灭。

历时200天的斯大林格勒大会战，以苏军的辉煌胜利和德军的惨败而告终，德军再也无力组织大规模反攻，苏军则一步步收复失地，并攻入德国本土。斯大林格勒大会战的胜利，是苏德战争的转折点，也是第二次世界大战的伟大转折。

保卫列宁格勒

8月中旬，希特勒调集了40个师、6000门大炮和1000多架飞机向苏联第二大城市列宁格勒发起了疯狂的进攻。

希特勒的部队兵临城下，希特勒得意忘形地向全世界宣布：要在9月1日前占领列宁格勒。

列宁格勒是伟大的十月革命的摇篮，列宁格勒的人民是勇敢和坚强的人民，面对希特勒的疯狂进攻，他们的回答是："宁死不屈，列宁的城市永远是我们的！"

全城不分男女老少，纷纷行动起来，拿起手中的武器，修筑战壕街垒，投入保卫列宁格勒的伟大斗争中去。

英勇的列宁格勒人民众志诚成，团结起来，大家的共同心愿就是决不能让列宁格勒落入希特勒的手中。

由于列宁格勒人民的誓死捍卫列宁格勒的殊死抵抗，希特勒扬言9月1日前占领列宁格勒的计划很快成了泡影。德军每前进一步都付出了巨大的代价。

从9月初到9月下旬，德国进攻列宁格勒的半个月内，死伤官兵17万人，损失飞机300架、坦克500辆、大炮500门。德国负责进攻列宁格勒的莱布元帅焦头烂额，不能不向希特勒告急：

"我军死伤惨重，剩下的兵力已无法向列宁格勒进攻了！"希特勒接到报告后，暴跳如雷，痛骂莱布的无能，并疯狂地叫嚣道："给我把彼得堡（又名彼得格勒，1924年列宁逝世后，苏维埃做出决定，将彼得堡命名为列宁格勒）城从地球表面抹掉！"

德军使用了更阴险毒辣的计策：从陆海两方面严密封锁列宁格勒，同时日夜不停地轰击，企图迫使城内的军民整天呆在防空洞里，无法进行抵抗。

围困的时间越来越长，城里的粮食越来越少，人们开始寻找各种能吃的来弥补粮食的不足。

军队养马场的饲料燕麦当作粮食了；

榨油厂做燃料的棉籽渣也成了代食品了；

从海底沉舰上打捞起来的发了芽的谷子也成了宝贵的粮食；

粮食一天天仍在减少，市苏维埃一次一次降低粮食供应标准。

11月下旬开始，工人每天只配给250克面包，居民只供应120克黑面包。

城里慢慢有人因饥饿而丧生了。从1941年11月到1942年12月期间，列宁格勒死于饥饿的人共有6.3万多人。列宁格勒党组织和苏维埃政府想尽一切办法来改善人民的生活，降低人民的死亡率。列宁格勒的居民在危难的时候，发扬高尚的互相友爱的精神。共青团员们组织起服务队，走街串巷地帮助群众。他们把面包分送给居民，把政府的关心和慰问带给民众。有人饿倒时，有一个女青年立即把自己第二天的定量面包给他吃。虽然她心里明

白,也许明天自己也会饿倒,再也爬不起来。

曾经有过这样一个动人的故事:

一天黎明,一位卡车司机驾驶一车专供病人吃的新鲜面包行驶在列宁格勒的大街上。突然,敌人的一枚炮弹在车前爆炸了,司机牺牲了。车上的面包撒得到处都是,过路居民发现后,不约而同地拾起一只只诱人的小面包,小心地吹去尘土,仍旧放在车斗里,然后守护在车旁,直到面包厂的另一辆面包车来把面包拉走。忍住饥饿,抗拒诱人的面包香味,这需要多大的意志力呀!

1941年11月下半旬,列宁格勒的粮库终于枯竭了,列宁格勒全城陷入危急关头。

但英勇的列宁格勒人民是不会屈服的,他们想尽种种办法,历尽千辛万苦,终于在冰封的拉多加湖上开辟了一条冰上运输线。这条运输线联结拉多加湖东西两岸的运输线,列宁格勒终于取得外界的支援了。这条冰上运输线被列宁格勒人民亲切的称为"生命之路"。

狡猾的德军很快发现了"生命之路",他们派飞机整天轰炸湖面,冰面常常无法通车。英勇的列宁格勒居民以顽强的斗志和勇敢的牺牲精神,终于保住了这条"生命之路"。

60辆卡车在"生命之路"上昼夜不停地行驶着,勇敢无畏的司机们冒着生命危险,冒着敌人的枪林弹雨,冒着零下三四十度的严寒,把粮食、燃煤和各种急需物品运进城里,同时又把城内的老人、儿童、妇女、伤员和重要的文化珍品撤离城市。由于全城人民的团结互助,由于司机的昼夜奋战,列宁格勒的人民终于摆脱饥饿的威胁了。

1942年4月,全城存下了12天的粮食,从而粉碎了希特勒妄图困死、饿死列宁格勒人民的阴谋诡计。

1943年1月,苏军开始反攻了,2000门火炮和迫击炮一齐轰鸣,列宁格勒的战士们从四面八方向敌人发起了猛烈的进攻。德国法西斯对列宁格勒长达17个月的围困,终于被突破了。

1943年1月18日,列宁格勒终于回到了人民的怀抱。列宁格勒人民沉浸在胜利的喜悦中,到处都是"乌拉,列宁格勒"的欢呼声。英勇的列宁格勒人民信守了自己的诺言:"列宁的城市永远是我们的!"

"红色间谍"

1941年，日本特高课破获了一个间谍网，此案涉及9个国籍数十人，甚至近卫首相的顾问和秘书也是共产国际派来的间谍。

这个案件震惊了日本社会，也轰动世界。近卫内阁因此案而倒台。

这一间谍案的首要人物就是佐尔格。他被认为是20世纪最大的间谍，被誉为"间谍巨星"。

1895年，理查德·佐尔格出生在前苏联的大城市巴库。他的父亲是位受聘于高加索石油公司的德国技师，母亲是位俄国公民。

1898年，佐尔格随父母迁居柏林。

1914年，第一次世界大战爆发，在中学读书的佐尔格参加了德国陆军。战争期间佐尔格受了重伤，在养伤期间他阅读了不少进步和具有左倾思想的书籍，培养起对政治的浓厚兴趣。

战争结束后，佐尔格考入汉堡大学专攻政治学，并以优异的成绩取得了博士学位。毕业不久，他加入了德国共产党。1924年，佐尔格受共产国际的委托，来到莫斯科筹备成立共产国际总部的谍报局。

回到母亲的故乡后，他深深地爱上莫斯科、爱上苏联，并将自己的党籍改为"苏联共产党，"并秘密地加入苏联国籍。接受了系统的情报训练的他，曾到中国的上海领导那里的一个苏联情报机构工作。

20世纪的20年代，日本出兵占领了西伯利亚部分地区，并干涉苏俄革命，苏联视日本为东方最危险的敌人。为了准确及时地掌握日本情报及日本人的阴谋动向，苏联情报机关决定在日本设立间谍网。

在众多的候选人中，具有惊人的才华，头脑敏锐，阅历颇深，又具有双重国籍的佐尔格脱颖而出。

佐尔格从上海回到了德国，以自己的出色才华在《法兰克福报》当上记者。他熟读德国纳粹党的书籍和文献，背诵其中的警句。被纳粹党视为"圣经"的希特勒的《我的奋斗》，佐尔格竟能倒背如流。在旁人的眼里，佐尔格成了一个狂热的纳粹分子。很快，他顺利地加入了纳粹党，并成了一位具有双重党籍的党员。

1933年9月6日，佐尔格以德国《法兰克福报》驻东京特派记者的公开

身份，到了日本。

到日本后，佐尔格很快成为一名出色的记者，并在德国大使馆中有了很好的声望和极好的人缘。

在莫斯科总部的授意下，佐尔格成立了由5人组成的间谍网——"拉姆扎"。并加入德国纳粹间谍组织。这样，佐尔格便成了双重的间谍。他常常在不危及苏联安全的限度内，向德国情报部门提供情报。

1936年2月26日，日本陆军等少壮派军官发起"二·二六"政变，但很快被镇压下去。这次政变在国际上引起不小轰动，但日本当局严加封锁消息，一般的日本人也对这次政变不知所以然。

苏联和德国都想了解政变深刻复杂的社会政治背景。佐尔格的"拉姆扎"成员四处活动，搜集了大量的情报，并进行汇总分析，得出中心论点：日本政局不会因政变而发生大变化，宇垣一成大将所领导的军内稳健派仍掌握政权。

这份报告一式两份分别发到了莫斯科和柏林。苏联情报机关和柏林陆军情报部对佐尔格的报告大加赞赏，更加重用佐尔格。

1937年7月7日，"卢沟桥"事件拉开了日本侵华战争的序幕。

中国会很快屈服吗？佐尔格以记者的身份到中国调查考察，采访了中日双方的军人、领导人和百姓。他得出结论：中日战争将是长期的。斯大林看到报告后，做出援华抗日的决定。1938年5月，苏联远东军区陆军少将留希科夫向日军投降，留希科夫是苏联负责军事情报事务的高级官员，掌握苏联的大量机密，包括苏联远东谍报通信密码。

留希科夫的口供影响着苏联在远东的重大决策，情况万分危急。

佐尔格以他双重间谍的身份，从德国大使馆了解到留希科夫已供出他所知的一切。佐尔格马上电传莫斯科，莫斯科立即采取补救措施，苏联远东谍报网得救了。

1939年9月1日，德军以闪电战攻占波兰，第二次世界大战全面爆发。1941年6月22日，德军进攻苏联。此时的苏联担心日本乘人之危，出兵西伯利亚，因而没有全力以赴对德作战，以至于近百万苏军毁于德军的铁蹄之下。斯大林在犹豫：是否应将在远东的苏军西调与德军作战？

摸清日本对苏联的态度，是挽救苏联的关键。这个任务交给了佐尔格，佐尔格冒着生命危险开始收集材料。

当时的日方和美国的关系也极为紧张，日本人是先对美宣战，还是去北方进攻苏联呢?

通过紧张而危险的地下情报搜集，佐尔格得出准确结论：今冬之前，日军将对美作战，暂不攻苏。

这份情报在危急之际挽救了苏联。斯大林立即将远东地区的苏军调往西线的欧洲战场，阻止了长驱东进的德国。二战期间，日本人对外国间谍极为害怕。他们开始对每一个外国人进行严密的监视。佐尔格同时受到日本和德方的双重调查。

佐尔格以自己的机敏和智慧一次又一次地脱离危险境地，他竟让德国相信他是忠于纳粹党，忠于纳粹所从事事业的坚定分子。

日本警察搜查了佐尔格日本情人花子的房间，从中发现一只小巧奇特的打火机，这是花子从佐尔格办公室拿走的微型照相机。

佐尔格受到了严密的监视。"扎姆扎"发报员的佣人一天无意向一位日本警察提到主人夜间摆弄收音机的习惯。警察马上判断出收音机是发报机。"扎姆扎"的成员因此纷纷受到了监视、逮捕、用刑。

一位成员受到严刑拷问，他以自杀抗拒，但自杀未遂。被抢救过来后他全盘供出了佐尔格及其间谍网。

1941年10月4日，佐尔格的46岁生日，日本警察逮捕了他。1944年11月7日，佐尔格被执行绞刑，一代间谍巨星陨落了。

30多年后，苏联政府授予佐尔格"苏维埃社会主义共和国联盟英雄"的称号。苏联发行一枚以佐尔格的头像为图案的邮票。佐尔格在巴库出生的那条街被命名为"佐尔格大街"。佐尔格也以"红色间谍"的称号为后人所称道。

安妮·弗兰克日记

安妮·弗兰克四岁时，就体验到了人生的残酷。那年，希特勒上台，在全德境内掀起反犹排犹浪潮。安妮的父亲奥托·弗兰克是个犹太人，为了家人的平安，他带着全家迁居荷兰。他们在荷兰过了几年平静的日子，但灾难再次降临：1940年5月，荷兰沦陷于纳粹德国。奥托意识到，他们要么立即迁移，要么赶快找地方躲起来。可是整个欧洲都已卷入了战争，大半地方沦陷，他们又能逃到哪儿呢？于是他决定躲藏起来。奥托在荷兰的这几年与丹

恩合伙做生意。他们的营业所在阿姆斯特丹一个偏僻的地方，面对运河。营业所楼上有几间废弃的房间，被称为"附属建筑"。奥托认为躲在那里不太容易被发现。

1942年，预料中的厄运终于降临：奥托·弗兰克被勒令立即出境。他没有走，立即带着全家人住进了"附属建筑"。接着，丹恩一家和一名犹太人医生也住了进来。这样，他们开始了两年零八个月的"黑人"生活。他们不能大声说话，不能出去散步，不能烤制食物，更不能有任何社交活动。总之，他们必须对外抹杀自己的存在，不能发出任何声响，晚上也不能点灯。他们和外界仅有的联系就是奥托的无线电收音机和他的四个正直勇敢的雇员，他们给奥托等人偷运来食物和书报。

这种偷偷摸摸见不得人的生活无论对谁来说都是一种难以忍受的折磨。压抑、寂寞、苦闷、忧郁使得"附属建筑"里的居民们神经处于崩溃的边缘。因此，争执与吵架——却又只能是压低了声音地吵——成了他们日常生活中主要的内容。

大人尚且如此，更何况对于生性活泼、开朗好动的孩子呢？十三岁姑娘安妮是个懂事的孩子，她当然不会跟父母吵闹着要出去玩，于是她开始写日记。这本日记还是父母送给她的生日礼物呢。安妮在日记中记下了她全部的心理活动、她的思想和感受、她的孤独苦闷心情。当然也包括"附属建筑"中的日常生活，她和这个临时大家庭中每一个成员的关系。在这些朴实无华的日记中，人们可以看到法西斯主义的恐怖统治如何在一个正在成长的少女心理上投下了浓重的阴影，可以看到一个少女对纳粹分子摧残、扭曲人性的控诉。"我就像一只被折去翅膀的小鸟，在一片黑暗中飞翔，却碰在了囚禁她的笼子上。"安妮写道。

同时，人们还可以在日记中看到，安妮是如何从一个天真烂漫的小姑娘变成了一个具有成熟女性心理的"大人"。青春期的骚动与渴望，心理压抑的郁闷与苦恼，初恋的甜蜜与战栗，都在日记中得到了真实的记载。

这些日记被保存下来并出版，完全是由于一种偶然。安妮的日记写好后，被允许放在父亲的公文包里。1944年8月4日，当纳粹警察突然搜查并逮捕"附属建筑"的居民们时，他们只顾抢掠钱和珠宝，日记被弃置在楼板上。几天后，奥托的助手冒险偷偷回了一趟"附属建筑"。她看见了安妮的日记，决定把它保存起来。

1945年，幸存的奥托·弗兰克回到解放了的阿姆斯特丹，他的助手把安妮的日记交给了他。奥托读着女儿的日记，不禁老泪纵横。女儿的音容笑貌清楚地浮现在他的脑海里。过去，他太忽视她了，日记就放在他的公文包里，他却从没想到去读读它，没想到去理解女儿丰富复杂而纯洁无瑕的内心世界。如今却是物在人亡！他读了一遍又一遍，后来忍不住抄了一些给母亲和一位密友。没想到这位密友把他推荐给了一位现代史教授。教授立即意识到了它的价值，在报上撰文推荐和评论它。

在朋友们的催促下，也依照安妮本人的遗愿——她在日记中表示了希望有机会出版日记的愿望，在朋友的帮助下，题名为《附属楼——安妮·弗兰克日记》终于在阿姆斯特丹出版了。不久，英文、日文、法文、意大利文和德文版也相继出版。各国读者反响热烈，人们给奥托写来了信，寄来各种各样的小礼品，在安妮生日时送来许多鲜花。奥托不得不歇业在家，专门处理各地来信。这些信中，有的对奥托表示同情与慰问，有的对安妮不幸早逝表示悲伤，更多的人表示了他们对纳粹分子和法西斯主义者制造种族迫害，造成像安妮这样的小姑娘芳华早谢的愤怒与谴责。

最引人注目的反应来自德国。德国是制造这场人类悲剧的罪魁祸首，战后几年中，德国政府试图教育国民认识希特勒法西斯主义的罪恶本质，却总是收效甚微。然而，这次，安妮的日记却使他们大大震动了，他们从中看到了自己过去所犯下的罪行。当根据安妮的日记改编的剧本《安妮·弗兰克》在德国众多城市上演后，德国陷入了沉思与反省之中。一位评论家说："《安妮·弗兰克》一剧之所以获得成功，是因为它使观众理解了历史。我们观看这出戏就像观看一份用最谦卑而可怜的措辞写的控诉书，控诉那些人丧失人性。没有人因我们是德国人而谴责我们，我们自己谴责自己。"一位过去的纳粹党员来信说："我曾是一个忠实的纳粹党员，但直到那天夜里看这出戏前一直不知道纳粹意味着什么。"

安妮被埋葬在贝尔森集中营的万人坑。这里每天都有人前来举行悼念活动。一位十七岁的中学生的话代表了所有人的思想和感情：

"安妮如此可悲地结束她的生命时，年龄比我们都小。她之所以死去，是因为有人决定灭绝她的种族。决不能让我们的人民中再出现这种非人道的仇恨。"

围歼"俾斯麦"

1941年5月的一个傍晚。德国柏林广播电台中，正播送着轻松的音乐节目，忽然出现了播音员得意洋洋的声音："德国公民们！我们中断了预定的节目，向各位报告一个惊人的消息：我们的战舰在大西洋上获得了重大战绩。英国海军引以自豪的战列巡洋舰'胡德'号，被我'俾斯麦'号强大的炮火击沉了。另一艘英国战舰'威尔士亲王'号也多处受伤，将会步'胡德'号的后尘，沉没在丹麦海峡布满流冰的海底……"消息很快传遍了德国千家万户，也很快传向了世界各处。德国海军引以为骄傲的"俾斯麦"号，是40年代世界上最新式、最强大的战列舰。舰上配有12门火炮、44门高射炮，它的8门15英寸的主炮，比英国最新战列舰的主炮口径大一英寸；它的速度至少与英国主力舰一样快，或者更快。

"俾斯麦"号的指挥官在出港时，傲慢地声称："英国海军，没有一艘军舰能和我们匹敌，也没有任何一艘大型军舰能够在我们的炮口下幸免！只要'俾斯麦'号一旦出现在大西洋上，英国的运输就将中断，英国人将困死在孤岛上！"

与此同时，在英国伦敦，人们也得知了这一不幸的消息。"胡德"号的损失对英国人是一个沉重的打击。它是英国舰队中最大的一艘战舰。20年来，英国海军界的一代人都认为它是世界上最强的军舰。如今在第一次参战中，仅仅几分钟便葬身在爆炸和烈火中，只有三名幸存者被找到。

英国海军司令部决定集中最大优势，围歼"俾斯麦"号，不惜一切代价把它击沉。在一千五百海里以南直布罗陀海域的海军中将詹姆士·萨默维尔的H舰队接到调令，北上追击"俾斯麦"号；在中大西洋西北部外几百海里的战列舰"莱米里斯"号奉命撤出护航，向西拦截敌舰；距爱尔兰海岸约五百海里处的战列舰"罗里"号也撤出护航，奉令截击……

在"胡德"号被摧毁的6小时内，另两艘战列舰、1艘战斗巡洋舰、1艘航空母舰、3艘巡洋舰和9艘驱逐舰以及大批的"剑鱼"式鱼雷轰炸机直接加入了这场追击、围歼。

约翰·托维上将在"英王乔治五世"号上率领他的分队以最快速度冲向敌舰，随同他的是航空母舰"胜利"号和"反击"号。

天黑之前，从"胜利"号上起飞的9架"剑鱼"式飞机跟上了"俾斯麦"号，这是海战史上第一次使用舰载飞机实施攻击行动。大部分飞行员没有受过海战训练，他们勇敢的进行攻击，投下了所有的鱼雷，但似乎没有几枚奏效，"俾斯麦"号并没有减低速度。

受到攻击的"俾斯麦"号，很快发现自己处在包围之中，它开始加速突围返航。不久后，它便逃出了跟踪的英舰搜索视野之外。

5月26日上午10时，英国海岸防御司令部的飞机重新找到了"失踪"30多个小时的"俾斯麦"号。它正以凹节的速度疾驶，如果它保持这一速度，第二天天亮前就会进入德国轰炸机的航程，处于德国空军掩护之下。而原来追踪它的英国舰队，还远远地落在它的后面。

现在，唯一现实的希望就是詹姆士·萨默维尔中将的H舰队。约24小时前H舰队还在1500海里以外，现在它正朝北全速猛进，它是阻止"俾斯麦"号抵达港口的唯一障碍。傍晚7时，H舰队中"皇家方舟"号航空母舰上的"剑鱼"式飞机又一次起飞，枪炮声在狂暴的海风和大雨中响起，炮弹爆炸的闪光和高射炮火的亮光闪烁了一阵，然后消失了。返航的突击队飞行员开心地笑着，向甲板上的人竖起拇指示意胜利。5架飞机被炮火击伤，有一架飞机上竟数出了127个弹孔，驾驶员和炮手都受了伤，但没有一架飞机坠毁。在询问了飞行员后，可以确定："俾斯麦"号被击中了！空袭过后，"俾斯麦"号转了两个大圈，停下来了。英国的舰队全速围了上来。

第二天，5月27日的黎明，在暴风雨的海面上，"英王乔治五世"号和"尼罗德"号出现在"俾斯麦"的正前方。"敌舰'俾斯麦'号右舷5度。""尼罗德"号的瞭望员喊道。"左10度！""尼罗德"舰长发布命令。

当"火炮准备完毕"的指示灯亮起，"尼罗德"号16英寸的大炮，随着指挥官一声令下，吐出了火焰。紧接着，"英王乔治五世"号的大炮也开火了。随后，"诺福克"号和H舰队的"多塞特郡"号也加入了战斗。

一阵惊天动地的巨响和剧烈的震动，英舰齐射开始。接着又是第二次、第三次……

"打中了！打中了！"英舰上的士兵发出了欢呼。

一团大火在"俾斯麦"号舰中部升起，炮台的大炮哑了。在弹雨中，"俾斯麦"号的炮塔被掀上了舰桥，指挥仪倒塌在舷旁。在扭成一团的铁角、支柱和杂乱的碎片中，横七竖八地倒下了无数具尸体。一些德国水兵还在慌乱地装弹、瞄准和射击，但已经毫无威力了。

英国的战舰不断地逼近，炮弹雨点般向"俾斯麦"号泼撒而去。

千疮百孔的"俾斯麦"号失去了原形，浓烟从各个地方喷冒着。

最后，"多塞特郡"号向着缓缓下沉的"俾斯麦"号又发射了两枚鱼雷。在两声巨大的爆炸和弥漫的烟雾中，曾经不可一世的"俾斯麦"号终于向左倾斜，翻沉在波涛下面。包括舰队司令在内的两千余名官兵葬身鱼腹。

"俾斯麦"号覆灭的消息很快传回英国海军司令部。英国广播电台随即广播了这一振奋人心消息，人们为英国海军的胜利而欢呼庆贺。

勇敢的女船长

1941年的一个早晨，伦敦兰贝思区的居民惊奇地发现，他们的邻居德拉蒙德家的维多利亚小姐的名字出现在了报纸的通栏标题上。英国劳埃德船级协会授予她一枚奖章。这是协会给予商队男性船员的最高奖励，以前还从未授予一位女性。同时，国王陛下也将授予她一枚帝国勋章。报上还说，维多利亚小姐是英国商船界唯一的一位取得资格的女轮机师。

邻居们简直不敢相信，这位身材颀长，有着一张坚毅文雅面孔，说话细声细气，还有些羞涩腼腆的维多利亚小姐居然是一位女英雄！

从童年时代起，维多利亚就表现出女孩子中少见的对机械的极大兴趣。她的双亲竟也答应了她去顿迪的一家工厂去当学徒。在工厂中接触到的机械并没有满足维多利亚的嗜好。后来，她来到了远洋船上，并在一艘开往澳大利亚的班船上当了一段时间的三副（主管机械的副船长）。

英国对德国宣战后，维多利亚放弃了舒适的岸上工作，报名加入了商船队。在敦刻尔克战役期间，她一直都在船上的轮机房工作，下船后则不声不响地回到家中的小房间。

不久，英国商船"波利塔"号离开港口驶往美国，船员们惊奇地发现，他们的二副（副船长）是位女性，她就是维多利亚。更让船员们感到吃惊的是，这位小姐可不是个生手，她操纵轮机的技术竟然比其他的人还要好。水手们围在一边好奇地向她询问，维多利亚一本正经地对他们说：

"我只不过是和它们亲切地谈过心罢了，你可以规劝或引导轮机，可你决不能驾驭它们。"

水手们听着她这番"奇谈怪论"，感到十分新奇。

在浩瀚的大西洋上，经过了48小时的航行，"波利塔"号距离海岸还有四百海里。

"快看，德国飞机！"瞭望员喊起来。一架四引擎的德军轰炸机从空中扑了下来，机身上纳粹的标记，在太阳的照耀下发出阴森森的光泽。

警报声就像是命令。水手们向各自的岗位冲去。维多利亚奔向轮机房。"轰"第一颗炸弹落在了船舷边，船身猛地摇晃起来。维多利亚被重重地抛到了栏杆上。她的手死死抓住了栏杆、借着船身的摇摆，她跃身冲进了轮机房。

"你们快离开这儿，让我来！"她冲着机房中的水手喊到。"还是我来吧，你去躲一躲！"水手们拒绝了她。

"我比你们更熟悉它，别处也需要人，你们快去，这是命令！"

看她如此坚决，水手们只好离开了机房。他们知道，如果船被击中下沉，机房中很难逃生。维多利亚小姐把死亡的危险留给了自己。

一艘没有武装的船要对付轰炸机，只有一个办法：先让船保持稳定的航向，当敌机俯冲准备投弹时，迅速摆动船头，使船偏离开炸弹的投弹线。这是在分秒之间、在咫尺之间决定生死的行动。

德机一次次从空中呼啸而下，维多利亚熟练地操纵着轮机，在船长的口令下，"波利塔"号借轮机产生的加快的速度一次次转动着笨拙的船体避开了致命的袭击。

"波利塔"号在维多利亚的操纵下，航速从九节提高到了十二点五节。炸弹炸断了烟囱、电线和管道。主机的阀门接头松动了，滚烫的蒸汽"嗞嗞"地扑过她的头顶。情况十分危急，如果是任何一个技术稍不熟练的动作或失误，主管道就会因超压而爆炸。维多利亚麻利自如地照料着各个部位。她倾听着飞机引擎声音的远近来判断炸弹落下的方位。操纵台边落下了很多从机房舱口掉下来的飞机扫射的机枪弹壳。维多利亚好像丝毫没有看见。她一手伸过头顶，紧握着风门杆把，努力以此迫使蒸汽通过已变形的主管道。她的脸上露出沉着坚毅的神情。汗水和着黑色的油污从前额流了下来渗入眼中，火辣辣的。她猛地甩了几下头，紧闭起了一只眼睛，始终没有停下手来。

终于，耗尽了弹药的敌机无可奈何地飞走了。维多利亚减低了船速。"波利塔"号上的小艇和甲板被炸得遍体鳞伤，船舱也进了水，但它仍然在海面上航行着。

水手和船员们冲进了轮机房，热烈地向维多利亚祝贺着、欢呼着，维多

利亚腼腆地笑了。

满身伤痕的"波利塔"号缓缓驶入了弗吉尼亚。诺福克港的居民们从船员们那儿听到了他们奇迹般的经历,对维多利亚小姐深为敬佩。伦敦的许多市民一齐捐献了二千五百多美元给兰贝思区买了一辆汽车餐车,餐车的名字被命名为"维多利亚"号,以表彰维多利亚的功绩。

沙漠猎"狐"

1942年8月,英国第八集团军在德军的强大攻势下失利了。英国部队向着尼罗河溃退,一路上丢盔卸甲。

中东军区总司令克劳德·奥金莱克上将接管了第八集团的指挥权,并在阿拉曼召集了束手无策、灰心丧气的部队,并组成一道临时防线。

阿拉曼防线是一个重要的阵地,它的地形象个瓶颈口。英国部队必须阻止德国军队的攻击,否则整个非洲都会被德国人控制。

1942年的一个夏日,一位枯瘦如柴、长鼻子的英国将军抵达开罗。他就是新任命的第八集团军司令蒙哥马利中将。当蒙哥马利来到阿拉曼前沿阵地时,迎接他的是一片混乱。官兵们士气低沉,到处迷漫着准备撤退的气氛。

蒙哥马利立即召集了几十名军官和参谋长。当他瘦小的身材穿着肥大的沙漠军服出现时,军官们都抱着怀疑的目光注视着他。

蒙哥马利以他犀利的目光扫视他的部下,登上一个沙丘,以坚定的充满自信的声音说道:

"阿拉曼是我们最后的防线,如果失去它,我们将失去整个非洲。我命令烧毁所有撤退的计划和指示。我们不能在此生存,那我们就在此献身……"

蒙哥马利以他的自信和坚定感染了他的部下,他令人激动的讲话增添了军官们的勇气和力量。所有官兵群策群力,准备和德军殊死作战。

蒙哥马利第二天大清早就驱车进入沙漠,登上阿拉曼防线的最突出处,用望远镜观察地形和敌人的防线。德军距此不到两千码,中间是灼热的沙漠。

德军指挥官名叫隆美尔。是德国纳粹的陆军元帅,他阴谋狡诈,诡计多端,被英国官兵称做"沙漠之狐"。隆美尔在此地拥有16万大军,而且他的增援部队还在源源不断地抵达。蒙哥马利设法避开隆美尔的进攻。隆美尔投

入 300 百辆坦克的兵力攻打英军防线的中部和南部，寻找坦克部队可以向英军阵地侧翼进攻的薄弱点——这是隆美尔惯用的伎俩。蒙哥马利识破了敌人的阴谋。他避免打坦克战。他让隆美尔的坦克进入防线的入口处，然后用反坦克炮和隐蔽在沙丘中的大炮迎击它们。

隆美尔的坦克在大炮的轰击下，仓皇撤退，损失了 140 辆坦克。英军只损失 37 辆。

1942 年 10 月 23 日，蒙哥马利准备进行夜战。他用 800 辆坦克向隆美尔的阵地冲击。隆美尔也集中几百辆坦克发动反攻。

隆美尔亲自指挥第 90 轻装甲师向英军猛扑过来。他们逐渐进入沙漠的空旷处。突然，几十架英国飞机飞来，对暴露的隆美尔部队轮番轰炸，德军遭到沉重的打击，被迫撤退。几天后，隆美尔进行了疯狂的反扑，双方展开了激烈的战斗。

蒙哥马利开始了他出其不意的攻势。他部队的坦克从伪装罩里冲出，源源不断地冲向敌人，并击毁隆美尔 600 多辆坦克。

蒙哥马利的攻势设计得天衣无缝。他把对隆美尔的进攻称作"精彩的狩猎"。

隆美尔在蒙哥马利强大的攻势下，节节溃退。

蒙哥马利带领他的第八集团军奋勇追击，他们怀着报仇雪恨的强烈愿望步步逼近敌人。蒙哥马利的第八集团军沿途收容了 8 万名意大利战俘和两万名德国战俘。

在漫长的撤退中，隆美尔曾两度试图停下来抵抗，但都被蒙哥马利击退了。蒙哥马利事后评论说："隆美尔是个老练的将领。但他有一个弱点，就是重复他的战术，而这就是我将要打败他的途径。"

蒙哥马利为了打胜这一仗，他巧妙地变换作战策略，并和空中将领一起

制订陆空协同作战的计划,终于一步步地走向胜利。

11月4日,德军全线溃退,隆美尔率领残部曾一气溃退了700公里,才逃脱了蒙哥马利的追击。

这次战役,德军死伤2万余人,被俘3万人,1000门大炮和500辆坦克被击毁。

蒙哥马利一直把隆美尔的画像钉在床头并希望生擒他,可惜未能完全如愿。

在阿拉曼击溃隆美尔,是英国对德作战的首次决定性胜利,它使纳粹德国丧失了对北非的控制权,也为后来盟军进攻作战树立了典范。

"自由法国"运动

1940年5月,德国绕过法国的马其诺防线,攻入了法国。马其诺防线是法国陆军部长马奇诺在任期间修筑的一条法国东部边境的防御阵地体系。防线内堡垒林立,地下筑有坚固工事,还有地下铁道、隧道公路和各种生活设施。

马其诺防线被法国人视为安全的保证,是"万无一失"的坚固屏障。

在大战以前,英法政府对希特勒的军事扩张一再妥协退让,使得德国的扩张野心日益膨胀,希特勒攻占波兰后,又占领了丹麦、挪威、荷兰、比利时、卢森堡,顺利地绕过"马其诺防线",攻入了法国。

毫无戒备的法军一触即溃,法国首都巴黎危在旦夕。6月14日,德国未发一弹就占领了巴黎,接着深入法国境内。

1940年6月22日卖国贼贝当组成的新内阁,向德国投降。

6月本是法国最迷人的季节,这时却陷入一片恐慌中。法国被卖国政府奉送给了希特勒,但法兰西独立自由的精神并没有终结,具有斗争传统的法国人民是不会甘心屈服的。

在法国军队中,有一个坚决主张抵抗法国侵略的人,他就是夏尔·戴高乐将军。

戴高乐将军在第一次世界大战时是个中尉,在凡尔登战役中身负重伤被俘,战后才回到法国。第二次大战爆发后,他提出了针对德国闪电战战术建设机械化部队的建议，但没有受到重视。

在法国沦陷时，戴高乐坚决要求抵抗德国侵略者，但在当时的法国政府中，他孤立无援。

6月17日清晨，戴高乐将军在机场送别英国斯皮尔斯将军。

当两位朋友握手告别，飞机即将缓缓起飞时，戴高乐将军突然敏捷地一跳，跃上飞机舷梯，钻进飞机的机舱，并"砰"地一声关上机门。飞机飞上了蓝天，腾空而去。机场上的人大为吃惊，但已无可奈何。

戴高乐将军当时是法国国防部和陆军次长。竭力反对贝当政府的卖国行径，失败后，他决定逃离法国，到国外重新组织力量继续抗击德国侵略者。

逃离法国的第二天，在英国首相丘吉尔的支持下，6月18日下午，戴高乐将军在英国广播电台发表了《告法国人民书》，他向法国人民和全世界庄严宣布：

"法国的事业没有失败，……法国并非孤军奋战！它不是单枪匹马！它不是四处无援！……法国的抵抗火焰决不应该熄灭，也决不会熄灭……"

戴高乐将军要求希望自由的法国官兵们和他联系。

戴高乐将军的宣言激励了三千万法国人民的心灵。他们在失败的痛苦中重新昂起头来。巴黎的学生在凯旋门集会，表示他们对戴高乐的热烈拥护。

法国的贝当政府对戴高乐将军恨之入骨，他们在法国军事法庭对戴高乐将军进行缺席审判，徒刑从4年直至死刑。戴高乐将军高扬"自由法国"的旗帜，以顽强的毅力开始拯救法国的斗争。

6月29日，有200多名步、炮兵向戴高乐将军报到，从敦刻尔克撤退的200多人投入"自由法国"的运动……到月底时，海军中将米塞利埃，也来到伦敦，支持戴高乐将军。到7月底时，有7000多人志愿拿起武器为"自由法国"而战，他们来自四面八方，有的从法国绕道西班牙逃到英国，有的从北非经直布罗陀海峡投奔而来……

"自由法国"总部设在泰晤士河畔的一座大厦里。戴高乐将军筹建了法国民族委员会和武装力量，在简陋的办公室里他接待从各地来的关心"自由法国"的人们。

7月14日是法国的国庆节，清晨，戴高乐将军检阅了首批"自由法国"的战士。

一周以后，首批"自由法国"飞行员参加了对鲁尔区的轰炸，戴高乐将

军组织了这次行动并发表了有关这次轰炸取得胜利的消息。

1940年8月,戴高乐将军率领一支英、法联合舰队向法国进攻,不幸失败,但戴高乐将军并不屈服,他以顽强的精神继续战斗。

之后,戴高乐将军又在非洲建立了一个可靠的作战基地和精干的行政机构,并出版了"自由法国"的报纸……

1943年5月,共产党等16个政党团体在法国国内共同组建了全国抵抗运动委员会,戴高乐派往国内的代表让·穆旦担任第一届主席。到1944年3月,法国国内各抵抗组织的武装力量联合为统一的内地军,戴高乐将军的将士们和德军进行着英勇的战斗。

1944年6月,苏联红军解放了波兰,盟军从诺曼底登陆后向法国挺进。

8月20日,戴高乐将军率领"自由法国"的部队随同盟军向巴黎挺进。他的军队受到了法国人民热烈的欢迎。

戴高乐将军和千百万法国人民一起奋起战斗,武装起义解放了巴黎。

1945年5月,德国投降,戴高乐以法国临时政府的名义,和盟军一起接受德国投降。

戴高乐以他顽强的毅力和爱国精神,为拯救和维护法国的民族独立,做出了不可磨灭的功勋,是法国人民热爱的一位英雄和领袖。

偷袭珍珠港

1941年12月7日,星期日的早晨,夏威夷珍珠港,阳光灿烂,碧海如镜。驻扎在这里的是美国太平洋舰队,官兵们有的在吃早饭,有的已经上岸度假去了。舰艇整齐地停泊在港内,飞机也密密麻麻地排在瓦胡岛的7个机场上。

两个值班的美军新兵在雷达监视器前无聊地摆弄着仪器。突然,荧屏上显示出东北方向130海里外,一群飞机正朝瓦胡岛飞来。他们立即拿起电话通报了陆军基地。

"别神经过敏,那是我们自己的飞机。"值班军官嘲笑地说,并告他们别多管闲事。

原来,值班军官曾接到通知,今天早晨将有一队美国空军的B-17飞机从本土飞来。他放下话筒,打开收音机,欣赏起音乐来。

港湾里，美国军舰正准备举行升旗典礼。一切像平日一样，充满了轻松安详的气氛。雷达屏上的那群飞机更近了，人们还不知道一场灾难将从天而降。

雷达屏上显示的机群实际是从日本特遣舰队的六艘航空母舰上起飞的 183 架日本飞机，它们的袭击目标正是珍珠港。日本法西斯偷袭珍珠港的阴谋策划已久。苏德战争爆发后，东方的日本军国主义也急不可耐地想扩大侵略战果，把占领印度支那和南太平洋诸国，夺取石油资源作为了主要目标。而驻守夏威夷群岛上的美国太平洋舰队就成为日本军国主义南进太平洋的最大障碍。

于是，在日本天皇授意下，日本联合舰队司令山本五十六，秘密制定了远渡重洋偷袭珍珠港的计划，并决定由南云海军中将率领舰队去完成这一任务。

为了迷惑麻痹美国，日本还派出了特使到华盛顿进行谈判，要求和平解决两国争端，称"日本和美国没有任何理由打仗"等等。与此同时，偷袭珍珠港的特遣舰队则在 11 月 26 日秘密离开了日本。在海上隐蔽航行了 12 天，到达距离瓦胡岛 230 英里处，攻击的飞机从航空母舰上起飞，直扑珍珠港。此时，偷袭珍珠港机群的指挥官渊田美津中佐已飞临珍珠港上空。他的身后是 49 架水平轰炸机、40 架鱼雷轰炸机、51 架俯冲轰炸机和 43 架制空战斗机。渊田往下看看，云层很厚，看不到海面。珍珠港下会怎么样呢？他有些着急。忽然，耳机里收听到了檀香山电台播放的夏威夷音乐，接着又传来了檀香山地区的气象预报："半晴，山上多云，云层高 3500 英尺，能见度良好……"

"太好了！"渊田高兴地笑起来。

"报告,前面发现海岸!"

"报告,我看到了珍珠港!"

穿过云层,渊田也看到了珍珠港中停泊的军舰和瓦胡岛机场上的飞机。

"开始攻击!"渊田大声喊道,接着,猛地一推操纵杆,飞机俯冲下去。

日本机群呼啸而下,机关炮喷吐着火焰,炸弹飞蝗般落下去。

"轰隆隆隆……"

随着一阵阵巨大的爆炸声,岛上的机场升起滚滚烟火,港湾的军舰四周水柱冲天而起。

美军官兵惊呆了!

"空袭!空袭!"直到看见自己的舰艇起火,舰队司令部的军官们似乎才醒过神来,这不是"特殊演习"!

顷刻间,珍珠港已笼罩在了硝烟战火之中。渊田中佐发出了奇袭成功的预定信号:托拉!托拉!托拉!(虎!虎!虎!)坐镇在万里之外的广岛"长门"号旗舰上的山本五十六海军大将收到这个信号,洋洋自得,兴奋得脸都红了。

日机的第一次攻击进行了约半个小时,随后,171架日机进行第二次攻击,直到9时15分才全部撤离珍珠港上空。前后历时1小时50分钟的袭击,共炸沉美主力舰4艘,重创1艘,炸伤3艘;另外,炸沉、炸伤驱逐舰、巡洋舰等各类辅助舰10余艘,击毁飞机188架,机场全部炸毁,美军官兵死伤4500多名。日本仅损失29架飞机。

在日本飞机开始攻击珍珠港后1时10分,日本驻华盛顿代表野村和来栖才来到美国国务卿赫尔的办公室,递交了一份最后通牒。赫尔气愤地说:"我在50年的公职中,从未见过这样厚颜无耻的文件!"野村还想要说话,赫尔挥手制止,把他们赶了出去。

日本偷袭珍珠港,宣告了太平洋战争全面爆发。第二天,美国总罗斯福要求国会宣布,与日本宣战。美国电台向全国广播:"珍珠港遭到卑鄙的偷袭!"罗斯福总统说:"必须记住这个奇耻大辱的日子!"接着,澳大利亚、荷兰等20多个国家也对日宣战。中国国民党政府在中日战争已进行了4年后,在12月9日才跟着对日宣战。随后,德、意对美宣战。第二次世界大战范围更加扩大。

中途岛海战

日本偷袭珍珠港虽然获得了重大胜利,但美国的航空母舰当时不在港内,所以一艘也没有受到损失。日本决定再集中优势兵力,彻底歼灭美国航空母舰。

要实现这一计划,首先就要拿下位于夏威夷群岛东北方的美国重要的航空基地中途岛,把它作为日军的作战基地。进攻中途岛的日本海军,仍由策划指挥偷袭珍珠港的山本五十六海军大将率领。舰队分为八支特遣队:第一支由南云中将指挥,从西北方向主攻中途岛;第二支至第七支分别担任掩护、侦察、警戒等任务,并协同进攻作战。山本五十六自己率领第八特遣队,守候在中途岛西北海面上,指挥整个作战。

日本海军做梦也没想到,他们的这次偷袭行动不会成功了!美国情报机关不仅破译出了日军的密码电报,而且设计弄清了密码电报中"A(Ⅱ)E"这个目标就是指中途岛。美国决定将计就计,设下埋伏,让日本海军自投罗网。

6月4日,在黎明的晨曦中,隐蔽在预定海域的日本舰队,开始进攻了。

"战斗机起飞!"南云中将的命令从扩音器的喇叭中传出。"赤诚""加贺""飞龙"和"苍龙"四艘巨型航空母舰上灯火通明,15分钟内,108架飞机飞离了甲板,轰鸣着向东南方向的中途岛飞去。

不一会,扩音器又发出了命令:"第二次攻击准备!"升降机立刻又把一架飞机提到了甲板上。南云站在指挥舱窗前,急切地等待着第一批飞机攻击胜利的消息。

与此同时,中途岛的美国空军早已严阵以待。当日机距离中途岛还有30英里时,25架"野猫式"战斗机组成的拦截队出现在日本机群前。日本护航的"零式"战斗机随即上前缠住"野猫式",双方展开了激战,日本轰炸机则继续飞赴中途岛。穿过美军高射炮的猛烈火网,一颗颗250公斤重的炸弹从日机上投下。12架水平轰炸机开始用800公斤重的炸弹,轰炸机场和跑道。然而,机场和跑道上空空如也,美军飞机早已做好准备,有的飞到空中,有的进行拦截和攻击,其他的则隐藏了起来。

负责指挥轰炸的指挥官返航时,向南云报告了轰炸的情况,并请求对中途岛进行第二次轰炸。此时，升到甲板上的第二批飞机，已装好鱼雷，准备前去轰炸美军军舰，南云命令士兵卸下鱼雷，换上炸弹。甲板上顿时一片忙乱。

就在此刻，日本侦察机报告：东北200英里处发现10艘美国军舰。南云大吃一惊，他知道，这么大的舰队，至少拥有一艘航空母舰。他赶忙又下令，战斗机重又卸下炸弹，装上鱼雷，改去袭击美军舰队。

恰巧这时，第一批轰炸中途岛的飞机归来。南云只得又命令把飞行甲板腾出，让返航飞机降落。

时间一分一秒地过去，装好鱼雷的飞机很快整装待发，信号兵发出了起飞命令的信号。然而，正是这很短的一段时间的耽搁，战场形势发生了根本性的转变！

"美国轰炸机！"

随着瞭望兵的喊声，3架美国"无畏式"轰炸机朝南云所在的旗舰"赤城"号垂直俯冲下来。日舰上的机关炮向轰炸机猛烈射击，但是已经晚了。只见，一颗颗黑色的炸弹从美机机翼下落下。一阵尖厉的啸声后，"赤城"号闪起夺目的闪光，随即便是巨大的爆炸声。机关炮哑了。弹片到处飞舞，大火在甲板上蔓延，又引起飞机上刚刚装上的鱼雷爆炸。整个机库成为一片火海。

南云惊呆了。在万般无奈下，他不得不离开火焰冲天的"赤城号"。

此时的山本五十六正威风凛凛地端坐在"大和"号战舰上，这是当时世界上最大的战舰。南云惨败的消息使山本目瞪口呆。看着烈火蔓延的"赤城"号，山本忍痛发出炸沉它的命令。"野分"号驱逐舰射出强大的新型鱼雷，"赤城"号在猛烈的爆炸声中，葬身海底。这竟是"野分"号在这次海战中的第一个射击目标。

山本终于急红了眼，他知道日本舰队惨败的命运不可避免了，但他还要做垂死的挣扎。他命令所有的舰队向他集中，阴谋诱使美国舰队西移到他的舰队猛烈的炮火射程内。但美国人识破了山本的诡计。

6月4日中午，日本只幸存下"飞龙"号航空母舰。在6架零式战斗机掩护下，"飞龙"号上18架轰炸机重创美国航空母舰"约克顿"号，"约克顿"号慢慢沉没海底。

"飞龙"号成为美国舰队猛烈攻击的目标。虽然它成功地躲过26枚鱼雷和大约70颗炸弹，但最后还是被击沉。

5日凌晨，日本舰队听到山本的命令："取消中途岛行动。"

中途岛战役美军只损失1艘航空母舰、1艘驱逐舰和147架飞机，而日本却损失了4艘航空母舰、1艘巡洋舰、330架飞机，还有几百名经验丰富的飞行员和几千名舰员。

日本海军从此走向了失败。为了掩护自己的惨败，避免挫伤部队的士气，6月10日日本电台播放了响亮的海军曲，并宣称日本已"成为太平洋上的最强国。"当惨败的舰队疲惫不堪地回到驻地时，东京竟举行灯笼游行以庆祝胜利。

美国海军首脑事后评价道："中途岛战斗是日本海军350年以来的第一次决定性的败仗。它结束了日本的长期攻势，恢复了太平洋海军力量的均势"。

希特勒的"敌后武工队"

1942年6月中旬的一天夜里，美国联邦调查局纽约办事处的值班员迪安·麦克沃特接到了一个奇怪的电话：一名略带外国口音的男子说，他刚从一艘德国潜艇上登陆，有重要情报必须亲自交给埃德加·胡佛——联邦调查局局长。此时，珍珠港事件刚过不久，联邦调查局差不多每天都要接到一些稀奇古怪的电话。因此，麦克沃特把这个电话记录了下来之后便不再去想它了。

然而第二天，一名海岸警卫队员向联邦调查局报告说，他昨天夜里在纽约阿曼甘塞特海岸遇到四个装扮成渔民的偷渡者，并在海边岩石里发现了大量爆破器材。麦克沃特想起了昨夜那个电话，觉得事情严重了，便立即向华

盛顿总部报告了此事。

这名打电话的男子叫约翰·戴奇,是德国谍报局"帕斯陀雷斯行动"的第一小组组长。"帕斯陀雷斯行动"的内容是:派遣一些经过严格训练的特工人员潜入美国,对一些军工企业和交通要道实施破坏活动,使美国工业陷入停产,并在一些影响最大的公共场所设置炸弹以制造恐慌。

"帕斯陀雷斯行动"的负责人是德国情报局的沃尔特·卡普文中尉,他招募了一些在美国生活和工作过的德国人,对他们进行了为期一个月的强化训练和纳粹主义教育。这些训练包括体能训练、各种纵火和爆破技术、联络密码和密写技术以及各种常规武器的使用方法。经过训练,这些人能够在普通商店买回各种原料,自己动手把它们配制成燃烧剂、引爆装置和密写药剂,能够徒手对付两三个成年人。同时,卡普尔还拼命向他们灌输纳粹主义的"爱国主义"思想,并向他们许诺说,除了从现在起每月发给他们高额薪金外,战后还将给他们在政府里安排一个舒适的位置。

卡普尔指示戴奇他们,要先在美国站稳脚跟,把自己混迹于普通人之中。与此同时,可以不惜工本地发展成员,特别是发展那些德裔美国人,向他们许诺一切条件。当然,首先必须要保证自己的安全,一旦有人危及他们的使命,要毫不留情地予以消灭。当戴奇等人成功地建立秘密破坏网络之后,卡普尔将亲自潜入美国,领导"帕斯陀雷斯行动"。戴奇是一个皮肤白皙、脸孔很大、略带忧郁和神经质的人,当年三十九岁。十九岁那年,他潜入美国,混迹于各种行业之中。1941年回德国之前他还在美国陆军航空队服过短时间兵役。因他熟悉美国情况,他被任命为第一小组组长。

就要出发了,但戴奇却对自己和自己此行的使命怀疑起来:凭自己八个人就能动摇美国的工业基础么?真能为希特勒日后侵占美国鸣锣开道么?

正在这时,又发生了一件小小的事情。5月26日早晨,戴奇和另一个小组即将由洛里昂潜艇基地登上潜艇的前两天,卡普尔发给了他们一笔数目可观的活动经费。当戴奇把钱往箱子里装时,突然发现,这是一些9年前就作废了的钞票!这一错误很快纠正了,他们得到了合法的钞票。但戴奇心中的怀疑和不安却加深了:既然谍报局的头头们连这样的错误都会犯,那么,他们又能干出什么聪明事呢?把自己交给这样的人,不是太冒险了吗?

带着这种心情去从事间谍破坏活动是不可想象的。他们很顺利地上岸了,只碰到一个海岸警卫队员,他们最终成功地将自己消失于人群之中。但实际上，当戴奇在浓雾中踏上阿曼甘塞特海岸时，他为第三帝国服务的决心却像春日阳光下的积雪一样，迅速地融化了。也因此，他没有按照特工工作的惯例弄死那个海岸警卫队员——这个人是幸运的，他碰到的是戴奇而不是别的特工，他甚至还得到戴奇强行塞给他的一些钱！

6月14日晚，经过一天的考虑之后，戴奇终于下决心在纽约克林顿总督旅馆房间里打了那个电话。

戴奇的行动比较谨慎：他在纽约逗留了4天，一直等到他认为"帕斯陀雷斯行动"的第二个小组在佛罗里达海岸登陆并隐蔽起来之后，才前往华盛顿联邦调查局总部。

戴奇一直讲述了整整两天，他激动不安，神经质地颤抖着。他毫无保留地谈了他所知道的一切情况，这些情报具有重大的价值。他谈到，德国的潜艇在远远超出盟军深水炸弹射程之外活动着。他详细描述了德国的社会政治、经济和军事形势，叙述了卡普尔和他的训练学校，"帕斯陀雷斯行动"计划以及行动的两个小组成员的情况，还开列了他们有可能与之联系的美国人的名单和住址。

根据戴奇提供的情况，联邦调查局很快捕获了其他7名"帕斯陀雷斯行动"小组成员。罗斯福总统专门指派了一个军事调查特别委员会审理此案。经过特别法庭的审查，被告和律师的辩护被驳回。戴奇和他的7名同伙被判触犯了战时法律。戴奇被判30年监禁，同伙伯格——他事先知道戴奇准备去告密，但未加阻止——被判无期徒刑，其余6人均被电椅处死。

纳粹德国情报局精心策划的"帕斯陀雷斯行动"就这样流产了。

1948年4月，杜鲁门总统下令特赦戴奇和伯格。

"海狼"与海鸥

第二次世界大战期间的一天，一位英军潜艇司令在海滨散步，看见大群海鸥正紧随航行的舰队上下翻飞，原来这些海鸥是跟在舰船后面寻觅食物。目睹这一现象，他陷入了沉思。

大战爆发后，德国潜艇在大西洋和地中海上神出鬼没，从1940年6月起，一年内就击沉了英国及其盟国和中立国船只达300万吨。搞得大英帝国和美国的运输船队手忙脚乱，惶惶不可终日。原来，早在战前德国海军便制

定了对付英国的海上战略——打击英国的海上补给线。为此,德军潜艇部队发明了利用多艘潜艇集中攻击敌船的"狼群战术",德军运用这一战术屡屡得手。

由于被击沉的船只不断增多,英国人不得不采取各种措施对付德国潜艇,如大力加强护航运输体系,实行新的绕道航行办法,积极研制声纳等等。此时,这位英军潜艇司令忽发奇想:难道不能用这些海鸥来发现德国潜艇吗?

于是,英军开始用己方的潜艇经常性地在水下向海面施放海鸥喜爱的食物,引诱海鸥前来聚餐,经过多次重复,海鸥们便形成了"条件反射",只要一看见水下潜艇的黑影,就把它当作进食的信号,一齐围拢过来,紧随潜艇贴近海面盘旋。

从此,每当德军潜艇在水下航行时,成群结队的海鸥便紧追不舍,为英国海军反潜部队指示目标。当德国的"海狼"刚浮上水面时,已做好战斗准备的英国反潜部队便靠近了它们,使德国潜艇遭到猝不及防的攻击,损失惨重。英国反潜部队自从有了海鸥"侦察兵"指示目标后,大大提高了反潜作战的效率,英国及其盟国运输舰船的损失也大为减少。

直布罗陀海底的"人鱼雷"

1941年9月的一个夜晚,伸手不见五指。在地中海海面,意大利海军的"赛莱"号潜艇在艇长裘尼奥·保吉斯亲王的指挥下,正迎着海浪前进。保吉斯亲王此行的任务是搭载一批"人鱼雷"驾驶员,对800多英里之外的直布罗陀港的英国舰艇发动攻击。当它缓缓驶入西班牙西南岸的喀地滋海湾,在意大利"富尔哥"号补给修理船旁停泊下来时,6条黑影悄悄地上了潜艇,这是6个执行秘密作战任务的"人鱼雷"操纵手。几分钟之内,"赛莱"号载着他们起航,持续两年的直布罗陀海面之下秘密的"人鱼雷"作战,从这个夜晚开始了。在第二次世界大战中,参战双方都绞尽脑汁,使用了多种特殊作战方法。"人鱼雷"战就是意大利人使用的一种方法。潜艇下潜,然后向西班牙水域的直布罗陀湾西南角移动。那里离英国的港口只有4英里。当潜艇仍在海面下行进时,6个"人鱼雷"操纵手穿着橡皮衣,戴着呼吸面具,经过安全舱口来到甲板上。那里有3枚22英尺长的鱼雷。鱼雷装有可以分离的弹头。意大利人把这种鱼雷叫作"猪",因为它的样子像一头正在游泳的猪，而且容易听人摆布。当时，鱼雷艇的最高速度只有3海里。速度不能过高，否则将会把操纵者从他们的座位上甩下来。鱼雷的最远射程是10英里。每一枚鱼雷配备一名军官和一名水兵。当操纵人员骑上鱼雷，拉开发射控制杆后，攻击便开始了。

坐在前面的军官控制鱼雷的速度、方向和潜水的操纵器，以及一个发光的浓度测量器、一个水下使用的发光指北针。在正常情况下行驶时，操纵人员正好把他们的下巴露出水面。但是如果遇到周围有巡逻的舰船时，他们就得潜入水下航行。利西奥·维辛梯尼，是这个小组中最勇敢的军人，也是发动鱼雷攻击的智囊人物。在1941年9月那个漆黑的夜晚，他操纵鱼雷来到了直布罗陀港外。虽然他随身带着能够切断保护港口的钢丝网的工具，但他并没有使用这工具，因为当一艘驱逐舰从升起的网下通过时，他也趁机溜了进去。他把鱼雷的弹头系在一艘油船底下，然后便从网下钻出撤离了。另外两人把鱼雷的弹头悬挂在直布罗陀港内的船只底下，然后凿沉自己的鱼雷艇，泅渡到附近属于西班牙的海岸。在那里，以驻西班牙巴塞罗那领事身份作掩护的意大利海军军官埃利奥尼正等着他们。他是专门被派到西班牙，指导破坏活动的。在他们迅速撤离之后，港内传来了轰隆隆的巨响，滚滚浓烟直插云天，英国"邓经达尔"号油船的脊梁骨被炸断了。不久之后，英国货船"杜兰姆"号和油船"费俄那西尔"号的船底下也发生了爆炸。

意大利人极为隐秘的"人鱼雷"战是海战史上少有的奇特战术。一位"人鱼雷"操纵手详细叙述了人鱼雷袭击的过程：

"瞭望天水相接的远方，你已经见到你的攻击目标的轮廓。到了相距50码的时候，你就紧紧握住方向盘，使潜水箱被水淹没，你的头部也被水淹没了。你感到寒冷、黑暗和寂静。"

"现在，你在水下已经够深了。关闭淹水阀，开动马达，缓缓地驶向前方。黑暗变得更加深沉。你知道，你已来到目标船的底下。于是关闭马达，打开阀门，使潜水箱的水排出来。当你升起来时，你把手按在自己的头上，生怕你的头会碰到光滑的船底或船底附着的刀刃般的东西，因为它们会把你的手指切断，或把你的橡皮衣撕裂，让海水渗漏进去。""啊，那就是船底了。现在，把鱼雷倒回来，直到你的副手能够摸到1英尺宽的船舭龙骨（船底和船侧连接处）。这种龙骨在大船船身两侧都有。你感到肩上被人拍了一下：你的副手已找到了船舭龙骨，并且正在夹上夹子。你的肩上被拍了两下：夹子都已夹妥，然后，转向船底另一侧的船舭龙骨。""副手正在拉出一条绳索。他固定了他的第二个夹子,然后再回到船底的中央。副手绕过你爬到前面的弹头处,用绳索的另一头把它系上。当弹头分离时,鱼雷轻微地颤动着。引信钟已拨到两个半小时之后,那时将引爆这 500 磅重的弹头。引信钟的滴答声一秒一秒地响着。副手爬回他的座位,肩头被敲了三下:一切布置就绪。你发动马达,从这艘大船底下游出来,缓缓地上升。至此,你可以设法逃跑了。"

从 1941 年至 1942 年,意大利海军就这样用"人鱼雷"在直布罗海峡一带从事破坏活动,多次重创英国等盟国舰船。

密写信中的间谍线索

1942 年 2 月 20 日夜晚,一名机警的邮件检查员审视着一封寄往葡萄牙的邮件,从一个航空信封里抽出一张打字纸。这是一位先生写给他一位老朋友的信件。但是,邮件的地址可疑。美国反间谍人员早已注意到,这是德国间谍"投递"情报地址中的一处。

几小时之后,在美国华盛顿联邦调查局实验室里,一个研究密写墨水的专家用一块浸透化学药剂的海绵查出了在打字纸空白处密写的情报。其内容是纽约港内担任护航的军舰以及货船的情况。

联邦调查局深知,必须捉住这个间谍。如果这样的情报落入敌人之手,那么士兵和水手的生命以及成千上万吨物资将会毁于一旦。但实验室只提供了简单线索。这封伪造的信件是在一架"安德伍德"牌三排键后提式打字机上打出来的。特工人员只好大海捞针,立即检查纽约地区全部打字机的出售和租借情况。

在以后的 10 天之内,反间谍人员又发现了第二封和第三封信。这些信都是在纽约的邮政局投寄的。这是否意味着这个间谍住在纽约呢?此人长相怎样?按常规,当警察搜捕一个罪犯时,他们总是有一些有关罪犯特点的线索。然而,这一次联邦调查局却什么也没有。

一天晚上,当一名特工人员审查这些信的影印件时,忽然发现一个破绽。有一封信的某些段落的细节非常奇特,其中大部分纯属作者的虚构,但一些日常琐事也可能反映作者的真实情况。于是这个特工人员怀着兴奋的心情,摘录了他认为是真实的那些内容。

该人已结婚，有自己的房子。他有一只患过瘟热病的狗。他有职业，每天总是在早晨7点和8点之间离开家。最近他换了一副眼镜。此外，他是一个空袭民防队的队员。

在纽约市总共有98338名空袭民防队员。特工负责人听到这个想法时，不禁咧嘴笑了："民防队员的数量可不少，但比起芸芸众生800万人来说总要好办得多吧！我们至少得到了可以搭上一个脚尖的立足点。"

联邦调查局以顽强的毅力立即开始审查每个民防队队员。对已婚、有住宅、养狗、戴眼镜者重点审查。后来由于更多的信件被截获，该人的形象开始显现出来：他有一个菜园子；他的家正在遭受取消赎回抵押品权利的威胁；他希望拥有一个养鸡场等等。虽然那个无形间谍的影子仍然飘忽不定，但是目标毕竟缩小了。

4月14日夜间，特工人员又截获第12封信。检查人员从这封信里发现这样一段文字："这里的天气已十分暖和了，树上的蓓蕾正含苞欲放。这总是使我回忆起我们在埃斯托利尔海滩度过的那些美好的日子……"埃斯托利尔！联邦调查局知道这个地方，那是里斯本郊外几英里的海滨避暑胜地，德国间谍经常在那里接头。

于是，联邦调查局召开会议，决定查出从1941年春天以来从里斯本进入美国的每个美国公民和外国人。但手头没有照片可同护照上的相片对照，也没有指纹和姓名。这时，有个特工人员高声说："有了！我们有该人亲笔签名的一个非常好的标本——信上的签字——弗莱德·刘易斯。这个名字是伪造的，但伪造笔迹几乎同改变指纹一样困难。"

次日早晨，调查局的手迹专家带着要搜捕的间谍签名影印件，开始了查阅成千上万张海关申报单的工作，因为每个上岸的人都必须填报海关行李申报单。1941年，是里斯本难民大量外流的时期。申报单上的签名手迹是五花八门的，有波兰文、德文、法文、荷兰文、俄文，以至立陶宛文。

研究字迹是一门科学。在一个"e"字母上的一点点扭曲，或者在"l"这个字母上带个环，都会提供研究的线索。每张申报单都要经过缜密的观察。日复一日，月复一月，专家们对堆积如山的卷宗进行了认真地核查。

1943年6月9日晚上9时，一个特工人员从纽约海关办事处的卷宗堆里抽出了一张申报单，即已查阅过的第4881张。当他注意到申报单底部的签名时，他的厌倦情绪顿时消失了。他把这张申报单置于放大镜下，出现了同密信的签名完全相同的带环的"e"，同样倾斜的"B"和完全一样的斜写的

"s"。这个专家不禁叫出声来。他的同事为之大吃一惊。那天夜晚，在华盛顿的实验室里拍照了这个签字，同时放大字迹，并同间谍信上的签名进行比较。最后，专家们作出了结论：这个民防队队员的名字叫欧纳斯特·弗·莱密兹。此人住在纽约斯塔顿岛，汤金斯维尔，牛津，123号。1小时之后，几个特工人员赶到牛津，开始严密监视这所被查出的房子。清晨7时15分，一名高个儿的瘦削男人，戴着一副眼镜，从门里走出来。一名特工人员若无其事地跟踪他。可疑分子在离住所不远的地方，转身进入一家餐厅。特工人员也走了进去。被跟踪的人穿着一件肮脏的衣服，开始擦地板。看上去，他大约有50多岁，有一头棕色的头发。在以后的16个昼夜，这个可疑分子继续被跟踪。特工人员装成推销员和常在酒吧游逛的人，同来餐厅里的人说长道短。特工人员发现了人们谈论他的许多事情。比如，他们说银行撤消了他赎取抵押品的权利；他是本区一个民防队队员；有一条狗，但因患瘟热病于去年夏天死掉了；他在岛上有一个最好的菜园子，还想买进一个养鸡场等等。总之，人们谈论的事情，都与邮件检查员从间谍信上摘录的内容相吻合。至此，疑点渐渐集中在欧纳斯特·弗·莱密兹身上。

1943年6月27日早晨8时，即在第一封间谍信被截获1年4个月零7天之后，莱密兹被带到联邦调查局的办公室，并把所有有关信件都放在他的面前。大量事实俱在，他只得在一份招供书上签字画押。

他第一次抵达美国是在1908年，在德国驻纽约领事馆充当办事员。他曾几次返回德国。最后一次是在1938年，被纳粹间谍机关所录用，受过严格的特工训练。1941年春天他奉命返回美国，找到固定职业，装成普通平民。他出色地混迹于普通人之中，给人以善良的假象。他被捕后，斯塔顿岛上的一位妇女还说："莱密兹连个跳蚤都不会伤害。"

在他的供词中，还招出了另外一名间谍欧文·第斯普莱托。他们受到审讯后，被判处30年有期徒刑。

来自背后的奇袭

1942年3月7日夜，日本第4舰队在莱城登陆。莱城是新几内亚东北岸的战略重镇，这里有机场、海港；城南33.3公里处的萨拉莫阿，也有机场、海港；因此莱城便成为新几内亚东北部最重要的门户。由于新几内亚内陆全是高山峻岭，交通闭塞，因而一旦控制了海港、机场，也就控制了新几内亚。莱城实为南下澳洲的跳板。

日本军方深知美军决不会对日军占领莱城漠然置之。但他们墨守古老的传统海战观念认为，美国要想进攻莱城，只能从海上强攻，即从莫尔兹比港出发，绕行新几内亚东南端，再掉头转向西北，从水路进攻莱城。然而，这条进攻路线长达1500海里，美国舰队劳师袭远谈何容易！

日军认为，莱城背后，是新几内亚高原。在内陆中部，山脉连绵：克尔来因山、非尼斯蒂尔山、萨拉瓦刻山、欧文斯坦利山、维多利亚山形成海拔6000米的岩石壁垒；北坡，即莱城的背后，是陡峭的悬崖绝壁，所以"不存在任何来自内陆的攻击，不存在后顾之忧，不存在对莱城的偷袭。"而莱城的正面拥有便于部署兵力的机场、良港，因而放心大胆地将军舰、油船、供应舰、运输舰停泊在莱城港口里。对于背后，日军未加防范，因为那里的高山峭壁，使其麻痹大意。

落后的陈旧观念，带来了巨大的损失。

此时，美国已在莫尔兹比港集结了两个舰队，组成一支强有力的进攻力量。其中包括"莱克星敦"号和"约克敦"号航空母舰，有舰载机200多架，两支舰队的任务是阻止日本军队的南下，保卫南太平洋各岛。

1942年3月10日，在布朗海军中将的指挥下，100余架美国舰载机从航空母舰上起飞了，另有10多架飞机从莫尔兹比港起飞。飞机在新几内亚高原6000米高的山峰中间穿行，飞越新几内亚丛林。机下挂着千磅炸弹、1750磅的鱼雷。飞行125海里后，飞机突然从莱城背后峭壁的上空钻了出来，对莱城的港口、机场进行了猛烈轰炸。

在这场偷袭中，美机向两个海港投下的炸弹。相当于十几艘战舰20分钟发射炮弹的总和。美国鱼雷机冲在最前面，对日本舰船进行轮番攻击。日本巡洋舰和驱逐舰刚想逃跑，就被美机追上炸沉了。在整个偷袭过程中，美国仅损失1架侦察轰炸机。而日本的3艘巡洋舰、1艘驱逐舰、5艘运输舰被击沉。美国还击伤了日本1艘水上飞机母舰，1艘炮舰和另外7艘舰船。美国偷袭莱城的胜利使日军的南进计划受挫，只好推迟对新几内亚的进攻。

走向死亡的行军

1942年4月，从菲律宾巴丹南端通往奥东纳尔战俘营的路上，七万多名美国和菲律宾战俘在日军的押送下，正艰难的行进着。在似火的骄阳下，战俘们伤病在身，饥肠辘辘，衣衫褴褛，满身污泥，毫无生气。这是怎么回事？

事情是这样的：1941年日本偷袭珍珠港，发动了太平洋战争。在日军凌厉的攻势下，美国在菲律宾战场上连遭惨败，被迫退守巴丹半岛。日军继续猛攻。1942年4月9日，7.6万多名困守在巴丹半岛上的美菲联军向日本军队投降。怎样处理这么多的战俘呢？日本当局派遣政信中佐来到巴丹并宣布帝国密令：尽快消灭美菲战俘。他说："这次战争是种族战争，因此，在菲律宾活捉的美菲战俘，必须一律处死。为什么要处决美军战俘呢？因为他们是白种人。为何要处死菲律宾战俘呢？因为他们是亚洲民族的叛徒。"为此，日本还将曾血洗南京的第16师团派到巴丹半岛执行帝国密令。

4月9日，战俘们在日军押解下从巴丹南端的马里韦莱斯出发，每300名战俘编为一组，开始走上死亡的旅途。许多战俘伤病在身，饥肠辘辘，在弯曲的山路上艰难地行进，沿途遭受日军不断的打骂、侮辱和杀戮，路旁沟里，死尸纵横。3天之后，战俘们才走到巴兰加。日军的行径更加凶暴残酷。骄阳似火，沿途无树，战俘走在坎坷的山路上，得不到一滴水、一口饭，脸上身上落满厚厚的尘土。成百上千的人中暑、饿昏、渴死，魂断荒山野谷。

在通往卢巴奥的路上，烈日炎炎，日本军人踢翻路边百姓送来的水罐，存心要把战俘渴死。战俘稍有反抗，日军就用战刀砍下他们的头颅。日军强迫当地百姓挖了许多大坑，将许多伤员活埋。一名美军上尉被活埋后，他的一只手一直露在外面并软弱地、令人恐怖地向苍天乱抓着。被日军杀害的战俘尸骨、干瘪的黑紫色五脏六腑堆遍沿途。日军为了取乐，竟一次用刺刀挑死300多名美军战俘。

幸存的战俘在圣弗尔南多上了闷罐车。100多人挤进一个车厢，许多战俘被闷死，但他们的尸体却仍在原地挺立着。来到离奥东纳尔战俘营还有8英里的卡帕斯时，7.6万多名战俘已被日军杀掉2.2万人，这比在巴丹战役中战死的美菲军人总数还多得多。

幸存下来的战俘们，衣衫褴褛，满身污泥，浮肿脱形，毫无生气。许多

人已无法站立。战俘们在奥东纳尔集中营里饿得吃猫、狗、老鼠、吃垃圾,坐以待毙。日本军方为了掩盖这次死亡行军的滔天罪行,才不得不留下这些美菲战俘。

杜立德首炸东京

1942年4月18日,这天是星期六,天气晴暖。中午,东京街头挤满了熙熙攘攘的人群。该是吃午饭的时候了。12时30分,突然响起了警报声,呜——呜——呜——,一阵紧似一阵,惶恐的日本人东奔西跑,四处寻找藏身之所。他们不知道这是一次防空演习。此后不久,一批轰炸机从海上飞来,日军以为是自己用于演习的飞机,只是静静地看着它们飞近。飞机以超低空飞到东京北郊,突然投下了炸弹,顿时火光冲天,硝烟弥漫,清醒过来的日军高炮匆忙开火,战斗机急速起飞,随着爆炸的巨大声浪,日本军民的士气开始动摇。这场假戏真作的主角是美国空军中校杜立德率领的B-25机群。日本偷袭珍珠港使美国蒙受奇耻大辱,罗斯福总统决心报复。他一再要求陆海军参谋长,"一定要回击日本!"但当时没有一个地面基地够得上轰炸日本本土。使用航空母舰,则必须驰近海空戒备森严的日本,危险极大,且难以完成任务。美军当局经过仔细研究,提出了一个大胆的方案:用陆军航程较远的B-25轰炸机从航空母舰上起飞,返航时在中国或苏联着陆。这样既可以轰炸日本,又可以使航空母舰保持在日本陆上轰炸机的作战半径之外。

1942年4月1日,杜立德中校等80名军人在美国加利福尼亚州阿拉米达基地登上"大黄蜂"号航空母舰。13日,"大黄蜂"航空母舰穿过北太平洋风暴区,到达阿留申群岛和中途岛之间的指定地点,同哈尔西海军中将的"企业"号航空母舰会合,组成"迈克特遣舰队"。舰队秘密向西行进。由于忽略了国际日期变更线,结果将舰队的航行期多算了一天。这一错误导致迈克舰队比计划提前一天接近起飞点。

18日凌晨3时,离东京还有650余海里,"企业"号雷达发现目标:离左舷舰首12英里处有两艘敌舰。于是,迈克舰队立即改变航向。半小时后,舰队又重新朝西行驶。气候恶劣,军舰剧烈地颠簸。天快亮的时候,"企业"号派出3架飞机侦察前方200海里水域。飞行员透过灰蒙蒙的大雾发现了日本巡逻艇。他立即报告:"发现敌舰艇,北纬36度零4分,东经153度10

分,方位276度,距离42英里,相信敌已发觉。"为慎重起见,哈尔西下令,所有舰只向左转舵。过了不到1小时,"大黄蜂"号上的观察哨也发现了敌巡逻艇。日本"东丸23"号艇已开始用明码发报说:"在离东京650海里处发现3艘敌航空母舰。"接着,迈克舰队又发现1艘日本巡逻艇,距离舰队只有6海里。哈尔西下令:"击沉这两艘日本巡逻艇。"他还电告"大黄蜂"号航空母舰:"飞机出动,祝杜立德中校及全体英勇的飞行员幸运,一路平安!上帝保佑你们!"这比预定的起飞点远了200海里,比预定日期提前了一天。

飞行员们立即登机,同时给每架飞机装上附加油箱,并把各油箱灌得满满的。第一架改装的B-25双引擎轰炸机,由杜立德驾驶,停在"大黄蜂"号航空母舰甲板上,其前面的跑道只有467英尺。这架陆军用的飞机太大,左翼伸在航空母舰的左舷之外。杜立德开足气阀发动引擎,机轮挡板移开了,飞机向前冲去,左轮沿着飞行甲板左舷一侧的白线跑着,在母舰甲板上摇摇摆摆地迎着强风朝前驶去。驾驶员开始加速后,在航空母舰被浪头抬起来的一刹那,B-25轰炸机猛然升空了。16架B-25轰炸机一架接一架地升上了天空。几乎与此同时,迈克舰队改变航向,转弯90度,以25海里的时速撤离该海区。

杜立德率领B-25轰炸机向西飞去。此刻,日本人错误地以为,美国舰队从650海里处撤走了,不可能对日本进行空袭。他们还认为,只有舰队进入400海里海域,舰载机才可能起飞前来轰炸东京。然而,日本人没有料到,陆基远程B-25飞机已经从航空母舰甲板上起飞成功了。迈克舰队的撤离不仅为B-25机群作了掩护,而且诱使日本犯了大错误。杜立德机群,反客为主,钻了日本人丧失警惕的空子,突然奔袭东京。

东京大本营按照"东丸"23号艇的报告进行判断,认为还要过一天敌机才能到达,同时接到报告说,敌舰队已经撤出650海里地区,因而没有发出防空警报。9时45分,一架日本巡逻机报告:"发现1架向西飞行的双引擎轰炸机。"但大本营海军部谁也不相信这个报告。他们肯定说:"美国航空母舰上没有双引擎轰炸机。"甚至断言:"空袭最早也要等到次日上午才会来临,因为那时美国舰队才能到达离日本海岸300海里以内的海域。"

海军部的高谈阔论未完,杜立德机群已从不同角度对东京进行轰炸。

美机的空袭在军事上给日本造成的损失并不大,但却给日本带来了巨大的心理冲击;同时使美国的民心士气为之大振。美国各大报刊得意地宣布:"杜立德立奇功、创奇迹。"杜立德被美国国会授予荣誉勋章,并越级由中校晋升为准将。

瓜岛之战

瓜达尔卡纳尔岛（简称瓜岛）是太平洋南部所罗门群岛的一个大岛。日军在中途岛战败之后，为了重新夺取战略主动权，进逼美军的反攻基地澳大利亚，于1942年6月底派兵到瓜岛修机场，8月初基本完工。对此，美军认为，这将直接威胁美澳交通线，对日后的作战十分不利，于是决心夺取瓜岛及附近的图拉吉岛，以打乱日军部署，使其陷于被动。8月7日，美军在瓜岛及图拉吉岛登陆，8日，美军占领图拉吉岛及瓜岛的重要地区。从此，美日双方展开了争夺瓜岛的一系列海空大战。日军在瓜岛海域占有海上优势；美军则占有空中优势。

7月18日夜，日军田中赖三少将指挥6艘驱逐舰、4艘运输舰，将一木清直大佐指挥的千余官兵送上瓜岛。一木血战一夜，兵败自杀，其部下仅幸存20人。日本不甘心失败，命令田中少将继续向瓜岛紧急运送援军，平均每24小时运来900人，驱逐舰时速高达40节，又是利用夜间偷运，因此被人称作"老鼠特快"。

8月28日夜，田中又运送川口清健少将的第35旅团去瓜岛，遭到美国飞机的袭击。31日夜，田中指挥8艘驱逐舰将川口援军送上瓜岛。9月8日，川口部队在瓜岛战败。9月29日，丸山政男中将的日本第2师团乘"老鼠特快"到瓜岛。随后，百武晴吉中将的第17军也乘"老鼠特快"来到瓜岛。"老鼠特快"能运军队，但没法同时大量运输物资，瓜岛日军只得靠吃草根度日。

11月13日，田中指挥11艘运输舰、12艘驱逐舰强行运送，遭美机轰炸。

这时，日本"老鼠特快"又找到新办法：把药品、粮食装入铁桶，但不装满，使铁桶刚好能浮在海面上，用绳子把铁桶拴在一起，呈项链状，挂在舰舷上。称之为"项链运输"。当驱逐舰驶近瓜岛时，将绳子割断，铁桶"项链"留在瓜岛海岸，"老鼠特快"立即返航。11月29日夜，田中以"高波"号驱逐舰为旗舰，率领8艘驱逐舰直奔瓜岛。每艘驱逐舰的"项链"上挂着240只铁桶。路上遭到美军拦阻，"高波"号沉没，铁桶全部被炸毁。12月3日，日军又用7艘驱逐舰，带上1500只铁桶"项链"，

夜航瓜岛。结果，只有300只铁桶送到瓜岛海滩上，这是"老鼠特快"仅有的一次成功。瓜岛上的日军缺衣少食，日夜苦战，先后死亡3.5万余人。1943年2月，败局已定的日军用"老鼠特快"从瓜岛撤军，先后3次共撤回13094人。

传单上的投降证

第二次世界大战中盟军对轴心国军队采取的攻心战术，有效地挫败了敌军的士气，对夺取战争的胜利起了重大的作用。

大战后期，美军攻打西西里岛。一名美军炮兵把炮弹推进瞄准敌人的野战炮膛，炮弹嘶叫着飞过夜空，紧接着在遥远的地方响起了微弱的爆炸声。炮手感到十分懊丧，气愤地骂起来："用塞满结婚彩纸的炮弹打仗，真是活见鬼！"原来，炮弹里装的是传单。这些传单告诉意大利人，他们是纳粹的马前卒，德国纳粹要把他们可爱的意大利变成战场；现在，他们已陷入毫无希望的困境，但他们可以把这些传单作为"投降证"，到盟军阵地的后方领取可口的食物，盟军将确保他们的人身安全。

在前线散兵坑里，美军用意大利语不断地念着这些传单，并通过扩音器使传单上的话在山谷里回响。

天刚蒙蒙亮，美国的轰炸机又在敌人后方扔下更多的"投降证"。那些飞行员不高兴地说，若扔下去的是巨型炸弹，岂不更好！但是，就在那天早晨，一批意大利人从敌人阵地那里跑了过来，每个人手里都拿着一份白色传单。有人担心地问："这可以作为投降用的凭证吗？"美国人对他们表示欢迎，把他们请到警卫室里，让他们吃美国罐头。

这是盟军心理作战部进行的活动。这个部门是盟军总部情报和保密检查处的一部分。早在盟军向北非进军期间，便已采用了这种战术。那时，英国和美国都有这种心理作战机构，每个机构又都有自己的一套计划。从英国战争情报处、战略服务处、政治战争执行局和情报部到美国陆、海军情报处都在进行攻心宣传。

1942年10月，艾森豪威尔将军将整个宣传工作交给查尔斯·黑兹尔坦上校掌管。黑兹尔坦是个意志坚强的人，当了33年骑兵军官，新近被任命为机械化步兵团团长。黑兹尔坦把各种宣传组织中的工作人员统一组成盟国心理作战部。他坦率地对大家说："我对宣传虽说一窍不通，但我相信它是有威力的。我了解军队，也懂得组织工作。我们来试一试，同心协力，多出宣传品。你们写东西，我根据它们的价值向军队推销。"

心理作战部下设三个部门：作战宣传处，同前线的部队一起前进；占领地区处，主要在新占领区开展工作；直属机关，主要协调盟军总部的宣传及伦敦和华盛顿的宣传工作。

但起初这种工作是为一些职业军人所瞧不起的。心理作战部刚组建时，正值突尼斯战役处于紧张阶段，因此许多人并没注意到它的存在。更有甚者，一些飞行员不愿在飞行时携带宣传品，而步兵巡逻队也不愿把宣传品带到敌后散发。一名英国上尉发明了一种炮弹。这种炮弹可以散发传单。但是，炮兵却不愿发射这种"哑弹"。

心理作战部的官员们不遗余力地推荐这种宣传炮弹，结果通过炮弹散发的传单越来越多，终于产生了显著效果，弄得敌人混乱不堪。意大利人手持传单成群结队地前来投降。一位心理作战部的官员说："有一天，两个意大利人带着传单来了，并告诉我们说，他们那里许多人想来又不敢来，因为没有'投降证'。于是，我们派人把那些人领过来。还有一次，一名意大利人跑过来了，他要求再发给他一份传单，以便把他的兄弟也带过来。还有人告诉我说，在攻打突尼斯的最后几天，阿拉伯人把传单拿到黑市上去，作为投降'票证'卖给德国人和意大利人。"

此后，那些打仗的将军们开始重视宣传工作了。乔治·巴顿将军那时曾下令在他的阵地前沿散发宣传品。当盟军的西北非空军决定轰炸罗马的军事目标时，卡尔·斯巴茨中将也下令空投几百万张传单向市民发出警告。在埃及阿拉曼战役后不久，英国的蒙哥马利将军说："在我的战场上可不需要一辆宣传车。"可是到了盟军打到西西里时，蒙哥马利居然亲自下令发射这种宣传炮弹。

一名叫约翰·惠特克的驻外记者，带领作战宣传处到了西西里的巴勒莫地方，并立即接收了广播电台和报纸印刷厂。然后他向心理作战部发电要求派一名占领地区处的人来。几天之内广播电台就开始工作，向意大利人民广播战争消息。同时还出版了《西西里解放报》，让西西里岛上的人民第一次看到了事实真相。

心理作战部还利用无线电广播来削弱敌人抵抗的意志，而且，这种做法的威力很快就显示出来了。在德国战俘中，许多人的认识发生了明显变化。

在突尼斯被俘的德国军官的头脑中还充满戈倍尔博士的荒唐幻想,认为日本已打进西伯利亚,俄国当年就要完蛋,第二年日本人就会把纽约炸毁。这些人真可谓趾高气扬,但在西西里岛,许多德国战俘气馁了。他们知道德国对苏联的进攻已经失败,西西里岛也朝不保夕,意大利很快就要完蛋。一些军官承认德国已没有希望打赢这场战争。一名被俘的德国上校向情报官员说过这样的话:"你们的宣传给我们带来了灾难。即使一张小小的传单也罢,你读过之后就好像得到了启发,明白了真相,认识到我们的政府是在对我们撒谎。"这些德国人大都来自驻法国南部的后备部队,在那里可以连续14小时收听盟军心理作战部一刻不停的广播。由于德国战车里都装有收音机,因此德国最高司令部无法禁止自己的士兵收听广播。

盟军心理作战部的电台用意大利语、德语和法语对德军进行广播,其作用胜过万门大炮。一位心理作战部的官员说,他们进行新闻广播的一条主要原则是:"新闻力求简单而又讲真话。如果德国人能指出我们一条谎言,我们的新闻就没有价值了。"

无线电广播不断向意大利发动攻势。艾森豪威尔将军就是用心理作战部的电台向意大利人宣布同意大利停战的。后来,心理作战部还向意大利人民发布各种特别指令,告诉他们如何去破坏德国人的交通线。

心理作战部的一位官员说:"我们一开始是白手起家,对我们从事的工作一无所知。可是我们很快发现,反映真实情况的宣传几乎像轰炸机一样拥有致命的攻击力量。我们的宣传拯救了许多人的生命,因为每一个手拿我们传单的敌人过来投降,都意味着我们的前线士兵可以少一个向其开枪射击的人。"

不到4分钟的"复仇行动"

1943年4月18日上午9时34分17秒,卡伊里湾以北35海里上空出现了两架日本三菱I型轰炸机,有6架零式战斗机为其护航。其中一架轰炸机上端坐着一位神情严肃的日军高级将领。他就是大名鼎鼎的日本联合舰队司令山本五十六海军大将。山本五十六从外表上看,并不很像军人,他身材不高,文质彬彬,但却性格倔强,胆大心细,深谋远虑。就是他策划和指挥了奇袭珍珠港的行动,使美国人大吃苦头。美国人对他恨之入骨,一心想报珍珠港的一箭之仇。

机会终于来了。1943年4月13日至14日,美国连续截获并破译日军密电。其内容是:"4月18日联合舰队司令长官将视察RYZ,RR和RXZ,时间安排如下:6时离开RR(拉包尔),8时45分到达RXZ(巴拉尔),然后乘扫雷舰去R(卡伊里)。""山本五十六于4月18日上午8时45分视察肖特兰基地。"

这一情报立即被送到海军部长诺克斯手中,接着又被送到罗斯福总统案头,一个截击山本的计划开始酝酿。起初,一些人依据古代战争中的一条不成文规定,即不得暗杀对方指挥官,而反对截击山本座机。但更多的人认为,第二次世界大战的现实早已打破了这条规定,德国人就曾企图袭击罗斯福总统和丘吉尔首相。在作战区域,一名大将和一名士兵同样是合法的射击目标。最后,罗斯福总统亲自做出决定:"截击山本。"海军部长诺克斯亲自主持拟定了行动计划,决定在山本飞近其最后目的地布干维尔时将其座机击落。

4月15日,美国太平洋舰队总司令尼米兹上将电令南太平洋战区司令哈尔西:开始"复仇行动"——剪除山本,以报偷袭珍珠港的一箭之仇。

美国陆军航空部队司令阿诺德将军和专家们计算了距离,经反复研究,最后决定用瓜达尔卡纳尔岛上的美军P-38"闪电"式战斗机攻击山本座机。4月16日,哈尔西给所罗门战区航空部队的米彻尔少将发去密令:"山本将于4月18日去巴拉尔,时间是上午9时15分(瓜达尔卡纳尔时间比东京时间早1小时),P-38机群要想尽一切办法击毙山本。山本以遵守时间闻名。总统重视这个复仇行动。请将结果速报华盛顿。此令不得转抄和保存,战后立即销毁。"在另一道密令中,哈尔西强调:"要不惜任何代价击毁目标,然后火速撤离战场,避免更多行动。整个复仇行动要保持绝对秘密。"

4月17日16时,美军瓜达尔卡纳尔岛亨德森机场的空军少校米切尔、中尉兰菲尔等接受了这一绝密任务。他们再三磋商,将截击地点选在卡伊里

湾以北35海里的空域。这里离山本计划降落的机场只有7分钟的航程。

18日是星期天,黎明时天气晴朗。飞行员再次接到命令:"无论付出多大代价,也必须完成复仇行动任务。"7时25分,18架双尾翼的P-38闪电式战斗机开始滑行升空。7时30分,战斗机空中编队,向布干维尔岛飞去。

P-38战斗机的活动半径仅有435英里。"复仇行动"要求在离基地450英里处进行准确截击。因此,在机翼下挂了副油箱,另外还特意新装了特种远程机腹副油箱,以加大航程。美机躲过所有的日军占领区,飞行途中严禁使用无线电台,只靠罗盘和速度表导航。为避开日军雷达探测,飞机以不到30英尺的高度在波涛翻滚的海面上,超低空曲折飞行。历时123分钟,于截击前50秒准确到达了预定空域。美机分成攻击机群和掩护机群分别爬升到不同高度。9时33分10秒,机群穿过布干维尔岛的绿色海岸线,进入林海上空飞行。

9时34分17秒,卡伊里湾以北35海里上空出现了两架三菱I型双引擎轰炸机,并有6架零式战斗机护航。米切尔的掩护机群立即爬上2万英尺高空,以引逗零式战斗机。护航的日本战斗机果然上当,离开轰炸机,向高空的美国机群追了上去。

此时,担任攻击任务的兰菲尔机群立即加大油门,向山本座机猛扑过去。瞬间,兰菲尔离山本座机只有1.5公里了。此时,日本战斗机发现上当,急忙全速俯冲下来,企图插到兰菲尔和山本座机之间,阻止对山本座机的攻击。

兰菲尔也发现了对手,并立即向日本战斗机迎面冲去,就在两机几乎撞上的一瞬间,兰菲尔按下了炮钮,日本战斗机拖着浓烟从他的视野中消失了。

这时,米切尔从高空向兰菲尔紧急呼叫:"汤姆,别管零式,盯住轰炸机,打掉轰炸机!"两架日本轰炸机降低高度,掠树梢飞行,企图逃跑。兰菲尔紧追山本座机不放。美国攻击机群的其它飞机,因为甩不掉新安装的特大副油箱而退到空战圈外。此时,只能靠兰菲尔和他的僚机巴伯的攻击了。兰菲尔已经瞄准山本座机了,日本战斗机还在企图掩护座机,但是为时已晚。手急眼快的兰菲尔连续发射了一长串20毫米机关炮弹,他打得非常准,山本座机的右引擎、右机翼中弹,爆炸起火。因座机在低空飞行,降落伞也无济于事了。当山本座机向卡伊里湾岸边的丛林栽下去的时候,兰菲尔继续对准它猛烈射击。山本座机的两翼折断,在离卡伊里湾几英里的丛林中坠毁了。这时又有两架零式机紧紧盯住了兰菲尔的飞机并向他开火,兰菲尔猛然把机头拉起,方向舵上,留下了两个弹痕。

巴伯朝另一架轰炸机猛烈开火,掩护机群的霍姆斯也冲了上来,向轰炸机开火。被打断了垂直尾翼的轰炸机向海面坠落下去。此时是9时38分9秒,整个战斗不到4分钟。带队长机米切尔少校下令:"返航!"布干维尔岛上空又恢复了平静。

第二天,驻在阿库村的日军,奉命在丛林中开出一条小路,寻找座机残骸。他们发现了坠毁的飞机。山本五十六大将依然被皮带缚在座椅上。头部中弹的山本仍挺着胸,握着佩刀,但垂下了头。

日本当局将山本的死讯封锁了34天。5月21日东京电台才宣布"山本壮烈牺牲"的消息。6月5日,举行了百万人参加的葬礼。

兰菲尔因战功卓著而晋升为上尉,并收到罗斯福总统的贺电。但为了严守破译日本密码的机密,美国方面一直严令参战者对有关情况保密,并在事后连续多日向布干维尔岛地区出动多批飞机,目的是要日本相信,击落山本座机,纯属偶然事件。

引诱纳粹上钩的"肉馅"

1943年4月30日,在西班牙南部城市韦尔发的海滩上发现一具被海浪卷上岸来的尸体。尸体身着英国皇家海军陆战队军服,西班牙当局从尸体上搜出了死者的身份证和一些文件的副本。其中有一封英帝国参谋部副总参谋长阿奇博尔德·奈写给亚历山大将军的信。从身份证看,死者是联合作战司令部参谋、皇家海军代理少校威廉·马丁。

与德国关系密切的西班牙总参谋部将死者携带的文件送给了德国人。纳粹情报机构欣喜若狂,以为他们意外地获取了盟军的最高军事机密。殊不知,这是引诱他们上钩的"肉馅"。

1943年3~4月间,德、意在北非败局已定。盟国的既定方针是,首先夺取西西里岛,进而攻占意大利本土。可是令盟国为难的是,"除了傻瓜,谁都会明白下一步争夺的是西西里。"怎样才能欺骗和迷惑轴心国,使其判断失误呢?

早在1942年底,英国海军情报处就奉命制定一个反情报计划,不久,这个代号为"肉馅"的计划便悄悄出笼了。该计划的主要设想是:把一具无名尸体扮成一名英国海军陆战队军官的尸体，在他身上带着的背包里装有盟军进攻撒丁岛和希腊的作战计划，然后用潜艇将这具尸体运抵西班牙，抛入韦尔发附近海域；亲德的西班牙发现尸体及其携带的文件后定会通报给德国，这样就会造成德国最高统帅部的判断失误。当这项计划得到批准后，英国海军情报处便开始进行大量细致周密的准备。他们从医院里搞了一具无人认领的尸体，还确定了死者的身份为"联合行动司令部参谋，皇家海军少校威廉·马丁，09560"。此外，还为他伪造了一张银行透支单和一封劳埃德银行的措辞委婉的催款信以及两封情书等。这些伪造品被放入装有假作战计划的背包里。为使德国人深信不疑，英国情报部门特地请蒙巴顿勋爵给英国地中海舰队总司令坎宁安写一封信，并将信放入死者背包的文件袋里。1943年4月29日傍晚，英国潜艇将"马丁"的尸体运至韦尔发附近海域投入水中，同时，伦敦海军部公证司伤亡处将"马丁"与1943年4月29~30日阵亡的其他将士的姓名一同公布。

英国海军情报处的这一行动，掩盖了盟军在西西里岛登陆的作战计划。希特勒根据这一"情报"和德国情报部门对此作出的判断，在1943年5月12日的一份指令中要求驻意大利的德军"首先应加强撒丁岛和伯罗奔尼撒的防务。"由于德国的战略判断失误，盟军终于在西西里岛登陆成功。

诺曼底登陆

美国的艾森豪威尔将军被任命为盟军总司令。近300万盟军陆海空将士在英伦之岛集结，准备横跨英吉利海峡，登上欧洲大陆，开辟第二战场，和东线苏联红军配合，夹击德军。这个大规模的作战计划代号为"霸王"行动。

盟军参谋部详尽分析了法国游击队和情报人员提供的西海岸德军设防情况的情报，结合其他各种条件，决定把登陆地点选在法国西北部的诺曼底。

然而，如何才能迷惑早已布下重兵、严阵以待的德军，不让他们知道盟军的真正登陆地点呢？

盟军摆开了"迷魂阵"：由英国电影制片厂的布景道具师们设计的"登陆艇""弹药库""医院""兵营"和"飞机大炮"，布置在英国东南沿海一带；盟军谍报人员开始在各中立国到处收集法国加莱海岸的详细地图；英国建筑师在沿海显眼的地方制造起"油船码头",还配备了发电厂和贮油罐等等。另外,一支"100万"人的集团军调往东南沿海,准备进攻加莱……

消息很快传到了德军西线指挥部。

"看来,盟军要在加莱海岸登陆是确定无疑的了!"奉希特勒之命赶来指挥防御的德军元帅隆美尔自信地断定。

他立即下令加强加莱海岸一带防线。几天之内,海底海滩密布地雷,海岸构筑起了坚固隐蔽的炮台,布置了反坦克陷阱和沟壕堡垒。希特勒还把最精锐的15集团军集中到这一地区,归隆美尔指挥。加莱已成为德军"大西洋铁壁"最坚固的一环。隆美尔十分得意和自信。

盟军的百万大军已做好从诺曼底登陆的准备。预定的登陆日期是6月6日。

与此同时,在英吉利海峡的另一边,隆美尔正准备驱车赶回德国家中,为他的妻子露西送上生日礼物——在巴黎买的一双漂亮女皮鞋。他坐在敞篷汽车上,抬头看看天空,乌云密布,风声猎猎。空军气象站报告,近几日英吉利海峡气候恶劣。这样的坏天气,盟军是不会发动渡海作战的。隆美尔感到对形势不必过虑。他还准备第二天去伯希特斯加登谒见希特勒呢。

6月6日凌晨,载着3个伞兵空降师的3千余架英、美运输机、滑翔机,从英国20个机场起飞,飞向法国诺曼底海岸。4千艘舰船和无数的登陆艇,在飞机掩护下,驶出了严密伪装的英国南海岸基地。著名的"诺曼底登陆"开始了!

直到此时,德军仍然蒙在鼓里。正在睡觉的德军西线司令伦斯特听到诺曼底前线紧急报告:"一股英美空军部队着陆,看来是一次大规模行动……"

他漫不经心地回答说:"不必惊慌,空降伞兵是盟军惯用的虚张声势,声东击西的手法,不会是大规模行动的。"黎明时分,英国皇家空军1136架飞机对事先选定的德军海岸的 10 个堡垒，投下了 5853 吨炸弹。美军第八航空队 1083 架轰炸机又对德军海岸防御工事投下了 1763 吨炸弹。盟军各种飞机轮番轰炸着海岸目标和内陆炮兵阵地。

太阳升起来了，盟军的海军战舰开始向着沿海德军阵地开火。天空中炮火伴着弹雨，万道火光和着初升的阳光，烧红了辽阔的天穹。诺曼底海滩成了一片火海，山摇地动。6 时 30 分，美军第四师在诺曼滩头阵地登陆。7 时 20 分，蒙哥马利指挥的英国第二集团军也登上海岸。后续部队和装备源源运到岸上。

正在家中的隆美尔得到消息，立刻取消了谒见希特勒的计划，乘车返回，但直到下午才赶到德军西线司令部。

伦斯特和几个德军将领焦急地把情况汇报给了希特勒，要求批准急调两个精锐坦克师去诺曼底。希特勒回答说，这两个坦克师不能轻举妄动，要看看形势的发展再决定。说完，他上床去午休了。尽管西线的告急电话不断地再次响起，但没有人敢去打扰他。

当下午 3 时，希特勒午睡醒来，前线报告：盟军已有大批部队登陆，并深入陆地几公里了。希特勒这才如梦初醒。他慌忙批准派出装甲师支援诺曼底，同时发出命令：“必须在傍晚前消灭登陆敌军，收复滩头阵地……”

但是，一切都晚了！

到傍晚时分，登陆的盟军已在诺曼底建立了牢固的阵地。深夜，将近 10 个师的部队连同坦克、大炮及其他武器都已上岸，后续部队仍源源而来。6 月 12 日，盟军在诺曼底的几个滩头连结成了一条阵线。

希特勒所吹嘘的"大西洋铁壁"被突破了！从此，法西斯德国陷入了苏联和英、美盟军东西夹击的铁钳中，加速走向了灭亡。

斯大林高度评价了诺曼底登陆战役，他说：“就其规模、就其宏大的布局，以及杰出地执行计划情况来讲，在战争史上从来也没有过足以和它类比的事业。”“历史将把这一业绩作为一项最高的成就记载下来。”

袭击美国的"飞象"

"飞象行动"是日本人搞的特种偷袭。早在1942年，日本陆军就在中国东北地区靠近苏联的边境上，偷偷施放过许多小型气球。气球上装着炸弹，借着风力，飞往苏联腹地。日本人用这种方法对纵深几百公里的区域进行偷袭。1943年中，日本进一步利用气球炸弹对美国本土进行偷袭，从此，"飞象行动"便全面开始了。

为使气球越过太平洋到达美国本土，必须具备以下条件：气球必须有庞大的容积和必要的抗耐力；必须进行气象调查，弄清在这1万公里的亚同温层（即对流层与平流层之间）中是否确实有西风。在日本陆军技术研究所和陆军中央气象部门的合作之下，日本制成了巨型气球炸弹。该弹高10米，气球直径5米，是用经过辣椒根强化的糯米纸糊成的。它利用从每年11月到次年3月的冬季风为推动力。此时，日本国内及东西地区的辣椒根、鬼芋全被征用。每个气球需用600根纸条糊成球形。每生产1万个气球竟需要用几百万个劳动力。气球上备有高度调节器、炸弹、燃烧弹、无线电探空仪。它能发出电波，让基地测定气球炸弹的飞行踪迹，探测到达地点。

为了制作气球，日本占用了东京都内的国技馆、日本剧场、东宝剧场、国际剧场等等大建筑物，并动员了裱糊匠、女学生、女工、妓女参加这项工作。几百万人制成了大批巨大的氢气球炸弹。该气球在海平面高度上具有300公斤的升力，可升到3.3万英尺（10058.4米）高度，由喷射气流推动，以120英里时速向东飞去，48小时后可飞到美国的华盛顿、俄勒冈或蒙大拿州。

1944年9月25日，日本大本营下令组建施放气球的特种联队，由参谋总长梅津美治郎大将直接指挥。主力联队部署在大津、勿来附近；其他联队部署在一宫、岩治、茂原、古间木等太平洋沿岸地区。10月25日，参谋总长梅津美治郎大将向气球炸弹联队下达命令：攻击时间是1944年11月初到1945年3月为止。11月1日开始攻击。投下的爆炸物是炸弹与燃烧弹，其中有15千克炸弹7500个；5千克燃烧弹3万个；12千克燃烧弹7500个。日本施放的气球炸弹总数是1.5万个。1944年11月施放500个；12月施放3500个；1945年1月施放4500个；2月施放4500个；3月施放2000个。日本军方把这种特殊攻击称作"富号试验",并下令这种"特殊攻击,对军内外均须保密。""全部行动都在黎明、黄昏或夜间进行。"

日本方面的资料证实,从1944年11月1日起的半年时间里,日本千叶、茨城、福岛等县的气球炸弹发射场共投放了1.6万多个气球炸弹。

美国方面的档案资料也证实,当时到达美国本土的气球炸弹很多,曾经在美国太平洋沿岸地区引起过多次森林火灾,伤害了人及牲畜。美国方面担心这种攻击会引起国内外的恐惧,尤其担心日本会利用此项战果更大规模地开展"飞象行动",因此,采取果断措施,严禁发表和传播有关"飞象行动"的一切消息。

"堡垒"进攻战

1943年1月,苏联红军在斯大林格勒、高加索、库尔斯克、哈尔科夫和顿巴斯方向以及奥廖尔-布良斯克方向对德军发动反攻,并取得了一系列胜利。在库尔斯克方向上,虽然尔后德军调来大批兵力反攻,苏军仍楔入敌人防线,形成了库尔斯克突出部。

德军统帅部为了摆脱不利处境,夺取战略主动权,扭转战争进程,决定在苏德战场上发动大规模夏季攻势,进攻出发地段选在库尔斯克突出部。4月15日,希特勒发出第6号命令,准备在库尔斯克附近实施代号为"堡垒"的进攻战役。1943年

7月5日,德军开始在库尔斯克突出部向苏军发动进攻。德军在主突方向奥利霍瓦特卡进攻失利后,将主要力量转到普罗霍夫卡方向。德军调集了"帝国坦克师""骷髅坦克师"和"阿道夫·希特勒坦克师"及坦克第三军的主

要兵力,在这个坦克集团内有大量"虎"式重型坦克和"斐迪南"式强击火炮。德军企图由此突破苏军防线,然后再从东南实施突击,夺占库尔斯克。

苏军也调集重兵对敌实施反突击。7月12日,双方在普罗霍夫卡相遇,于是发生了第二次世界大战中最大的坦克遭遇战。8时30分,苏联近卫第五集团军和近卫坦克第五集团军在进行了15分钟的炮火准备后,开始实施反突击。

苏军坦克手们知道,德军的"虎"式坦克在直射射程方面优于自己的T-34坦克。因此,他们发挥自己T-34坦克速度快的优势,大胆地将坦克展开,采取"以快制慢、近战肉搏"的战术。交战刚开始,双方的坦克就像钢铁洪流一样向对方奔去,近卫第五集团军的T-34坦克群首先开足马力,全面向"虎"式坦克靠近,实施近距离射击,迅速突入德军的战斗队列。敌人完全没有料到苏军会有这么多的坦克迅速投入战斗,一时乱了阵脚。

双方同时参加普罗霍夫卡地区交战的坦克和自行火炮达1200余辆,还有大量飞机支援战斗。作战双方的坦克在方圆仅15公里的地域内展开了世界战争史上罕见的坦克"肉搏战"。双方的坦克甚至互相撞来撞去。自从坦克在1916年的索姆河战役中首次问世以来,一般都是以其良好的机动性和强大的火力进行中远距离战斗,可这一次坦克竟像冷兵器时代的骑兵一样近距离"肉搏",甚至互相冲撞。

这场坦克战持续了一整天。在普罗霍夫卡草原上,到处是坦克的残骸。进攻的德军完全没有料到苏军会采取这样的战术,一天之内竟损失1万多人,坦克约400辆。德军的进攻力量受到了极大损失。

在第二次世界大战期间这场最大的坦克遭遇战中,苏军运用了"扬长避短,近战肉搏"的战术,取得了辉煌的胜利。这次坦克战的胜利为苏军夺取整个库尔斯克会战的胜利奠定了基础。

夜袭佩内明德

1943年8月18日,英国皇家空军发表了一份措辞简单的公告:德国设在佩内明德的研究和发展机构已被轰炸。事实上,在这份措辞含糊的公告背后,隐藏着第二次世界大战中具有战略意义的一幕。前一天夜里,英国皇家空军的571架夜航轰炸机对德国的这一"秘密武器"研究基地进行了大规模的轰炸，并取得了重大战果。从事"秘密武器"研制的德国科学家和技术人员居住的45幢木建房屋，一半荡然无存，剩下的一半也受到严重破坏。另外还有40栋楼房，包括装配车间和实验室被夷为平地，其他50栋建筑物也遭到不同程度的破坏。佩内明德有735人（其中包括178名科学家和技术人员）死亡或失踪。负责这项计划的最重要的科学家瓦尔特·苔尔博士和总工程师埃列克·华尔脱均被炸死。

早在第二次世界大战前期，德国就在研制"秘密武器"V-1和V-2导弹。V-1导弹是一种飞航式导弹，是现代巡航导弹的雏形；V-2导弹是一种弹道式导弹，是现代弹道式导弹的先驱，战后美苏等国研制弹道式导弹时都以其为样弹。1943年春，盟国空军开始对德国本土进行大规模的轰炸，而德国飞机却无法穿越英国的空防地带。为了鼓舞士气，希特勒便宣称德国已拥有可致盟军于死地的"秘密武器"，并下令尽快完成这两种秘密武器的试验，企图以此满足德国人要求报复的愿望。

这些秘密武器的研究中心设在距波兰什切青60英里，距英国700英里的佩内明德镇。该镇四周全是通电的铁丝网，严禁外人接近。在佩内明德的工作人员中有几千名最优秀的德国工程技术专家。这些专家夜以继日地工作，因为希特勒要求他们于1943年到1944年的冬季研制出秘密武器，以此挽救第三帝国覆灭的命运。

迷信秘密武器的人幻想可以在24小时内以此决定战争的胜负，但比较现实的德国人则希望这种武器至少可以破坏英国的军火生产，从而延缓对德国的入侵准备。即使这种武器不能决定战争的最后胜负，用于报复性轰炸也会激励德国人的士气。

1943年7月，英国情报部门得到确凿情报，佩内明德是德国大规模制造V-1和V-2导弹的基地。如果不把佩内明德摧毁，英国的各个交通枢纽、首都伦敦和许多重要军事设施将会受到严重破坏，盟军总反攻的战略行动也很可能向后推迟。这一情报和空中侦察照片不久转给英国内阁特别委员会。这个委员会建议皇家空军把佩内明德作为重要的轰炸目标。空军元帅、轰炸总指挥官阿瑟·哈里斯爵士决定在8月中旬利用月夜轰炸佩内明德。

德国人对佩内明德的安全非常自信。英国皇家空军夜航轰炸机在飞往什切青、柏林的途中经常飞过佩内明德的上空，但却不对其进行轰炸。于是德国人错误地认为英国人根本不知道佩内明德的重要性。其实英国空军已拍摄了大量照片，为轰炸做了必要的准备。侦察过程中，他们尽量避免引起德国人的怀疑，不让他们知道英国空军已对佩内明德发生兴趣。经过侦察，英国人确定的第一个轰炸目标是科学家和技术人员的居住区；第二个目标是飞机库和试验导弹的车间；第三个目标是行政区，包括藏有各种图纸和其他技术资料的建筑物。

英国人把轰炸的时间定在8月17日月光明亮的夜晚。英国指挥人员向轰炸机群下达命令时，只说佩内明德是一个重要的雷达试验站。在那里有一大批德国科学家，轰炸的任务是尽可能地消灭这些科学家。最后，高声朗读总部的指示："所有机组人员应熟知轰炸目标的极端重要性及务求一次摧毁这些目标的必要性。万一此次轰炸未能达到目的，务必于下一个夜晚不惜一切代价，再次进行轰炸。"

571架四引擎重型轰炸机起飞后，先故意迂回飞行，然后突然飞往佩内明德。佩内明德的德军以为这些飞机像往常一样，是飞往什切青和柏林的，因此毫不在意。

飞在最前面的英国飞机突然降低高度在目标上空低飞，并在瞄准点周围投下各种颜色的照明弹；紧接着一批又一批最新式的带有轰炸瞄准具的轰炸机飞抵目标上空；然后接连不断地向三个看得非常清楚的主要目标倾泻大量高爆炸弹和燃烧弹。40分钟内，这一地区变成了一片火海。

当最后一批轰炸机开始返回英国的时候，从柏林起飞的德国夜航机才追了上来。只有41架英国飞机被击毁。

第二天早晨，一架英国喷火式侦察机飞到佩内明德上空拍摄了轰炸后的情况。几天之后，英国收到了关于轰炸结果的更加详细报告。此后，盟国空军不断扩大对德国导弹制造工厂和为导弹提供动力的液氧工厂的轰炸，一直

持续了 13 个月。在此期间，盟国空军将相当于对德国控制区全部投弹量百分之九的 10 万吨炸弹投到了与导弹武器有关的地区。

德国当局对盟国空军的轰炸深感震惊。盖世太保们严格审查每一个幸存者，企图查出出卖佩内明德的叛逆分子。党卫军的华尔脱·施根巴将军受命恢复佩内明德的导弹试制工作。然而由于持续不断的猛烈轰炸造成的严重破坏，直至盟军在诺曼底登陆的第八天即 1944 年 6 月 13 日，德军才第一次向伦敦发射了四枚 V-1 导弹。V-2 导弹的实战发射更是迟至 1944 年 9 月 6 日，目标是巴黎。

穷凶极恶的纳粹别动队

1943 年 9 月 12 日，星期天，一支德国伞兵别动队分乘 12 架由飞机牵引的滑翔机，突然飞抵意大利中部阿布鲁齐高山顶上的一座旅馆附近。他们此行的任务是营救墨索里尼。带队指挥官是一个身材高大，脸上有疤痕，神色冷峻的党卫队军官，他就是希特勒手下著名的亡命徒，赫赫有名的奥托·斯科尔茨。

1943 年 7 月，美英盟军进攻意大利的西西里岛，岛上的德、意军队连连败退。意大利在北非、地中海、西西里岛接二连三的惨败，加深了墨索里尼政权的危机。意大利统治集团内部也发生了严重分歧，一些人主张与盟国媾和，并密谋推翻墨索里尼。7 月 25 日，墨索里尼被推翻，两天后，新政府首脑巴多格里奥元帅将他押往篷察岛监禁，后来又被转移到阿布鲁齐高山顶上的一座旅馆。"7·25" 事件之后，希特勒在元首大本营单独召见了斯科尔茨，命令他去意大利执行营救墨索里尼的"橡树计划"。

于是，斯科尔茨率领伞兵别动队，押解一名事先被绑架的意大利将军，直扑阿布鲁齐高山顶上的那座旅馆。旅馆所在的山顶是亚平宁山脉最高峰，只有一条铁索与外界相通，并有陆军元帅巴多格利奥振遣的宪兵卫队严加看守。德国人空降到旅馆旁 100 码处。意大利宪兵们一见到德国伞兵与滑翔机强行降落，大多逃进山林，其余的也不敢开枪。斯科尔茨把意大利将军押在别动队的前面当盾牌，大喊道："别开枪!"德国人只用了几分钟时间便将墨索里尼营救出来，然后把他推进一架费赛勒型怪鸟式飞机里。飞机立即从山顶草坪上强行起飞。

营救墨索里尼成功的消息一经传出，便震动了世界。希特勒和刚刚飞抵维也纳的斯科尔茨通了长途电话，以示祝贺，并授予他骑士十字勋章。

墨索里尼在德国人扶植下建立了一个与盟国和巴多格里奥政府对抗的傀儡政权，意大利人民继续在战争中遭受苦难。1944年9月，德国发现匈牙利独裁者霍尔蒂企图与苏联单独媾和。希特勒又单独召见党卫队伞兵部队司令斯科尔茨，派他去匈牙利阻止霍尔蒂的这一行动。

斯科尔茨马上乔装打扮，穿上便服，化名沃尔夫博士，率领别动队去匈牙利。他给这次行动取名为"反坦克手雷行动"。从此，匈牙利的怪事便不断出现。

10月10日5时，霍尔蒂的亲信、驻布达佩斯的匈牙利第一军团司令鲍考伊中将去"丽特兹"饭店谒见霍尔蒂，竟在路上被斯科尔茨别动队秘密绑架了。

15日10时10分，在布达佩斯埃什区广场多瑙河港口公司大楼前，霍尔蒂的儿子米克洛什被劫持。几分钟后，一架飞机把米克洛什送往毛特豪森集中营。

当霍尔蒂通过广播，公开宣布要与苏联媾和，退出战争后，斯科尔茨别动队于16日晨6时，空降到要塞山顶上，几分钟内就占领了霍尔蒂的驻地布格贝格。整个战斗行动不到半小时即告结束。

霍尔蒂被迫将其权力交给箭十字党领袖萨洛奇·费伦茨。德国人把下台的霍尔蒂送往巴伐利亚拘禁。

德黑兰会议

1943年11月28日，伊朗首都德黑兰秋高气爽，阳光明媚。然而，在这宁静温和的空气里却蕴藏着一种令人紧张的气氛：主要街道都戒严了，军警们三步一岗，五步一哨，如临大敌般盯着各个路口、建筑窗户的每一个可能隐藏刺客的地方。游动哨交叉巡逻着，还有一些暗哨隐蔽着。

不久以后，人们便知道了这一切的原因。原来，这天，苏、美、英三国首脑、第二次世界大战反法西斯战线的三个主要领导人斯大林、罗斯福和丘吉尔正在德黑兰举行会谈，商议反法西斯斗争的下一步行动计划。此前，1942年1月1日，包括中国、苏联、美国、英国等26个国家在华盛顿发表了

《联合国家宣言》，这标志着反法西斯战线的形成。1942年1月22日，日军偷袭珍珠港，美国海军在太平洋战场遭到惨重失败之后，美英两国与苏联进一步结成了同盟，共同对德、意、日作战。1942年底到1943年初，斯大林格勒保卫战取得了胜利，彻底扭转了欧洲战场的局势。

下一步的行动如何协调统一，成了迫在眉睫的问题。于是，有了这次历史性的会议。

下午3点，一辆黑色的伏尔加轿车悄然驶进了一幢看上去很平常的灰色小楼。身着元帅制服、胸佩列宁勋章的斯大林下了车，走进楼里。罗斯福正等着他呢。这位美国历史上连任4届总统的传奇般的人物身穿蓝色便装，从轮椅上伸出手去，紧紧握住斯大林那双粗糙而温暖的大手。"太高兴见到你了！"两人几乎是不约而同地说道。这是他们的首次见面。稍后，身材臃肿、行动略显不便的丘吉尔也到了。会谈开始。三国领导人都表示了良好的愿望，希望会谈能取得圆满成功。丘吉尔还把一支特地为了纪念斯大林格勒保卫战而铸造的宝剑赠给了斯大林。斯大林郑重地接过宝剑，轻轻地吻了一下，转身递给伏洛希洛夫，命他交给苏联仪仗队，捧了出去。这一切都使会议有了一个良好的开端。

然而，当会议进入实质性阶段时，分歧出现了。斯大林强调说："英美两国不能再拖延时间了，必须早日开辟第二战场。现在我们苏联人抗击着大部分德国军队，承受着无比沉重的物质和人力压力。"其实早在1941年，斯大林就向丘吉尔提出了要英国开辟第二战场、牵制一部分德国军队、减轻苏联压力的要求，却遭到了拒绝。后来，几经电话交流和书面磋商，美英两国终于答应了斯大林的要求。这次会议就是商量具体行动计划的。

也许是一种自私本能作祟，想让别人去牺牲，自己却隔岸观火，也许是出于什么别的考虑，总之，丘吉尔虽然答应了开辟第二战场的要求，并且已经制定了"霸王行动"计划，却拖延着迟迟不动手。这时，他又想推翻从法国诺曼底登陆的"霸王行动"计划，提出了一个"地中海战略"，他说："考虑到种种复杂的情况，我主张英美从地中海进攻意大利，然后进军巴尔干半岛。"

斯大林耐着性子说："目前我们需要的是给德国人狠狠一击。巴尔干离德国心脏太远，不可能达到这一效果。因此，还是赶快执行'霸王行动'计划好。"

丘吉尔沉默了一会儿，又提出两路并进的主张，实际上还是想以巴尔干为主战场。

　　这时，斯大林再也忍耐不住了。这位工人出身的领袖"霍"地站起，"啪"地一拳砸在桌子上，怒声道："我们的人民每天都在流血牺牲，我们的孩子因没有面包吃而正在挨饿！而有的人却在这时只顾抢夺中欧的地盘，置人民的牺牲于不顾！我是在这里浪费时间！"说完他气冲冲地就要离开会场。罗斯福也看出，丘吉尔是想从巴尔干打进中欧，以便在苏联红军到达之前抢占奥地利、罗马尼亚和匈牙利。他也觉得丘吉尔太过分了。他见斯大林生气地要走，连忙劝阻他。同时也劝阻了丘吉尔，因为他也正站起身来，准备离去。罗斯福见气氛有些紧张，便打趣地说："怎么，你们欺负我走不动路，想显示你们有两条健康的腿吗？"他的腿因小儿麻痹后遗症一直不能站立。这位奇人是在轮椅上领导着一个世界强国，并使它从经济衰退中复苏过来。也是他以超人的胆识和魄力打破了意识形态界限，说服丘吉尔与社会主义的苏联合作，共同抗击德意日法西斯国家。

　　斯大林和丘吉尔自觉失态，听罗斯福这么一说，也不觉哑然失笑，气氛缓和多了。

　　就这样，经过几天的反复磋商、争论，三位领导人终于达成了共识，决定在1944年5月，由英美在法国诺曼底登陆作战，实现"霸王计划"，开辟欧洲战场。而苏联也同时发起攻势，以阻止东线德军西调。

　　三位领导人分别代表自己的国家和人民在协议上签了字。随后，罗斯福首先伸出了他的手，斯大林跨上几步，紧紧握住了它们。丘吉尔稍为迟疑了一下，也伸出了双手。三位巨人的手握在了一起，久久不分开。这是历史性的一握。这一握，改变了世界历史进程，加速了德国法西斯主义的灭亡。同时，也使人类打破画地为牢的陋习、消除意识形态差距、共同承当起道义和责任的先例。从此，世界反法西斯战争走到了一个新的阶段，世界历史翻开了新的一页。正如罗斯福在庆贺丘吉尔六十九岁生日的宴会时所说的：

　　"虹是由各不相同的颜色组成的，但它们汇集在一起，就成了一条绚丽夺目的彩带。我们的国家也是如此。我们有不同的习惯、哲学和生活方式。……但是德黑兰会议已经证明，我们的理想是可以汇成一个和谐的整体的，我们是可以团结一致地为我们自身和世界人民的利益而共同行动的。当我们结束这历史性的聚会，我们定能在世界的天空上看见那条希望的彩虹。"

刺杀希特勒

1944年7月20日中午,腊斯登堡德军大本营一座简易木板房里,希特勒正召集一些高级将领举行一次重要的军事会议。天气炎热,会议室所有窗户都打开了。

陆军总司令部作战处长正在汇报苏德战场的情况。一位年轻军官站起身,对旁边的人说:"我去打个电话,请帮助留意一下这个公文包,里面有机密文件。"说罢,离开会议桌,走出门外。

"轰隆"一声巨响,会议室笼罩在了烟尘中,碎片横飞,喊声顿起,记录员被炸得血肉模糊,一个军官被汽浪弹出了窗外……

"有人行刺!卫兵!卫兵!封锁大门,全面搜查!"警卫长官冲出会议室大声命令道,一部分卫兵冲入屋子,呛人的烟尘中,只听得一片呻吟声。

"元首在哪里,快去保护元首!""搜查刺客,别让他跑了!"炸弹是从那个刚刚离开会场的青年军官的公文包中爆炸的。他叫史陶芬贝格,出身于贵族家庭,曾在德军参谋总部、陆军总司令部任职。他为什么要刺杀希特勒呢?

当时,德国陆军军官特别是高级将领,虽然拥护希特勒的侵略政策,但对纳粹党党徒们的横行霸道,尤其对希特勒在军事上的急躁冒进深为不满和厌恶。1944年夏季,德军在各个战场上节节败退,德国已经陷入困境,而希特勒不顾将军们的劝阻,更加一意孤行。于是陆军一些高级将领决定除掉希特勒,接管政府,组成以贝克将军和格德勒博士为首的临时机构,负责与反法西斯盟国进行谈判,签订和约。

策划这次行动的还有国内驻防军总司令奥尔布里希将军、陆军统帅部通讯处长菲尔基贝尔和柏林卫戍司令哈斯将军。而具体执行爆炸任务的就是受命在大本营会议上向希特勒汇报"新编人民步兵师"情况的、国内驻防军总司令部上校参谋长史陶芬贝格。

爆炸造成一阵混乱,史陶芬贝格急速跳上汽车,冲出了大本营的大门。几分钟后,他登上了等候在机场的飞机,飞向策划这次行动的总部——柏林国内驻防军总司令部。

此时,守候在离会议室不远的通讯处长菲尔基贝尔将军拨通了柏林奥尔布里希特的电话,把发生的一切告诉了他,并让他转告国内驻防军司令弗洛姆，向各地驻军发布密电，宣布希特勒的死讯和陆军接管政府的消息。

不料，弗洛姆拒绝马上下达命令。他虽然事前了解密谋行动计划，并表示了同情和支持，但他并没有参加密谋组织。他决定亲自给大本营通话，了解真实情况，再做决定。

大本营的卫队长接过了电话，答道："元首安然无恙，只是右肩受了点轻伤……"

听说希特勒没有死，众人都大吃一惊，不知如何是好。正在这时，史陶芬贝格赶回了总部。他见同谋者没有行动，大为失望。他明白，现在已经没有退路了。

尽管没有亲眼看到希特勒是死是活，他却一口咬定希特勒已被炸死，元首没死的消息是谎言谣传。

奥尔布里希特、哈斯等人随即行动起来。他们软禁拒绝合作的弗洛姆，并立即发出元首已死的密电，命令国防军担负起保卫国家的重任。一时间，慕尼黑、维也纳、布鲁塞尔、巴黎等地，密谋者控制了局势。史陶芬贝格等人也按计划开始接管首都柏林。

柏林警卫营营长雷麦尔少校接到哈斯的命令，闯入了宣传部长办公室宣布逮捕戈培尔。

"奉哈斯将军之命！元首已死……"

"胡说！"戈培尔厉声说，"来，你听听。"他拿起话筒，接通了大本营，话筒中传来了希特勒那特有的嘶哑声调。雷麦尔一怔，立即报告说自己并不知道这一阴谋，并表示坚决效忠。希特勒当即提升他为上校，叫他服从戈培尔指挥，逮捕反叛者。

雷麦尔受宠若惊，马上派人控制了电台，广播说："有人企图谋刺元首，但元首仅受一点轻伤，安然无恙。"听到这一消息，各地驻军将领为保全自

己性命，纷纷停止政变活动，形势急转直下。

当天傍晚，雷麦尔率领士兵冲入了柏林国内驻军总司令部，他们释放了被软禁的弗洛姆。急于洗刷自己的弗洛姆，立即逮捕了史陶芬贝格、奥尔布里希特、哈斯和贝克等人。在对他们进行简单的"审讯"后，弗洛姆下令将史陶芬贝格、奥尔布里希特拉到楼下院中枪毙。年老的贝克将军请求自尽，他颤颤巍巍地连开两枪，都没有击中要害。

弗洛姆对旁边的士兵说道："帮帮这位老先生的忙吧。"士兵抬起枪结果了贝克的性命。

第二天凌晨，希特勒向全国广播："我的德国公民们，今天我向你们讲话的目的，是让你们听听我的声音，让你们知道我的确安然无恙……"接着他宣布，人人有义务逮捕反叛者，若有抗拒，格杀勿论。

随后，党卫军总司令、盖世太保总头目希姆莱取代弗洛姆任国内驻防军总司令，遵照希特勒的命令，在全国及占领区开始大规模地搜捕和屠杀。秘密行动的参与者，还有毫无关系的近5000人被枪杀，约1万人被关入集中营。

德军中一批高级将领也遭到"清理"。其中有事发当天正在医院养伤的德国非洲装甲军最高司令隆美尔元帅，据说在被捕的密谋分子那里查出的一份名单上，隆美尔被内定为"帝国总统"。还有名震一时的维茨勒本元帅、克鲁格元帅和哈斯将军、菲尔基贝尔将军、瓦格纳将军、格德勒博士等，当然也包括那位扮演了滑稽角色的弗洛姆将军。

拙劣的"跳马"

1944年初，德国柏林的纳粹最高统帅部内，希特勒听完了两位军官的汇报后，怒气冲冲，"那就是说，还是没有我所希望听到的铁托被消灭的消息！"

凯瑟尔元帅一个立正，回答说："是的，到目前为止还是这样。我的元首，我已经采取了各种措施，希望很快就会有好的消息。"

站在凯瑟尔身边的约迪将军接着道：

"我总觉得，这不是轻而易举的事。在意大利投降后，南斯拉夫抵抗游击队的力量又大大加强了……"

约迪开始讲述消灭铁托计划所遇到的种种困难。

希特勒一边听着,一边神经质地用手指敲着桌子,说道:"要消灭南斯拉夫游击队,关键在于消灭铁托;消灭了他这个神通广大、有着很强的组织群众能力的人,也就消灭了他的抵抗运动……"

那还是在1941年,德、意法西斯以56个师的兵力,于4月6日黎明,不宣而战向南斯拉夫发动了突然袭击。南斯拉夫王国政府向德国投降。而以南斯拉夫共产党中央委员会总书记铁托为首的南共中央,在民族存亡的危急关头,领导人民在全国展开了游击战抵抗运动。

那年9月,南斯拉夫游击队最高司令部从贝尔格莱德迁移到了塞尔维亚西部解放区的森林。铁托化装成富商,穿过了敌人的一个又一个关卡,乘火车到达解放区边界,进入了丛林领导武装斗争。

德、意法西斯曾出动了8万军队,用"铁壁合围"的战术,妄图一举消灭游击队,最终却未能得逞。他们又悬赏十万马克取铁托的人头,结果不仅没有捉到铁托,反而使铁托的声誉和威名更大。

希特勒明白要消灭南斯拉夫抵抗运动,首先就要千方百计除掉铁托。

这时,德国情报机关又送来了一份重要情报:铁托的最高司令部在德尔瓦尔。

"好!"希特勒欣喜若狂。"用空降部队!给他来个突然袭击,彻底消灭铁托。嗯……"他沉吟了一下,"这个行动计划就叫做'棋盘上的跳马'吧。铁托啊、铁托,这回看你还能逃出我的手心。哈、哈、哈……"

希特勒发出了他那特有的神经质的大笑,他的眼前似乎浮现出了铁托被消灭的情景。

5月25日清晨,在德尔瓦尔南斯拉夫游击队最高司令部的山洞里,铁托第一个醒来。今天是他的生日,同志们准备给他举行一个小小的庆祝活动,裁缝已经给他赶制出一套制服,他想早点取回来试穿一下。

他刚走出山洞,忽然看到两架德国轰炸机飞来,开始投掷炸弹。随后而来的运输机上跳下了许多伞兵。

游击队员们迅速进入了战斗岗位,保卫最高司令部的战斗打响了。

铁托站在阵地前,举起望远镜观察着。子弹在他身边呼啸而过,岩石碎片四下飞迸。

"铁托同志,这里太危险,请你回到山洞里!"指挥作战的游击队军官对铁托说道。

铁托没有听从,指挥官只好严厉地大声说:

"铁托同志,我要求你回去!"

游击队员也纷纷让铁托离开。铁托这才回到山洞。

德国伞兵开始向山洞进攻,他们大声叫喊着"活捉铁托",一边射击,一边扑了上来。

看到形势比较危急,最高司令部决定放弃山洞。游击队员用皮带做成一条长绳,大家顺着长绳滑下了山崖,到了山下一条已经干涸的小河河床上。游击队员蹦跳着,利用稀疏的小灌木林或石头堆作掩避,通过这段开阔地带。

正在这时,第二批德国飞机又飞来了,开始在开阔地上空俯冲扫射。

"卧倒!"两名战士同时跃起身扑向铁托,筑起一个活的掩体,保护着铁托。子弹劈里啪啦落在身旁,溅起阵阵尘土。他们起身拍了拍衣服,继续向前跑去。战士们好几次就这样掩护着铁托。已近中午的阳光,让人感到像灼烤一样,大家浑身都被汗水浸透了。一个战士跑上前对铁托说:

"元帅同志,让我来背你的自动步枪吧。"

"我可不想被缴械。"铁托笑着回答道,继续背着枪前进。很快,游击队员们又进入了森林中。随后传来消息,保卫最高司令部的战士们已经击溃了德军的伞兵部队,残余的敌人也被打退到一座工厂的废墟和坟场上去了。

铁托笑着同游击队员说:"要抓到我可没那么容易,我有这么多的'守护神'呢。"

"棋盘上的跳马"计划又告破产。指挥这次战斗的德国将军只得到了一套铁托留在山洞里的元帅服,送回了德国。看到自己煞费苦心的计划只得到这样一个结果,希特勒气得大骂手下无能,又感到无计可施。

日军惨败英帕尔

英帕尔是印度东北部的战略重镇,离缅甸西部边境仅 50 英里。1944 年,盟军在英帕尔等印缅交界地区,经激战击溃日军三个师团的闪电进犯,取得重大胜利。

1944 年 3 月 8 日,日本第 15、第 31、第 33 等三个师团和一个印度国民师,为了破坏盟军从印度向缅甸发动进攻的准备,渡过亲敦江向英帕尔地区实施闪电进犯。日军不顾补给缺乏,仅携带部分马、牛、羊、大象和 20 天口

粮，便断然渡过亲敦江。日本第15集团军司令牟田口中将宣布："只要一个月，日军就能占领英帕尔"。4月5日，日军第31师团长佐藤幸德中将指挥的主力部队已进逼科希马。日军闪电突袭已获初步成功。但是也暴露出他们的致命性战略缺陷——补给匮乏。

英军第14军军长斯利姆抓住这一战机，用火车、飞机运送大批主力部队和军需，火速增援科希马，在这里集结了英军主力1.2万人，运来了军需补给品1.8万吨，很快建起一道紧急防线，挡住了日军奔袭迪马普尔的通路，日军已无力再向前突袭。英军同时用大批空降兵切断日军的陆上补给线，并请美国、中国空军支援，用飞机对日军进行地毯式轰炸，日军后方的补给线被炸毁。切断粮道之战使日军陷入绝境。

形势恶化，战局逆转，日军损失很大。日军如果在此时罢手，仍可以安然撤军。但牟田口不顾各师团长的反对，下令继续实施对英帕尔的进攻。在再次进攻中，日军损失更加惨重。6月26日，日军被迫撤退。

时值雨季，血战64天的日军被英军四处追歼围剿。日军面临严重困难：天上有美国、中国空军的不断轰炸；地上通向缅甸的山林羊肠小道已被大雨山洪冲垮；粮食极端缺乏，日军靠吃野草、蜗牛、蜥蜴、蛇、猴子度日。7月16日，日军向亲敦江撤退，在倾盆大雨中狼狈地翻山越岭，冒着中国、美国空军的轮番轰炸仓皇后撤。途中，数万伤员用手榴弹自杀，几万官兵魂断荒山密林，溺死于深涧大川。日本人承认："全线撤退的情形是鬼哭啾啾，狼嚎惨惨。"8月20日，日军退回亲敦江畔。河水猛涨，几百名日军命赴黄泉。8月30日，日军残部才渡过亲敦江，退守明京山。

日军大本营原指望英帕尔之战能重振士气，改变不利态势，结果却适得其反，使自己陷入了更加困难的处境。

海里捞起来的绝密公文包

1944年3月，驻菲律宾宿务岛上的日本陆军司令大西正登中佐派出大批部队包围了菲律宾游击队基地，并宣布：必须将游击队手中的俘虏交还给他，否则将焚烧所有村庄，处决全部平民。

大西索要的俘虏不是一般的日本军人，而是日本联合舰队参谋长福留繁中将。

  1944年2月27日，美国第5舰队进攻特鲁克。日本联合舰队司令古贺峰一大将、参谋长福留繁中将率日本舰队"向西溃逃"。实际上福留已制定好代号为"Z行动"的新作战计划，准备以塔威岛为基地，引诱美国舰队进入菲律宾海域，然后杀回马枪，一举歼灭美国舰队。

  3月11日上午9时，古贺、福留带着"Z行动"计划，分乘两架川西造四引擎水上飞机，前往棉兰老岛。途中遭遇风暴，古贺的飞机坠毁；福留的飞机急忙改变航向。12日凌晨2时，飞机燃料耗尽。福留驾机紧急降落。由于他操纵时用力过大，飞机失控跌入大海。

  福留用力浮出水面，他的手里紧紧握着装有"Z作战计划"和密码本的公文包。这时，火光把海面照得通亮。他看到许多渔船划过来，知道游击队来了，便赶快扔掉公文包，被人拉上一艘渔船。福留的公文包在水面漂浮，然后徐徐下沉。这时，船上的一名渔民看到了，便跳下水去，将公文包捞了上来。

  福留等9人被带到巴德鲁游击队。游击队的埃里迪亚诺上尉战前是东京帝国大学的学生。他听了这些人的谈话，再看看公文包里的"绝密"文件，便知道他们绝不是一般军官，便将此事报告给宿务岛游击队司令库欣中校。库欣立刻用发报机电告西南太平洋盟军司令麦克阿瑟，说他从日军将领手中缴获一包绝密文件。麦克阿瑟没有收到库欣的电报，但棉兰老游击队总司令费蒂格上校收到了库欣的电报。费蒂格马上给澳大利亚的美军司令部发电报。结果引起"巨大震动"。美国海军准备派一艘潜艇，尽快开往宿务西面的内格罗岛把俘虏与文件弄来。

  福留在坠机时腿部受伤，巴德鲁游击队整整用了七个夜晚才把他抬到库欣游击队的山中基地。这时，日军已大举出动，库欣被迫退守深山基地，并电告麦克阿瑟：公文包可以送到内格罗岛，日军将领能否送到，没有把握。麦克阿瑟回电说："必须不惜代价拘留俘虏。"

  库欣只有25人，大西的部队正渐渐逼近，麦克阿瑟的命令无法执行。库欣当机立断，先派两人把公文包送到内格罗岛并通知麦克阿瑟，为了避免日本人继续进行报复，防止平民百姓遭难，他已决定释放日军俘虏。麦克阿瑟大怒，立即回电，解除库欣的游击队司令职务。库欣从中校降为士兵。降为士兵的库欣要求富留写信给大西，请大西不要再采取惩罚性行动，以此作为交换战俘的条件，结果达成了协议。库欣派人用担架将福留等人送下山去。

  福留的公文包则通过潜艇被送到麦克阿瑟司令部。这些文件是战时缴获的日军最有价值的绝密情报。

尼米兹的"奇袭行动"

1944年6月,美国将其在太平洋战场上"逐岛进攻"的战略,改为"蛙跳战略",即越过日军防守的一些次要的岛屿,夺取太平洋上最关键、最重要的据点,切断日本的海空交通线,建立美国的海空军战略基地。因此,美军决定绕过加罗林群岛,直取马里亚纳群岛,其目的是要攻克塞班岛、提尼安岛,夺回关岛,突破日本的内防御圈。

美太平洋舰队总司令尼米兹上将为这次战役取名为"奇袭行动",并亲自指挥这次战役。为此,出动了包括美国第5舰队和第58航母特混舰队的640余艘军舰,1000余架舰载机,620架陆基飞机,登陆兵力为3个陆战师、2个步兵师、1个陆战旅,共12.8万人。

6月11日,米切尔将军指挥的美国第58特混舰队起飞225架舰载机对塞班岛上的机场实施突袭。塞班岛上的许多日本飞机被击落或被炸毁。12日,美国舰载机500架空袭塞班岛。13日,美国舰队对塞班岛炮轰1天,发射16英寸炮弹1.5万发。15日,美国开始在塞班岛登陆,3.5万日军,2.2万日本居民死守塞班岛,战斗异常激烈。

19、20日,日本联合舰队在与美国第5舰队的激战中连遭惨败,损失飞机400余架、航母两艘、巡洋舰一艘,另有三艘航母受伤,失掉了制空权、制海权,塞班岛孤立无援。20日,美军夺取500号高地。21日,美军炸毁日军"绿色1号海滩弹药库",使日军遭受巨大损失。23日,日军退守塔波乔山以东的狭小山谷。斋藤义次中将的第43师团残部盘踞着1000码宽的山谷,靠悬崖峭壁和众多山洞死守着著名的"死亡谷"。

美国陆军第27师进展缓慢,师长拉夫尔少将被撤职。但"死亡谷"之战仍进展不大。后来,左翼的美国海军陆战队第2师攻占了塔波乔山。30日,哈里·施米特少将指挥的海军陆战队第4师终于突破"死亡谷"。

7月5日,日军已被驱赶到塞班岛北隅高地上。司令部设在"地狱谷"。7月6日,三名日本将官,第43师团长斋藤义次中将、第31军参谋长井桁敬治少将、太平洋中部舰队司令南云中一大将在山洞里自杀。日军残部和伤病员数千人于7日3时发起最后冲锋。在一片杀声中,向美国第27步兵师猛扑

过来。这就是所谓"切腹谷"大血战。挥舞着军刀的日本军官们全然不顾机枪的扫射,带头发起了拼死的冲锋;日本士兵疯狂地向前冲杀;连日本伤兵也拄着拐棍,一瘸一拐地参加冲击。这是日本陆军有史以来规模最大、最凶猛的一次拼命冲锋。人流狂叫着,踩着堆积的尸体,冲破了美军前沿阵地。

8日,为掩埋大量日军尸体,美军不得不调来推土机,将"切腹谷"的一条小山沟稍加改造,挖掘了一个大墓坑,墓坑中掩埋了许多日军尸体。

数千日本平民,数百散兵游勇隐藏在塞班岛上北岬的山洞里。9日,在莫鲁比岩发生了骇人听闻的大规模自杀。日本人宁死不当俘虏,8000名妇女和儿童从800英尺高的山崖跳海自杀,士兵拉响手中的手榴弹。塞班岛上先后共有2.2万平民自杀,2.3万多守军战死。

美军占领塞班岛后,"奇袭行动"的第二阶段和第三阶段也全面展开了。8月3日,提尼安岛近万日军大部被歼,第一航空舰队司令长官角田觉治中将战死。8月11日,关岛日本守军最高指挥官第31军司令小烟英良中将自杀,岛上的18000多名日军多数战死。

"奇袭行动"取得全胜,美军占领马里亚纳群岛,突破了日本的内防御圈。对此,日本统治集团一片惊慌,内部矛盾加剧,东条英机被迫辞去首相职务,改由原朝鲜总督、号称"高丽之虎"的陆军大将小矶国昭担任首相。

马里亚纳的大规模火鸡射击战

1944年夏,美军发动了马里亚纳群岛登陆作战。这次作战的主要目的是攻克塞班岛与提尼安岛,夺回关岛,突破日本的内线防御圈。6月6日,美国太平洋舰队总司令尼米兹上将命令米切尔指挥的第58特混舰队向马里亚纳群岛挺进。6月15日美军在塞班岛登陆。这一事件迫使日本联合舰队司令丰田副武海军大将迅速作出反应。他电令小泽治三郎中将率领第一机动舰队"进攻马里亚纳群岛地区之敌,歼灭敌舰队。"5分钟后,他又发一封电报强调:"皇国兴废,在此一战。"19日7时30分,小泽舰队在塞班岛西南海面发现了美国第58特混舰队。这是一支强大的特混舰队,与日本第一机动舰队相比,在总兵力上占有近3∶1的优势,有15艘航空母舰、7艘战列舰、21艘巡洋舰、69艘驱逐舰、956架舰载机。对此,小泽并未惊慌,他对自己的"外围歼击"战术非常自信。他打算充分利用日机作战半径比美机大的优势,先让马里亚纳群岛上的岸基飞机出击,杀伤三分之一的美国航母兵力之后,再派舰载机出击,空袭后在岛上各机场降落加油装弹。而日本舰队则始终在美国舰队的有效打击半径之外作战。但此时他并不知道,马里亚纳群岛上的大部分岸基飞机已被抢先下手的美军飞机击毁。岛上守军司令斋藤中将为了面子,竟没有向他通报这一重要情况。

日本第一机动舰队上的舰载机从相距300余海里处开始远距离进攻,先后进行了四次突击。第一批起飞71架,第二批起飞130架,第三批起飞47架,第四批起飞84架。10时,美国雷达发现了小泽的第一批飞机。米切尔亲自通过无线电发出警报:"嘿!鲁布!"这是命令所有F6F泼妇式新型战斗机"返回各自的航空母舰,准备战斗"的暗语。当小泽机群离米切尔的旗舰,新建造的"列克星敦"号航空母舰还有71海里时,F6F战斗机起飞了。布鲁尔少校率领首批战斗机前去迎敌。他一马当先,把一架日本轰炸机打得爆炸开花,接着又打断另一架轰炸机的机翼。不久,他甩掉一架零式战斗机的跟踪,并将其击落,片刻后,又击落一架零式战斗机。

其他航空母舰的泼妇战斗机也赶来参战。它们迅猛地冲入日本机群,将25架日本飞机打得翻滚落海。其余日本飞机拼命冲向美国航空母舰,但与第二批美国泼妇战斗机遭遇,又有16架日机坠入大海。只有一架日机穿过这层

层防线,飞到美国"南达科他"号战列舰上空投弹,但一去就再也没有消息了。

第二批日本飞机刚飞到距美国舰队60海里的地方,便遭到从美"埃塞克斯"号航空母舰上起飞的12架泼妇战斗机的拦击。这时,从其他航空母舰上起飞的美国战斗机也迅速围上来,几分钟内就击落70架日本飞机。

第三批日本飞机弄错了坐标,只有12架飞到战区,其中7架被击落。

第四批日机飞错了方向,只有6架飞抵美国舰队上空,但没有给舰队造成损失。由于美国航空兵在数量和质量上都占有绝对优势,小泽的360架舰载机,仅仅几个小时就损失了近300架,另外还有100架驻关岛的岸基飞机被击落。同时,日本舰队的"翔鹤"号、"大凤"号航空母舰也被美国潜艇击沉。美国方面被击落的飞机只有20多架。美国人后来称这次空战为"马里亚纳的大规模火鸡射击战"。

次日,美军又击沉一艘日本航空母舰,击伤其他舰只多艘,并摧毁65架日本飞机。美方也有100架飞机被击落或在夜间返航降落时坠毁。

美国取得胜利的原因是多方面的。除了数量占优势外,还有质量方面的原因。美国利用一年多的时间,设计生产了大批新型F6F泼妇式战斗机。这种飞机的爬高和俯冲能力均胜过日本的零式飞机,其武器配备更加多样,驾驶员的后部有很厚的装甲保护,前部有很厚的防弹挡风玻璃。美国飞行员有较好的素质,每人至少受过两年训练,有数百小时的飞行经验。美国海空协调作战技术也比较先进。控制人员配备了新式雷达探测设备,他们指挥空中飞行员,沉着冷静地对敌机作战。此外,飞机上安装了新式无线电通话设备,使地面与飞行员以及飞行员之间能清晰、及时地传递指令和答话。

日本的失败具有必然性,因为日本的零式战斗机早已落后;日本飞行员缺乏飞行训练和作战经验,许多人只有几个小时的飞行记录,技术生疏;此外,设备陈旧,指挥失误也是重要原因。

在这次海战中,日本舰队虽然未被全歼,但其航空母舰和舰载机再次遭到毁灭性打击,从而完全失去了制海权和制空权。

静悄悄的瞬间奇袭

1944年10月22日,美国飞鱼号、鲦鱼号等两艘潜艇奉命巡逻巴拉望岛以西海面暗礁区——"危险的浅滩",这是一条宽25海里的航道,是海图上并未标明暗礁所在的狭长战略交通枢纽。

23日0时16分,日本栗田健男中将的舰队被飞鱼潜艇发现。两艇雷达上出现了阵阵回波。飞鱼艇艇长麦克林托克中校猜测那是日本舰队。他用话筒与鲦鱼艇艇长克拉杰特中校通了话。鲦鱼艇艇长回答说:"我们上去干掉它们。"于是,飞鱼艇在前,鲦鱼艇在后,全速追赶敌舰。

清晨4时50分,两艇接近敌舰队,全体人员进入战斗岗位。

5时10分,飞鱼艇掉转航向,潜入水下,潜望镜小心翼翼地伸出水面。在晨曦中,麦克林托克通过潜望镜看到远处一大片灰色的影子。一支庞大的日本舰队正迎面朝他开来。他向东南看去发现几海里外又有一队战列舰、巡洋舰和驱逐舰。迎面驶来的灰色舰船变得越来越大了。

5时25分,麦克林托克看清了为首的是一艘巡洋舰,舰首掀起巨浪。这景色真是美极了。飞鱼艇所有鱼雷发射管都做好了准备,在距离刚好不到1000码时,日本舰队掉头向西,这就构成了极为理想的角度。

此时,在附近海面上的日军小泽舰队也发现了水下隐藏着两艘美军潜艇,但却不知其准确位置。正当日军舰队司令小泽治三郎对这一突如其来的情况尚未决定如何处置时,美国潜艇却抓住战机发起攻击。麦克林托克下令:"发射!"一艘巡洋舰上探照灯打出了信号。它是否发现了一齐发射出去的六枚鱼雷了呢?不,周围海面一片静悄悄,舰队仍按航向行驶。这第一批发射的鱼雷正击中日本旗舰爱宕号重巡洋舰,舰桥上的栗田中将司令和他的参谋长小柳随军舰一起还不知遭谁攻击便沉入海底。在鲦鱼艇上的克拉杰特艇长通过潜望镜,仔细观察千余日军官兵末日的情景。他喊道:"我的上帝,真像是7月4日(美国独立纪念日)的景象!军舰在下沉,在燃烧。日本人在胡乱打炮,真好看。军舰下沉,热闹极了,热闹极了,看,那场面热闹极了!做好准备!敌舰来了。"

这时,鲦鱼艇的气氛十分紧张,副艇长贝尼特兹少校一边听着艇长的介绍,一边注视着守在发射管旁的鱼雷射手,静候发射命令。艇长继续观察,

并评述道："毫无戒备，日本人无可奈何地把自己的舰队推上了靶场，受到了左边飞鱼艇发射的鱼雷的迎接。"紧接着传来了一阵急促的爆炸声。艇长望着向他开来的两艘较小的日舰说道："让它们过去。"该舰后面，是一个更大的目标。艇长急忙大喊："准备，注意方位，注意距离，降低潜望镜。角度，左前舷10度，发射1，发射2，发射3，发射4，发射5，发射6。"鲦鱼艇一共射出了六枚鱼雷。克拉杰特又急忙下令："急速潜航，离开这个鬼地方！"这时他们听见连续四声爆炸，四枚鱼雷击中目标。日本重巡洋舰"摩耶"号被鱼雷炸成两截，立即下沉，1000余名官兵丧生。另一艘日本重巡洋舰"高雄"号也被鱼雷击中。

  日本舰队开始了疯狂的反扑。深水炸弹如巨雷轰顶般地向两艘潜艇袭来。"日本鬼子疯了！"贝尼特兹副艇长喊道。可是，虽然日本舰队的反击来势凶猛，但却没法对准目标。他们向四周抛下深水炸弹，凶狠地盲目轰炸。然而，飞鱼、鲦鱼两艇仅仅猛烈摇晃了几下。不久，两潜艇便逃出了深水炸弹的袭击地区。日舰没有水下声纳和雷达，无法准确轰炸。日本舰队祸不单行，就在水下攻击防不胜防之时，400多架美机铺天盖地而来，弹如雨下。栗田舰队损失惨重，多艘战舰被击沉击伤，只得且战且退，向西遁逃。飞鱼、鲦鱼两潜艇浮出水面后，突然看到了受重伤的高雄舰。两艇立即决定发动进攻。此刻，飞鱼艇忘记了这里是暗礁区。它突然在海图上没有标明暗礁的水域里搁浅。鲦鱼艇只好放弃追击计划，赶紧去营救暗礁上的飞鱼艇。"高雄"号乘机远逃。在这场"静悄悄的瞬间奇袭"中，美国潜艇一举击沉日本栗田舰队旗舰"爱宕"号重巡洋舰和"摩耶"号重巡洋舰，重伤"高雄"号重巡洋舰。美方以一艘潜艇搁浅的轻微代价，击毁、击伤日本三艘重型巡洋舰。当捷报传到美军旗舰"纳什维尔"号上时，西南太平洋美军司令麦克阿瑟高兴地直接与两艘潜艇通话："哈罗，你们打得好极了！我命令给你们各记战功一次！"

超级战列舰的覆灭

  1944年10月24日，一支日本舰队出现在菲律宾吕宋岛南面的锡布延海上，其中的两艘巨型战舰格外引人注目。这是超级战列舰"武藏号"及其姐妹舰"大和号"。

"武藏"号标准排水量 64000 吨，满载排水量 72809 吨，舰身长 263 米，宽 38.9 米，舰上有三座三联装 460 毫米口径主炮，该炮最大射程 40 公里，弹重 1460 公斤；还有四座三联装 155 毫米火炮，六座双联装 127 毫米高炮。当时世界上还没有在吨位和舰炮火力上能和"武藏"号及其姐妹舰"大和"号相提并论的战舰。当初日本人是在绝密的情况下建造这两艘海上"巨无霸"的。它们的装甲防护极好，并有分层叠装的船身，被认为是永远不沉的超级战舰。

　　1944 年 10 月，美军大举反攻菲律宾。不甘心失败的，B 军动用海空军主力，分兵多路，对美军实施反击。10 月 18 日，"武藏"号战列舰奉命在栗田舰队的编成内去参加菲律宾海战。10 月 23 日，栗田舰队遭到美国潜艇的突袭和大批美机的猛烈轰炸，损失惨重，被迫撤出战斗。由于航空母舰被美机炸沉，日本舰队失去了空中掩护。

　　10 月 24 日 8 时，日本舰队被美国侦察机发现。美国第 3 舰队司令哈尔西海军上将抓住日本舰队缺乏空中掩护的致命弱点，决定发挥航空母舰与舰载机的强大优势，起飞大批舰载机空袭日本舰队。8 时 37 分哈尔西通过超高频无线电对讲机下达命令："开始攻击！再说一遍，开始攻击！预祝你们成功。"

　　10 时 30 分，从美国"卡伯特"号和"无畏"号航空母舰上起飞的 24 架复仇者式飞机突破防空火网，用两颗炸弹、一枚鱼雷击中了"武藏"号的前舱。这第一次袭击只使它抖动了三下，并没有丧失航行能力。此时，日本人仍认为它是不可摧毁的。

　　中午，美机的第二次攻击开始了。24 架鱼雷机猛冲过来。"武藏"号又中了 3 枚鱼雷。这一次袭击仿佛是"几只黄蜂叮了大象几口"，"武藏"号仍旧继续前进。但日本舰队司令栗田健男海军中将现在越来越不安了：没有空中掩护，他的舰队还能顶住多长时间的连续轰炸？他急忙向日本海军航空兵发出请求空中支援的电报。此时是 13 时 15 分。

　　13 时 30 分，美机的第三次攻击以雷霆万钧之势袭来了。29 架从"列克星敦"号和"埃塞克斯"号航空母舰上起飞的轰炸机将攻击的目标全都集中在"武藏"号上。"武藏"号连中四颗炸弹、一枚鱼雷，受了重伤，舰身倾斜，航行速度开始减慢。

　　栗田再次发出求救电报："请陆基航空部队和舰队火速进攻美航空母舰。"

这时，从"企业"号和"富兰克林"号航空母舰上飞来的第四批65架美机蜂拥而至，猛炸"武藏"号。一连三枚鱼雷击中左舷，炸弹在司令塔内爆炸，舰桥上的军官全被炸死。第五批80架美国飞机赶到，又有七枚鱼雷击中"武藏"号，造成电力中断，舰体倾斜15度。

第六批100架美国飞机来袭，又是几声爆炸。"武藏"号只能以6海里的时速航行了。

15时20分，第七批120架美国飞机又冲杀过来。"武藏"号被1000公斤重的穿甲炸弹和2000磅MK-13鱼雷击中，舰首没入水中，舰体急剧倾斜。19时35分，还没来得及对美国水面舰队发射一发炮弹的"武藏"号沉没了。1023名官兵被卷入锡布延海底。

阿登山林的激战

1944年12月16日拂晓，比利时、卢森堡与德国西部交界的阿登地区的美军阵地上一片寂静。突然，震耳欲聋的大炮轰鸣声，打破了黎明前的寂静，成千上万发炮弹落在美军阵地上。第二次世界大战中，德军在西线的最后一次大规模进攻——阿登反攻开始了。

1944年12月，希特勒为阻止盟军的节节进攻，决定在阿登地区发动反攻。12月中旬，德军秘密在阿登地区集结了大批精锐部队，其中包括"B,集团军群的党卫队坦克、第六集团军、坦克第五集团军和第七野战集团军，共25个师，内含7个坦克师，兵力25万人，火炮和迫击炮2600余门、坦克和火炮900门、飞机800架。德军统帅部还打算在进攻过程中从德国本土和其它地区抽调部队到阿登地区，以加强进攻力量。

虽然盟军总的实力远超过德军，但盟军统帅部未考虑德军反攻的可能性，未对防御问题给以充分的重视，还认为阿登地区多山，不适宜进行大规模进攻，因而在阿登地区只部署了5个师，致使德军在这一地区占有很大优势。

12月16日，阿登战役打响后，面对德军高速度、宽正面、大纵深的钳形向心突击，猝不及防的美军损失惨重。德国虎式、虎式2型、猎虎型等重型、超重型新式坦克从多处突破美军阵地。

17日，德军党卫队第六坦克集团军进抵斯塔华洛地区，距离斯巴城只有

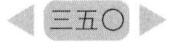

8英里。德军第五坦克集团军包围施尼埃菲尔,迫使美军两个团、7000余人投降。这是美军在欧洲作战中的最大挫折之一。

18日,德军包围了巴斯托尼。党卫队第一装甲师从南面迅速对列日城进行侧翼包围,并在休伊地区夺取马斯河渡口。20日,德军发布战报:5天来俘虏美军官兵2.5万人,摧毁美军坦克350辆。

25日,德国第2装甲师已进逼迪南城东4公里的赛尔斯。

27日,在沃斯克和大梅尼尔之间展开坦克大战。德军摧毁美国坦克62辆,缴获8辆,大获全胜。

至此,形成纵深100余公里、底宽130公里的三角形阿登地区凸出部。

31日,德军开始在北阿尔萨斯进攻美国第七集团军。1945年1月1日,德国出动1035架飞机突袭法国、比利时、荷兰境内的盟军机场,炸毁盟军飞机数百架。由于德军实施严格保密,事先未通知自己为保卫V-2导弹阵地而部署的地面高炮部队,也未将这些高炮部队的情况通知自己实施突袭的飞行部队,结果有200多架德国飞机在返航时被自己的高射炮击落。

此时,由于没有足够的增援和弹药补给,尤其是缺油,德军的攻势已成强弩之末。

1月3日,盟军转入进攻。经过激战,于1月8日击退了德军。

1月12日,苏联红军应英国首相丘吉尔的请求,在东线向德军发起猛攻。希特勒被迫从西线抽调兵力对付苏军的进攻。盟军趁势迅速推进。

1月16日,美第一、第三集团军在乌法利兹会师。1月底,盟军将德军全部赶回反攻前原出发阵地。至此,德军在阿登地区的反攻彻底失败。

在这次战役中,双方的损失都很大,德军损失兵员8.2万人,坦克和自行火炮600辆、飞机1600架。盟军也损失兵员7.7万人和大量的武器装备。但源源不断的军火生产和大量的人力资源使盟国能迅速地弥补损失,而处于东西两线作战的不利处境和盟国猛烈的战略轰炸之下的德国却无法弥补这些损失。阿登战役之后,德军不但彻底丧失了反攻能力,而且也难以进行持久的有效防御。法西斯德国的灭亡已为时不远了。

"雷击"德累斯顿

1945年2月13日夜,德国东部城市德累斯顿。22时10分,这个被称为"世界建筑宝库"的文化古城突然遭到猛烈的轰炸,炸弹掀开屋顶,炸飞窗门,城市成为一片火海。

德累斯顿不仅是一座文化古城,也是第二次世界大战期间德国军工生产的重要基地。1945年1月,随着反法西斯盟军在东西两线的节节胜利,欧洲的制空权已掌握在盟军手中,作为德国军工生产重要基地的德累斯顿成为盟国空军集中攻击的重点目标。

1945年1月,西方盟军统帅部制定了大规模空袭德国的"雷击"行动的几种方案,英国首相丘吉尔亲自把在预定的苏军占领区内的德累斯顿定为目标。

1945年2月13日晨,英国空军轰炸机部队司令哈里斯下令,夜袭德累斯顿,实施"雷击"行动。机群分两批出动,间隔时间为3小时。

13日下午18时,第一批245架飞机从英格兰中部的安德兰特机场起飞了。作为先导的"蚊"式高速轰炸机飞在最前面,随后是大批"兰开斯特"式重型轰炸机。

22时,英国机群飞临德累斯顿上空。此时,这座城市仍沉浸在一片安详之中。没有防空警报,没有探照灯光,剧院和影院照常营业,夜空中回荡着优美的舞曲。

英国的目标指示飞机投下了目标指示弹。接着,令人恐怖的防空警报响了起来。22时10分,英国轰炸机投下了第一颗炸弹。飞在前面的轰炸机用爆破弹把古老的建筑物炸上了天,后面的轰炸机则投下燃烧弹,使地面成为一片火海。3小时之后，14日凌晨1时23分，第三批539架英国轰炸机又飞抵德累斯顿上空狂轰滥炸，投下了大量重磅炸弹和燃烧弹。火浪滚滚，汇成一片火海。高温造成一股强烈的冲天气流，由于火海的中心吸取新鲜空气，因而形成一股可怕的飓风。德累斯顿简直成了一座翻腾的地狱。大地像地震一样地颤动着，火焰发出像大炮一样的轰鸣声，风在呼啸着，尘埃和烟雾在德累斯顿周围狂暴地旋转着；人们在尘埃和烟雾中艰难地呼喊着，妇女儿童在呻吟着。这些幸存者，焦头烂额，衣衫褴褛，无家可归，到处徘徊。

第二次空袭后刚刚8小时，14日10时，白天的空袭接踵而至。第三批飞机是美国空军由野马式战斗机护航的1350架"空中堡垒"式和"解放"式轰炸机。成千上万颗炸弹投到了德累斯顿的铁路调车场和市区北部。护航的野马式战斗机因为找不到较量的对手，便用它的6挺机枪对准沿易北河两岸逃命的德累斯顿幸存者扫射。

德累斯顿被英美空军的3749吨炸弹和燃烧弹夷为平地。市区变成一片废墟，大火连续烧了几昼夜，130万居民被炸死13.5万人，约35470座建筑物遭到破坏，安东尼宫、茨温格尔宫、圣母教堂、塞姆佩尔美术馆、日本宫、歌剧院等古代建筑连同这座名城一起被毁灭了。上百万居民无家可归，他们同外地逃难者形成一支难民大军。

此后，每年2月13日20时15分，德国东部的各个乡村教堂都会响起沉闷的钟声，纪念这次给平民带来巨大灾难的大空袭。

战后，人们认为"雷击"行动是不顾人道主义原则的"恐怖主义行动"，把哈里斯称为"屠夫"。哈里斯也承认，这是杀戮人民，他只是强调"雷击"方案不是由他制定的。

血战硫磺岛

位于太平洋上的硫磺岛，北距东京1200余公里，南至塞班岛1100余公里，虽然这个小岛南北不足4公里，东西仅约8公里，但它却是日军阻击太平洋美军的前沿据点之一，与在其西面的冲绳岛同为日本南大门的两个重要堡垒。

1945年2月，美军为了创造进攻日本本土的有利条件，出动22万人，在800余艘舰船、2000余架飞机的支援下，进攻硫磺岛。

当时,岛上驻有日本栗林忠道陆军中将统一指挥的第109师团和部分海军陆战队等3万名官兵。由于在菲律宾决战中,日本海空军损失严重,岛上日军只能在基本上无海空支援的情况下作战。于是,日军利用岛上天然洞穴修建了大量地道和地下堡垒。坑道阵地总长达28公里。

登陆之前,美军对硫磺岛进行了长达六个月的轰炸,登陆前三天,美军舰炮又进行了预先炮火准备,向这个小岛倾泻了大量炮弹,美军共消耗了24000多吨炸弹、炮弹,平均每平方公里1200多吨,但并未能摧毁日军的工事。

2月19日8时59分,第一批美军登上硫磺岛。日军炮火使海滩变成美军的地狱,美军弹药堆积点被击中,连续不断的爆炸使美军伤亡惨重。从洞穴工事中像螃蟹一样钻出来的日军给美国人以迎头痛击,一个早上美军就伤亡了2000多人。由于当日伤亡惨重,美军记者谢罗德说:"登上硫磺岛的第一个夜晚,只能称为一场地狱里的噩梦。"

20日,美军以重大伤亡夺取了南部的一个机场,向折钵山进攻的部队更是每前进一步都要付出巨大代价。在折钵山热岩之战中,1860名顽强的日军,各自为战。这里是日军多层次现代化坑道网。美军第28师用坦克、大炮血战到天黑才前进200码。

21日,美军伤亡不断增加,折钵山阵地却依然故我。美军第4师在猛烈炮火掩护下,只前进了500码。当日,日军出动数十架神风特攻飞机,袭击美军舰队,击沉击伤美舰3艘,但却无力阻止岛上美军的不断进攻。

22日,美军围住热岩,用火焰喷射器猛烧日军洞穴暗堡。23日~24日,一些弹药用尽的日军,用石头、刺刀继续作战。美军往日军据守的洞穴里灌注汽油放火,或用水泥封住洞口。

五天血战,美第3师伤6000多人,仅控制了硫磺岛南部的三分之一地面。

栗林率部向岛北部转移。他下令:"要弹不虚发,每发子弹都要打死一个美国人。每人必须杀死10个敌人。要以游击战消灭敌人。"

25日,美军向元山村进逼。日军伤亡过半。

26日,美军进攻元山328高地,被日军击退。

27日,美军猛攻元山炮台、屏风山,展开白刃战。美第4师一天伤亡792人。旧金山《考察家报》27日头版社论认为:"美军在硫磺岛付出的代价太惨重了,有被拖垮的危险。"结论是:"美军在硫磺岛是死得快,进展慢。"

从2月28日到3月17日,美军坦克喷射着火焰,一码一码向前推进。

3月18日,日军进行了一次集团冲锋。一天白刃战,死伤大半。

3月27日,栗林等日军指挥官自杀,但日军残部仍在进行零星抵抗。

在硫磺岛之战中,由于日军依托坚固工事顽强抵抗,而美军对这次登陆事先估计不足,情况不明,轰炸炮击效果差,致使预计在五天内结束的战事,实际上拖了一个多月,清剿残余日军则一直延续到4月底。虽然日军全军覆没,美军也付出了伤亡官兵2.1万余人,损失坦克270辆,飞机168架,军舰49艘的重大代价。

飞夺雷马根桥

1945年春,在西欧战场上节节取胜的盟军,挥师东向,直逼德国西部的大河——莱茵河,企图强渡莱茵河,攻占德国重要的工业基地鲁尔区,然后发动对德国的最后进攻,进至易北河与苏军会师。

在莱茵河上的桥梁、渡口中,美军高级将领从来未把雷马根桥当作横渡这一天堑的通道,因为该桥西面公路不好,东面百米又有雷伊山挡路。德军在这里也留下一个"百公里宽的缺口"。德国B集团军群司令莫德尔元帅武断地说:"只有疯了才想从峭壁挡道的雷马根桥过莱茵河,这太荒唐可笑了。"因此,他只派了少量部队守桥。

1945年3月7日,美第1集团军伦纳德的第9坦克师和霍格的独立坦克团冲进德军的"百公里缺口",离雷马根桥只有18公里了。德军慌忙在桥上安放大量炸药,准备16时引爆。

此时,进攻部队突然接到美军总司令部急电命令:"伦纳德、霍格南下与巴顿会师。"怎么办?是不顾命令而抓住战机伺隙捣虚,夺桥过河呢,还是南下会师?虽然违抗军令是一件很严重的事情,后果不堪设想,但过了莱茵河便是打败了德国。所以前线美军指挥官当机立断,在德军还没来得及炸桥之前,伦纳德坦克师、霍格独立坦克团发起了迅猛攻击,一举夺下雷马根桥,霍奇斯第1军全部过桥,并电告盟军总司令艾森豪威尔:"攻占了雷马根桥。8000名美军渡过莱茵河。"艾森豪威尔简直不敢相信自己的耳朵。他高兴地叫了起来:"好好干吧!确保这一胜利。这是本次战争中最美好的时

刻之一。"

3月8时,美国上千家报纸头版大字新闻是:"美军迅猛惊人,已渡过莱茵河""雷马根桥坦克战是无与伦比的壮举""装满炸药的雷马根桥没有吓倒美军坦克师。他们以迅雷不及掩耳之势飞渡莱茵河。"

但此时盟军内部,却互相倾轧。美军取得意外进展,其他国家的军队不但不为此欢呼,反而对此不满,不作相应的进攻和支援。美军内部,也互相拆台,第1集团军在雷马根的胜利,引起其他部分美军的嫉妒。对此不满的人都给艾森豪威尔施加压力,迫使他在3月13日下令:"向前推进不能超过18公里,雷马根桥头堡只能牵制德军。"这样一来,前线官兵英勇奋战取得的战果,竟被内部倾轧所抵消。同时也给了德国人一个喘息的机会。3月17日,德国派出蛙人别动部队,潜入雷马根桥下,于当日19时将桥炸毁。8000名已过莱茵河的美军,本是胜利之师,此时反而遭到孤军深入,脱离主力的危险。

夜空中燃烧的江户花

1945年3月9日深夜,随着震耳欲聋的爆炸声,日本东京居民区出现了无数巨大的火球,一个个火球汇成白热风暴,地面气温猛升到1800度。金属熔化了,建筑物与活人都在不停地火化。白热气浪增强了风力,加快了风速。时速380公里的火飙从大地腾起,窜上高空。白热龙卷风上下翻滚,来回吼叫着。500英里外都能看见东京上空的火光。

这是美军B-29战略轰炸机投下的燃烧弹引起的大火。第二次世界大战末期,美军随着在太平洋上的连连得手,不断加强对日本本土的轰炸,起初美军主要是在白天使用普通炸弹进行轰炸。

1945年3月4日,美国驻马里亚纳岛B-29战略轰炸机部队新任司令李梅将军认为:"战略轰炸被吹得神乎其神,实际上却没有取得多大效果。"因此,李梅决定将战略轰炸由白天进行的高空精确轰炸,改为主要在夜间用燃烧弹低空轰炸日本居民区,大撒"江户花"。

"江户花"是日本人给东京的频繁火灾起的雅号。日本东京东部城区原称江户,意为河口湾,因位于隅田川注入东京湾处而得名。1868年日本首都由京都迁来此地,于是江户改称东京。东京居民大多住木屋,从江户时代起,就是火灾的受害者。1923年9月日本大地震，地震引起的大火在东京蔓延，死7.3万人。

3月9日，李梅下令，将他手下344架B-29轰炸机的机枪、炸弹、备用燃料卸下来，一律改装燃烧弹，每架轰炸机可以携带40串燃烧弹，每串38个，燃烧面积近16英亩，以此对东京东部人口密集的市区实施面积轰炸。

自当天0时15分起，大批美军B-29战略轰炸机猛烈轰炸东京东区。在这30多平方英里的地区，平均每平方英里有10余万居民。B-29轰炸机投下了上千吨燃烧弹。像一串串香蕉似的M47火箭燃烧弹集束在离地面500英尺的空中爆裂，喷射出成千上万根2英尺长的燃烧棒。这些燃烧棒一接触到建筑物便爆炸，把粘胶似的团团火种散布出去，地面上10多英里长、3英里宽的东市区，霎时间撒满李梅的"江户花"。大火足足烧了四天五夜。10万余人因大火耗尽氧气而窒息身亡。在明治座剧院附近，死人堆成6英尺高的尸丘。池塘与河流变成水葬场，沸腾的滚水将几万名避火跳水的逃命者活活煮死。几万具尸体漂浮在隅田川上，全都像木炭一样，一团漆黑辨不出他们是男人还是女人。

东京东区消失了，数十万座住宅、商店、学校、医院、剧院无影无踪了，上百万人无家可归。《美国战略轰炸调查报告》承认，烧死10多万人。日本官员说，当场死去13万平民。实际上受灾率和死亡率高达34%，烧死30万人，烧伤100万人。比广岛遭原子弹轰炸的伤亡还大。在此后的9天里，美军还用燃烧弹袭击了大阪、神户、名古屋等城市。李梅承认，B-29轰炸机将大量燃烧弹、炸弹投向了日本平民。

为了美国的战后利益，在大撒"江户花"的同时，李梅又三令五申："不得袭扰皇宫，因为日本天皇是个可资利用的宝贝。"在这场大劫难中，只有位于东京中部的宫城一隅未遭轰炸，在李梅庇护下，9日深夜，天皇的第一个孙子在"江户花"的火光中出世了。

空袭取得了巨大的效果。850多万东京市民为躲避轰炸而逃往农村，600多家主要的军事工厂被炸毁或遭到严重破坏。由于严重缺乏劳动力和设备被毁，日本的战时经济几乎到了山穷水尽的地步。

击沉大和号

1945年4月1日，美军在冲绳岛登陆。如果美军占领了冲绳岛，将会严重威胁日本本土的安全。4月5日，日本联合舰队决定执行"天号作战"计划，由"大和"号战列舰、"矢矧"号巡洋舰和8艘驱逐舰组成海上特攻舰队，只带单程燃料，作自杀性攻击，前往冲绳岛反击美军的登陆，企图破釜沉舟与美国舰队决一死战。

4月6日15时，特攻舰队起锚。20时，驶出丰后水道。日本舰队刚到九州东海岸，就被美国潜艇发现了。

7日拂晓，特攻舰队进入九州以南的公海，11时30分，美军巡逻机盯上日本舰队。这时，美军第5舰队司令斯普鲁恩斯电令第58特混编队司令米切尔进攻日本舰队。

12时40分，米切尔的40架飞机向"大和"号俯冲下来。"大和"号标准排水量64000吨，满载排水量72809吨，舰身长263米，宽38.9米，舰上有三座三联装460毫米口径主炮，该炮最大射程40公里，弹重1460公斤；还有四座三联装155毫米火炮，六座双联装127毫米高炮。当时世界上还没有在吨位和舰炮火力上能与"大和"号及其姐妹舰"武藏"号相提并论的战舰。当初日本人是在绝密的情况下建造这两艘海上"巨无霸"的。它们的装甲防护极好，并有分层叠装的船身，被认为是永远不沉的超级战舰。"武藏"号已于1944年10月24日在锡布延海被美国飞机炸沉。"大和"号这次也难逃厄运。此时，"大和"号没有飞机掩护，只能用密集的高射炮火对空射击。美机冲破火网，轮番轰炸。"大和"号中了两颗炸弹，一枚鱼雷。

250架美机猛炸日本舰队。12时45分，"矢矧"号中了一枚鱼雷，这艘巡洋舰失去了航行能力，在海面上漂浮。接着，美军第二批100多架飞机冲出云端，又有两颗炸弹、一枚鱼雷击中"矢矧"号。

"大和"号的时速已降到18海里，但仍歪着舰身，继续向冲绳岛行进。

13时35分，美军第三批150架飞机赶到。美机集中轰炸"大和"号，八颗炸弹、六枚鱼雷击中"大和"号。该舰倾斜15度。

14时1分，"大和"号中了八枚鱼雷，舰身倾斜18度，时速降到7海里。

数百架美机像蚊子似的围着"大和"号团团转,从不同方向朝它进攻。14时15分,12枚鱼雷再次击中"大和"号,使其舰身倾斜30度。

14时25分,"大和"号上的五大弹药库发生连锁爆炸。这艘被日本人认为是永远不沉的超级战舰,还没来得及对登上冲绳岛的美军发射一发炮弹就天崩地裂般地沉入了大洋,海面上翻滚着火球、巨浪和浓烟。伊藤整一中将等3063名官兵葬身海底。

整个舰队只剩4艘驱逐舰带伤退出战区。"大和"号的沉没,预示着日本联合舰队的覆灭。日本人承认,抗御美军进击的壮志已付诸东流。

墨索里尼的末日

1945年4月26日深夜,一支由三十辆汽车组成的德国和意大利法西斯分子的车队,在漆黑的夜色中,向着意大利边界的穆索急驶着。

"停车!停车!"道路上突然出现了全副武装的意大利游击队员,他们早已得到消息,埋伏在了这里。

前面几辆军车停了下来,车队后面的意大利人的几辆汽车见势不妙开始逃窜,有的掉头向回开,有的拐向旁边的崎岖山路,有的准备向穆索方向冲去……

"哒哒哒……"游击队员手中的冲锋枪吐出了火舌,他们分头进行堵截。

很快,逃跑的人全部落网。游击队押着车队开到了东戈市。他们开始对每辆车进行检查。

奈里大尉爬上了第三辆汽车,几个德国人在窃窃私语着,他用犀利的目光扫视着车中,角落里一个人引起了他的注意,只见他蜷缩着,身上盖着件军大衣,露出的两条腿上穿着只有高级军官才有的镶着金色条纹的法西斯军裤。

"他是谁?"奈里问道。

"一个酒鬼。"德国人回答。

奈里装作若无其事的样子跳下车,对几个游击队员小声说:"注意这辆车,别让它离开!"随后,走向指挥部去报告他发现的可疑人物。

游击队员和宪兵向汽车围拢过去，车上的德国人纷纷跳下车，远远地站到了一边，注视着。穿着金色条纹军裤的人慢慢站起来，举起双手，弯着腰下了车。

一审讯，他正是意大利法西斯头子墨索里尼。

听说墨索里尼被抓住了，人们激动万分。

其实，早在1943年夏，英美盟军在西西里岛登陆，意大利法西斯军队节节败退，墨索里尼众叛亲离，一群军官和政要发动了政变，将他赶下了台，并把他软禁在一座高山顶。不久，意大利宣布投降，退出战争。但是在9月13日，希特勒派出一支党卫军小分队，用滑翔机把墨索里尼救往了德军占领下的意大利北部。两天后，墨索里尼宣布成立新的意大利共和国，并立即处决了一批发动政变赶他下台的人，包括有他的女婿齐亚诺。

经过一年多的苟延残喘，到1945年初，德军的防线一一被摧垮，反法西斯起义席卷了整个意大利北部，眼见末日来临的墨索里尼收拾起金银财宝，带上他的情妇，他装成德军军人，企图混在德军车队里，逃出边境，去到瑞士过流亡生活。

可他最终还是没能逃出游击队的包围追击。

4月28日，意大利人民举国欢庆从法西斯奴役下解放。这天下午，游击队总参谋部派瓦莱里奥上校来到东戈，根据民族解放委员会的命令，他将代表总部就地处决墨索里尼和其他几个法西斯头目。

傍晚时分，墨索里尼和他的情妇被押上了汽车。为预防意外，瓦莱里奥把墨索里尼的军帽往下拉了拉，以免别人认出他来。汽车开到了贝尔蒙特别墅附近的一块高地停下。游击队员把墨索里尼等人拉下车，让他们站到别墅的篱笆旁边，荷枪实弹的士兵守卫在四周。

看到这阵势，墨索里尼明白自己的末日来到了，他瑟瑟发抖。

瓦莱里奥宣布以意大利人民的名义判处他们死刑。"呼呼"，枪声响过，墨索里尼和他的情妇倒在地上。瓦莱里奥又对准墨索里尼补了一枪。

第二天上午，墨索里尼的尸体被运回到米兰的洛雷托广场，被人们用电线倒吊在一个废弃加油站的钢梁上。

这个法西斯魔头遭到了千百万人的指责和唾骂。

希特勒的末日

1945年4月25日，苏联红军完成了对柏林的包围，并与英、美联军会师。随即红军突入市区，开始了激烈的巷战。战火熊熊，炮声雷鸣。法西斯魔王的大本营柏林总理府已是一片废墟。

胆战心惊的希特勒躲进了离地面50英尺的地下室。他像一头困在笼中的野兽，疯子一样大声地吼叫着：

"我没有可信赖的人。他们都背叛了我！"

就在几天前，空军总司令戈林坐上满载着金银财宝的汽车逃出了炮火连天的柏林。随后从萨尔斯堡打来电报，声称要"接管帝国全部领导权"。

党卫军总头目、陆军元帅希姆莱也独自逃出柏林，准备和西方盟国谈判投降。

希特勒下令党卫军将军施坦因纳向苏联红军反攻。但这个将军不仅没有反攻，还认为只有把部队带到西线投降美国人才是上策……

希特勒不停地咒骂着，"扯谎！不忠！懦弱！"

他又开始对着无线电话声嘶力竭地叫喊："海因里希的军队在哪里？温克在干什么？第九军团呢？赶快来柏林解围！"他不知道，温克的部队和第九军团早已被红军消灭，海因里希的军队正在向西溃退……

希特勒颓然仍掉话筒倒在了沙发上。

一阵剧烈的爆炸声，使他浑身打了个冷战。他感到末日就要来临，眼前仿佛浮现出一幅可怕的场景：他的尸体被愤怒的群众拖着游行，又被头朝下吊在广场上，成千上万人对着他的尸体吐唾沫，指着他的尸体尽情臭骂……

一想到这里，希特勒感到一阵抽心的疼痛。他转身对站在一旁的卫队长格林说道："你去准备两条毛毯和足够焚烧两具尸体的汽油放到我的卧室"。

格林怔怔地看着他，不明白他要干什么。

"我和爱娃将在此自尽。你用毛毯把我们裹起来，抬到上面花园焚烧掉……"

"是，遵命，我的元首！"格林结结巴巴的说着，退了出去。4月29日，希特勒口述了两份遗嘱：在政治遗嘱里，任命海军元帅邓尼茨为他的"继承人"；在生活遗嘱里，他决定与情妇爱娃·勃劳恩结婚。

当天深夜,婚礼在地下室地图室举行。不停落下的炮弹,震得地下室顶上的土灰纷纷落下。爱娃紧张地催促着"请快一点!"

冒着炮火来到地下室,主持婚礼的市政府参议员瓦格纳也十分紧张。他连希特勒父母的姓名、结婚登记的日期都来不及问明填好,就在希特勒身份证明一栏里,写上了"我清楚"。接着,他又用颤抖的声音分别问过希特勒和爱娃是否愿意结为夫妻,然后在证书上签了字,仪式就宣告结束了。第二天中午,苏联红军已经打到离总理府只有一条街了。陷入绝望中的希特勒,再次检查海军元帅邓尼茨是否已遵照他的旨意成为他的"继承人",接着发布命令逮捕希姆莱,囚禁戈林,并命令军队抵抗到底。

午饭后,希特勒和他的"新娘"同部下告别,回到了自己的房间。不久后,外边的人们听到一声枪响。希特勒坐在沙发上,用一支7.65毫米口径的手枪,冲着自己的右太阳穴开了一枪。他的头耷拉下来,血从脸上流下来,流到了沙发和地毯上。一旁的爱娃·勃劳恩吞下了剧毒的氰化钾,脸上肌肉抽搐,双脚蜷缩在沙发里。卫队长格林和几个随从军官走进来,用毛毯裹起希特勒和爱娃的尸体,一起抬着走出地下室,放在总理府花园的一个小坑里,浇上汽油,然后把点燃的纸卷扔了上去,火焰熊熊燃烧起来。苏联红军的炮弹仍不时地落下,在花园里爆炸,格林等人只得站在地下室入口处看着。

随后,法西斯的第二号党魁、第三帝国宣传部长戈培尔也模仿希特勒,先毒死了6个孩子,然后命令部下开枪打死自己和妻子。

5月2日,苏联红军占领柏林,30万德军官被俘投降。5月8日,在柏林正式举行了德国无条件投降仪式。德国统帅部代表在投降书上签字,德军所有部队向苏联红军最高统帅部和盟军远征军最高统帅部无条件投降。

希特勒和他那自吹是"千秋帝国"的法西斯德国一齐灰飞烟灭了。

第二次世界大战欧洲战场的战争胜利结束。5月8日这一天,被宣布为欧洲胜利日。

广岛"蘑菇云"

1945年8月6日清晨,似乎仍是与往日一样的平常的一天。日本广岛云气清朗,有些闷热。

尖厉的防空警报响起来,但人们并没有显出特别的惊慌。美国飞机频频飞临日本上空，几乎每天都要投下成吨成吨的炸弹，不过广岛还一直没有遭到大的轰炸破坏。警报响过，几架美国飞机在广岛上空盘旋了数周后离开，并没有投掷炸弹。整个城市又恢复了平静。

人们没有意识到一场巨大的灾难正悄悄袭来。

8时刚过，警报再次响起。很多市民依旧做着自己的事情，没去防空洞。一些人还抬起头看着天上慢慢飞来的3架B-29轰炸机。这种飞机已经连续好几天来到广岛上空盘旋，没有扫射，没有轰炸，好像只是在进行飞行训练。"今天的这3架飞机还会像从前一样飞走的。"人们都这样想着。

但这一次，人们想错了！

9时14分17秒，当其中一架美机上的瞄准仪对准了广岛一座大桥的正中时，自动装置被打开了。60秒钟后，一颗不同寻常的"炸弹"从打开的舱门落入空中。这时，飞机作了一个155度的转弯，俯冲下来；一瞬间，它的飞行高度下降了300多米。这是一个训练了多次的动作，是为了使飞机尽量远离爆炸地点。

45秒钟后，"炸弹"在离地600米的空中爆炸。白光一闪，人们仿佛看到天空中又出现了一颗太阳。令人眼花目眩的白色闪光一瞬即逝，震耳欲聋的大爆炸随即在广岛市中心上空响起。顷刻间，烟尘好像是从地面生长出的一支巨大的蘑菇，云团翻滚，越来越高、越大。地面上竖起了几百根火柱，广岛市陷入了焦热的火海。

爆炸的光波使成千上万的人双目失明；10亿度的高温，瞬间把钢铁都熔化得无影无踪；冲击波形成了狂风，所有的建筑物坍塌变成了废墟。在爆炸中心范围的人和物，像原子分离般分崩离析，消失在空气之中。离中心远一点的地方，散落着烧焦了的男人、女人和儿童的残骸。更远一些的地方，有些人虽然侥幸还活着，但不是被严重烧伤，就是双眼被烧成了两个窟窿。强烈射线形成的放射雨使一些人受到了奇异的伤害而缓慢地走向死亡。

当时，广岛的人口为34万人，当日死去的有8.8万人，负伤和失踪的为5.1万人。全市7.6万幢建筑物，4.8万幢完全毁坏，2.2万幢严重毁坏。

8月7日，日本收听到美国广播，杜鲁门总统说："7月26日，在波茨坦发出最后通牒旨在拯救日本人民免遭彻底的毁灭，他们的领袖迅速地拒绝了最后通牒。如果他们现在还不接受我们的条件，他们的毁灭将自空中而降……"

在美国广播后，日本的陆海军统帅部才接到设在广岛的日本第二军总司令部的报告："敌人使用了具有从未见过的破坏力的炸弹。"一些人猜测可能是原子弹，有人则表示怀疑。日本军参谋本部决定组成有原子能权威人士参加的调查委员会立即赶赴广岛。

调查的结果很快返回，这种新型的炸弹确是原子弹！这一消息马上上报给了天皇。

广岛惨烈的悲剧，使得日本高层领导也十分惊慌。为避免动摇人心、引起全国的混乱，他们决定禁止扩散广岛遭原子弹袭击的消息，掩盖广岛事实真相。

此时的日本政府内部仍在为是否立即同意接受波茨坦公告的最后通牒、无条件投降而激烈地争论着。他们把最后的希望寄托在苏联出面进行调停，达成日本同反法西斯同盟国的停战。

但他们的希望破灭了。8月8日，日本从苏联政府得到的回答是：日本仍在继续进行战争，拒绝波茨坦公告，因此，日本政府请求苏联调停的建议已失去一切根据，苏联政府遵守对联合国的义务，接受联合国的要求，宣布从8月9日起对日宣战。

就在苏联出兵的这天上午11时30分，美国又在日本长崎投下了第二颗原子弹。长崎市27万人，当日死去6万余人，成为广岛之后的又一个悲剧。

日本投降

1945年8月9日，在东京的日本皇宫防空洞里，一群军政要人正在激烈地争论着：

"从目前国内外局势看，在维护国体、保存天皇制度前提下只能无条件投降！……"外相东乡茂德垂头丧气地说着，两手一摊，倒在沙发上。

7月间，中、美、英三国发表《波茨坦公告》敦促日本必须立即无条件投降，否则就将它彻底消灭。8月6日，美国在广岛投下了原子弹。8月8日，苏联对日宣战。8月9日零时刚过，苏联百万红军以迅雷不及掩耳的凌厉攻势，向盘踞在中国东北的日本70万关东军发起了全线总进攻。东乡外相清楚，在世界反法西斯总反攻的浪潮中，日本就像只破败的帆船，很快就会在风雨飘摇中沉没。

然而，并不是每一位政要都甘心这样的结局。

海军司令部总长丰田副武说道："要投降，除维护国体外，还必须附带三个条件：一、日本自行处理战犯；二、自主地解除武装；三、盟军不得占领日本本土……"

"与其无条件投降，不如实行本土决战！"陆相阿南惟几打断丰田副武的话，一拍桌子，站起身朗声说："我们在本土决战，虽然不能确定胜利，但还可一战，打得好还可以击退登陆敌军。所以，我坚决反对无条件投降！"

会议没有结果。

下午，首相铃木召开内阁会议。铃木简单说了两句，然后由外相东乡报告了苏联参战及原子弹爆炸后各方面的反映，提出日本应投降，会场又展开了争论。最后，铃木征询各大臣是否应接受《波茨坦公告》，无条件投降，结果六人赞成，三人反对，五人没有表态。铃木无可奈何地说："内阁既然不能决定，只好上奏天皇了……"

随后的御前会议仍旧在皇宫防空洞中举行，天皇裕仁来到会议室。

铃木先让书记官朗读《波茨坦公告》，然后宣读他拟好的提案：

"日本政府准备接受1945年7月26日由美国、英国、中国政府，以及后来由苏联政府签字的在波茨坦发表的联合公告中所列举的条款，但应取得如下谅解，即上述公告并不含任何有损于陛下作为至高统治者之特权的要求。"

接着，由东乡说明提案理由，"对日本来说，接受《波茨坦公告》虽不体面，但在目前情况下不得不接受。再加上原子弹出现，苏联又对我宣战，时局急变，对方更加强硬。"他停顿了一下，又说："此时此刻，只能提出一条，就是维护天皇制度。只要天皇保存，我大和民族就有复兴之日。"

他刚说完，陆相阿南、梅津和丰田等人马上表示反对，争议又起。铃木摆了摆手，示意大家安静，然后把目光转向了天皇。

天皇裕仁一直默默地听着众人的辩论，这时他喃喃地说道："这几天一直尽听有取胜的自信的话，但计划和实践并不一致。就目前的样子，要对付盟国军队，看来没有胜利的希望……"他把手一挥，"此时只有作这样的决定了……"8月10日，美国政府收听到了日本接受（波茨坦公告）的广播。随即征询英、苏、中三方意见，发表了一道复文："自投降之时起，日本天皇必须听命于美国最高司令官……日本政府之最后形式，将依日本人民自身表示之意愿确定之。"两天后，美国飞机在东京上空撒下了载有日本政府接受《波茨坦公告》电文和同盟国复文的日语传单。一时间，政府接受无条件投降的消息在日本民众中传开来。

8月14日，天皇再次召开御前会议。会上，陆相阿南等人声泪俱下，他们说：同盟国复照对保护天皇制度措辞不明，恳请天皇准予再提出照会。如同盟国不允许保护天皇制度，那只有继续战争，死里求生。会场上一片沉默。

终于，天皇裕仁说道："我的异乎寻常的决定没有变……"会场顿时响起一片呜咽和啜泣声。天皇下令起草接受无条件投降的诏书，并将诏书录音，准备在第二天播出。主战派的一伙少壮侍卫军官得知这一消息，决定举行政变。这天晚上，他们闯入皇宫，四处搜寻，企图劫走天皇广播诏书的录音唱片，阻止向全国广播。警卫部队很快镇压了这次叛乱。投降诏书立即在电台播出。主战派头子陆相阿南在他的官邸剖腹自杀。8月28日，美国空军的飞机在东京机场降落。大批的英、美军队开始在日本海岸登陆，实现对日本的占领。

9月2日上午，日本东京湾，晴空万里，碧波无垠。美国战列舰"密苏里号"迎来了一个庄严的时刻。9时许，日本新任外相重光葵和日本参谋总长梅津美治郎代表日本政府在投降书上签字。随后，接受投降的同盟国代表：盟军最高统帅麦克阿瑟上将、美国尼米茨海军上将、中国徐永昌将军、英国福莱塞海军上将、苏联杰列维亚科中将，以及澳大利亚、加拿大、法国、荷兰、新西兰等国的代表依次签字。

至此，日本帝国主义历时15年的侵略战争以彻底失败而告终。第二次世界大战也以全世界人民的伟大胜利而结束。

正义的审判

第二次世界大战胜利结束了。这场战争给人类造成了极大的灾难。据不完全统计，战争总共造成约5000万人的死亡；据估计，全部交战国直接战费总额计11540亿美元。法西斯帝国主义对世界和本国人民犯下了不可饶恕的罪行。造成战争的罪魁祸首是怎样走向毁灭的呢？

纳粹投降后，一并抓了20万名大小战犯。其中美国列出的甲级战犯就有350名。由于人数太多，无法一一审判，又在甲级战犯中"精选"出了22名"主犯"。审判地点在德国的纽伦堡和日本的东京。

纽伦堡的军事法庭判处10名战犯极刑。1946年10月15日或16日晚执行。这些要犯都是希特勒纳粹匪帮的重要人物，其中有希特勒第二把手、空军司令戈林，外交部长里宾特洛甫，理论家罗森堡，劳工部长罗拔特·李，内务部长刽子手希姆莱的助手弗里克，波兰总督弗兰克等。

这些曾在欧洲不可一世、杀人如麻的纳粹要犯，很少有低头认罪的，为了活命居然向柏林盟军管制委员会上诉，要求免于极刑，也有人私下四处奔走为他们游说。英国陆军元帅蒙哥马利、美国总统杜鲁门和英国首相艾德礼都收到了一些求情和私人信件。但结果仍维持原判。

戈林被捕时，仍不可一世。他身边除妻子女儿外，还有4名副官，2名司机和6名炊事员。当他见到美军第七军军长派赤时，还手持一根镶了24只金鹰的短杖，厚着脸皮说："战争就像踢一场足球。谁赢了就该握输家的手，一切都忘记了。"

派赤严厉地要他交出短杖，他居然说："这是我的权威的象征。"

当他知道被判处极刑时，他吞服了随身携带的两粒毒药。当看守发现时，戈林已经停止痉挛，一命呜呼。

里宾特洛甫是希特勒的外交顾问，他曾去莫斯科签订了苏德协定。在审讯时，他最喜欢说的是"我患了健忘症"，对于杀害犹太人的罪行他始终假装一无所知。

然而在纽伦堡，凭的是证据而不是言词。要犯除了希特勒投降前自杀的，包尔曼在逃外，其余共 21 名。通过审讯和反复调查对质，又揭露了许多骇人听闻的罪行。

戈林的自杀使得监狱当时乱做一团，但并未打乱原先制定的周密计划。16 日凌晨 1 点左右，罪犯们被带到一个灯火辉煌的体育馆，馆内竖立着 3 个漆成黑色的绞架，死囚们的手臂都被反绑着，由宪兵左右架着带进来。

绞刑架平台下有 13 级阶梯，犯人站在一块活板上，套上绞索之后，活板便被抽开，犯人两脚悬空后咽气。

临刑前有几秒钟时间让战犯忏悔或是留下最后遗言。早晨 4 点，戈林和另 9 位战犯的尸体被塞进棺材，装上卡车，送往火葬场火化。为保密起见，美军接管了火葬场，留下的两名德国工人也起誓永远严守秘密。官方文件含糊其辞地说死囚的骨灰被撒在德国某地的一条河里，以防日后纳粹余孽将河作为圣地去朝拜。

今天已经知道这条河是莎阿河，但并无人前去祭吊。在亚洲，1946 年 5 月 3 日，由中、苏、美、英等 11 国代表组成的远东国际军事法庭，经过长达半年的调查后，对以东条英机为首的战犯，正式开庭审判。

东条英机是日本的重要战犯。正是他，在"九·一八"事变后指挥日本关东军大举侵略中国；正是他，在 1941 年 12 月疯狂发动了太平洋战争；1941 年 10 月起，他充任日本首相兼陆军大臣；1944 年 7 月，在日本败局已定的情况下才被迫下台。但他发动战争的罪恶是无法逃脱的。

东条英机知道自己的末日快到了。经过思前想后的考虑，他准备自杀，并请医生确定了心脏的位置，用墨汁在胸膛上作了标记。当美国士兵逮捕他时，他开枪自杀。

东条英机的子弹没射中要害，很快被救活了。1946 年 5 月 3 日 11 时，东条英机、板垣征四郎、土肥原贤二等 28 名甲级战犯被押解到法庭上。

在近两年的审讯过程中，东条英机拒不认罪。他胡说日本发动对外战争是"自卫战争"；"九·一八"事变和"七·七"事变是由中国"不正当行为引起的"……在死前的遗书中，东条英机写道：

"想起刚开战时的情况，令人悲痛断肠！这次死刑，对个人是个安慰，但作为国际性的犯罪，我始终认为是无罪的，只不过是在强力面前的屈服。"

东条英机至死也不认罪，真是冥顽不化。

1948 年 11 月 4 日远东国际军事法庭再次开庭，审判日本首要战犯 25 人有罪。其中东条英机、板垣征四郎、土肥原贤二、广田弘毅、木林兵太郎、松井石根、武滕章7人被判处绞刑。

12月23日零点，东条英机及其他6名战犯被送上绞刑架，结束了他们罪恶的一生。

联合国成立

第二次世界大战爆发把人类再一次扯进了一个无序、黑暗的时代。大战开始一年多，在国际反法西斯同盟逐渐建立的过程中，面对面目疮痍的城市、杂草丛生的田野还有鲜活生命的惨遭屠戮，许多国家的领导人便开始反思一个问题：是否需要一个国际性的组织超脱民族国家的狭隘，来维护整个人类世界的和平与安全。

酝酿和设想建立一个世界性组织的想法，早在1916年就被当时还是美国总统候选人的威尔逊提出来了。与联合国类似性质的国际组织其实在历史上依然存在过，那就是第一次世界大战后成立的国际联盟。第一次世界大战后，保卫世界和平的问题提到了议事日程。《凡尔赛和约》标志着国际联盟的正式成立，共有包括英、法、日、意、中在内的44个国家参加。国际联盟成立后，标榜以"促进国际合作，维持国际和平"为目的。大国的缺席使得国际联盟显得很不完整，其威信也常常遭到挑战而无法保障。国际联盟最终沦为一个纯粹的摆设。罗斯福鉴于第一次世界大战时威尔逊的教训，急于在和平实现之前建立新的国际组织，以免重蹈美国在参加国联问题上的覆辙。

1943年10月，中、美、英、苏四国代表在莫斯科发表《普遍安全宣言》，这是呼吁建立国际安全机构的开端。年底的德黑兰会议上，美国总统罗斯福建议建立某个维护战后和平的国际组织，它包括由世界上许多国家共同组成的一个庞大机构，一个由美、英、中、苏再加上欧洲两个国家、南美一个国家、近东一个国家以及英联邦一个自治领组成的执行委员会和由美、英、中、苏四个大国所组成的警察委员会。斯大林原则上表示赞成。随着反法西斯战争即将胜利结束，如何防止新的世界战争的发生、防止出现新的世界战争策源地，成了人们普遍关注的问题。建立一个维护世界和平的共同机构联合国，就成了人们普遍关注的共同的话题。

1944年8月至10月，美、苏、中、英四大国代表在美国华盛顿附近的敦巴顿橡胶园连续举行会议，起草联合国章程。美、苏两国，因为彼此意识到战后将成为主要对手，都极力在联合国的机构设置和权力分配上争取有利于各自国家的规定，双方激烈争论，相持不下。苏联提出，联合国安全理事会中，苏、英、美、中、法五个常任理事国应有"一票否决权"，即只要五国中有一个国家反对，表决就无效。因为在当时，大国中只有苏联一个社会主义国家，在很多问题的讨论中，它只是少数派，一票否决权有利于保证苏联自身利益的维护。英、美代表则坚决反对拥有"一票否决权"，主张少数服从多数。于是苏联又提出让它的两个加盟共和国——乌克兰和白俄罗斯直接成为联合国成员。这样，苏联就可以有三票的表决权。显然英美两国也不能接受这样的要求。

双方争执不下，问题一直没有解决。直到 1945 年 2 月，在苏联雅尔塔会议上，罗斯福和丘吉尔考虑到要争取苏联同意，全力击败德国并对日宣战，才同意了苏联的建议，因此明确了安全理事会的五个常任理事国在实质性问题上拥有一票否决权。并计划在 4 月间，在美国旧金山召开世界各国反法西斯国家代表大会讨论成立联合国问题。

6 月 25 日，大会一致通过联合国宪章以及作为宪章构成部分的《国际法院规约》。次日，50 个国家的代表举行了隆重的宪章签字仪式。一开始参加大会的 46 国代表加上后来被邀请参加的丹麦、阿根廷等 4 国，共 50 个国家约 153 名全权代表依次在中、英、俄、法、西 5 种文本的宪章上签字。中国代表团第一个签字，随后是苏联、英国和法国代表团，然后其他国家代表团依本国英文字母顺序一一签字。美国作为东道国最后一个签了字。中国共产党的代表董必武，作为中国代表团成员之一，也在宪章上签了字。

1945 年 10 月 24 日，维护世界和平与安全的国际组织联合国宣告成立，其总部设在美国东海岸的纽约曼哈顿区，10 月 24 日定为联合国日。联合国是二战中反法西斯同盟国为了巩固战争胜利成果、维护战后和平与安全而创建的国际组织。它的诞生是当代世界历史上极其重大的事件，对战后国际政治的发展产生了巨大的影响。